IT 경제와 법

IT 경제와 법

배대헌 · 신영수 · 차상욱 공저

경북대학교출판부

배대헌

학력 및 주요 경력

- 충남대학교 법과대학 졸업, 동 대학원 법학석사, 법학박사
- 계명대학교, 부산대학교 법학과 부교수
- Washington University in St. Louis 연구교수
- 변호사시험·사법시험·변리사시험 출제위원
- 국가정보화 관련 유공 표창(국무총리, 장관표창 등)
- Cameroon국(Africa) ICT정책 자문교수
- 현재 경북대학교 법학전문대학원 교수

주요 저서 및 논문

『특허권침해와 손해배상』(1997), 『전자서명·인터넷법』(2000), 『디지털 시대의 정보와 재산』(2009), 『저작권의 발명과 발전』(2013) 등 다수
IPRs, 정보보호, 개인정보 등의 연구논문 다수

신영수

학력 및 주요 경력

- 중앙대학교 법과대학 졸업, University of California Law School 법학석사, 서울대학교 대학원 법학박사
- 한국법제연구원 부연구위원
- 창원대학교 법학과 교수
- 현재 경북대학교 법학전문대학원 교수

주요 저서 및 논문

『통신산업과 경쟁법』(공저, 2005), 『독점규제법』(공저, 2014), 『소비자법』(공저, 2013) 등 다수
「방송·통신의 융합에 따른 진입규제의 법적 쟁점」, 「온라인게임 이용약관 관련 판례의 동향 및 쟁점」 등 다수

차상육

학력 및 주요 경력

- 한양대학교 법과대학 졸업, 동 대학원 법학석사, 법학박사
- 제40회 사법시험 합격(사법연수원 제30기 수료)
- 변호사(법무법인 남강 등)
- 일본 지적재산연구소(IIP)(東京) 초빙연구원
- 현재 경북대학교 법학전문대학원 교수

주요 저서 및 논문

『법정책학이란 무엇인가[이론과 실제]』(공저, 2015), 『저작권법』(공역, 2008)
「표준필수특허에 기초한 금지청구권 행사의 제한 가능성-한국과 미국 판례의 대비적 분석을 중심으로」
「레시피의 보호에 관한 저작권법상 쟁점에 관한 소고」, 「상표권침해를 둘러싼 오픈마켓운영자의 법적 책임」
「빅데이터(Big Data) 환경과 프라이버시의 보호」 등 다수

IT **경제**와 **법**

초판 1쇄 2016년 2월 29일 • **초판 6쇄** 2022년 5월 31일 • **지은이** 배대헌·신영수·차상육
펴낸이 홍원화 • **펴낸 곳** 경북대학교출판부 • **출판등록** 1973년 10월 10일 ㉣97호
주소 대구광역시 북구 대학로 80 • **전화** 053-950-3830 • **팩스** 053-953-4692
이메일 press@knu.ac.kr • **홈페이지** http://knupress.com
ISBN 978-89-7180-437-7 93360
정가는 뒤표지에 있습니다. 파본은 바꾸어 드립니다.

머리말

1990년대 들어 급격히 변화하는 세상에서 인류는 지금까지 겪어 보지 못한 정보사회로의 변혁에 따른 혼돈을 경험하면서, 이로부터 벗어날 수 있는 새로운 질서를 기대하고 있다. 정보기술(Information Technology: IT)을 활용한 정보혁명으로 세상을 바꾸어 놓겠다는 구상은 모든 정보를 디지털 정보로 연결하여 세상의 모든 정보를 0/1로 만들어 버리는 디지털 컨버전시(digital convergency)를 펼쳐 보였다. 이제는 여기에 세상의 모든 사물을 인터넷으로 연결하여 말 그대로 별세계(別世界)의 통로로 사물인터넷(IoT)을 구현하는 법률을 제정하는 데까지 나아가고 있다.

이러한 변화의 중심에는 정보와 정보(통신)기술이 자리 잡고 있다. 정보통신매체를 이용한 전자거래가 일상에서 자유롭게 이루어지고, 정보 자체가 경제적으로 가치 있는 대상으로 거래되고 있다. 우리는 일상생활에서 그 변화의 주체가 되어 또 다른 변화를 이끌어 내고 있다. IT가 세상의 변화를 이끌고, 법제도는 그 후방에서 숨 고를 틈도 없이 부지런히 변화를 뒷받침하고 있다.

또 하나 세상의 이러한 변화 가운데 우리나라는 '교육을 통한 법조인 양성'이라는 목표를 세우고 2009년부터 새로운 법학교육체계를 마련하여 그 목표를 달성하는 데 부심하여 왔다. 저자들이 소속한 경북대학교 법학전문대학원은 'IT와 법'을 연계한 교육 프로그램을 구성하고 이를 특성화 교육으로 체계화하여 왔다. 종래의 발전기반을 뛰어넘어 세상의 변화를 먼저 보고 그 변화에서 빚어지는 문제를 해결할 법조인을 양성하는 데 필요한 노력을 기울이고 있는 것이다.

이 책은 정보사회에서 가장 중요하게 다루고 있는 정보와 지적재산의 보호뿐만 아니라, 개인정보·빅 데이터·클라우딩 컴퓨팅 등 정보와 관련한 법적 문제와 소송실무 등을 다루고, IT시장의 형성과 함께 새롭게 드러난 IT경제의 경쟁법상 문제와 소비자보호 등을 다루고 있다. 여기에서 다루는 내용을 보면 짐작할 수 있듯이, 이 책은 이 분야의 영역을 새롭게 개척한다는 점에서 IT법의 입문서로서뿐만 아니라, IT와 법을 연계한 특성화 관련 교육 교재로 널리 활용될 목적으로 집필되었다. 모쪼록 이 책이 그러한 목적을 잘 달성하여 정보사회로의 변혁과 함께 새로운 법학교육을 통해 세상을 변화시킬 힘이 'IT와 법'에 있음을 알게 하고, IT세상의 법조인이 꾸려 가는 시간이 미래의 소망으로 이어지길 기대해 본다.

2016년 2월

저자 일동

목 차

제1편

ICT 관련 지적재산권과 개인정보보호

제1장 ICT와 관련한 지적재산권 개관 ····· 11
제2장 정보사회와 저작권 ····· 36
제3장 한국 특허법과 징벌적 손해배상액 제도 ····· 59
제4장 개인정보보호와 관련한 새로운 법체계 논의와 그 설계 ····· 77

제2편

IT시장의 경쟁과 소비자보호

제1장 시장경제의 법적 토대 ····· 105
제2장 인터넷 포털시장과 사업자의 시장지위 ····· 108
제3장 방송시장의 구조와 행태 ····· 134
제4장 통신시장의 특징과 규제관할권 ····· 160
제5장 IT거래와 이용자보호 ····· 196
－정보통신 및 온라인게임 산업을 중심으로－

제3편

ICT 및 지적재산관계소송 실무

제1장 지적재산관계소송(知的財産關係訴訟)의 개관 ····· 225
제2장 인터넷과 상표법·저작권법 관련 소송 ····· 264
제3장 부정경쟁방지 및 영업비밀보호에 관한 법률 관련 소송 ····· 286
제4장 정보통신기술(ICT) 관련 소송 ····· 317
－정보통신망법 위반 여부 관련 사례 중심－

제1편

ICT 관련 지적재산권과 개인정보보호

제1장 ICT와 관련한 지적재산권 개관

제2장 정보사회와 저작권

제3장 한국 특허법과 징벌적 손해배상액 제도

제4장 개인정보보호와 관련한 새로운 법체계 논의와 그 설계

제1장

ICT와 관련한 지적재산권 개관

Ⅰ. 인터넷과 지적재산권의 관련성

과학기술 및 문화수준의 향상으로 보편화된 기술의 토대 위에서 산업사회는 1980년대 이후 지식·정보사회로 급속히 발전하였다. 정보사회로의 진입은 오래전 컴퓨터의 등장에서 비롯되었다. 1940년대에 개발되었던 컴퓨터는 그 명칭에서 알 수 있는 것처럼 처음에는 계산기(computer)로 사용되었다. 그러나 컴퓨터는 자료를 처리할 뿐만 아니라, 저장하여 조합하거나 새로운 형태로 편집함으로써 인간의 필요에 부응하게 되었다. 1970년대 후반에 들어서 개인용 컴퓨터가 사용되면서 계산 기능 외에 다양한 응용 프로그램의 활용과 더불어 컴퓨터의 위력을 과시하게 되었고, 최근에는 정보통신매체로서 확고한 지위를 확보하여 새로운 세계를 열어놓았다.

이와 함께 초고속정보통신망은 정보를 초고속으로 전달함으로써 정보사회를 이끌어가는 사회기반으로 자리 잡았다. 정보사회로의 발전을 위해서는 정보를 전달하는 매체의 정보전송 속도가 기본적인 요구사항이 되고 있으며, 유용한 정보내용의 확보도 중요하다. 즉, 정보사회로의 발전은 무엇보다도 정보를 실어 나르는 통신망의 속도와 콘텐츠의 질적 수준에 영향 받는다. 이러한 정보통신망 가운데 대표적인 것으로 꼽을 수 있는 인터넷은 개방체제의 네트워크라는 점에서 폐쇄체제에 기반한 종래의 네트워크와 구별된다. 인터넷의 이용은 종래 정보통신망 이용에서 예상할 수 없었던 새로운 환경과 인간의 행동을 이끌어내고 있다.

인터넷에 의하여 형성되는 가상공간이라는 환경은 기존의 법질서와 상이한 패러다임에서 근본적인 논의를 불러왔다.[1] 기존의 법질서는 산업사회의 기반 위에서 각국의 국가영역을 근간으로 특허법, 상표법 및 저작권법 등 속지주의에 터 잡은 것이

1 디지털 기술발전과 정보사회를 서술한 것으로 Nicholas Negroponte, *Being Digital*, Vintage Books, 1995.

었고, 기술적 측면에서는 아날로그 방식에서 논의된 내용을 규율하기 위한 것이었다. 이에 반하여 가상공간상 법질서는 정보사회라는 새로운 패러다임에 그 기초를 두고 있으며, 디지털 혁명(digital revolution)에 힘입어 법의 적용에 있어서 국가라는 지리적 경계에서 벗어나고 있다.

특허권을 근간으로 한 산업재산권과 저작권은 산업사회의 문명과 문화발전에 지대한 영향을 끼쳤다. 전자는 산업상 이용가능성이라는 법정책적 뒷받침에 힘입어 상상할 수 없을 만큼 정보사회의 기술발전을 이끌어냈고, 후자는 인터넷이라는 정보통신망을 이용하여 다양한 종류의 저작물을 자유롭게 접근하여 이용할 수 있도록 함으로써 정보의 가치를 향상시켰다. 디지털 혁명은 '모든 것이 디지털로 통한다'[digital convergency]로 이끌어 냄으로써 이전 산업사회에서는 상상할 수 없었던 새로운 변화를 이끌어내고 있다. 기술과 관련된 규범적 논의는 선행된 기술발전에 따라 새로운 법률문제가 야기되어 이를 해결하는 후속적 방안강구에 모아지고 있다. 기술발전과 아주 밀접한 관련을 맺고 있는 지적재산권 영역에 있어서 이러한 점이 분명하게 드러난다. 인터넷 등 정보통신망을 이용한 정보의 접근, 이용을 통하여 발생하는 정보의 재산적 가치 이외에 이러한 것들을 가능하게 한 기술보호 또한 중요한 논의대상이 되고 있다.

아래에서 정보사회에서 논의되는 지적재산권의 기초적 법적 개념을 살펴본다. 일반적으로 지적재산권은 크게 산업재산권, 저작권 및 신지적재산권으로 분류하면서. 산업재산권은 특허권, 실용신안권, 디자인권 및 상표권으로 다시 나누어진다. 여기에서 우선 지적재산권 전체를 조망하고 개별 논의대상으로 특허권과 저작권을 사례를 통하여 살펴본다.

Ⅱ. 지적재산권의 분류 및 개별 권리

1. 특허권·실용신안권·디자인권(patent, utility model, industrial design)

1) 특허권·실용신안권

특허권자는 자기의 특허발명에 대하여 일정기간 동안 규범적으로 배타적 권리를, 경제적으로는 특허물품에 대한 독점적 시장지배력을 가진다. 이 경제적 독점력은 산업발전을 북돋기 위한 정책적 유인수단(incentive)으로서 중요한 의미를 가진다. 특허권은 방법발명(process invention) 또는 물건발명(product invention)을 출원하여 국가로부터 일정기간 권리로 보호받고 보호기간이 만료되면 일반인이 자유롭게 이용할 수 있는 공유재산이 된다. 이 발명은 특허권의 권리객체로 "자연법칙을 이용한 기술적 사상의 창작으로서 高度한 것"(특허법 제2조 제1호)으로 특허법에 규정하고 있다. 완성된 발명을 가지고 특허권을 얻으려면 산업상 이용가능성, 신규성, 진보성 요건을 구비하여야 하며, 공서양속 및 공중위생을 해할 염려가 있는 발명이 아니어야 한다.

특허권은 출원·심사·등록의 절차를 거쳐 등록을 시점으로 출원일 후 20년이 되는 날까지 존속한다. 현행 특허법은 선출원주의(first-to-file)를 채택하고 있어서 같은 발명의 경우에 하루라도 먼저 출원한 자에게 특허권을 허여하게 된다. 현재 특허출원 후 특허권을 등록하기까지 통상 12개월 내외의 시간이 소요된다. 특허출원은 심사청구 순서에 따라 심사하는 것이 원칙이나, 모든 출원에 대해서 예외 없이 이러한 원칙을 적용하다 보면 공익이나 출원인의 권리를 적절하게 보호할 수 없는 면이 있어 일정한 요건을 만족하는 출원에 대해서는 심사청구 순위에 관계없이 다른 출원보다 먼저 심사하는 제도(우선심사제도)를 규정하여 운영한다.

특허권자는 업으로서 그 특허발명을 실시할 권리를 독점한다. 특허권의 범위는 특허출원시 명세서상 특허청구범위에 기재된 사항에 의하여 정하여진다. 이 특허권은 권리객체가 무체물이라는 점에 물권과 구별되지만, 특허권도 재산권의 일종으로 재산권적 특성을 그대로 지니고 있다. 다만, 권리객체가 무체물이라는 점에 따라 점유로부터 얻을 수 있는 법상 이익을 향유할 수 없다.

고안(idea)은 간단한 착상에서 비롯되지만, 새로운 것일 경우에 그 가치가 높다(예컨대, pioneer invention의 경우). 특허법상 발명은 산업상 이용가능성을 가지며 종전의 발명이나 개발의 단순한 조작이나 결합에 의하여 의한 것이 아니라, 고도의 기술적 수준을 가지고 있어야 한다. 일반적으로 특허발명을 큰 발명(grand invention)이라 말한다면, 실용신안은 작은 발명(small invention)이다. 실용신안권의 요건은 특허요건과 완전히 거의 일치하지만, 이 진보성에 관하여 특허발명의 경우보다 낮은 수준이라는 점에서 차이를 나타낸다.

2) 디자인권

디자인권은 기술이론에 기초하지도 않고 예술저작물의 보호를 위한 것도 아니지만, 신규의 산업상 이용가능성과 상품에 대한 심미적 창작으로서 보호되는 산업재산권의 하나이다. 디자인보호법 제2조 제1호에 "디자인이라 함은 물품(글자체를 포함)의 형상, 모양이나 색채 또는 이들을 결합한 것으로서 시각을 통하여 미감을 일으키게 하는 것을 말한다"고 규정하고 있다.

디자인보호는 인간의 심미적 효과에 부응하는 것이다. 여기에서 디자인이란 종래 의장이라 불렀던 것으로 기술과 예술의 융합된 산업디자인(industrial design)을 의미한다. 이 디자인보호를 위하여 공업상 이용가능성(공업성), 신규성, 창작성이 요구된다. 소극적 요건으로 국기, 국장과 동일 또는 유사한 의장이 아니어야 하고, 물품의 혼동을 야기할 염려가 없어야 하며 공서양속에 반하지 않아야 한다.

디자인보호의 경우에도 다른 산업재산권과 마찬가지로 출원·심사·등록의 절차를 밟는다. 그런데 디자인등록출원에는 디자인심사등록출원과 디자인무심사등록출원의 두 제도로 운영하고 있다. 물품의 특성상 유행성이 강하고 라이프 싸이클이 짧은 식품류(A1), 의복료(B1), 침구류(C1), 용지·인쇄물류(F3), 포장용기류(F4), 직물지류(M1), 잡화류(B2), 신발류(B5), 교재류(F1), 사무용품류(F2) 등의 10개 대분류에 대하여 디자인일부심사등록출원이 가능하며, 기타 물품에 대해서 디자인심사등록출원 후 심사를 거쳐 등록한 후 권리로 보호받게 된다.

그 밖에 디자인은 모방이 용이하고 유행성이 강하다는 특성을 가지고 있다. 디자인보호법에 다른 산업재산권법과는 다른 몇 가지 특유의 제도를 규정하고 있는데, 관련디자인제도,[2] 한 벌 물품 디자인제도,[3] 비밀디자인제도[4] 등이다.

2 자기가 등록 또는 출원한 기본디자인의 변형된 디자인을 관련디자인이라는 이름으로 등록받을 수 있도록 하는 제도이다(이전의 '유사디자인'을 개칭).

3 디자인보호법상 1디자인 1출원주의가 원칙이지만, 예외적으로 한 벌로 사용되는 물품으로서 전체적으로 통일성이 있는 경우에는 하나의 출원으로 심사·등록할 수 있도록 하는 한 벌 물품 디자인제도를 두고 있다(예컨대, 한 벌의 끽연용구 세트, 한 벌의 커피세트 등).

4 디자인등록출원시 출원인의 신청이 있는 경우에 디자인권의 설정등록일부터 3년 이내의 기간 동안 공고하지 아니하고 비밀상태를 유지할 수 있다(디자인권자가 사업실시의 준비를 완료하지 못한 상황에서 타인의 모방에 의한 사업상 손실을 막기 위함이다).

2. 상표권(trademark)

1) 상표와 상표권

현행 상표법상 상표권의 보호대상은 계속적으로 확대하여 색채 또는 색채의 조합만으로 된 상표, 홀로그램상표, 동작상표 및 그 밖에 시각적으로 인식할 수 있는 모든 유형의 상표이다. 그 밖에 소리상표와 냄새상표는 현행법상 시각적인 방법으로 寫實的으로 표현한 것이라면 보호할 수 있도록 규정하고 있다. 상표권은 상표 그 자체를 권리객체로 보는 것이 아니라, 본질적으로 등록상표가 상품에 사용됨으로써 형성된 무형의 재산적 가치를 보호하고자 하는 데에 있다. 광의의 상표개념에는 상표 외에 서비스표,[5] 단체표장,[6] 업무표장[7]을 포함한다.

상표는 다른 경쟁자의 상품과 자기의 상품을 식별하는 일차적 기능을 가지고 있다. 이 점에서 상표의 식별력(distinctiveness)이 상표법상 주된 논의대상이며, 상표등록의 기초를 이루고 있음을 알 수 있다(상표법 제6조, 제7조). 뿐만 아니라, 거래시장에서 경쟁질서를 무시한 채 허용되지 않는 방법을 통하여 경제적 수익을 확보하려는 불공정행위를 배제하게 한다는 점에서 수요자의 이익도 보호한다. 후자는 법정책적 근거에 터 잡아 시장에서의 거래의 혼동과 誤導를 막는 데에 기능한다. 즉, 상표권은 지적 창작물에 대하여 독점권을 부여하는 특허권의 경우와 달리 거래시장에서 판매되고 있는 상품을 구별하고, 상품의 혼동을 막아 공정한 거래질서를 유지하게 하는 권리인정의 본질적 요소를 가지고 있다.

현행 상표법은 먼저 출원한 자에게 상표등록의 우선권을 부여하는 선원주의와 출원한 상표의 심사를 거쳐 등록하여야 권리를 얻는 등록주의를 채택하고 있다. 등록하지 않은 상표에 대하여는 상표권을 부여하지 않는다. 상표등록을 위해서 상표출원자는 사용의사를 절대적인 요건으로 밝힐 필요는 없다. 이와 관련하여 주지·저명한 미등록상표에 대하여는 타인의 상표등록을 배제하는 소극적 효력을 인정하고 있다. 현행

5 비스업(광고업, 은행업, 운송업, 요식업 등 서비스 제공업)을 영위하는 자가 자기의 서비스업을 타인의 서비스업과 식별되도록 하는데 사용하는 표장을 말한다.

6 상품을 공동으로 생산·판매 등을 하는 업자 등이 설립한 법인이 직접 사용하거나 그 감독 하에 있는 단체원으로 하여금 자기의 영업에 관한 상품 또는 서비스업에 사용하게 하기 위한 표장을 말한다.

7 영리를 목적으로 하지 아니하는 업무를 영위하는 자가 그 업무를 나타내기 위하여 사용하는 표장을 말한다(예컨대, 대한적십자사, 청년회의소, 로타리 클럽, 한국소비자보호원 등).

상표법과 같이 등록주의를 채용한 경우에 현실적으로 등록된 상표의 사용 여부를 그 요건으로 하지 않기 때문에 등록된 저장상표가 있을 수 있다. 이에 상표법은 저장상표에 대한 폐해를 막는 방법으로 이해관계인에 의한 취소심판청구를 규정하고 있다.

등록한 상표는 어떠한 법적 의미를 가지는가. 상표 자체의 경제적 보호가치로부터 연원하는 것이 아니라, 등록에 따른 상표권의 효력이 발생한다. 현행법상 상표등록 후 등록상표에 대하여 상표권자는 사용권과 금지권을 행사할 수 있다. 사용권이라 함은 지정상품에 대하여 그 등록상표를 등록자에 한하여 사용할 수 있도록 인정한 권리를 말하며, 금지권이란 제3자가 동일, 유사상표를 지정상품과 동일, 유사상품에 사용하는 것을 배제할 수 있는 권리다.

요컨대, 상표권은 식별표지(distinctive sign)와 부정경쟁(unfair competition) 또는 불공정거래관행(unfair trade practice)을 방지하는 데에 기초를 두고 있다. 새로운 기술적 고안에 기초하고 있지 않고 시장에서 자타상품의 식별과 경쟁체제의 유지라는 점에 주목할 때에 상표권을 부정경쟁방지법리의 영역에서 논의하게 된다. 후자의 부정경쟁의 방지는 또한 산업활동의 보호에 직접 관계되어 있다. 이는 지적활동을 보호하는 특허권 등과 비교할 때 연혁적 근거에서 뿐만 아니라, 법리상 출발점이 다르다는 점을 잘 드러내는 것이다.

2) 도메인 이름과 상표의 관계

인터넷에 연결되어 있는 각 컴퓨터는 다른 컴퓨터와 연결하기 위하여 사용되는 고유한 식별부호(번호)를 가지고 있다. 이를 인터넷 프로토콜 주소 또는 IP 주소(Internet Protocol Address)라고 부른다. 인터넷 이용자는 이 IP 주소가 숫자로 표시되어 있으므로 특별한 방법에 의하지 않고는 다른 웹사이트에 접속하기 위하여 많은 시간을 소비케 되어 이용상 불편을 느끼게 된다. 이런 불편을 덜기 위하여 각 IP 주소에 일정한 의미를 가진 이름을 붙여 이를 사용하게 되면 관련된 웹 페이지의 접속이 용이할 뿐만 아니라, 일반인의 이용 빈도가 증가되어 웹사이트의 홍보효과를 높일 수 있다. 이와 같이 IP 주소에 붙여진 명칭을 인터넷 도메인 이름(domain name)이라고 부른다. 즉, 모든 웹사이트는 종래의 전화번호 또는 주소로 인식되는 IP 주소 외에 다른 명칭인 도메인 이름을 가지고 있다. 도메인 이름은 지금까지 웹 서비스가 상업적으로 이용됨에 따라 주로 영업활동의 주체인 회사 명칭을 널리 알릴 목적이거나 자사의 상품을 판매할 목적으로 상품의 광고효과를 높이기 위하여 상품명으로 붙여졌다. 이러한 회사의 명칭 또는 상품명은 대개 소비자의 인지도를 고려하여 각국의 상표법에 따라 상표로 등록되어 있다.

그런데 제3자가 등록상표를 도메인 이름으로 먼저 등록했을 경우에, 이 회사나 상품과 직접적인 관련이 없는 제3자는 이를 인터넷상 도메인 이름으로 먼저 등록했다 하더라도 자기의 권리를 주장하지 못한다. 이는 도메인 이름과 상표권의 다툼에서 대부분 상표권자가 상표권에 터 잡아 도메인 이름의 사용권을 확보하였음을 의미하는 것이다.

여기에서 살펴보아야 할 것은 제3자가 아무런 법적 관계없이 타인의 성명 등을 가지고 먼저 도메인 이름으로 등록한 경우에, 성명권자가 제3자에 대하여 자기의 성명권 등에 기한 어떠한 어떤 법적 구제방안을 강구할 수 있느냐에 관한 점이다. 이러한 문제는 도메인 이름의 분쟁에 관하여 지금까지 중요하게 다루어지지 아니한 것이었지만, 최근 인터넷상 개인의 성명을 가지고 직접 도메인 이름을 붙이는 경우가 많아지고 있다는 점에 비추어 볼 때 많은 논란이 예상된다. 예컨대, 유명한 스포츠 선수의 이름을 가진 도메인 이름 또는 사회적으로 널리 알려진 사람들의 이름을 가지고 당사자와는 아무런 관련 없이 제3자가 영업활동을 전개하는 경우 등이다. 이때에 유명인이 자신의 성명, 초상, 경력 등을 상업적 목적으로 이용함으로써 재산적 수익을 높일 수 있는 영미법상 퍼블리시티권(right of publicity)의 침해 여부를 검토할 수 있다.

아래의 표에서 산업재산권에 관한 기본적 내용을 간략하게 비교하였다.

구분	특허	실용실안	디자인	상표
개념	자연법칙을 이용한 기술적 사상의 창작으로서 고도한 것(큰 발명)	자연법칙을 이용한 기술적 사상의 창작(작은 발명)	물품의 형상·모양·색채 또는 이들을 결합한 것으로 시각을 통하여 미감을 일으키게 하는 것	기호, 문자, 도형, 입체적 형상, 색채, 홀로그램, 동작 또는 이들을 결합한 것 외에 시각적으로 인식할 수 있는 것
보기	전자를 응용하여 전화기를 생각해낸 것과 같은 발명	송화기와 수화기가 분리되어 있던 것을 일체로 하여 편리하게 한 것과 같은 형상이나 구조 등에 관한 고안	탁상전화기를 반구형이나 사각형인 것과 같이 물품의 외관에 대한 형상이나 모양 또는 색채에 관한 디자인	전화기 제조회사가 자사제품의 신용을 유지하기 위하여 제품이나 포장 등에 표시하는 표장(마크)
존속기간	등록일로부터 출원일 후 20년이 되는 날까지	등록일로부터 출원일 후 10년이 되는 날까지	등록일로부터 출원일 후 20년이 되는 날까지	등록일로부터 10년 (갱신등록가능)

3. 저작권(copyright)

저작권은 어문·예술저작물을 보호하는 데에서 출발하여 미술저작물, 건축저작물, 사진저작물, 영상저작물 및 컴퓨터프로그램저작물에 이르기까지 인간의 사상 또는 감정을 표현한 창작물을 보호하는 배타적 권리다. 저작권법은 우선적으로 창작활동을 통하여 얻어진 저작물 보호라는 관점에서 저작자를 보호하는 데에 관심을 모으게 되지만, 이와 함께 저작물의 공정한 이용을 통하여 문화수준을 향상 발전시키는 데에 주안점을 두고 있다. 현행 저작권법은 "저작자의 권리와 이에 인접하는 권리를 보호하고 저작물의 공정한 이용을 도모함으로써 문화 및 관련 산업의 향상발전에 이바지함을 목적으로 한다"고 규정하고 있다(저작권법 제1조). 저작권법은 문학작품·예술작품 등의 저작자뿐만 아니라, 실연자, 음반제작자, 방송사업자 등의 권리(저작인접권)도 보호하고 있다.

디지털 기술의 발전에 힘입어 저작자 등의 권리보호가 어느 때보다도 강하게 요구되고 있으며, 그와 함께 정보공유에 대한 일반인의 요구가 한층 더 증대하고 있다. 저작물 보호에 관한 발전과정을 돌아볼 때에, 기술발전에 따라 그 보호대상이 확충되었으며, 보호의 정도를 강화해 왔다. 저작권(copyright)이라는 명칭에서 알 수 있는 것처럼 보호의 주된 권리는 복제권(right to make copies)이다.

그런데 종래 아날로그 환경 하에서의 사정과는 달리 디지털 기술을 이용한 복제는 더 이상 원본과 복사본의 차이를 찾을 수 없게 되었다. 이 점에 터 잡아 저작권의 보호가 어느 때보다 강하게 요구된다. 한편, 지식·정보를 사회적 기반으로 삼는 정보사회에서 정보의 遍在로 인한 여러 현상이 드러나, 정보보호와 동시에 추구해야 할 대상으로 정보이용의 확대 즉, 정보공유를 논의하게 되었다.

4. 신지적재산권(newly emerging intellectual property rights)

이는 전통적인 지적재산권 즉, 특허, 실용신안, 디자인, 상표 및 저작권 외의 새로운 형태의 지적 창작물에 대한 재산적 권리를 총칭한 것이다.

이에 관한 몇 가지 예를 아래의 표로 간단히 살펴본다.

분류	구 분	관련법률
첨단산업 영역	○ 반도체 집적회로의 배치설계 ○ 생명공학(종자산업 포함)	▶ 반도체집적회로의 배치설계에 관한 법률 ▶ 특허법, 종자산업법
저작권 영역	○ computer program ○ 데이터베이스(DB)	▶ 컴퓨터프로그램 저작물로 보호(저작권법) ▶ 저작권법에 규정
정보관련 영역	○ know-how; trade-secret	▶ 부정경쟁방지 및 영업비밀보호에 관한 법률
기 타	○ 프랜차이징 ○ 캐릭터	입법 논의 중

Ⅲ. 인터넷과 관련한 특허권 보호

인터넷과 특허권은, 언뜻 보기에 인터넷 접속에서 빚어지는 정보보호 등의 문제와는 달라, 직접적인 관련이 없는 것처럼 보인다. 그러나 인터넷 등장에 따라 제기된 가상공간에 관한 법의 논의는 어느 특정분야에 한정되어 있는 것이 아니다. 기술에 관한 전 분야에 반영되기 때문에 인터넷의 이용확대는 특허권취득 및 특허권보호 등에도 직접적으로 영향을 미치고 있다. 새로운 기술의 개발자는 기술개발에 대한 권리를 얻어 적정한 경제적 가치를 확보하고자 한다. 특허권은 발명자에게 발명내용의 실시에 대한 독점권을 부여하고 있으므로(특허법 제94조) 기술개발자에게 가장 유리하다. 특허권은 역사적 발전을 통하여 발명의 법적 보호를 뚜렷하게 강구하고 있을 뿐만 아니라, 21세기의 정보사회(또는 지식기반사회)에서 지적 재산을 보호하는 대표적인 재산권의 하나로 강조되고 있다.

인터넷과 관련한 특허권 논의는 다음의 두 가지로 나누어 살펴본다. i) 하나는 인터넷의 이용에 따라 새롭게 보호되는 특허대상으로 영업방법이며, ii) 다른 하나는 정보통신망을 통하여 공개된 기술과 특허요건 판단에 관한 것이다.

1. 영업방법(business method: BM) 특허의 보호 논의

1) 인터넷과 영업방법 특허

인터넷과 관련하여 직접적으로 논의될 수 있는 소프트웨어는 전자상거래에 관한 프로그램의 개발이다. 암호화기법, 압축 및 인증 알고리즘 등 웹에서 구현하는 내용은 종래의 프로그램과는 그 성격이 다르다. 전자상거래를 위하여 개발된 프로그램은 네트워크에서 직접 거래의 전부를 처리하게 되므로 계약체결, 대금결재에 이르기까지 하나의 통합된 패키지 소프트웨어다. 개방체제 네트워크에서 전자문서를 이용하여 전자상거래가 행하질 때, 안전하고 신속한 거래가 이루어지는 데에 필요한 프로그램을 보호할 때, 온라인 거래가 활성화되고 더 향상된 전자상거래를 이끌어낼 수 있을 것이다. 또한, 유사한 기술을 가지고 있는 경쟁업체에 의한 권리침해를 막을 수 있어 독자적인 영역을 확보해 기술개발에 투하한 비용을 회수할 수 있어 더 나은 기술개발을 이끌어낼 수 있다.

영업방법 특허란 전자상거래에 관한 새로운 방법 또는 시스템에 관한 특허를 말한다. 여기에서 컴퓨터를 활용하여 영업하는 방법 또는 그 방법을 실시하기 위한 시스템이 발명의 내용이다. 네트워크상 판매, 금융, 회계, 투자, 입찰 등 여러 서비스 업무 등 현대사회에서 경제활동의 대부분의 분야를 포함시킬 수 있다. 전자상거래에 필요한 하드웨어관련 기술개발 외에 소프트웨어를 개발하는 것과 관련되어 있다. 인터넷관련 발명에 대한 출원내용을 살펴보면 주변기기, 네트워크 인증 등 시스템분야보다는 비즈니스 모델, 전자화폐 및 정보검색 등 부가가치가 높은 전자상거래 분야에 관련된 출원이 급격하게 증가되고 있다. 기술개발의 결과로 얻어진 발명이 경제적 가치를 확보하려면 무엇보다도 특허출원이 권장되고 적정한 심사가 행하여져야 한다. 인터넷 관련의 기술개발은 다른 분야에 비하여 아주 짧은 개발주기로 인하여 종래 부터 논의되던 심사기간의 단축이 어느 때보다 절실히 요청되는 분야이다. 현재 세계 각국은 전자상거래와 관련된 프로그램의 개발에 박차를 가하고 있다.

정보사회에서 거래의 대상이 물건이나 서비스의 제공에서 벗어나 정보 자체의 거래가 주된 대상이 되고 있다. 이러한 거래는 종래의 매매 규정을 가지고 발생하는 법률문제를 해결할 수 없기 때문에 적극적으로 라이센스 체결의 새로운 계약형태로 실현하고자 한다. 최근에는 이러한 정보의 거래(이용)는 이러닝(e-learning)과 유헬스(u-health)의 사회적 관심대상과 연계하면서 교육, 의료 분야의 정보이용에 관한 출원이 증가하고 있다.

요컨대, 컴퓨터프로그램이라 할지라도 일정한 요건을 갖추었을 경우 현행법상 특허 등록을 받을 수 있으므로, 전자화폐기술, 웹사이트 디자인기술, 인터넷경매시스템, 인터넷쇼핑몰 운영기술 등 기술적 사항이 포함된 서비스 기법이나 비즈니스 모델 등이 특허요건만 갖춘다면 특허권을 얻을 수 있다.

2) State Street Bank의 영업방법 특허

영업방법 특허에 관심을 불러일으킨 것은 미국의 State Street Bank가 개발한 투자관리 시스템이었다. 이 특허발명은 뮤추얼 펀드(spokes)를 공동 출자하여 자산을 하나의 투자 포트폴리오(hub)에 넣는 것을 허용하는 허브 및 스포크 데이터 처리 시스템(Data processing system for hub and spoke financial services configuration)에 관한 것이다. 복수의 뮤추얼 펀드(spokes)의 자산을 파트너십 형태로 조직된 투자 포트폴리오(hub)에 집약함으로써 투자의 경제규모를 얻고, 아울러 뮤추얼 펀드가 파트너십 형태로 취급되게 함으로써 세법상 우대효과를 얻을 수 있도록 개발하였다.

이 특허에 대하여 Signature 금융사가 특허권자인 State Street Bank와 당해 특허발명의 이용을 위한 라이센스 협상에 실패한 후, 당해 특허발명의 특허권 무효를 주장하였다. 무효주장의 근거는 영업방법이 특허법상 특허대상으로 보호받지 못한다는 것이었다. 이에 대하여 1심법원은 미국 특허법 제101조의 법정 특허대상(statutory subject matter)에 해당하지 않아 특허를 받을 수 없다고 판단하였다. 하지만, 연방항소법원(CAFC)은 발명내용(특허청구항)이 단지 수학적 알고리즘 그 자체만을 구성된 경우에는 특허권을 부정하는 것이 타당하지만, State Street Bank의 발명과 같이 유용하고, 구체적이며, 실제적인 결과(useful, concrete, tangible result)를 가져온다면 특허대상으로 보호될 수 있다고 판단하였다.[8]

이와 같은 영업방법 특허를 소개하면, Priceline의 "name your own price" 서비스는 인터넷상의 역경매 방식을 이용한 특허발명(US Patent No.5,794,207)이다. 역경매 방식이란 구매자 중심의 상거래 방식으로 구매자가 원하는 가격 등의 구매조건을 제시하면 그 구매조건에 응할 판매자를 찾아 판매자와 소비자를 연결하는 방식을 말한다. 또한, 〈amazon.com〉은 "원클릭(one click) 온라인 쇼핑 방법"으로 특허권(US Patent No.5,960,411)을 얻어 경쟁관계인 반스앤노블 서점이 그 특허기술을 사

8 State Street Bank v. Signature Financial Group 149 F.3d 1368 (1998).

용하지 못하도록 함으로써 상대보다 시장에서 우위를 점할 수 있었다.

그런데 이 State Street Bank 사건 판결(1998년)에서 정립한 영업방법 발명의 특허 허여 여부에 대한 판단기준('useful, concrete, tangible result' Test)이 연방 대법원의 Bilski 사건판결(2010년)에 의하여 더 이상 적용되지 못하게 되었다. 이는 Bilski 사례의 항소심에서 영업방법에 대한 특허 판단기준으로 소위 '기계(장치) 또는 변형'(machine or transformation: MoT) 기준을[9] 새롭게 제시한 것을 연방 대법원이 그 내용의 일부를 인용한 것에 따른 결과이다. Bilski 항소법원에서 영업방법이 특허대상이 되는지 여부를 판단할 때, 오로지 기계 또는 변형 기준에 따라 결정할 수 있다고 하였던 것을 연방 대법원에서 이 MoT 기준은 이의 판단을 위한 유용한 기준이 되지만, 유일한 기준이 아니라는 점(useful, not sole test)을 명확히 밝혔고, 종래 State Street Bank 판단기준은 더 이상 유효하지 않다고 판시하였다.

2. 특허요건(신규성) 판단에 관한 논의

1) 웹에 게재된 선행기술

특허권을 취득하려는 자는 현행 특허법에서 규정하고 있는 일정한 요건을 구비하여야 한다. 특허권은 발명이라는 기본적 요건 이외에 산업상 이용가능성, 신규성, 진보성(또는 비자명성)의 요건을 갖춘 물건이거나 방법의 발명에 부여된다. 인터넷과 관련 있는 발명은 두 가지로 나누어 볼 수 있는데, 하나는 컴퓨터의 하드웨어에 관한 기술개발이고, 다른 하나는 인터넷에서 이용되는 프로그램 등의 소프트웨어에 관한 것인데 현재 여기에 관심이 모아지고 있다. 이때 인터넷기술이 개발되어 일정한 범위에서 활용되고 있을지라도 정보사회에서 국내 기술개발뿐만 아니라, 외국의 기술개발의 발전추이에 계속적인 관심을 기울여야 한다.

인터넷 서비스를 이용한 발명은 주로 전자상거래, 인터넷상 거래방법, 인터넷 서비스 등과 관련된 것들이다. 인터넷 서버의 증가와 이에 따른 이용자수의 확대는 기술의 이용범위 및 기술내용의 향상으로부터 얻어진 것이다. 이는 종래보다 정보전

9 여기에서 변형(transformation)의 예로 소리를 전류로 바꾸고 다시 전류를 소리로 바꾸는 것으로 설명할 수 있다(벨의 전화기의 특허출원의 경우에).

달이 빠르고 다수의 관련자에게 정보의 가치를 높인다는 점에서 중요한 의미를 가진다. 따라서 웹 페이지 이용과 관련된 정보의 이용은 특허권을 취득하기 위한 특허요건의 판단에도 적잖은 영향을 미치고 있다.

특허권취득에 관한 현행 특허법상 요건 가운데 신규성과 진보성을 판단할 때, 출원 당시에 공지공용의 기술이 있거나 간행물에 공개된 기술내용이 있는 경우에는 이런 기술내용이 선행기술(prior art)로 인정되어 출원발명이 특허를 얻지 못한다. 이와 같은 논의로서 웹 페이지에 어떤 기술내용이 공개되었다면 이 경우에도 공개된 기술을 선행기술로 보아 특허권을 허여하지 못하도록 하여야 한다는 것이다. 즉, 신규성, 진보성의 특허요건을 판단할 때, 정보사회에서는 종래의 판단자료 외에 추가적으로 검토하여야 하는 대상이 있고 이를 실제 충분히 검토하여야 적정한 특허심사의 결과를 얻게 된다.

특허법상 인터넷 자료가 법적으로 어떤 의미를 가지는가. 특허권을 얻기 위한 발명은 우선 새로운 발명이어야 한다(신규성의 요건).[10] 신규성을 판단하는 구체적인 기준은 특허법상 선행기술(prior art)에 달려 있다. 이미 출원한 기술이 선행기술에 의하여 개발된 것이라면 신규성을 상실한 것이므로 특허권이 주어질 수 없다. 공지공용의 기술 및 출판물(간행물)의 조사는 출원발명이 선행기술에 해당하는지의 여부를 판단함에 있어서 필수적이다.

2) 간행물과 구별되는 웹 페이지의 기술정보

특허법은 오래전부터 특허출원 전에 국내 또는 국외에서 頒布된 간행물에 기재된 발명에 대하여 특허를 받을 수 없다고 규정하여 왔다. 간행물이란 인쇄 기타의 기계적, 화학적 방법에 의하여 공개의 목적으로 복제된 문서, 도화, 사진 등을 말한다. 이러한 개념은 출판물을 중심으로 정립된 것으로 최근의 정보사회라는 사회적 여건과 다른 사정에서 얻어진 것이다. 종래의 인쇄출판은 현재 전자출판으로 진보발전하고 있을 뿐만 아니라, 다양한 정보전달의 매체는 종래의 정보매체에 비교할 수 없는 상당한 정도의 내용과 그 질적 변화를 보여주고 있다. 그 대표적인 것이 여기에서 논의하는 대상인 인터넷의 정보전달매체이다.

10 특허법 제29조, 제30조.

웹 페이지에 공개된 정보내용은 반포된 간행물과 구별된다. 현행법상 간행물의 개념은 산업사회라는 사회적 배경에서 주로 인쇄매체에 중심으로 이끌어낸 것인데, 정보지식사회라는 새로운 환경에서 동일하게 유지될 수 없다. 인터넷상 데이터는 특별히 관련자료의 보안장치를 마련하고 있지 않는 경우에 일반인에게 아무런 제한 없이 공개된다. 이 공개된 자료는 일반인이 네트워크에 접속함으로써 특정한 영역을 제외하고는 대가 없이 무제한으로 이용될 수 있다. 이제는 연구결과를 출판물에 의한 공개보다는 오히려 인터넷상 웹 페이지에 올려 일반인이 검색할 수 있도록 하는 것이 시간적, 경제적으로 합리적인 방법일 뿐만 아니라, 전자책으로 더욱 그 접근이 용이해졌다. 이러한 점에서 볼 때에 인터넷상 데이터를 현행 특허법상 국내외에서 간행된 반포물이 아닌 별도의 검토대상이다.

모든 기술분야에 관한 정보를 웹에서 검색할 수 있다고 말할 수 있으므로 웹 자료는 특허권 허여 여부를 판단함에 중요한 작용을 한다. 웹 페이지의 자료를 실제 검색함에 있어서 '정보의 바다'에 있는 데이터를 어떠한 방법을 가지고 특허요건의 심사에 반영할 수 있느냐는 현실적인 어려움이 있다. 관련 있는 모든 자료를 짧은 시간에 검색한다는 것은 새로운 기술적 접근이 있어야 하며, 또한 이에 관한 검색에 관한 기준마련이 선행되어야 한다. 예컨대, 관련분야의 키워드를 이용한 메타 검색엔진(meta search engine)을 개발하거나, 일정기간 동안 계속하여 충분한 자료를 제공하고 있는 웹 페이지를, 기존의 간행물의 검색과 같이, 정기적으로 검색할 수 있어야 한다.

현행 특허법은 선행기술을 판단할 때, 공지공용의 기술과 간행물에 공개된 대상 외에 정기통신회선을 통하여 공중이 이용가능하게 된 발명이(특허법 제29조 제1항 제2호) 있는 경우에 그와 같은 발명은 특허를 얻지 못한다. 여기에서 그 대상을 정할 때 '전기통신회선'으로 규정하였는데, 그 실체는 인터넷과 같은 정보통신회선 또는 정보통신망을 말하는 것이다. 그런데 정보통신망과 전기통신회선이 전혀 다른 것인가. 현행 특허법상 두 가지를 병존적으로 규정하고 있는데 다른 의미로 새겨지지 아니하므로 이를 바로잡을 필요가 있다.[11]

11 특허법 제28조의5와 제29조 제2항. 일본 특허법 제29조 제1항 제3호에 규정한 "전기통신회선" 용어와 일치함.

Ⅳ. 디지털 기술과 저작권

디지털 환경 하에서 저작물을 디지털 매체로 옮겨 디지털 기기를 통하여 접근하고 이를 이용하는 데에 어려움을 없게 한다. 이는 디지털 혁명에 의하여 성립된 정보사회에서 디지털 기술을 이용하여 저작권 보호를 꾀하는 것이다. 정보사회에서 저작권을 보호하는 방법은 산업사회의 경우와 다르게 발전하고 있다.

디지털 매체에 담긴 저작물이 정보통신망에 의하여 용이하게 전달됨에 따라 대상의 복제·배포가 이전과는 비교할 수 없을 만큼 간단하게 이루어진다. 이러한 점은 정보사회에서 저작권을 보호하여야 하는 또 다른 논의의 출발점이 되고 있다. 디지털 기술을 이용하여 저작권을 보호한다 할지라도 저작권 본질에는 아무런 차이를 드러내지 않는다. 이는 창작이 저작자의 정신적 작업으로 독창적 표현의 결과로 나타나지만, 디지털 매체에 담는 것에만 한정하는 것이 아니라는 점을 말한다. 단지 일반 대중이 디지털 매체를 통하여 이용하는 경우에 디지털 기술의 혜택을 보게 될 뿐이다. 결국 표현을 보호하는 본질에는 변화가 없지만, 이용수단·방법이 달라짐에 이에 영향을 받는 것을 말하는 것이다.

정보사회는 정보의 접근과 이용을 자유롭게 한다[information wants to be free]는 이념적 취지를 가진다. 정보를 자유롭게 접근하여 이용할 수 있으려면 이에 관한 제약이 없어야 한다. 여기에서 자유롭다는 의미는 아무런 대가없이 정보를 이용한다는 것이 아니라, 일정한 대가를 지급한다 하더라도 정보의 흐름을 왜곡시키는 않는다는 것을 뜻한다.[12] 이를 위해서는 정보에 대한 접근이 우선적으로 확보되어야 하는데, 그렇지 않다면 정보사회의 본지를 이루지 못한 것이거나 취지를 훼손하는 결과를 빚어내게 된다.

1. 디지털 기술을 이용한 저작물 보호와 이용

디지털 기술을 통한 저작권 보호는 디지털 매체를 이용한 저작물의 불법적 접근

12 이에 대하여 "information wants to be shared"로 표현하고, 점진적 정보접근을 제안하기도 한다(Herman T. Tavani, "Recent Copyright Protection Schemes: Implications for sharing Digital Information", Intellectual Property Rights in a Networked World, 182, 193 et seq. (2005).

또는 이용을 막는 데에 주력한다. 보호되는 저작권은 전통적인 법리에 기하여 마련된 것이라도 달라진 매체에 의하여 법리적 접근에 특별히 영향을 받지 말아야 한다. 이는 복제권, 배포권 및 방송권 등의 전통적인 저작권이 그대로 유지된 채 종래의 방법 이외의 새로운 보호방법을 추가적으로 마련하는 것을 말한다. 그런데 디지털 환경에서 저작권 보호를 꾀하는 태도가 보수적으로 변하고 있다. 전통적인 저작권 법리가 적용되지 않거나 적용을 배제하려는 경우가 있다. 저작권 보호를 위한 DRM은 정보사회의 초기에 경제적 수익을 확보하는 수단으로서 영업방법의 하나로 확고한 위치를 차지하였다. 디지털 기술에 종래의 저작권법 체제를 채택하였지만, 오히려 새로운 기술을 공정사용, 최초판매이론 등과 같은 저작권법의 전통적 법리를 적용하지 아니한다.

DRM을 통한 저작권 보호가 디지털 매체에 담긴 저작물에 접근할 수 없도록 하거나 이용을 제한함으로써 저작권 침해를 막는다는 취지를 달성하지만, 공정이용(fair use), 최초판매이론(first sale doctrine)의 적용을 처음부터 배제하는 결과를 낳고 있다. 현실적으로 저작권법에 DRM을 새롭게 추가하면서 저작권을 보호한다는 주장은 이용자(소비자)에게 불편을 끼치지만, 저작물 제공자에게 경제적 수익을 확보케 한다. 이에 대하여 DRM 폐지(DRM-free)는 소비자의 불이익을 덜어주며 DRM에 불편을 느낀 소비자의 관심을 돌려 시장점유를 확대하려는 또 다른 영업 전략이 숨어 있다. 이와 같은 DRM과 DRM-free를 논의하는 음반사·서비스 제공자는 소비자의 이용불편에 앞서 관련시장의 점유를 확대하는 영업방법을 무엇보다도 중요하게 다루고 있다. 이는 새로운 기술개발에 따른 법률적용에 괴리를 드러내고 있음을 보여주는 것이다.

저작권을 보호한다는 명분을 가지고 DRM을 채용하여 불법복제를 막는 데에 기여하였지만, 실제 저작권이 이미 소멸되었거나 저작권의 보호대상이 속하지 아니하는 대상을 DRM으로 묶어놓아 그 이용을 제한하는 것은 잘못이다. 디지털 환경 하에서 정보 보호는 저작권 보호와 맥을 같이하여 정보접근이 이전보다 자유로워야 한다는 정보사회의 이념적 논거를 밀어내고 있다. 디지털 환경에 놓인 이용자의 보호수준은 산업사회에서 유지되던 경우와 비교하여 열악한 상태로 추락되지 말아야 한다. 이러한 논의는 종래의 법리적 관점에서 저작권자·이용자 사이의 균형을 깨뜨린다는 지적에서 출발한다. 디지털 환경에서 이용자 권익이 추락되어 콘텐츠제작자 또는 제공자의 경제적 수익을 고려하는 결과를 가져온다면, 이와 같은 법률규정을 유지하는지 여부를 진지하게 검토하여야 한다.

2. 문화산업 육성에 기여하는 저작권법

1) 디지털 기술에 터 잡은 문화산업

저작권법은 저작자의 권리와 이에 인접하는 권리를 보호하고 저작물의 공정한 이용을 도모함으로써 문화의 향상발전에 이바지함을 목적으로 한다. 문화의 향상발전을 이루려면 저작물을 널리 이용하게 하는 것이 필요한데, 이를 위하여 저렴한 대가의 지급으로 저작물을 자유롭게 이용할 수 있게 한다는 간단한 접근에서 문제를 풀어갈 수 있다. 그러나 실제는 다르다. 저작자와 이용자가 직접적으로 저작물을 이용하는 관계로 있기보다는 제3자가 개재하여 양자에게 편익을 제공하고 그 대가를 구하는 경우가 오히려 흔하다. 제3자는 출판권자, 음반제작자 또는 방송사업자 등이다. 출판권자는 저작물을 복제·배포할 수 있는 권리를 설정 받은 자이며, 음반제작자·방송사업자는 저작인접권자로 저작물을 이용하여 경제적 수익을 얻는다. 이들은 저작자로부터 일정한 법률관계에 기하여 저작물을 복제·배포·대여·전송 또는 동시중계방송 등을 통하여 높은 재산적 이익을 확보한다. 경제적으로 영세한 저작자와는 달리 출판권자, 음반제작자 또는 방송사업자는 기업조직을 갖추어 영리를 추구한다. 특히 디지털 기술을 이용하여 저작물을 복제·배포하는 경우에 오프라인에 의한 경우뿐만 아니라, 디지털 기술을 이용한 전송을 통하여 아주 용이하게 저작물을 접하고 이용하게 한다. 커다란 자본을 동원하여 시장을 석권하거나 국내에서의 성공에 힘입어 외국으로 진출하여 외국시장에 문화를 전파한다는 초기의 이미지를 벗어나 문화적 가치가 있는 대상을 가지고 문화산업을 창출하고 있다.

저작자로부터 출판권자, 음반제작자 또는 방송사업자로 이어지는 관계설정은 이제 고전적인 것이라는 지적이다. 오히려 거꾸로 출판을 기획하는 자 또는 음반을 제작하여 판매하려는 자가 저작자를 섭외하여 소비자의 기호와 시대적 성향에 맞게 기획하고 저작자의 저작물을 가지고 높은 판매실적 또는 흥행에 매달린다. 저작자가 경제적 보상을 얻으려면 사업적 수완이 좋은 출판자나 음반제작자로부터 인정받아야 한다는 점에 의하면, 저작물을 출판하는 출판권자 등이 우월적 지위에 있고 저작자는 그들에 얽매이게 된다. 저작인접권자는 저작권자와 계약을 통하여 법률관계를 마련하여 자본과 선진화된 기획력을 발휘하여 경제적 수익을 확보한다. 이는 저작권법이 저작권 보호는 뒤로 미루어 놓고, 음반제작자·방송사업자의 저작인접권을 강화하는 방법으로 문화산업을 발전시키는 데에 주력함을 보여준다.

2) 문화산업과 창작활동의 관계

저작권 관련 다툼은 대부분 창작활동의 주체에 대한 적정한 법률관계를 마련하지 못한 데에서 비롯되고 있으며, 계약체결 내용에 관한 것이다. 이런 경우에 저작권자와 저작인접권자의 법률관계에서 빚어지는 분쟁은 약정 당시에 막연한 계약내용에서 비롯된다. 예컨대, 원고들과 피고 사이의 약정에서 계약금을 지급하고 전속계약을 체결하였다는 점에서 저작인접권을 양수한 것이라는 일방의 주장에 따라 논의대상 권리인 저작인접권의 양도계약인지, 이용허락계약인지를 명백히 하여야 한다는 점에서 당해 계약의 해석을 불러온다. 이와 관련하여 대법원은 "저작권 양도계약인지 이용허락계약인지는 명백하지 아니한 경우가 많은데, 저작권 양도 또는 이용 허락되었음이 외부적으로 표현되지 아니한 경우 저작자에게 권리가 유보된 것으로 유리하게 추정함이 상당하며, 계약내용이 불분명한 경우 구체적인 의미를 해석함에 있어 거래관행이나 당사자의 지식, 행동 등을 종합하여 해석함이 상당하다"고 판시하였다.[13] 이러한 저작권계약의 해석은 'in dubio pro auctore'(의심스러운 경우 저작자에게 유리하게) 논거에 터 잡고 있다.

요컨대, 저작권법 목적과 관련하여 문화의 향상발전과 문화산업의 발전은 동일하지 않다. 구별되는 개념이다. 문화의 향상발전은 저작물의 독창성에서 비롯되는 것이므로 저작자의 창작활동을 통하여 이루어지지만, 문화산업의 발전은 저작물을 이용한 경제활동이 그 기초를 이룬다. 전자는 저작자의 창작활동을 보호가치의 대상으로 파악하지만, 후자는 저작인접권자 또는 관련 산업의 종사자의 경제적 활동

13 대법원 1996. 7. 30. 선고 95다29130 판결; 동 2007.2.22. 선고 2005다74894 판결; 동 2006.12.22. 선고 2006다21002 판결; 동 2002. 9. 24. 선고 2001다60682 판결.

에 따른다. 위에서 지적한 것처럼, 후자가 우선적으로 고려되면, 경제성에 따른 가치추구에 의하여 저작인접권자의 경제적 수익을 확보하는 결과를 가져와 창작활동의 본질이 매몰되어 저작권 보호의 실질적 가치를 잃게 할 수 있다.

○ 연구사항

1. 현행 특허법상 컴퓨터프로그램 그 자체로 특허권 보호를 받을 수 있는가?
2. Bilski 사건판결은 State Street Bank 사건판결에서 정립한 기준을 무너뜨리면서 영업방법 특허를 제한하려는 취지를 드러내고 있는데, 무엇 때문인가?
3. 정보사회로의 발전에 따라 컴퓨터프로그램을 더 철저히 보호하는 것이 필요한가, 아니면 공유의 대상으로 보호를 느슨하게 하는 것이 필요한가?

[사례연구 1]

Bilski v. Kappos 사건판결(2010년) (영업방법 발명과 특허대상 판단)

○ 사실관계

Bernard L. Bilski와 Rand A. Warsaw(이하 'Bilski'라 함)는 석유, 전기, 천연가스 등의 에너지를 사고 팔 때 날씨로 빚어지는 위험성을 막는 방법으로 특허출원하였다. 출원발명의 내용은 에너지의 가격변동에 따라 소비자가 부담하여야 할 고액의 사용료에 대한 부담(위험)을 완화하여 에너지 사용료를 일정액으로 고정하고 이를 청구하는 방법이다. 소비자는 과거의 에너지 사용량을 바탕으로 장래에 사용할 것으로 추산되는 에너지 사용량으로 계산된 일정 금액을 납부하게 된다. 따라서 이런 계약 하에 소비자는 겨울의 날씨가 예년보다 훨씬 추워 어느 해보다 에너지 사용량이 많다고 하더라도 추가적 사용료를 납부하지 않는다는 점에서 경제적 유익을 얻게 될 것이고, 공급자에게 이 방법을 적용할 경우 공급자에게도 같은 결과를 얻을 수 있게 된다.

Bilski가 출원한 청구항은 전형적인 영업방법에 관한 것이지만, 컴퓨터 또는 컴퓨터 프로그램을 이용하는 내용을 담지 않고 수학적 계산을 주된 방법으로 활용하였다. Bilski는 1997년 4월에 이를 출원하였고, 1999년에 특허청은 특허출원된 대상이 순수한 수학적 문제를 풀어가는 추상적 아이디어에 불과하고 기술적 특성을 이끌어내지 못한다는 점에서 거절결정하였다. 특허심판원(BPAI)은 방법발명이 특허권을 얻으려면 방법이 기계에 연결되거나 어떤 대상을 다른 상태로 변형되어야 한다는 점에서 거절결정을 확인하였다.

○ 원심판결

2008년 10월 항소심은 그 기준을 받아들여 기계 또는 변형 기준을 명확히 함으로써 방법특허에 관한 기준을 명료하게 만들었고, 출원발명이 특허대상에 속하지 아니함을 분명히 밝혔다. 자연법칙, 자연현상 및 추상적 아이디어에 대하여는 특허를 허여하지 않는다는 연방 대법원의 판례에 따랐던 것이다. 항소심 법원은 특허권 허여와 관련하여 기술적 특성이 필요한지 여부에 대하여 판단하는데 그 개념이 명료하지 않고, 해석상 다툼의 여지가 많아 헌법이나 법령에서 이를 규정하고 있지 않다고 보았다. 오히려 이를 대신할 것으로 MoT 기준을 제시할 수 있으며, 적합하다고 판시하였다.[14]

2009년 1월 연방 대법원에 제출한 상고신청이 6월 1일에 받아들여져 11월 9일 연방 대법원의 구술심리가 진행되었다. 구술심리에서 연방 대법원은 MoT 기준을 방법발명에 적용할 수 있는지를 중심으로 논의하였다. 종래 State Street Bank 사건 판결(1998년)에서 법원은 영업방법이 유용하고 구체적이며 유형의 결과(useful, concrete and tangible result)를 얻을 수 있는 것이라면 특허 받을 수 있다고 판시하였다. 2008년 항소심 판결은 그와 다르게 '기계(장치) 또는 변형' 기준을 새롭게 제시함으로써 양자의 차이를 드러나게 하였다.[15] 이 MoT 기준은 이후 사건판결에 직접 적용되어 그 의미를 명료하게 드러내었다.

이와 함께 State Street Bank 사례에서 문제된 특허는 방법에 관한 것이 아니라 기계(또는 장치)에 대한 출원이었으므로 Bilski 사례와 논의내용이 다르다고 피상고

14 In re Bilski, 545 F.3d 943, 960 & 973 (Fed. Cir. 2008).

15 545 F.3d 943, 959-960(Fed. Cir. 2008).

인측은 주장하였다. 영업을 수행하기 위하여 다양한 계산이 필요한데 이를 이끌어 내는 프로그램된 컴퓨터는 기계에 속한다고 보았다. 즉, State Street Bank 사례에서 논의된 발명을 흔히 방법발명으로 소개하지만, 이 사건판결에서 발명의 실체는 방법이 아니라 기계라는 점에서 Bilski 사건에서 논의된 대상과 다르다는 것이었다.

연방 대법원 구술심리 후 7개월 이상의 기간 경과 후 2010년 6월 28일에 판결함으로써 그 다툼이 종료되었다.

○ 연방 대법원 판결 내용

연방 대법원은 Bilski가 출원한 영업방법이 방법발명에 속하는지 여부를 판단하는 것 외에 MoT 기준이 방법발명의 판단기준으로 적용될 수 있는지를 판단하였다. 또한, 이들과 관련하여 하급심에서 판단한 것과 같이 출원인의 발명이 추상적 아이디어(abstract idea)에 해당하는지 여부를 함께 논의하였다. 이를 위하여 연방 대법원은 영업방법이 미국 특허법 제101조에 규정한 4가지 범주의 하나인 방법에 속하는지 여부를 먼저 판단하였다.[16]

1. '유용하지만 유일한 기준이 아닌' MoT 기준

방법발명에 대한 특허대상 판단을 위한 기준으로 연방 항소법원(CAFC)에서 정립한 MoT 기준은 이의 판단을 위하여 유용하고 문제해결을 위한 중요한 단서가 되지만, 유일한 기준이 아니다(전원 일치된 의견). 이를 뒷받침하는 선행판결을 살펴보면, Gottschalk v. Benson 사건판결(1972년)에서는 MoT 기준을 가지고 방법발명에 관한 특허대상 여부를 판단하였지만, Flook 사건판결(1978년)에서 이 기준을 충족하지 아니하여도 특허대상으로 보호하였다. 기술혁신과 발명보호를 꾀하면서 동시에 어떤 경우에는 특허로 보호하지 말아야 한다는 것을 논의하게 되는데, 정보사회에서 특허법은 발명자보호와 그에 상반되는 견해가 동시에 존재함으로써 특허법은 어느 때보다도 이 양자 사이의 균형을 모색하는 데에 어려움을 겪고 있다.

산업사회에서 MoT 기준은 방법발명을 판단하는 데에 충분하였다고 말할 수 있

16 Bilski v. Kappos, 130 S.Ct. 3218, 561 U.S. ____(2010).

었지만, 정보사회에서는 MoT 기준을 가지고 방법발명을 판단하는 데에 유일한 기준이 될 수 있다고 보는 것에 적합하지 않다. 예컨대, 소프트웨어, 향상된 의료진단방법, 선형프로그램에 기한 발명, 데이터 압축 및 디지털 신호조작 등의 경우에 이 MoT 기준은 불확실성을 야기할 수 있다.

2. 영업방법과 추상적 아이디어

영업방법을 논의하면서 다수의견과 소수의견 사이에 견해 차이를 드러냈다. 다수의견은 영업방법이 특허대상이 된다고 보는 반면, 소수의견은 처음부터 특허대상에 속하지 않는다고 판단하였다. 다수의견의 논거는 미국 특허법 제101조에 규정한 방법(process)의 법적 개념 해석론 및 제273조(b)(1)에 영업방법에 관하여 규정하고 있으므로 영업방법이 특허대상이 된다는 점에 의문이 없다. 즉, 영업방법이 특허법상 방법의 범주에 속하여 특허보호대상이 되지만, Bilski 발명은 컴퓨터 등을 이용하는 내용을 갖추지 못하여 특허법에서 보호하고자 하는 대상인 영업방법이 되지 못하여 특허법상 보호대상이 아니다.[17] 반면에 소수의견의 논거는 영업방법이 특허법상 방법의 범주에 속하지 않아 처음부터 특허대상에 속하지 않는 것이다. 이에 논의하는 Bilski 발명도 그에 따라 특허대상이 되지 못한다.[18]

또한, Bilski의 출원발명은 미국 특허법 제101조의 적용범위에 벗어난 추상적 아이디어에 해당하여 특허대상이 되지 못한다(전원 일치된 견해). 즉, 영업방법이 미국 특허법 제101조의 방법발명에 속한다고 할지라도 Bilski가 출원한 것은 헤지(hedge)의 기본개념 또는 위험에 대한 보호방안을 강구하는 것에 지나지 않는다. 따라서 추상적 아이디어에 불과하므로 특허법의 보호범위 밖에 놓이게 된다. 이 사례에서 다루어진 대상은 Benson 사건판결 및 Flook 사건판결에서 다투어진 알고리즘과 같은 것이다.

3. 'useful, concrete and tangible result' 기준의 폐기와 영업방법 특허

17 대법관 Kennedy, Roberts, Thomas, Alito 및 Scalia를 말한다. 하지만, Scalia 대법관은 논의내용에 따라 다른 견해를 제시하였다는 점에서 관심을 모으며, 전체 논의의 흐름에 영향을 미쳤다.

18 대법관 Stevens, Ginsburg, Sotomayor 및 Breyer를 말한다. Breyer 대법관은 자신의 견해를 다른 대법관의 소수 견해보다 명확히 밝히는 논거를 제시하였고, Scalia 대법관이 이에 동조하였다.

영업방법이 특허대상인 방법발명의 범주에 속한다 할지라도(다수의견) 어떤 기준에 따라 이를 판단할 수 있는지에 대하여 살펴볼 때, 다소 복잡하다.

다수의견(5명의 대법관) 가운데 Scalia 대법관은 영업방법이 방법특허 대상에 속하지만, 종래 State Street Bank 사건판결에서 확립한 'useful, concrete and tangible results' 기준은 더 이상 적합하지 않다고 밝혔다. 이는 위의 다수의견과 명확히 구별되는 견해다. 이런 견해는 MoT 기준이 유용한 판단기준이지만 유일하지 않다는 점에서 방법발명을 인정하는 기준모색과 연계되어 있다. 즉, MoT 기준이 유일한 기준이 아니면 이전의 State Street Bank 사건판결에서 정립된 기준으로 되돌아가 판단하여야 할 것으로 추단할 수 있었다. 그러나 Scalia 대법관은 소수의견을 내놓았던 Breyer 대법관의 의견에 찬동함으로써 다수의견과 차별되는 결론을 이끌었다. 이로써 State Street Bank 사건판결에서 정립한 종래의 기준으로 되돌아가지 못한다는 데에 5명의 대법관 의견이 모아졌다.

이를 정리하면 방법발명 특허의 판단을 위하여 State Street Bank 사건판결에서 정립한 판단기준은 더 이상 유효하지 못하다는 것이다. 결국 미국 특허법상 영업방법 특허는 State Street Bank 사건판결에서 다루어진 'useful, concrete and tangible result' 기준이 폐기됨으로써 영업방법을 보호하는 폭이 좁아졌다고 볼 수 있다.

[사례연구 2]

대법원 2009.11.26. 선고 2008다77405 판결 (링크에 따른 저작권 침해 여부)

○ 사실관계

대중가요를 작곡, 작사한 저작자 겸 저작권자인 ○○○(원고)는 자신의 저작물을 한국음악저작권협회와 음악저작물에 관한 저작권신탁계약을 체결하였다가, 2004. 4. 6. 소외 협회에게 이에 관한 계약해지를 통지하였다. 피고들은 자신이 직접 음악사이트를 운영하거나, 다른 회사의 음악사이트와 계약관계를 유지·이행하는 등의 방식으로, 피고 1, 2, 4는 원고 주장의 기준일인 2004. 4. 6.부터, 피고 3은 2005. 6. 20.부터 저작권자인 원고로부터 이 사건 음악저작물에 대한 이용허락을 받지 아니하였다. 문제된 음악저작물을 디지털압축파일(asf, box, mmf 등의 파일형식)로 변환하여 자신들이 운영하는 음악사이트의 각 해당 서버에 저장한 다음, 인터넷 이용자에게 전체듣기·미리듣기·MP3 파일 다운로드·통화연결음·휴대폰 벨소리 및 링크(link) 등의 음원서비스 등을 제공하여 왔다.

원고는 피고들이 링크를 통하여 원고의 음악저작물에 대한 복제권, 전송권, 배포권을 침해하였다고 주장하였다.[19] 이에 대하여 피고들은 인터넷 이용자가 자신의 개인 블로그 등에 링크를 걸어 놓은 것과 관련하여 복제권, 전송권 침해의 책임이 없다고 주장하였다.

○ 원심판결

1심과 2심에서 제3자가 피고 블로그에 링크하여 원고의 저작물을 복제하도록 한 것에 대하여 피고가 링크의 대상 사이트를 운영하였음에 불과한 것이었으므로 원칙적으로 링크에 의한 복제권, 전송권 침해책임을 물을 수 없다.[20]

○ 대법원 판결 내용

인터넷에서 이른바 심층링크(deep link) 또는 직접링크(direct link)는 이용자들이 접속하고자 하는 웹페이지로의 이동을 쉽게 해주는 기술을 의미하는 것이다. 이는 웹사이트의 서버에 저장된 저작물의 인터넷 주소(URL)와 하이퍼텍스트 태그(tag) 정보를 복사하여 이용자가 이를 자신의 블로그 게시물 등에 붙여두고 여기를 클릭함으로써 위 웹사이트 서버에 저장된 저작물을 직접 보거나 들을 수 있게 한다. 이러한 링크는 구 저작권법 제2조 제14호에 규정된 "유형물에 고정하거나 유형물로 다시 제작하는 것"에 해당하지 아니하고, 또한 저작물의 전송의뢰를 하는 지시 또는 의뢰의 준비행위로 볼 수 있을지언정 같은 조 제9의2호에 규정된 "송신하거나 이용에 제공하는 것"에 해당하지도 아니한다. 그러므로 위 심층링크 내지 직접링크를 하는 행

19 여기에서 링크에 의한 저작권침해 여부를 판단하는 내용에 한정하여 살펴본다.

20 여기에서 살피는 링크에 관한 논의와 별도로 음악저작물을 디지털압축파일로 변환하여 자신들이 운영하는 음악사이트상 유형물인 해당 서버의 보조기억장치에 고정, 저장하였으므로, 피고들의 행위는 원고의 복제권 침해에 해당하며, 인터넷 이용자의 개별적인 요청에 따라 유·무선 정보통신망을 통하여 서버에 저장된 이 사건 음악저작물의 디지털압축파일을 그각 이용자에게 송신하였으므로, 피고들의 행위는 원고의 전송권 침해에 해당한다.

위는 구 저작권법이 규정하는 복제 및 전송에 해당하지 않는다고 할 것이다.

피고들이 운영하는 웹사이트의 서버 등에 저장된 원고의 음악저작물들이 인터넷 이용자에 의하여 링크되었다거나 자신들의 서버에 대한 링크를 쉽게 하도록 인터넷 이용자에게 인터넷 주소(URL) 및 하이퍼텍스트 태그 등의 정보를 제공하였더라도 그러한 사정만으로는 피고들이 원고의 음악저작물들에 대한 복제권 내지 전송권을 침해하였다고 할 수 없고, 피고들에게 모든 음악저작물에 대한 링크를 사전에 방지하여야 할 의무가 있었다는 점을 인정하기에 부족하다는 이유로 이들 부분에 관한 원고의 주장을 배척하였다. 이러한 항소심의 판단은 정당하다고 판시하였다.

○ 참고사항: 관련 내용의 다른 판결

이 사건판결에서 문제되었던 것은 통상 링크가 저작권침해에 해당하는지 여부에 관한 것이 아니라, 제3자에 의한 링크가 가능하도록 한 것에 대한 책임을 저작권침해 여부를 묻는 것이었다. 여기에서 대법원은 문제되었던 링크 제공에 대한 책임 외에 이를 더 넓게 새겨서 링크에 대한 일반적 설명과 이에 관한 저작권침해 여부를 판단한 후, 링크 제공에 대한 책임 여부를 판단하였다. 따라서 이 판결에서 전반적으로 링크가 저작권 침해에 해당하는지를 살펴보았다는 점에서 링크에 관한 법리를 명확히 밝힌 것으로 의미를 가진다.[21]

링크라 함은, 특정한 개인(이하 'A'라 함)이 자신의 블로그상에, 또는 특정한 사이트 운영자(이하 'B'라 한다)가 자신의 웹페이지상에 다른 사이트 운영자(이하 'C'라 함)가 운영·관리하는 웹사이트의 주소를 하이퍼텍스트(hypertext, 예컨대 "www.◎◎.co.kr" 등과 같다)의 형식으로 표시하고, A의 블로그 또는 B의 웹사이트에 접속한 제3자가 위 하이퍼텍스트만을 클릭함으로써 곧바로 C의 웹사이트에 연결되거나, C의 서버에 저장된 음악파일 등을 전송받을 수 있는 인터넷상의 연결체계를 의미하는바, 여기서 링크에 의한 타인의 복제권, 전송권 침해책임이 문제되는 직접적인 행위 주체는 그와 같은 링크를 걸어 놓은 위 A, B에 해당하는 것이고, 링크의 대상 사이트를 운영하였음에 불과한 C에 대하여는 원칙적으로 링크에 의한 복제권, 전송권 침해책임을 물을 수 없다.

21 대법원 2010.03.11. 선고, 2009다4343 판결; 동 2010.03.11. 선고, 2009다80637 판결; 동 2010.03.11. 선고, 2009다5643 판결.

제2장

정보사회와 저작권

Ⅰ. 기술에 좇아 보호범위를 확대하는 저작권

인류 역사에서 저작물을 저작권으로 보호하는 법적 기초를 어디에서 찾아야 하는지를 명확하게 제시하지 못하지만, 다른 법이 역사적 발전의 기원을 로마법에서 찾는 것과 다르게 저작권법은 중세 인쇄술의 개발로부터 그 동기를 찾고 있다. 최초의 저작권법으로 기록된 영국의 Anne 여왕의 저작권법(1710년)은 인쇄술이 개발되었다는 시점(1450년)으로부터 260년이 지난 후에 제정·시행되었다. 이와는 아주 대조적이지만 정보통신·디지털 기술이 널리 이용된 후 20여년이 경과하기 전에 국제조약 및 세계 각국 저작권법은 이에 관한 새로운 종류의 저작권 및 관련규정을 마련하기 시작하였다. 통신의 발달과 '디지털'로 통하는 각종의 대상이 융합하는 세상을 만들고 있다.

저작권에 관한 논의는 저작자를 보호하고 이용자를 포함한 일반 공중의 문화수준 향상을 꾀하고자 하는 것과 모두 관련되어 있다. 저작권의 개념 형성과 그 발전의 역사를 통하여 저작자·이용자 및 이와 관련 있는 자 사이에서 꾸려진 규범의 틀을 살펴보는 것은 중요한 일이다. 새로운 사회에서 정보의 중요성과 함께 이에 대한 보호를 논의하면서 저작권을 통한 보호방안을 강구하는 데에 또 다른 관심이 모아지고 있다.

어문저작물을 중심으로 보호하던 초기의 저작권은 복제권, 배포권 등에 한하여 인정되었다. 교통·통신의 발전에 힘입어 저작물이 번역, 편곡 등의 방법으로 외국에 널리 소개되면서 이에 부응하여 저작권의 보호가 강화되었다(예컨대, 2차적 저작물의 보호 등). 기술의 발전과 저작권의 보호범위의 확대를 살펴보면, Thomas Edison의 留聲機 발명(1877년) 이후 이는 축음기로 발전되어 1898년 처음으로 음반이 제작되었고, 이로부터 음악저작물이 매체를 통하여 일반인에게 다가가게 되었다. 이에 음악·연극 등이 공연·전시권으로 보호됨과 동시에 사진기의 발명(20세기의 시작과 함께)과 함께 사진저작물이 보호되었다. 이후 촬영기·영사기의 보급이 더하여 위의 음반 외에 음향과 영상을 동시에 송출하는 방송사업 등을 통하여 저작인접권을 보호함으로써 각국은 저작권 이외에 저작인접권을 보호하는 데에 적극적이었다. 이러한 저작물 또는 저작권의 내용은 기본적으로 아날로그 방식을 통한 기술이라는 점에서 각각의 매체가 독립되어 기기가 개별적으로 작동되는 것에 따라 개별적 권리를 보호하는 법리를 꾸려내었다.

20세기 후반기부터 개발되어 점차 이용이 확대되던 디지털 기술은 정보통신의 혁신을 불러왔고, 정보처리와 통신을 하나로 묶어 디지털 기술로 모든 정보를 통합하고 통합된 정보를 통신망을 통하여 순식간에 전송을 가능하게 하였다. 즉, 디지털 컨버전시(digital convergency)를 실현하게 되었다. 뿐만 아니라, 어느 곳에서나 원하는 정보통신의 서비스를 이용할 수 있게 되었고, 방송과 통신이 융합함으로써 종래 방송과 전송으로 나누어 보호되던 것을 관련기술의 융합에 좇아 저작권법의 개정을 통하여 이를 통합된 권리로 보호하게 되었다.

저작물의 보호 확대는 최초의 저작권법이 제정된 이래로 지속되었다. 국제사회는 보호대상의 확대에 따라 저작권의 개별적 권리를 자국의 법률뿐만 아니라, 국제적 보호기준을 마련하는 데에 노력을 기울였다. 특히 19세기 중반에 들어 자국에서 보호받는 저작물이 외국에서 전혀 보호받지 못하는 현실 문제를 타개할 방편으로 양국간 조약체결에서 비롯되어 다국 체제의 국제협약을 체결하는 형식으로 발전하게 되었다. 이러한 노력의 결실은 19세기 말 유럽 국가의 제국주의의 시대적 사조에 힘입어 Berne 협약을 이끌어냈다. 저작권에 관한 국제조약의 효시라고 말할 수 있는 Berne 협약은 당시까지 얻어진 과학적 발견과 새로운 기술의 개발에 따른 보호대상을 망라하는 보호체제를 갖추었다. 이 Berne 협약은 각국의 국내법을 개정하는 계기를 마련하였다. 영국뿐만 아니라, 유럽의 여러 나라가 20세기 초에 들어서 이 국제규범의 틀에 따랐다.

저작물의 보호범위 확대는 저작물을 매체에 실어 일반인이 접근하여 이를 이용할 수 있도록 한다는 점에서 새로운 권리를 신설하여 저작자의 창작에 대한 법적 장치를 마련하는 것과 깊이 연관되어 있다. 도서에 대한 복제권이 초기형태의 저작권 典型으로 소개되었다. 또한, 축음기의 소개로 인하여 공연권이 추가되게 되었고, 사진기의 보급에 따라 사진저작물도 다양한 미술작품과 마찬가지로 전시권을 확대하여 규정하기에 이르렀다. 전파를 소리뿐만 아니라, 영상까지도 전달하는 매체의 보급에 따라 영상저작물이 일상에서 접할 수 있는 환경에서 방송권이 저작권의 하나로 보호되기 시작하였다. 영상저작물은 종합예술 저작물로 기왕에 보호되던 저작권의 개별적 권리를 모두 보호받는 형태로 발전하기에 이르렀다. 이러한 권리가 복제권, 공연권, 방송권, 전시권, 배포권, 대여권 등이다.

1990년대에 디지털 시대에 접어들어 이전의 아날로그 기술에 의존하던 여러 종류의 정보를 디지털 매체에 담아내는 작업인 정보화가 추진되고, 통신과 방송이 융합하는 기술이 소개됨으로써 저작권법 영역에도 이전과는 아주 다른 양상이 전개되기 시작하였다. 이에 세계지적재산권기구(WIPO)를 중심으로 1996년에 WIPO 저작권법조약(WCT)과 WIPO 실연·음반에 관한 조약(WPPT)이 마련되었다. 이들 조약은 디지털 환경 하에서 저작자와 저작인접권자의 권리를 확충하여 보호하는 기반을 마련하기 위한 것이었다. 정보화의 물결은 산업사회를 정보화사회에서 정보사회로 이끌어 내었고, 정보사회는 디지털 융합의 형태가 일반화되면서 유비쿼터스 사회로 나아가고 있다. 우리 사회는 이러한 변화에 능동적으로 대처하고 새로운 시대를 여는 견인차 역할을 수행하면서 괄목할만한 성과를 얻었다.

Ⅱ. 디지털 기술에 의지하는 현행 저작권법

저작권은 배타적 권리로 이해되고 있다. 저작권은 통상 개별 권리들을 하나로 묶어 통칭한 것이다. 배타적 권리인 개별 권리가 제3자에 의하여 침해된다면, 일반 사법상 재산권침해의 경우와 같이 손해배상·침해금지를 청구할 수 있다. 그런데 일반 사법상 재산권침해의 경우와 다르게 저작권침해로 보는 행위를 법률로 규정함으로써 저작권침해에 대한 제재를 강화하거나 침해를 예방하는 방법을 강구하고 있다. 이는 특허법 제127조, 상표법 제66조의 규정과 같은 취지를 지닌 것이다. 무체물을 대상으로 하는 지적재산권의 특성이 반영된 것이다. 그러나 서로 다른 특성에서 오는 차이점이 있다. 여기에서 이들 규정과 저작권의 관련규정과의 차이점은 무엇인가.

권리의 기술적 보호조치로 저작권을 보호하는 것은 저작물에 접근하거나 이용하는 외에 권리보호를 위한 일정한 형식을 필요로 함을 뜻한다. 법제에 따라서 저작권자(배포권자)는 복제방지 기술(CD 복제를 어렵게 하는 컴퓨터 코드 등)을 이용하거나 접근통제 기술(케이블 또는 위성에 의하여 접근하는 데에 대한 스크램블 등)을 채용한다. 저작권에 대한 기술적 보호조치를 폭넓게 규정함으로써 저작권을 강력히 보호하려는 입법을 취하고 있는 국가가 미국이다. 미국 저작권법은 접근 통제적 기술조치를 무력화하는 행위를 금지할 뿐만 아니라, 접근·이용에 관한 기술적 보호조치를 우회하는 수단을 제공하는 행위도 함께 금지하고 있다. 이러한 법률규정은 위에서 언급한 WCT, WPPT에 규정한 국제규범보다 폭넓고 강력하다는 평가를 받고 있다. 이러한 미국법의 규정이 미국 내에 한정되어 적용된다 할지라도 이러한 보호조치가 다른 나라에 확산되고 있다. 미국과의 통상관계를 확대하는 경우에 이에 대한 영향을 받고 있다는 점에 주목하여야 할 것이다.

종래의 불법행위에 기한 구제수단을 행사하는 규범적 방법론은 저작권의 경우에 그대로 적용되지만, 권리침해 여부를 판단하는 실체를 기술적 방법에 의존하고 있다. 기술로써 기술에 의하여 얻어진 대상에 대한 침해를 막는다. 기술로써 기술을 이해하고, 기술에 의하여 빚어진 문제를 기술로 해결하고자 한다. 여기에서 말하는 기술은 디지털 기술을 말하는 것으로 이전의 아날로그의 경우와 구별된다. 이러한 논의는 클린턴 행정부의 '지적재산권과 국가정보기반구축' 백서에서 시작되어 1998년 미국 저작권법(DMCA)에 이를 수용하였다.

현행 저작권법은 정당한 권리 없이 저작권법에 규정한 저작권 등에 대한 기술적 보호조치를 제거·변경·우회하는 등 무력화하는 것을 금지하고 있다.[1] 이와 비교되는 위의 미국 저작권법의 관련규정은 접근통제 기술을 우회하거나 복제금지나 접근통제 기술을 우회하는 장치 또는 서비스를 판매하는 것을 금지하고 있다.[2] 저작권자는 이용허락을 받지 아니한 사람이 소설을 읽을 수 없도록 암호장치를 이용하여

1 현행 저작권법 제104조의2.

2 미국 저작권법 제1201조.

e-book의 형태로 소설을 발매할 수 있다. 암호를 우회하거나 암호를 우회할 수 있는 소프트웨어의 판매자는 그의 저작권을 침해한 것이다.

이러한 기술적 보호조치는 저작권 침해를 막는다는 취지에서 출발하였지만, 이로부터 다음의 문제점을 지적할 수 있다. 계속적으로 발전하는 디지털 기술과 이에 대한 무력화 기술의 상호작용에서 빚어지는 부정적 결과를 저작물을 이용하는 소비자에게 돌린다는 점이다. 현행 저작권법상 일정한 범위를 정하여 저작권을 제한하여 소비자에게 저작물 이용을 허용하고 있는데, 기술적 보호조치로 인하여 저작권법상 법리를 왜곡하는 문제를 안게 되었다. 일방적 기술적 보호조치로 인하여 소비자는 저작권법에 규정한 저작권 제한 규정(또는 공정이용법리)의 법적 효과를 얻지 못한다.

디지털 저작물을 이용하는 이용자(소비자)는 자신의 행동 또는 이용패턴을 저작자 또는 공급자(예컨대 음반제작자)에 의하여 통제받는다. 일정한 비용을 지급한 후 이용권을 확보한 소비자가 이용목적인 저작물과 아무런 관련이 없는 방식(형식)에 종속됨에 따라 소비자가 권리를 상실한다. 예컨대, 기기에 접근하는 방식을 달리 정하고 있으므로 특정 기기 외에 다른 기기에서 전혀 작동하지 않는 경우를 상정할 수 있다. 이러한 접근 통제는 전통적인 저작권법에 바탕을 둔 이용자권리 및 저작권의 제한에 관한 법리에 따른 것이 아니다.

Ⅲ. 창작활동에 터 잡은 저작자 보호

1. 창작성과 독창성의 구별

저작물이란 단적으로 창작물을 말한다. 이 창작물은 저작자의 독립된 창작활동에 의하여 얻어진 결과물이다. 여기에서 논의할 대상은 창작성 또는 독창성의 법적 개념이다. 일반적으로 creativity와 originality를 구별하는 논의를 전개한다. 현행 저작권법 제2조 제1호에 "저작물은 인간의 사상 또는 감정을 표현한 창작물을 말한다"고 규정함으로써 창작성을 명확히 규정하고 있다.

이러한 창작성은 독창성과 구별되는 개념으로 규범적 해석을 통하여 그 개념을 명확히 하여야 한다. 이는 현행 특허법상 발명의 정의규정과 비교·분석을 통하여 구체화 될 수 있다. 특허법상 "발명이란 자연법칙을 이용한 기술적 사상의 창작으로서 고도한 것을 말한다"고 규정하고 있다. 특허법상 발명이란 세상에 전혀 존재하지 않았던 것을 창작을 통하여 얻어진 새로운 것이다.

저작권법에 규정한 창작성은 인간의 사상과 감정의 표현이 종래의 것과 다르다는 것을 말하는데, 표현하는 주체에 따라 각각의 개성이 드러나 특허법상 기술적 사상과 구별된다. 인간의 사상과 감정의 표현은 각 개인의 인격의 발로로 타인의 표현을 그대로 옮기지(베끼지) 아니하는 한 일치하는 경우란 거의 없으므로 독립적이다. 우리 대법원도 저작권의 보호대상은 아이디어가 아닌 표현에 해당하고 저작자의 독창성이 나타난 개인적인 부분에 한하므로 저작권의 침해 여부를 가리기 위하여 두 저작물 사이에 실질적인 유사성이 있는가의 여부를 판단함에 있어서도 표현에 해당하고 독창적인 부분만을 가지고 대비하여야 한다고 하여 아이디어·표현의 이원분류기준(idea/expression dichotomy)을[3] 수용하였다.

이에 반하여 특허법상 발명은 기술적 사상을 특허청구범위(구체적으로 특허청구항)로 정하고, 그 기술범위를 명확히 구획하는 논의를 통하여 확정된다. 보호받을 기술내용의 범위를 정하는 일은 각 개인의 개성이 드러난 감정의 표현과는 다른 관점에서 정리된다. 이러한 기본적 차이에서 저작권법상 창작성이란 독창성(originality)으로 정의하고, 기술적 사상에 대한 신규성·진보성으로써 특허권의 허여 여부를 판단하는 경우와 구별된다.

요컨대, 저작권의 보호 대상은 아이디어가 아닌 표현에 해당하고 저작자의 독창성이 나타난 부분에 한정한다. 따라서 저작권의 보호대상은 개념상 기술과 직접적인 관련성을 맺고 있지 않다.

2. 독창성을 확인하는 저작권

현행 저작권법상 저작물이란 인간의 사상 또는 감정을 표현한 창작물을 말하며,

3 "idea/expression dichotomy"은 Baker v. Selden 사건판결(101 U.S. 99 (1879))에서 채택된 이래로 미국 판례법으로 확립되었다.

저작물을 창작한 자는 저작자이다. 저작자가 자기의 사상 또는 감정을 표현한 경우에 그 저작물을 창작한 때부터 저작권을 가진다. 그런데 창작의 실체를 규명할 때, 문제는 정신적 활동에 의존하기보다는 자본을 투하하여 얻어진 낮은 수준의 창작성을 가진 결과물에 대하여도 저작권법상 저작물로 보호할 수 있는지를 논의하는 것이다.

오랜 시간 동안 자본을 투하하여 성과를 낸 대상과 순수하게 정신적 창작활동에 의존하여 얻어진 것을 구별하여 각각 다르게 다루어야 한다는 논의를 전개한다. 상당한 노력을 기울였다는 점만으로 당연히 저작권법상 저작물이 되는 것은 아니다. 1991년 미국의 Feist 사건판결은 이전에 중시하였던 사항인 저작물을 얻는 데에 기울인 노력[the sweat of brow]보다 창작성을 저작권의 인정에 기준이 된다는 점을 명확히 밝혔다.[4] 이 사건판결 이전에 기술의 발전에 따라 사진, 음향녹음, 필름, 컴퓨터 프로그램 등의 저작물의 보호범위가 확대되면서 독창성을 본질로 하는 저작활동(authorship)의 실질적 의미가 퇴색되었는데 이 판결을 통하여 독창성의 개념을 확인하였다.

이 사건판결은 현대 저작권법에 저작자와 저작활동의 실체를 되살리는 계기를 마련하였다. 즉, 저작물을 얻기 위하여 쏟은 자본·시간에 얽매이지 않고 저작자의 창작력에 의존한 결과를 보호함을 명백히 하였다. 이러한 법리는 미국의 ProCD 사건판결에서 동일한 결론을 이끌어냈다.[5]

미국 저작권법은 독창적 저작물(original work of authorship)을 보호하지만, 독창성 외에 유형매체에 대한 고정성과 표현을 저작권의 충족 요건으로 함께 규정하고 있다. 여기에서 중요한 점은 독창성에 관한 사항이다. '독창적 저작물'이라는 규정내용은 1909년 저작권법에서 규정하였던 "저작자의 모든 문서"(all the writings of an author)라는 규정내용을 버리고 1976년 저작권법 개정을 통하여 새롭게 채택한 것이었다. 1976년 저작권법에 규정한 독창적 저작물이란 이전과 다른 안목에서 법률에 수용한 것이다. 이전의 저작자(author)에 갈음하여 저작(창작)활동을 규정하였다는 점이다. 이 점은 창작활동 또는 이와 관련한 독창성에 한정한 성과를 보호한다는 점을 명확히 함으로써 저작자라는 행위자 중심에서 독창성이라는 실체적 보호대상으로 저작권법상 규범적 기초를 옮겨 놓았다.

4 Feist Publications v. Rural Telephone Service, 499 US 340 (1991).

5 ProCD Inc. v. Zeidenberg, 86 F. 3d 1447, 39 USPQ 2d 1161 (7th Cir. 1996).

이에 관한 대법원 판결을 살펴보면, 저작물은 학문과 예술에 관하여 사람의 정신적 노력에 의하여 얻어진 사상 또는 감정의 창작적 표현물이며, 저작권법이 보호하는 것은 사상, 감정을 말·문자·음·색 등에 의하여 구체적으로 외부에 표현한 창작적인 표현형식이다. 그 표현되어 있는 내용 즉 아이디어나 이론 등의 사상 및 감정 그 자체는 설사 그것이 독창성, 신규성이 있다 하더라도 소설의 스토리 등의 경우를 제외하고는 원칙적으로 저작물이 될 수 없어 저작권법의 보호 대상이 되지 아니한다. 편집물의 경우에 편집저작물로서 보호를 받으려면 일정한 방침 혹은 목적을 가지고 소재를 수집, 분류, 선택하고 배열하여 편집물을 작성하는 행위에 창작성(독창성)이 있어야 한다는 점에서 미국의 Feist 사건판결과 같은 법리를 확인할 수 있다.

3. 현행 저작권법의 略史

우리 저작권법은 다른 외국과 구별되게 아주 빠른 성장을 거듭하였다. 1957년 저작권법의 제정은 의용 저작권법에서 벗어나 베른협약을 기초로 하여 일본법과 구별되는 독자적 입법의 결과였다. 이 법률은 1980년대 들어서 저작권 보호와 관련한 국제적 압박이 강화되면서 1957년 법률제정 이후 30년 만에 전면개정의 형태로 취하여 개정되었다. 1986년 개정한 저작권법의 주요사항은 저작권의 보호기간이 생존기간과 사후 50년으로 종전보다 20년 연장되었다. 또한, 저작인접권과 저작권위탁관리업 제도를 신설하였다. 이때부터 비로소 저작인접권이 보호되기 시작하였다.

1986년 법률 개정 이후 2014년 말 법률 개정까지 본문 내용이 개정된 것은 모두 16 차례였다. 1957년부터 1987년까지(30년간) 한 차례의 법률 개정이 있었던 점과 비교할 때, 기술적·사회적 변화가 얼마나 급박하게 전개되었는지를 짐작하게 한다. 그런데 법률 개정의 내용을 간단히 살펴보면, 1994년 이래로 법률 개정은 계속되고 있다. 국내외에서 디지털 기술의 개발에 따른 저작권 보호의 급물결이 밀려들었고, 정보기술(IT) 강국으로 발전하면서 기술발전에 따른 사회적 요구를 저작권법에 반영한 것이었다. 특기할 사항은 2009년 4월 개정으로 종래 컴퓨터프로그램보호법이 폐지되었다. 컴퓨터프로그램에 대한 보호업무를 저작권법에 통합하고자 하는 목적이 추진되었다. 이에 저작권법 목적 규정도 개정되었다.

이 점을 시간의 전개를 중심으로 연표를 만들면 다음과 같다.

<table>
<tr><td rowspan="2">1957년</td><td rowspan="2">경제개발(산업화)</td><td rowspan="2">1987년</td><td rowspan="2">정보화</td><td>'94</td><td>'95</td><td>'97</td><td>'00</td><td>'03</td><td>'04</td><td>'05</td><td>'06</td><td>'09 (2회)</td><td>'11 (4회)</td><td>'13 (2회)</td></tr>
<tr><td colspan="11">정보통신망 이용확충 및 고도화 추진</td></tr>
<tr><td>법률 제정</td><td>30년</td><td>전면 개정</td><td>7년</td><td colspan="11">16차례 개정 (20년)</td></tr>
</table>

우리의 저작권 관련 논의는 지금까지 주로 저작재산권을 중심으로 검토되었다. 저작자의 보호방법은 재산권을 통한 방법으로서 저작권의 범위를 확대하는 것으로 이어지고, 저작인격권을 저작권법에 규정하고 있다. 저작자의 정신적 노동의 결과로 얻어진 저작물은 두 가지 권리로써 보호되어 왔지만, 지금까지 저작인격권보다 저작재산권에 관한 관심이 높았다. 저작재산권 이외에 저작인격권에 관하여 새로운 관심을 가져야 할 여건이 성숙되었다. 기술이 발전하고 문화산업이 확장되면서 저작인접권이 강화되었지만, 저작자의 인격권적 보호는 특별히 달라지지 않았다.

저작권법은 복제·배포에 관하여 새로운 기술에 영향을 받는 변화로 발전하였다. 신기술은 새로운 보호대상을 만들고 기존의 보호대상은 복제·배포하는 방법을 더욱 쉽게 새로운 방법을 고안한다. 저작물의 배포가 용이해짐에 따라 개인적 공간에서 타인의 저작물을 용이하게 이용하고 있다. 디지털 기술의 발전으로 인하여 정보접근이 아주 용이해졌다는 점에서 정보공유로부터 얻는 유익이 있지만, 타인의 저작물이 아주 손쉽게 복제되거나 출처가 왜곡되므로 인하여 이전보다 저작권침해의 사례가 급증하고 있다.

Ⅳ. 사례를 통한 본 현행 저작권법 개관

박마리아가 White Castle이라는 제목의 소설을 썼다고 가정하자. 이는 셰익스피어의 저작 Hamlet을 Chicago를 배경으로 2006년에 고쳐 쓴 것으로 햄릿의 줄거리와 대화의 일부를 사용했으나, 새로운 다른 요소를 추가하였고, 21세기형 등장인물과 익살스러운 반전으로 내용을 구성하였다고 하자.

1. 저작권의 보호대상

박마리아는 현행법상 소설의 표현이 창작성을 띠고 있으면 저작권을 갖는다. 실제 이러한 요건은 용이하게 충족한다. 이 저작물은 셰익스피어의 햄릿에 기초하여 저술된 것으로 박마리아가 창작한 것 외에 다른 것이 속해 있어 완전한 창작성을 띤 것은 아니다. 그러나 창작성의 요건을 충족한다는 것은 저작물이 저작자에 의하여 창작되었다는 점과 독창성의 최소한 번득임을 갖추는 것으로 족하다. 박마리아가 이런 기준 이상을 구비하였다고 보이는 경우 저작권을 가진다고 말할 수 있다.

2. 아이디어, 비창작성 등 비 보호대상

저작물이 저작권에 의하여 보호된다 할지라도 저작물의 모든 요소가 저작권에 의하여 보호되는 것은 아니다. 저작권은 창작성을 갖춘 표현에 한하여 적용된다. 비창작적 대상에 대하여는 적용되지 않는다. 박마리아는 창작하지 아니한 소설의 내용, 시카고에 관한 사실 및 햄릿에서 복제한 내용 등에 대하여 저작권 보호를 받지 못한다. 또한 저작권은 아이디어에도 적용되지 않는다. 박마리아는 시카고에서 전개되는 햄릿에 터 잡은 아이디어, 소설의 구성상 전체의 틀을 결정하는 아이디어 및 저작물에 표현된 그 밖의 아이디어도 보호되지 않는다. 저작권은 저작권이 있는 컴퓨터 프로그램의 기능성과 같이 저작물의 기능적 요소에 대하여 보호하지 않는다. 이러한 배제는 박마리아의 경우에는 중요하게 다루지 않는다. 저작권은 정부의 저작물과 저작권을 침해한 저작물을 보호하지 않는다, 이 점도 박마리아의 경우에 적용되지 않는다. 박마리아의 저작물은 햄릿이 너무 오래되어 저작권 보호의 대상이 아니므로 햄릿에 대한 저작권 침해를 문제 삼지 않게 된다.

3. 저작권자의 권리 총체(a bundle of rights)

박마리아는 저작권자로 일련의 배타적 권리를 가진다.

i) 복제권(reproduction right)

ii) 공연권(public performance right)

iii) 공중송신권(public transmission right)

iv) 전시권(public display right)

v) 배포권(public distribution right)

vi) 대여권(rental right)

vii) 2차적저작물작성권(adaptation right)

또한, 저작권자는 기술적 보호장치에 대한 법적 보호를 꾀할 수 있다. 저작권자(배포권자)는 복제방지 기술(CD 복제를 어렵게 하는 컴퓨터 코드 등)을 이용하거나 접근통제 기술(케이블 또는 위성에 의하여 접근하는 데에 대한 스크램블 등)을 채용한다. 저작권법은 접근통제 기술을 우회하거나 복제금지나 접근통제 기술을 우회하는 장치 또는 서비스를 판매하는 것을 금지하는데, 현행 저작권법 제2조 제28호에 접근통제와 이용통제에 관한 기술적 보호조치를 정의하였고, 저작권법 제104조의2에서 이를 금지하고 있다.

박마리아는 이용허락을 받지 아니한 사람이 그 소설을 읽을 수 없도록 암호장치를 이용하여 e-book의 형태로 소설을 배포할 수 있다. 암호를 우회하거나 암호를 우회할 수 있는 소프트웨어 판매자는 박마리아 저작권을 침해한 것에 대하여 책임져야한다.

4. 저작재산권과 저작인격권

1) 저작재산권

박마리아는 최초의 저작자로 저작권을 가진다. 박마리아가 근로자로서 이를 저술한 것이라면 이는 법인(회사)에 속하게 된다(업무상 저작물의 귀속에 관한 규정). 박마리아가 공동저작자일 경우에, 각 저작자는 자기의 몫만큼 저작권을 가진다. 저작물이 편집저작물에 속하게 된다면, 편집저작물의 저작자가 편집저작물의 전체에 대하여 저작권을 가지게 되지만, 박마리아는 자기의 소설에 대하여 여전히 저작권을 가진다.

특기할 점은 저작권이 저작물의 물리적 형태를 띤 대상에 대하여 박마리아가 소유권을 가지는지 여부와는 무관하다는 것이다. 소설에 대한 저작권은 소설의 원고 또는 소설의 복제본에 대한 소유권과 완전히 다른 것이다. 그림을 구입하는 사람은,

그 그림에 대한 저작권을 양도하는 합의가 없다면, 그 그림의 소유권을 갖는 것이지 그림의 저작권을 넘겨받는 것이 아니다. 즉, 그림 구입자는 그림의 소유권을 가지고, 화가는 그림의 저작권을 여전히 가진다. 구입자는 그림을 소유하고 전시할 수 있으나, 화가는 새로운 이미지로 그림을 변경하거나 웹 사이트에 전시하거나 그림을 포스터로 작성하는 것에 대한 권리를 가진다.

박마리아는 유형의 매체에 고정함과 무관하게 소설에 저작권을 가진다. 저작권을 얻기 위하여 저작자가 저작권의 표시(© 박마리아 2006)를 필요로 하지 않는다. 그러나 박마리아가 이러한 절차를 따르게 되면, 그에 대한 이익을 얻을 수 있다. 저작권 표시는 타인에게 자신의 저작물에 저작권이 있음을 알리는 것이며, 저작물을 이용하려는 사람에 대하여 알리는 것이다. 등록은 저작권의 권리에 대한 추정력을 부여하는 것으로 권리침해 시에 잠재적 구제수단을 확보하는 데에 좋다.

2) 저작인격권

현행법상 저작인격권의 용어는 독일 저작권법의 [Urheberpersönlichkeitsrecht]와 일치한다. 저작권을 포함한 지적재산권의 철학적 논거를 칸트와 헤겔의 저작에서 찾기도 한다. 사적 재산권은 노동활동의 결과 이외에 개인의 정신활동의 결과로 얻어질 수 있다고 보았다는 점을 이끌어내어 정신적 창작활동의 가치를 보호하는 기초로 삼고 있다. 이러한 논의는 저작권의 기초가 자연권설에서 비롯된다고 하는 이론적 배경과 연계되어 있다. 현행 저작권법은 저작인격권을 공표권, 성명표시권 및 동일성유지권으로 나누어 규정하고 있다.

저작인격권은 프랑스 저작권법상 'droit moral'에서 기원하였는데, 프랑스를 '저작인격권의 모국'으로[6] 인식하고, 유럽 국가의 저작권법에 대부분 이를 규정하고 있다. 프랑스 저작권법에 규정된 저작인격권은 Berne 협약에 저작인격권을 규정하는 데에 직접적인 영향을 끼쳤다. 같은 협약 제6조의2에 성명표시권·동일성유지권을 규정하여 저작자의 저작재산권이 소멸할 때까지 보호되어야 한다고 규정하였다. 다만, 회원국은 저작자의 사망 후에 그 보호의 중단 여부를 선택할 수 있다. 이 규정은

6 moral right의 'moral'은 그 의미상 'personal', 'spiritual', 'intellectual' 등이 본래의 의미를 더 적확하게 드러낸다. 이 용어는 프랑스 법학자 AndréMorillot가 처음 사용한 후, 프랑스 지적재산권법에 법률용어로 사용하였다(Cyrill P. Rigamonti, "Deconstructing Moral Rights", 47 Harv. Int'l L. J. 353, 355 (2006).

베른협약이 성안되었던 당시에는 전혀 규정하지 않았으나, 1928년 로마에서 개최된 베른협약 회의에서 제안되었고 이를 현재와 같이 협약에 수용하였다. 현재 Berne 협약 가입국은 협약에 따라 자국법에 공표권·성명표시권·동일성유지권 등을 규정하여 시행하고 있으나, 세부적 규정은 각국의 사정에 따라 상이하다.

5. 저작권에 관한 거래

박마리아는 최초의 저작권자이다. 많은 저작자는 저작권에 관한 거래관계를 맺는다. 저작권자로서 박마리아는 책을 출판할 권리, 판매할 권리, 다른 언어로 번역할 권리, 영화 기타의 형태로 저작물에 기한 2차적저작물을 작성할 수 있는 배타적 권리를 가진다. 박마리아가 스스로 그렇게 할 수 있을 뿐만 아니라, 다른 사람이 그렇게 행할 수 있도록 일정한 권한을 허여할 수 있다. 저작권을 전부를 타인에게 넘길 수 있으며, 개별 영역별로 나누어 넘길 수도 있다. 출판권을 출판자에게, 2차적저작물작성권을 영화 제작자에게 넘길 수 있다. 박마리아는 저작권을 담보물로 이용할 수 있다. 은행에서 대출받는 경우에 저작권을 담보물로 설정할 수 있는데 이 경우에는 문서로 그 내용을 작성하여야 한다. 비 배타적 이용계약(라이센스)를 체결하여 소설의 일부분을 발췌하여 인쇄하게 할 수 있다. 이런 비 배타적 이용계약의 체결은 문서, 구두 또는 묵시적 합의로 가능하다.

박마리아가 자기의 권리를 이전하는 것과 관련한 계약은 일반 계약법의 지배를 받는다. 저작권계약의 내용은 계약내용의 해석을 필요로 한다. 박마리아와 출판자가 "책의 형태로" 출판하는 배타적 권리를 체결하였다고 하자. 두 사람은 종이형태로 출판하는지 여부에 계약내용의 해석에 불일치하거나 e-book으로 출판할 수 있는 권리가 있는지에 대하여 서로 불일치하는 경우 등이다.

6. 저작재산권의 제한(또는 공정이용)

박마리아의 배타적 권리는 몇 가지 중요한 제한을 받는다. 현행 저작권법은 제23조 내지 제38조에 이에 대하여 자세히 규정하고 있다. 이는 저작권자의 재산권에 대한 제한을 규정한 것일 뿐 저작인격권에 대하여 아무런 영향을 미치지 않는다.

이러한 저작재산권의 제한과 관련하여 최근에 논의되고 있는 것으로 미국법상 공정이용의 법리(fair use doctrine)는 한미 자유무역협정(KORUS FTA) 지적재산권법 협상내용의 현행법 반영과 관련하여 중요하게 검토되었다. 현행 저작권법 제35조의3에서 이를 반영하여 규정하고 있다.[7]

참고로 현행 저작권법의 규정내용 및 미국 저작권법상 공정이용 법리에 따를 때, 박마리아의 저작물은 일정한 범위에서 사용이 법률상 허용된다. 서평을 위하여 몇 줄이 인용되거나 문학수업시간에 몇 면이 복사되기도 하고, 박마리아의 소설을 가지고 패러디가 작성되는 경우에 모두 공정이용 법리에 따라 허용된다. 공정이용 법리의 적용 여부를 결정함에 있어서 법원은 다음의 네 가지 요소를 검토한다. 즉, 사용이 상업적 성질인지의 여부, 저작권으로 보호되는 저작물의 성격, 사용된 양 및 저작권으로 보호되는 저작물에 관한 시장에서의 영향이다. 또한, 박마리아의 저작권은 배포권과 전시권의 제한에 해당하는 최초판매이론(first sale doctrine)에 따르게 된다. 정당하게 복제본을 가진 자는 저작권침해를 구성하지 않고 이를 배포하거나 전시할 수 있다. 최초판매이론을 통하여 박마리아 책을 구입한 사람이 이를 재판매하는 경우에도 박마리아의 배포권을 침해하는 것이 아니다.

7. 저작권에 관한 다툼

박마리아는 배타적 권리의 침해에 대하여 법원에 소를 제기할 수 있다. 피고는 불법복제물의 판매자이거나 박마리아의 저작물을 베낀 소설가라고 말할 수 있다.

이에 대하여 박마리아는 먼저, 실제 복제행위를 입증하여야 한다. 박마리아의 소설을 베꼈다는 소설가가 실제로 박마리아의 소설을 베끼지 않고 박마리아의 책과

7 저작권법 제35조의3 (저작물의 공정한 이용)

① 제23조 부터 제35조의2까지, 제101조의3 부터 제101조의5까지의 경우 외에 저작물의 통상적인 이용 방법과 충돌하지 아니하고 저작자의 정당한 이익을 부당하게 해치지 아니하는 경우에는 보도·비평·교육·연구 등을 위하여 저작물을 이용할 수 있다.

② 저작물 이용행위가 제1항에 해당하는지를 판단할 때에는 다음 각 호의 사항 등을 고려하여야 한다.

1. 영리성 또는 비영리성 등 이용의 목적 및 성격
2. 저작물의 종류 및 용도
3. 이용된 부분이 저작물 전체에서 차지하는 비중과 그 중요성
4. 저작물의 이용이 그 저작물의 현재 시장 또는 가치나 잠재적인 시장 또는 가치에 미치는 영향

유사하지만 독립적으로 소설을 썼다면 이는 저작권을 침해한 것이 아니다.

둘째, 보호되는 표현에 대한 복제가 있었음을 입증하여야 한다. 보호되지 아니하는 대상을 복제하는 것은 저작권침해가 아니다. 박마리아의 아이디어 또는 시카고에 관한 사실을 복제한 경우에 저작권침해는 없다. 마지막으로 저작물이 실질적으로 유사하여야 한다. 그렇지 아니하면 저작권 침해는 없다. 침해의 의심을 받는 자는 여러 항변사유를 제시할 수 있다.

박마리아가 침해를 입증하면 법원은 여러 구제방안을 판단할 것이다. 실제 손해배상액 확정, 침해행위에 대한 정지를 청구할 수 있으며 침해로 인하여 복제된 복제물의 폐기 등 필요한 조치를 선고하게 된다.

미국 저작권법에서는 침해 전에 박마리아가 저작권을 등록하였다면, 실 손해배상액이 아닌 법정손해배상액(statutory damages)을 청구하는 것이 가능하다. 이 점 역시 현행 저작권법에 반영되어 법 제125조의2에 규정하고 있다.[8]

○ 연구사항

1. 저작권법상 독창성(originality)은 특허법상 창작성과 어떻게 구별되는가? 또한, 사진저작물은 다른 저작물과 구별되는 기준으로 독창성을 판단하여야 하는가?
2. 아이디어와 표현 이분법(idea/expression dichotomy)을 설명하고, 기능성을 띤 저작물을 보호하는 논거가 무엇인지 설명하시오.
3. 저작권법상 저작권보호와 퍼블릭 도메인(public domain)의 상충관계는 어떻게 극복될 수 있는가?
4. 현행 저작권법상 저작재산권 제한에 관한 규정체제는 미국 저작권법의 공정이용법리(fair use doctrine)와 어떻게 다른가?

8 제125조의2 (법정손해배상의 청구)
① 저작재산권자등은 고의 또는 과실로 권리를 침해한 자에 대하여 사실심(事實審)의 변론이 종결되기 전에는 실제 손해액이나 제125조 또는 제126조에 따라 정하여지는 손해액을 갈음하여 침해된 각 저작물등마다 1천만원(영리를 목적으로 고의로 권리를 침해한 경우에는 5천만원) 이하의 범위에서 상당한 금액의 배상을 청구할 수 있다.
② 둘 이상의 저작물을 소재로 하는 편집저작물과 2차적저작물은 제1항을 적용하는 경우에는 하나의 저작물로 본다.
③ 저작재산권자등이 제1항에 따른 청구를 하기 위해서는 침해행위가 일어나기 전에 제53조 부터 제55조까지의 규정(제90조 및 제98조에 따라 준용되는 경우를 포함한다)에 따라 그 저작물등이 등록되어 있어야 한다.
④ 법원은 제1항의 청구가 있는 경우에 변론의 취지와 증거조사의 결과를 고려하여 제1항의 범위에서 상당한 손해액을 인정할 수 있다. [본조신설 2011.12.2.]

5. 정보사회에서 정보와 저작물은 어떤 관련성을 맺고 있는지를 설명하고, 정보접근성확보(information wants to be free)가 저작권법에 미치는 영향은 무엇인가?

6. 다음의 사례를 읽고 쟁점을 찾아 법리를 근거로 답하시오.

> "아마추어 사진작가인 A는 충북 청주 톨게이트 인근의 가로수 길을 사진으로 촬영하여 인터넷 〈www.naver.com〉 포토갤러리 코너에 "가을 속으로"라는 제목으로 게시하였다. 이 사진을 B가 자기 회사 홈페이지의 제품 홍보 이미지로 사용하자 사진 저작권자가 이에 대하여 저작권침해라 주장하였다. 이에 B는 스크랩을 허용한 사진이므로 문제가 되지 않는다고 항변하였다."[9]

이 사례에서 스크랩 허용과 회사 홈페이지에 게시한 것의 차이는 무엇인가?

[사례연구 1]

서울남부지법 2010. 2. 18.선고 2009가합18800 판결 (UCC/'미쳤어' 사건)

○ 사실관계

원고는 온라인서비스제공자인 피고 NHN 주식회사(이하 '피고 회사')가 운영하는 인터넷 포털 서비스 네이버(naver)의 회원으로서 네이버에서 제공하는 블로그를 운영하고 있다. 피고 사단법인 한국음악저작권협회(이하 '피고 협회')는 음악저작권자들로부터 권리를 신탁받아 지속적으로 관리하는 업을 목적으로 하는 저작권신탁관리업자이다.

원고는 2009. 2. 2. 다섯 살 된 원고의 딸이 의자에 앉아 별지 음악저작물('미쳤어', 이하 '이 사건 저작물'이라 한다)을 부르면서 춤을 추는 것을 촬영한 이용자제작콘텐츠(UCC-User Created Content 또는 UGC-User Generated Content) 형태의 53초 분량의 동영상(이하 '이 사건 동영상'이라 한다)을 주된 내용으로 게시물을 원고가 운영하는 네이버 블로그에 게시하였다.

피고 협회가 신탁받아 관리하는 저작물들의 저작권을 침해하였음을 이유로 복제, 전송의 중단조치를 요청한 바 있다. 그 일환으로 피고 협회는 이 사건 동영상 역시 피고 협회가 관리하는 이 사건 저작물의 저작권을 침해하였다고 주장하면서 피

9 서울중앙지방법원 2006. 3. 3. 선고 2005가단283641판결.

고 회사측에 이 사건 게시물의 삭제를 요청하였으며, 이에 피고 회사는 2009. 6. 17. 이 사건 게시물 전체를 임시 게시중단 처리하였고 2009. 6. 22. 이를 원고에게 통지하면서 30일 이내에 정당한 권리를 소명하여 재 게시를 요청할 수 있다는 내용의 재 게시 요청 절차에 대하여 안내하였다.

원고는 2009. 6. 23. 피고 회사측에 위 조치에 대하여 항의하면서 재 게시를 요청한 것을 비롯하여 수차례에 걸쳐 이 사건 게시물의 재 게시를 요청하였으나, 피고 회사는 재 게시 요청기간(30일)이 도과하였고 원고가 이 사건 게시물이 정당한 권리에 의한 것이라는 소명자료를 제출하지 아니하였다는 이유로 재 게시를 거부하였다.

원고는 피고 사단법인 한국음악저작권협회에 대하여 피고 협회가 신탁받아 관리하는 이 사건의 음악저작물의 저작권을 침해하지 않았다는 확인을 구하며, 손해배상액 5,000,000원을 지급할 것을 청구하였다. 또한, NHN에 대하여 손해배상액 5,000,000원을 지급할 것을 구하였다.

○ 판결내용

1. 저작권을 침해했는지 여부에 대한 판단

원고가 원고의 딸이 이 사건 저작물의 가사와 음의 주요 부분을 흉내내어 부르는 것을 촬영하여 녹화한 행위와 이를 UCC 동영상으로 제작하여 피고 회사의 서버에 등재하는 행위는 각 저작권법이 규율하는 '복제'에 해당된다 할 것이며(저작권법 제2조 제22호 참조), 원고가 이 사건 게시물을 수신 범위의 차단 없이 포털사이트인 네이버에서 운영하는 블로그에 등재한 행위는 이 사건 게시물을 불특정다수인, 즉 공중에게 '전송'한 것에 해당한다고 할 것이므로(저작권법 제2조 제7, 10호 참조), 저작권자의 저작재산권이 법률에 따라 제한되는 등의 특별한 사정이 없다면 원고의 위 각 행위가 저작자의 저작재산권 중 복제권, 전송권 등을 침해하는 것이라고 볼 여지가 있다.

저작권 침해여부의 전제로서 어떠한 UCC 동영상이 특정 저작물을 복제하여 제작된 것인지 여부는 일반인의 관점에서 전체적으로 보아 그 특정 저작물을 차용한 것인지 여부를 판별할 수 있는지에 기준을 두어야 할 것이라는 점이다. 이에 이 사건 게시물 자체에서도 이 사건 저작물을 사용하였음이 명시되어 있고, 이 사건 동영상도 이 사건 저작물의 주요 가사(후렴구), 주요 음 및 실연자(손담비)의 주요 동작을 주 내용으로 하여 일반인의 관점에서 볼 때 이 사건 저작물이 사용된 것임을 쉽게 알 수 있다. 그러나 입법취지 및 목적에 따라 우리의 저작권법은 여러 조문에 걸쳐 저작재산권의 제한규정을 두어 저작물을 자유이용할 수 있으며, 이러한 제한 규정에 해당할 경우 저작권 침해에 해당한다고 볼 수는 없다.

저작권법 제28조는 공표된 저작물은 보도·비평·교육·연구 등을 위하여는 정당한 범위 안에서 공정한 관행에 합치되게 이를 인용할 수 있다고 규정하고 있는바, 위 규정은 소극적인 복제 뿐 아니라 자신의 저작물 중에 타인의 저작물을 인용하는 것까지 포괄하여 규율하는 것으로 해석되므로, 정당한 인용은 배포권, 전송권 등 저작자의 저작재산권 일반에 대한 제한사유에 해당한다고 할 것이다.

저작권법 제28조에 해당하려면, 그 인용의 목적이 보도·비평·교육·연구에 한정된다고 볼 것은 아니지만, 인용의 '정당한 범위'는 인용저작물의 표현 형식상 피인용저작물이 보족, 부연, 예증, 참고자료 등으로 이용되어 인용저작물에 대하여 부종적 성질을 가지는 관계(즉, 인용저작물이 주이고, 피인용저작물이 종인 관계)에 있다고 인정되어야 하고, 나아가 정당한 범위 안에서 공정한 관행에 합치되게 인용한 것인지 여부는 인용의 목적, 저작물의 성질, 인용된 내용과 분량, 피인용저작물을 수록한 방법과 형태, 독자의 일반적 관념, 원저작물에 대한 수요를 대체하는지 여부 등을 종합적으로 고려하여 판단하여야 한다(대법원 1998. 7. 10. 선고 97다34839 판결, 대법원 1990. 10. 23. 선고 90다카8845 판결 등 참조).

이 사건 게시물이 실제로 피인용저작물인 이 사건 저작물의 시장가치에 악영향을 미치거나 시장수요를 대체할 정도에 이르렀다고 볼 만한 여지가 없고, 오히려 이 사건 저작물의 인지도를 높이는 방향으로 기여한다고 볼 수도 있는 점 등을 종합하면 이 사건 게시물은 이 사건 저작물을 정당한 범위 안에서 공정한 관행에 합치되게 인용한 것이다.

2. 피고 회사에 대한 손해배상청구에 관한 판단

피고 NHN은 온라인서비스제공자로서 저작권법 제103조에 따라 저작권자의 권리 침해 소명 및 복제·전송의 중단 요구가 있을 경우 당해 저작물의 복제·전송을 중단시킬 의무를 지는 점, 이 사건의 경우 피고 협회가 피고 회사측에 저작권자로서 일응 권리 침해를 소명하면서 복제·전송의 중단을 요청해왔던 점, 피고 회사는 법령에 따라 이 사건 게시물의 복제·전송의 중단 조치를 하고 원고에게 재게시절차를 안내하였던 점 등을 종합하면, 피고 회사가 이와 같은 일련의 과정에 있어 온라인서비스제공자로서 주의의무를 위반하였다고 볼 만한 사정이 없어, 원고의 피고 회사에 대한 이 부분 청구는 이유 없다.

[사례연구 2]

대법원 2010.12.23. 선고 2008다44542 판결 (의료기 홍보물에 실린 사진 등의 저작물성)

○ 사실관계

오네스트메디칼 주식회사(이하 '원고 회사'라 함)는 고주파를 이용하여 환부를 절제하고 지혈하는 고주파 수술기를 비롯한 의료용구를 생산, 판매하는 외국 법인이고, 원고 2, 3은 원고 회사의 지속적인 지원을 받아 고주파치료술을 개발해 온 산부인과 의사들이다(이하 '원고 의사들'이라 함). 원고 의사들이 1977. 11.경부터 1997. 5.경까지 논문에 게재된 사진과 고주파 수술기를 이용한 고주파치료술의 시술 장면 또는 시술 전후의 환부의 모습을 담은 사진을 원고 회사에게 상업적으로 독점 이용할 수 있는 권리를 부여하였다.

피고는 원고 회사와 수입판매계약을 체결하고 모델명 MGI-201 고주파 수술기를 수입, 판매해 왔는데, 원고 회사로부터 이 사건 사진과 그림을 건네받아 MGI-201 제품의 국내 홍보물에 사용하여 왔다. 그러던 중 피고는 원고 회사에서 판매하는 다른 제품과 부품의 규격·사양, 배치, 동작원리 등이 모두 동일한 제품을 독자적으로 개발하여 제품의 홍보하였다. 이때 피고는 종래 MGI-201을 홍보하기 위하여 제작한 팜플렛에 사진, 그림뿐만 아니라, 원고 회사 팜플렛 및 원고 의사들의 발표 논문, 강연자료에 있는 설명 기재를 거의 그대로 옮겨 실어 피고 제품의 홍보에 활용하고 있다.

원고는 이 사건 사진, 그림, 설명기재는 저작권의 보호대상인 저작물로 저작권 침해하였다고 주장하고 침해금지와 손해배상을 청구하였다. 이에 반하여 피고는 환자의 환부를 기계적으로 찍은 영상에 불과하여 촬영자의 개성과 창조성이 인정될 여지가 없고, 이 사건 그림도 창조성이 없으며, 이 사건 설명기재 역시 표현형식 자체에 개성과 창조성이 없어 저작권법에 의하여 보호되는 저작물이라 볼 수 없다고 주장하였다.

사실심에서 사진은 그 목적이 피사체 자체를 충실하게 표현하여 이를 정확하게 인식할 수 있도록 하는 것으로서, 피사체의 선정, 구도의 설정, 빛의 방향과 양의 조절, 카메라 각도의 설정, 셔터의 속도, 셔터찬스의 포착, 기타 촬영방법, 현상 및 인화 등의 과정에서 저작권법으로 보호할 만한 촬영자의 개성과 창조성을 인정하기 어려우므로 저작권법에 의하여 보호되는 사진저작물에 해당한다고 볼 수 없다고 판단하였다. 또한, 그림과 설명기재도 표현되어 있는 내용 즉 아이디어나 이론 등의 사상 및 감정 그 자체는 설사 그것이 창작성이 있다 하더라도 원칙적으로는 저작권법에서 정하는 저작권의 보호대상이 되지 아니하며, 특히 학술의 범위에 속하는 저작물의 경우 그 학술적인 내용은 만인에게 공통되는 것이고 누구에 대하여도 자유로운 이용이 허용되어야 하는 것이다.

○ 원심판결

1심법원과 항소심 법원 모두 사진, 그림 및 설명기재의 내용은 그 표현형식에 있어서 작성자의 창조적 개성이 드러나 있다고 보기 어려우므로 저작권법의 보호대상이 되는 저작물에 해당하지 아니한다고 판시하였다.

○ 대법원 판결내용

1. 이 사건 사진이 저작물인지 여부

저작권법에 의하여 보호되는 저작물에 해당하기 위해서는 문학·학술 또는 예술의 범위에 속하는 창작물이어야 하고 그 요건으로서 창작성이 요구되므로, 사진저작물의 경우 피사체의 선정, 구도의 설정, 빛의 방향과 양의 조절, 카메라 각도의 설정, 셔터의 속도, 셔터찬스의 포착, 기타 촬영방법, 현상 및 인화 등의 과정에서 촬영자의 개성과 창조성이 인정되어야 그러한 저작물에 해당한다고 볼 수가 있을 것이다.[10]

10 대법원 2006. 12. 8. 선고 2005도3130 판결; 동 2001. 5. 8. 선고 98다43366 판결.

고주파 수술기를 이용한 수술 장면 및 환자의 환부 모습과 치료 경과 등을 충실하게 표현하여 정확하고 명확한 정보를 전달한다는 실용적 목적을 위하여 촬영된 것임을 알 수 있으므로, 이러한 사진들이 구 저작권법상의 사진저작물로서 보호될 정도로 촬영자의 개성과 창조성이 인정되는 저작물에 해당한다고 보기는 어렵다.

2. 이 사건 그림 및 설명기재가 저작물인지 여부

저작권법이 보호하는 것은 문학·학술 또는 예술에 관한 사상·감정을 말·문자·음·색 등에 의하여 구체적으로 외부에 표현하는 창작적인 표현형식이고, 그 표현되어 있는 내용, 즉 아이디어나 이론 등의 사상 및 감정 그 자체는 원칙적으로는 구 저작권법에서 정하는 저작권의 보호대상이 되지 아니하며, 특히 학술의 범위에 속하는 저작물의 경우 그 학술적인 내용은 만인에게 공통되는 것이고 누구에 대하여도 자유로운 이용이 허용되어야 하는 것으로서, 그 저작권의 보호는 창작적인 표현형식에 있는 것이지 학술적인 내용에 있는 것은 아니다.[11] 따라서 이 사건 그림과 설명기재는 고주파 수술기를 이용한 고주파 응고법의 치료원리와 효과 등을 나타내기 위한 것임을 알 수 있으므로, 그 학술적인 내용은 누구에 대하여도 자유로운 이용이 허용되어야 하고, 그 표현형식에 있어 저작자의 독자적인 개성이 나타나 법적으로 보호할 가치 있는 창작적 표현이 있다고 보기도 어렵다.

[사례연구 3]

서울중앙지법 2005. 7. 22. 선고 2005나3518 판결 (웹에서 내려받기/ 저작권침해)

○ 사실관계

프리랜서 사진작가(원고)인 송○○는 국내의 아름다운 자연풍경을 촬영한 후 이를 자신의 사진집으로 출간하는 한편, 홍보목적으로 인터넷 사이트상에 게시하였는바, 위 인터넷 사이트상에는 '본 사이트의 이미지(사진작품)을 무단으로 복제하는 것을 금합니다(저작권법 제98조의 권리의 침해죄)'라는 문구가 기재되어 있다.

11 대법원 1999. 11. 26. 선고 98다46259 판결.

회사원인 피고는 원고가 홍보목적으로 자신이 촬영한 풍경사진들을 게시해 놓은 인터넷 사이트상에 접속하여 풍경사진들을 감상하다가 자신의 마음에 드는 사진들만 따로 저장해 놓고 나중에 다시 감상할 목적으로 그 풍경사진들 중 자신의 마음에 드는 사진 13장을 복제한 다음 위 복제한 사진들을 "내저장함"이라는 디렉토리 내에 저장해 두었다.

원고가 자신의 인터넷 홈페이지에 사진 1장당 사용가격을 150만 원이라고 게시해 놓은 사실 및 원고가 2004. 6. 24. 동보시스라는 회사에 자신의 사진 1장을 150만 원에 대여한 사실을 인정할 수 있다는 것을 기초로 사진 1장당 통상 150만 원의 사용료를 받을 수 있음을 전제로 손해배상액으로 1,950만원의 재산상 손해를 입었다고 주장하였다.

○ 판결내용

1. 저작물의 독창성

원고가 인터넷 사이트상에 게시해 놓은 사진들은, 피사체의 선정, 구도의 설정, 빛의 방향과 양의 조절, 카메라 각도의 설정, 셔터의 속도, 셔터찬스의 포착 등과 같은 촬영방법과 현상 및 인화 등의 과정에서 촬영자인 원고의 개성과 창조성이 뚜렷이 반영되어 있다. 이 사건 사진들은 예술적 창작성이 인정되어 저작권법에 의하여 보호되는 저작물에 해당된다.

2. 저작권침해와 손해배상

피고는 원고의 승낙도 없이 인터넷 사이트상에 게시된 원고의 사진들을 무단으로 복제함으로써 위 사진저작물에 관한 원고의 저작권을 침해하였으므로, 피고는 위와 같은 저작권 침해행위로 인하여 원고가 입은 손해를 배상할 책임이 있다.

손해배상의 범위를 정함에 있어서 법원은 i) 피고가 상업적인 목적으로 이용하거나 타인에게 공개할 의사로 원고의 사진들을 복제한 것이 아니라, 피고의 마음에 드는 사진들만 따로 모아놓고 이를 나중에 다시 감상하고픈 생각에 원고가 인터넷 사이트상에 게시해 놓은 사진들을 복제하기에 이른 점, ii) 피고가 인터넷 사이트상에 게시해 놓은 원고의 사진들 중 비교적 소량인 자신의 마음에 드는 사진 13장만 복제하였던 점, iii) 원고가 피고를 저작권법 위반으로 형사고소하자, 피고가 즉시 디렉토리 내에 저장해 두었던 사진들을 삭제한 점, iv) 피고가 원고의 사진들을 무단으로 복제한 자신의 잘못을 뉘우치고, 원고가 이 사건 소를 제기하기 이전부터 원고와 합의하기 위해 계속 노력해 온 점 등을 참작하였다.

이에 따라 법원은 피고의 저작권 침해행위로 인한 원고의 손해액은 최대한 130만 원(사진 1장당 10만 원 × 13장)이라고 봄이 상당하다고 결정하였다.

그 밖에 재산적 손해배상 외에 회복될 수 없는 정신적 손해가 발생하였다는 점을 인정할 만한 아무런 증거가 없으므로, 법원은 원고의 이 부분 주장을 받아들이지 않았다.

제3장

한국 특허법과 징벌적 손해배상액 제도

Ⅰ. 징벌적 손해배상액 제도의 논의 배경

특허권 등 산업재산권이 침해된 경우에 현행법의 구제방법은 크게 두 가지로 나누어 볼 수 있다. 하나는 형사적 구제방법이며, 다른 하나는 민사적 구제방법이다. 전자는 특허권의 경우 특허법 제225조에 규정한 특허권침해죄를 적용하여 특허권 침해를 규율하는 것이다. 후자는 물권적 청구권에 준하는 금지청구권(특허법 제126조) 및 손해배상청구권(특허법 제128조 이하)을 행사할 수 있지만, 주된 민사법적 구제수단은 손해배상청구권이다.

그런데 특허권침해가 악의적으로 계속적이고 반복적으로 발생하는 현실에서 이 문제를 해결할 새로운 방법을 모색하기에 이르렀다. 이와 관련하여 這間에 영미 판례법을 통하여 발전되어 온 징벌적 손해배상액(punitive damages)[1] 제도를 국내법에 수용할 수 있는지 여부를 논의하고 있다. 이를 수용할 수 있다면 구체적 논의를 통하여 어떤 형태를 도출하여야 하는가를 검토하여야 하지만, 반대의 경우에는 구체적으로 어떤 방법으로 악의적 특허권침해를 예방할 수 있는지 그 대책을 마련하는 것이 필요하다.

징벌적 손해배상액 제도는 커먼로 국가에서 손해배상액 산정과 관련하여 200년 이상 유지·발전한 사법상 제도(institution)의 하나이다.[2] 징벌적 손해배상액은 우리나라와 같이 대륙법계 국가의 손해배상법의 체계에 따라 산정된 塡補賠償額과 비교할 때, 배상액 산정의 법리적 기초와 아주 다르다. 커먼로 국가의 징벌적 손해배

1 손해배상과 손해배상액의 개념을 구별하는 전제하에서 전자는 배상범위의 획정과 관련되어 있지만, 후자는 구체적인 배상액 산정과 관련되어 있다는 점에서 양자를 구별하여 사용한다. 이 글에서 징벌적 손해배상이라는 일반적 명칭에서 빚어지는 개념 오류를 바로잡기 위하여 'punitive damages'를 '징벌적 손해배상액'으로 번역하여 그 용어를 사용한다.

2 Harvey McGreger, *Damages*, 1980, 226-227.

상액 제도는 반복적·계속적 불법행위가 장래에 더 이상 발생하지 않도록 할 목적으로 懲罰的·抑止的 效果를 얻는 데에 집중되었다. 그런데 징벌적 손해배상액은 그 동안 전보배상액의 100배, 200배 또는 500배로 증액된 금액을 최종 손해배상액으로 산정하는 경우가 없지 않았다. 이는 악의적 불법행위라는 비난가능성에 따른 것이라는 점에서 인용되지만, 지나치게 높은 금액을 배상액으로 산정할 때 제도남용이라는 또 다른 비난을 피하지 못한다.

또한, 징벌적 손해배상액 제도의 명칭으로부터 의미를 파악할 때 민사적 구제수단이라 할지라도, 본질적인 내용을 살펴보면 형사벌의 기능하고 있다는 점이다. 이를 고려한다면 민사적·형사적 구제수단을 엄밀하게 구별하는 대륙법계 법리 하에서 모순을 분명하게 드러내고 있는 것이다. 현행법 체계 하에서 손해배상은 전보배상에 한정하고 있다는 점에 따를 때 징벌적 배상액을 같은 차원에서 수용할 수 있는지 여부를 분석·검토하여야 한다.

Ⅱ. 사법상 징벌적 손해배상액 제도

1. 징벌적 손해배상액 제도의 의의

징벌적 손해배상액(punitive damages; exemplary damages; enhanced damages)이라 함은 가해자(침해자)의 악의적 행위에 의하여 야기된 불법행위에 대하여 전보배상액(compensatory damages)이 아닌 징벌로 부과된 배상액을 말한다.[3] 이는, 용어의 표현에서 드러나는 것처럼, 가해자에 대하여 징벌적(punitive)이거나 악의적 행위의 재발방지를 위하여 제3자에 대하여 경각심을 심어주기 위한 본보기로 예시되어[4] 전보배상액보다 아주 높게(enhanced) 산정된 손해배상액이다.

징벌적 손해배상액 제도는 오랜 역사를 가지고 있다. 간단히 연혁적 발전을 살펴보면, 4,000년 전에 함무라비 법전에 이를 규정하였고, 서기전 450년에는 12동판법

3 *Restatement of Torts(2d.)* § 908 (1977).

4 (exemplary) C.D. Baker, *Tort (3rd ed,)*, Sweet & Maxwell, 1981, 312.

에 기록되었다. 또한, 로마법에서 2배에서 4배까지 손해배상액을 규정하였다.[5] 그 밖에 성경에 4배에서 5배까지 손해배상액을 기록하고 있다.[6]

영미법상 이에 관한 최초의 판결은 Huckle v. Money 사건판결(1763년)이다.[7] 21년 후 미국 Genay v. Norris 사건판결(1784년)로[8] 이어졌고, 19세기 중엽에 징벌적 손해배상액 제도가 미국 판례법에 자리를 잡았다. 이러한 징벌적 손해배상액 제도를 적용한 사례는 1970-80년대의 사건판결에서 비교적 용이하게 찾아볼 수 있다. 징벌적 손해배상액 제도는 주로 의료과오 및 제조물책임에 기한 손해배상과 관련하여 적용하였지만, 이에 한정하지는 않았다. 영국법의 도입에서 출발한 징벌적 손해배상액 제도는 형사벌에 해당하는 것으로 민사적 구제방법으로 적절하지 않다는 지적에도 불구하고 여전히 그 명맥을 유지해 왔다.

유명한 McDonald's Restaurant 사건판결(1994년)[9]에서 드러난 것처럼 배심원의 과다한 손해배상액 산정은 미국 책임법의 모순을 그대로 보여준다. 이 문제를 해결하기 위한 체계적인 검토로 불법행위법 개혁의 고삐를 늦추지 않고 있다. 최근 들어 미국 연방대법원은 BMW of North America v. Gore,[10] Cooper Industries Inc. v. Leatherman Tool Group, Inc.,[11] State Farm Mutual Automobile Insurance Co. v. Campbell[12] 등의 사건판결에서 징벌적 손해배상액을 과다하게 산정한 하급심 판결을 파기환송하였다. 연방 대법원의 판결은 징벌적 손해배상액 제도의 적용

5 이에 관하여 자세히는 David G. Owen, "A Punitive Damages:Functions, Problems and Reform", 39 Vill.L.Rev. 363, 368-370 (1994).

6 출애굽기 22:1, "사람이 소나 양을 도적질하여 잡거나 팔면 그는 소 하나에 소 다섯으로 갚고 양 하나에 양 넷으로 갚을지니라."

7 95 Eng. Rep. 768 (K.B. 1763).

8 1 S.C. 3, 1 Bay 6 (1784).

9 Liebeck v. McDonald's Restaurants, No. CV-93-02419, 1994 WL 360309 (N. M. Dist. Ct. Apr. 18, 1994). 이 사례는 피고 상점에서 구입한 180-190° F(섭씨로 환산하면, 83-88° C에 해당)의 뜨거운 커피를 엎질러 엉덩이와 허벅지에 3도 화상의 부상을 입은 원고가 피고를 상대로 손해배상을 청구한 사건이다. 전보적 손해배상액의 기초를 이루는 의료비 총액은 미화 10,000불 불과한 반면, 배심원은 미화 2,900,000 불 손해배상액을 평결하였다. 이 사례는 양자를 비교할 때 징벌적 손해배상액은 전보배상액의 약 290배에 해당한다. 배심원의 평결은 fast-food 산업에 특별한 메시지를 전달할 의도를 가지고 있었던 것으로 해석되었다.

10 517 U.S. 559, 596 (1996). 하급심에서 전보배상액 4,000불의 500배에 해당하는 징벌적 손해배상액을 판결하였다.

11 532 U.S. 424, 443 (2001). 하급심에서 전보배상액 50,000불의 90배에 해당하는 징벌적 손해배상액을 판결하였다.

12 538 U.S. 408, 429 (2003). 하급심에서 산정한 전보배상액 1,000,000불의 145배에 해당하는 징벌적 손해배상액을 판결하였다.

을 금지하지는 않았지만, 징벌적 손해배상액의 산정이 연방 수정헌법 제14조에 규정한 적정절차(due process)에 위반된다는 지적과 함께 제도에 대한 부정적 시각을 드러냈다.[13]

2. 징벌적 손해배상액 제도의 법리 기초

징벌적 손해배상액 제도는 전보배상액보다 높은 배상액을 통하여 가해행위에 대한 懲罰(punishment)과 抑止(deterrence)를 꾀하기 위한 목적을 가진다.[14] 그 밖에 교육적, 전보적 효과도 함께 얻을 수 있다. 징벌적 손해배상액 제도를 논의하면서 중요하게 다루어야 할 점은 불법행위를 구성하는 귀책사유의 구체적인 내용이다. 惡意, 邪惡 또는 倫理的 非難可能性 등으로 예시한 것을 제시하면, "malicious", "oppressive", "evil", "wicked", "wanton", "morally culpable" 등으로 불법행위의 동기를 포함하고 있으며 가해자의 주관적 요소를 고려하고 있음을 露呈하고 있다.[15]

징벌적 기능은, 민법·형법을 구별하여 개별적으로 각각 규율하는 현대 법체계에 아주 어색하다. 하지만, 행위자에 대한 징벌적 방법을 통하여 피해자가 겪은 정신적 피해에 대한 구제를 이끌어낸다는 점에서 중요한 의미를 가진다. 이를 준형사적(quasi-criminal) 방법이라고 말할 수 있는데, 징벌적 손해배상액 제도가 일차적으로는 사적 구제수단이지만, 형사적 구제수단으로서 기능하고 있음은 교화적(또는 교정적) 측면을 담고 있으므로 사회적 구제수단이라 말할 수 있다. 억지적 기능은 불법행위가 장래에 재발하지 않도록 하는 것 외에 잠재적 행위자에 대한 경각심을 불러와 불법행위를 예방하는 데에 기여한다. 이는 반복적 불법행위로부터 경제적 수익

13 이에 대하여 최근의 연구로 Cass R. Sunstein, Reid Hastie, John W. Payne, David A. Schkade and W. Kip Viscusi, Punitive Damages, University of Chicago Press, 2003 참조; Kevin S. Marshall and Patrick Fitzgerald, "*Punitive Damages* and the Supreme Court's Reasonable Relationship Test:Ignoring the Economics of Deterrence", 19 St. John's J. Legal Comment. 237 (2005).

14 *Restatement (2d.) of Torts* § 908 (1977); Eline W. Shoben & Murray Tabb, *Remedies*, University Casebook Series, 1993, 661; Anthony J. Sebok, "What Did Punitive Damages Do ? Why Misunderstanding the History of Punitive Damages Matters Today", 78 Chicago-Kent L. Rev, 163 (2003).

15 미국 손해배상 구제법에 관한 고전적 문헌으로 Dan B. Dobbs, Remedies, West, 1973, 205 참조.

을 챙기려는 경우에 주효하게 작용하므로 잘못된 제품의 생산·판매로부터 수익을 확보하려는 자로부터 소비자보호를 이끌어낸다.[16]

그 밖에 전보적 기능은 발생한 손해를 전보한다는 점에 따른 것이지만, 징벌적 손해배상액 제도가 위에서 서술한 징벌적·억지적 기능의 강조로 인하여 의미전달이 다소 축소되어 논의되어 왔다. 하지만, 실제 손해의 발생에 따라 손해배상액을 산정함에 있어서 빠뜨릴 수 없는 기능으로 물질적 손해를 중심으로 배상액을 산정할 때 간과하게 되는 점을 보완한다.

3. 징벌적 손해배상액 제도에 대한 비판

미국의 대부분의 州가 징벌적 손해배상액 제도를 주로 판례법의 형식으로 인용하고 있지만, 특별히 몇 개 주에서는 이를 제한하거나 금지하고 있다. Nebraska, Washington 주는 이를 허용하지 않고 있으며, Louisiana, New Hampshire, Massachusetts 주는, 법률에 허용하지 않는 한, 적용을 금지하고 있다.

아래에서는 징벌적 손해배상액 제도에 관한 영미법상 징벌적, 억지적 효과를 이끌어낸다는 일반론 외에 이를 일반 손해배상 법리와 형벌 간의 엄밀한 차이에도 불구하고 이를 수용하는 영미법의 모순적 태도에 대한 비판적 견해를 살펴본다.

1) 손해배상·형벌의 구별 혼동

징벌적 손해배상액 제도가 민사법상 논의대상에 한정할 뿐 형사법상 처벌과 무관하다고 할지라도 그 실체는 전혀 다르다. 이 양자는 행위에 대한 징벌(또는 형벌)이라는 효과가 있으므로 법체계의 혼란을 야기한다. 이러한 혼란은 법체계상 구조적 모순을 드러냄으로써 사법·형법체계를 무너뜨린다는 제도적 약점을 안고 있다. 징벌적 손해배상액은 벌금의 성질을 가지고 있다. 민사적 손해배상은 전보배상에 한정하는 것이 손해배상 법리에 합당하므로 손해배상 외에 벌금을 부과하는 것으로 법리에 비추어 수용될 수 없는 모순을 완연하게 드러내고 있다.

16 Patrick S. Ryan, "Revisiting the United States Application of Punitive Damages:Separating Myth from Reality", 10 ILA J. Int'l & Comp. L. 69, 74-75 (2003).

징벌적 손해배상액은 실제 형사법과 민사법의 중간영역에 위치하고 있지만, 손해배상액이라는 명칭으로 민사법상 논의대상이다. 형법은 범죄 예방적 효과를 꾀하지만, 민법상 불법행위 법리는 발생한 손해에 대한 사후 전보에 주효하게 기능한다. 또한, 형사법상 제재는 공중에 대한 것이라면, 민사적 제재는 개인에 대한 것이라는 점에서 서로 다르다.[17] 그런데 징벌적 손해배상액 제도가 제3자 또는 당해 행위자에 대하여 장래에 빚어질 불법행위를 규율하려는 의도에 따른 것이라는 점에서 민사책임 법리에 일탈하여 이중적 처벌에 해당하므로 법질서 전체를 왜곡시킨다. 刑事罰에 해당하는 징벌적 손해배상액 제도의 운용을 제한하거나 지나치게 높은 배상액을 산정하지 못하도록 구체적인 방안을 마련하는 논의가 뒤따르고 있다.[18]

2) 적용대상의 불명확성

경솔·악의·사악함 등의 귀책사유는 규범적 개념이 명확하지 않고 막연하여 재량에 맡겨짐으로써 실제 적용 여부 및 적용 후 상당한 차이를 드러나게 한다. 또한, 징벌적 손해배상액 산정시 피고의 경제적 사정이 주요한 고려사항으로 검토되고 있으며, 편견·피해자를 지나치게 두둔하는 행위·사건에 대한 지나친 관심 등에 따라 배상액에 커다란 차이를 불러온다. 개별적인 사정이 고려될 때 구체적 타당성이 확보된다고 주장할 수 있으나, 법적 안전성을 이끌어내지 못한다는 약점을 가지고 있다. 또한, 사실문제 확정과 손해배상액 산정이 재량에 맡겨져 있으므로 재량적 판단에 따라 피고로 하여금 재산을 박탈당하였다는 불신·패배감을 안겨준다.

다른 한편으로는 피해자에게는 의외의 수입(windfall)이 생기게 함으로써 사회적 정의를 실현하는 데에 장애를 불러온다. 징벌적 손해배상액 제도를 통하여 악덕한 대기업, 악의적 불법행위자에게 더 이상 불법행위가 유발되지 않도록 하는 징계적·억지적 효력을 도모하고자 하지만, 반면에 징벌적 손해배상액을 구하는 피해자는 전보배상액 이상을 확보하려는 의도로 제도를 악용할 수도 있다. 이 점은 오래 전부터 문제가 되었는데, 배심원 제도를 유지하고 배심원이 손해배상액을 정하

17 E.F. Hutton & Co., Inc. v. Anderson, 596 P.2d 413 (Col. 1979); Olson v. Walker, 781 P.2d 1015 (Ariz. Ct. App. Div. 1989).

18 Sunstein et al, *supra note* 13, 243-244.

는 司法制度와 관련하여 영미법계의 제도적 해결이 뒤따라야 할 것이다. 징벌적 손해배상액을 산정하는 대상이 특정되어 있거나 일정한 범위 내에서 징벌적 손해배상액을 정하여 사안을 해결하는 것이 아니라는 점에서 손해배상액 산정에 관한 예견가능성이 없다. 뿐만 아니라, 악의적이거나 악덕한 행위를 일정한 체계에 따라 분류하여 사안을 적용하지 아니하는 한, 과도한 억지력의 발휘는 자연인·법인의 활동에 걸림돌로 작용하여 경제활동이 불안하고, 이로 인하여 국가산업발전에 불리한 영향을 끼친다.

3) 타인의 행위에 대한 경제적 부담

보험회사, 사용자 및 정부 등은 피보험자, 근로자 및 공무원 등의 불법행위로부터 유발된 손해발생시 이에 대한 책임을 부담한다. 즉 보험회사, 대기업체 및 정부가 징벌적 손해배상액을 감당할 수 있는 경제적 형편에 놓여 있어 과다한 손해배상액을 부담하여야 하는 경우가 있다(대내적 관계에 따른 논의는 별론으로 함). 이때 회사의 경우에 근로자의 불법행위에 따른 과도한 손해배상액으로 인하여 회사 파산으로 연결될 수도 있다. 가해자의 경제적 형편을 전제로 한 재량적 판단이 행해지고 있음에 비추어 볼 때, 경제적 불평등을 완화하는 방안의 하나로 징벌적 손해배상액 제도를 활용할 수도 있지만, 손해배상이라는 민사적 구제수단이 달성하고자 하는 기본적인 취지에 어긋난다. 결과적으로 행위자자 부담하여야 할 손해배상액을 제3자에게 전가하는 결과를 가져오는 것이다.

근로자의 불법행위에 대한 전보적 손해배상액과 선임·감독에 상당한 주의를 기울이지 못하였으므로 인하여 사용자가 부담하는 징벌적 손해배상액을 비교할 때, 양자는 커다란 차이로 드러낸다. 현행 민법상 사용자책임(민법 제756조)[19]은 무과실책임(정확히는 중간책임)에 가까운 법리를 구성한다. 징벌적 손해배상액 제도를 이에 연계할 때, 사용자는 근로자의 악의적 불법행위로 인한 代位責任으로 고액의 징벌적 손해배상액을 부담하게 된다. 이 경우에 기업의 사회적 책임이라는 관점에서 수용할 수 있으나, 소비자에게 가격상승을 불러와 배상액이 轉嫁되어 최종적으로 소비자가 이를 부담하는 결과가 된다. 결론적으로 징벌적 손해배상액을 부담하는 기업

19 영미법상 vicarious liability(대위책임)와 비교할 수 있음.

은 지나친 경제적 부담으로 도산될 수 있거나 이를 소비자에게 전가하게 된다.

Ⅲ. 현행 특허법상 징벌적 손해배상액의 수용 여부 검토

미국 특허법 제284조는 전보배상액의 3배까지 손해배상액으로 증액할 수 있다고 규정하고 있다. 실무상 법원은 가해자의 고의 또는 중과실 등의 귀책사유가 있으면 언제나 징벌적 손해배상액으로 확정하는 것이 아니라, 구체적인 모든 여건을 고려하여 배상액을 정한다.[20] 또한, 법원은 침해자가 침해행위 이전에 얼마나 적극적으로 침해를 피하려고 노력했는지 여부를 검토한다.[21] 이 점은 불법행위법의 논의중심에 행위 외에 행위자를 고려하고 있다는 점을 노정하고 있는 것으로 매우 흥미롭다. 이때 법원은 행위자의 의도라는 점을 언제나 고의라는 것으로 한정하여 해석하지 않고, 모든 가해자의 사정을 충분히 고려하여 판단하게 된다(totality of the circumstances approach).[22]

전보배상액보다 훨씬 높은 손해배상액을 산정하는 경우에 미국 법원은 다음의 몇 가지 판단기준을 통하여 배상액을 정한다. ⅰ) 침해자가 타인의 기술적 사상(technical idea)을 고의적으로 모방하였는지 여부, ⅱ) 침해자가 타인의 특허권이 무효이거나 침해하지 아니한다는 판단 하에 타인의 기술내용을 이용했는지 여부, ⅲ) 소송계속 중 당사자의 행위, ⅳ) 침해자의 경제적 사정, ⅴ) 침해자의 불법행위 기간, ⅵ) 침해자에 의하여 이행된 피해구제 정도, ⅶ) 가해자의 침해에 관한 동기 및 ⅷ) 침해자의 불법행위에 대한 사후대책 강구 등을 제시하고 있다.[23]

아래에서 징벌적 손해배상액 제도를 현행법상 수용하는지 여부에 대하여 소극론, 제한적 수용론 및 적극적 수용론의 세 가지 견해를 살펴본다.

20 Read Corp. v. Portec, Inc., 970 F.2d 816, 826 (Fed. Cir. 1992); Markman v. Westview Instruments, Inc., 52 F.3d 967 (Fed. Cir. 1995).

21 Underwater Devices, Inc. v. Morrison-Knudsen Co., 717 F.2d 1380, 1390 (Fed. Cir. 1983); Machinery Corp. of America v. Gullfiber AB, 774 F.2d 467, 471 (Fed. Cir. 1985); Great Northern Corp. v. Davis Core & Pad Co., 782 F.2d 159, 166-167 (Fed. Cir. 1986).

22 Gustafson, Inc. v. IntersystemIndus. Prods., Inc., 897 F.2d 508, 510 (Fed. Cir. 1990).

23 City of Newport v. Facts Concerts, Inc., 453 U.S. 247 (1981); Read Corp. v. Portec, Inc., 970 F.2d 826-827.

1. 소극론(원칙론)

징벌적 손해배상액 제도는 고액의 손해배상액 지급을 통하여 침해자에게 준형사적 제재를 가한다는 논의에서 출발한다. 민사적 손해배상은 근본적으로 형사벌과 구별되는 것이라는 점에서 침해행위에 대한 민사적 구제방법은 원칙적으로 전보적 손해배상액으로 국한되고 있다. 징벌적 손해배상액 제도의 수용 여부를 현행 사법체계 내에서 살펴볼 때, 악의적 침해행위에 대한 예방적 효과의 확보, 징벌적 손해배상액 제도·현행 사법체계의 충돌 및 징벌적 손해배상액 제도의 도입이 국내 산업에 미치는 영향 등을 분석할 필요가 있다.

현행 특허법에 징벌적 손해배상액 제도를 수용하는 데에 소극적인 태도를 취하는 경우에, 법리적 논거로 징벌적 손해배상액 제도가 현행 사법체계와 충돌하여 수용하지 못한다는 원칙론과 연결될 수 있다. 아래에서 징벌적 손해배상액 제도를 현행 민사법 및 특허법에의 수용 여부와 관련하여 몇 가지 관점에서 이를 검토한다.

1) 법리 검토

현행 법체계에서 민법·형법의 불법행위에 대한 구제수단의 구별과 차이는 분명하게 드러난다. 양자를 하나로 연계하여 피해자를 구제하는 방법(예컨대, 배상명령제도[24])을 논의하기도 하지만, 이런 경우에도 서로 다른 법리에 기초한 구제방법을 하나로 융합시켜 체계화하려는 것은 아니다. 다만, 절차의 번거로움을 피하여 보다 간명한 방법을 통하여 양자의 구제수단을 용이하게 확보한다는 점에서 절차의 번거로움을 피하려는 목적에 따른 것이다.

민사법의 구제방법은 침해자(가해자)의 침해행위에 대한 경제적 손실 또는 불이(손해)에 대한 구제로서 후술할 손해의 塡補를 꾀하고자 하는 것이다. 이미 발생한 손해를

24 형사사건의 피해자가 범인의 형사재판 과정에서 간편한 방법으로 민사적 손해배상명령까지 받아낼 수 있는 제도이다. 절도나 상해를 당한 경우에 그 범인이 절도죄나 상해죄로 형사처벌을 받는다고 하더라도 피해자가 손해배상을 받으려면 따로 민사적 구제절차(민사소송)에 따라야 한다. 이에 피해자에 대하여 신속, 간편한 손해배상을 위하여 마련된 것이 배상명령제도이다. 상해, 폭행, 과실치상, 절도·강도, 사기·공갈, 횡령·배임, 재물손괴에 따른 피해자(또는 그 상속인)는 당해 형사재판의 2심 변론이 종결되기 전까지 배상명령신청서를 제출하면 된다. 배상명령이 기재된 유죄판결문은 민사판결문과 동일한 효력을 가지고 있어 강제집행도 가능하다. 배상명령 신청인은 신청이 이유 없다고 각하되거나 일단 배상명령이 있으면 배상명령을 다시 신청할 수 없고 또 인용된 범위 내에서는 민사소송을 제기할 수 없다. 한편, 형사 피고인은 배상명령에 불만이 있으면 유죄판결에 대하여 상소를 하면 된다.

없애버리지 못하므로 이에 대한 경제적 해결방법인 손해배상을 이끌어내는 데에 집중되어 있다. 이에 반하여 형사적 구제방법은 피해자 개인에 한정된 예컨대, 정신적·심리적·경제적 불이익에 대한 것 이외의 보호법익과 관련하여 논의된다. 주체로는 국가·사회·개인으로 분류할 수 있고, 그 대상에 있어서 개인에 한정되어 논의되는 경제적·정신적 피해 이외의 것을 논의하게 된다. 민사적·형사적 구제방법은 법리적 기초의 차이에서 출발하는 상이함 뿐만 아니라, 각각의 법적 효과를 구하는 법리 구성이 다르다. 이러한 법리적 구조·형태로 인하여 현대국가의 민사적·형사적 구제방법의 차이를 그대로 수용함으로써 양자를 각각 독립된 영역에서 다루어왔다.

여기에서 논의하는 징벌적 손해배상액 제도는 영미법계 국가의 민사적 손해배상 제도에서 다루어온 특수한 형태의 하나이다. 징벌적 손해배상액 제도는 영미법계 국가의 법제도를 배경으로 하고 있다는 외형적 요소뿐만 아니라, 징벌을 부과하기 위한 근거로서 행위자의 동기 또는 불법행위의 내용을 파악하여 이를 비난할만한 대상인지 여부를 판단하므로 행위내용의 평가에 근거하고 있다. 후자의 행위에 대한 평가는 주로 배심원의 평결에 의하지만, 법관에 의하여 행하여지기도 한다.

현행 사법체계상 손해배상 제도를 논의할 때, 손해배상 범위의 획정·배상액 산정으로 나누어 검토한다. 전자에 관하여 현행 민법 제393조에 기한 논의로 실무상 상당인과관계론을 중심으로 다루고, 후자는 손해배상 범위의 획정을 바탕으로 구체적으로 배상할 금액을 정하는 것을 말한다. 여기에서 논의하는 징벌적 손해배상액 제도는 손해배상액 산정과 관련되어 있다는 점에서 후자와 관련되어 있다. 현행 민법에서 손해를 '賠償'한다고 함은 불법한 원인으로 발생한 손해를 피해자 이외의 자가 전보하는 것을 말한다. 여기에서 塡補는 부족분을 메워서 채우는 것을 말하므로 손해의 제거와는 구별된다. 따라서 손해의 '배상'은 현행 민법상 손해의 '전보'로 바꿀 수 있다는 점을 강조할 때, 손해는 오직 전보될 뿐이다. 발생한 손해의 전보를 위하여 산정된 금액은 침해자의 악의적 행위 또는 資力 유무와 무관하다. 발생한 손해 전보에 한정하므로 객관적인 사실에 의존할 뿐 행위자의 주관적인 사정에 전혀 영향 받지 아니한다.

현행법상 손해배상 법리의 기초인 전보배상 방법 아래에서, 논의대상인 징벌적 손해배상액 제도는 현행 사법의 손해배상 법리와 함께 연계하여 논의되지 못하므로 구체적인 손해배상액 산정방법으로 수용되지 못한다. 민사적 구제방법인 손해배상 법리는 전보배상에 따르므로 형사벌에 해당하는 징벌적 손해배상액 제도를 포섭하지 못한다. 특허법의 손해배상 관련규정은 민사적 구제방법·형사적 구제방법의 차이와 구별을 전제로 하고 있으므로 손해배상은 전보배상에 한정하는 법리에 좇아 실무상 이를 해석·적용되어야 한다. 징벌적 손해배상액 제도가 가해자의 행위에 대한 징벌과 장래에 발생할 행위를 억지할 목적을 가지고 있다고 할지라도 현행법의 전보배상에 따른 손해배상의 법리에 묶여 하나로 손해배상액을 산정하는 방법으로 검토될 수 없다는 것이다.

2) 악의적 침해행위에 대한 예방적 효과 확보

징벌적 손해배상액 제도의 도입을 고려하는 주된 논거는 악의적 침해행위를 사전에 봉쇄할 수 있는 방안의 하나로 인식되거나 악의적 불법행위자에 대하여 장래 경제적 이익을 확보하지 못하게 한다는 취지에 따른 것이다. 논의대상을 좁혀 특허권의 경우로 한정하여 검토할 때, 특허권침해자가 계속적이거나 반복적으로 타인의 특허권을 권리자의 허락 없이 실시하는 경우에 이에 대한 구제방법은 위에서 검토하였던 민사적 구제방법인 손해배상 청구에 집중될 수밖에 없다. 이러한 손해배상의 방법은 전보배상에 따른 손해배상액을 산정하므로 특허권침해자에 대하여 장래에 반복되는 침해행위를 억지하는 데에는 별다른 효과를 이끌어내지 못한다. 악의적 침해행위 또는 반복되는 침해행위를 억지하는 수단은 행위자가 더 이상 침해행위를 하지 못하도록 하는 威嚇的 方法의 강구와 연결될 수 있다. 위혁적 방법은 현실적으로 형사적 처벌로부터 이끌어질 수 있는 것이라는 점에서 민사적 구제방법으로는 적합하지 않다. 그런데 위혁적 방법과 손해배상을 동시에 이끌어내는 효과적인 것으로 징벌적 손해배상액 제도를 고려할 수 있음은 많은 설명을 필요로 하지 않는다. 논의하는 목적과 취지를 이끌어내는 데에 적합한 방법으로 소개되고 이를 수용함으로써 현실적 요청에 부합하는 결과에 해당한다고 볼 수 있다.

그러나 악의적 침해행위에 대한 예방적 효과를 확보하기 위하여 징벌적 손해배상액 제도를 수용하는 것은 현행 법체계에 합당하지 아니하다는 이유로 수용하는데 곤란하다. 예방적 효과를 강화하기 위한 징벌적 손해배상액 제도를 수용하는 대신에 동일한 위혁적 효과를 이끌어낼 수 있는 방안을 강구하여야 한다. 우선, 현행 특허법 제225조에 규정한 특허권 침해죄를 통하여 악의적 침해행위를 보다 철저하게 규제하는 방법을 마련하는 것이다. 제1항에서 "특허권 또는 전용실시권을 침해한 자는 7년 이하의 징역 또는 1억원 이하의 벌금에 처한다"고 규정하였고, 제2항에서 "제1항의 죄는 고소가 있어야 논한다"고 규정하고 있다. 이 규정은 특허법에 규정된 형사적 구제방법으로 중요한 의미를 띠고 있지만, 악의적 침해행위를 예방한다는 관점에 비추어 볼 때 몇 가지 문제점을 안고 있다.

특허권침해자에 대하여 7년 이하의 징역에 처할 수 있도록 규정한 것 외에 1억원 이하의 벌금형을 규정하고 있다. 후자의 벌금형은 1997년 특허법 개정 시 2,000만원에서 5,000만원으로 상향조정하였고, 2001년 개정시 1억 원 이하의 금액으로 다시 조정하였다. 여기에서 1억 원 이하의 벌금으로 악의적 침해행위를 예방하는 효과가 기대할 수 있을지 여부에 대하여 숙고할 필요가 있다. 예컨대, 첨단기술의 개발에 따른 특허권을 침해한 경우에 1억 원 이하의 벌금의 부과는, 침해로 인한 이익확보와 비교할 때, 특허권침해자에 대하여 더 이상 커다란 타격이 아닐 수 있다.

특허법 제225조 제2항에 규정한 특허권 침해죄를 친고죄로 규정하고 있는 현실적 타당성 여부를 판단하여야 할 것이다. 친고죄는 고소를 소송요건으로 하고 있으므로 권리자가 범죄(피해)사실을 구체적으로 신고하여 범인의 처벌을 구하는 고소가 반드시 필요하다. 특허권 침해죄를 친고죄로 규정하고 있는 것은 특허권자 등의 개인적 이익 보호를 목적으로 설정하였기 때문에 형사소추 여부를 권리자인 피해자의 의사에 맡기겠다는 점에 근거하였다. 악의적 침해행위가 더 이상 반복되지 않도록 예방적 방법을 강구하는 것은 사회적 목적 또는 공동의 선을 구하는 데 규범적 근거를 마련하는 것과 관련되어 있다. 이제까지 개인적으로 경제적 이익을 보호하는 데에 국한하여 특허권 침해죄를 친고죄로 규정하였던 것이다. 그러나 개인적 이익의 보호라는 일차적인 보호법익뿐만 아니라, 특허권 침해로 인하여 당해 산업의 발전을 도모하는 데에 장애를 끼치고 있다면 이를 적절히 규제하여야 한다. 특허법 제1조에 "…기술의 발전을 촉진하여 산업발전에 이바지함을 목적으로…" 하는 것에 정면으로 배치하는 것이다. 발명자에게는 독점권을 부여하는 대신 그 발명을 공개하고 실시할 의무를 부과하고, 일반 공중에게 대하여 발명 이용의 기회를 부여하는 대신에 일정기간 특허발명을 실시할 수 없도록 의무를 부과함으로써 발명자·공중의 이익 사이의 균형을 맞추고 있다.

이런 관점에서 비추어 볼 때 특허권 침해죄를 친고죄로 구성하는 현행법의 규정을 다른 측면에서 검토할 필요가 있을 것이다. 특허권 침해죄를 더 이상 친고죄로 규정하는 대신 특허법 제225조 제2항을 삭제하는 입법적 해결방안을 모색할 필요가 있다.

3) 새로운 제도의 도입이 국내 산업에 미치는 영향

악의적 특허권 침해행위를 막기 위하여 징벌적 손해배상액 제도를 도입하는 경우에, 우선 이 제도의 도입을 통하여 특허권보호로부터 기술개발을 촉진하고 경제적 수익을 확보한다. 이 경제적 수익은 다시 기술개발을 위한 재투자로 연결되어 향상된 기술개발을 통하여 국내 산업의 발전을 이끌어낼 수 있다.

징벌적 손해배상액 제도는 소규모의 현장중심의 기술개발을 이끄는 산업부문에 직접적인 영향을 미칠 수 있을 것이다. 중소규모 기업이 특허권침해의 가해자가 되는 경우에, 징벌적 손해배상액이 전보배상액의 수배에 해당하는 금액을 배상하는데 현실적으로 곤란을 겪는다면 중소기업이 도산할 수 있을 것이다. 엄청난 고액의 손해배상액을 지급하지 못함으로써 더 이상 기술개발을 포기하고 회사의 경영 자체가 어려움에 직면할 수 있다. 특허권침해를 용인하거나 묵인하자는 것은 아니지만, 특허권침해로 인하여 중소기업을 존폐 위기에 빠지게 한다면 지나치게 무거운 책임으로 인하여 적극적인 기술개발을 이끌어내는 또 하나의 장애로 인식할 수 있게 된다.[25] 이러한 경우에 특허권자가 대기업인 경우에 대기업은 중소기업을 상대로 징벌적 손해배상액에 상응하는 중소기업 기술개발을 기술이전의 형식으로 이용하는 약정(cross-licensing)을 이끌어낼 수 있을 것이다.

징벌적 손해배상액 제도는 전략적 기술개발을 이끌어내려는 대기업에 대하여는 기술개발을 철저하게 보호한다는 취지를 제대로 살릴 수 있지만, 현장중심의 기술개발을 이끌어내는 중소기업을 대단히 취약하게 만든다. 이런 논리는 장차 기술개

25 Roger E. Schechter and John R. *Thomas, Intellectual Property:The Law of Copyrights, Patents and Trademarks*, West, 2003, 515.

발을 대기업 또는 전문 연구기관에 맡기는 결과이며, 중소기업의 현장에서 얻어지는 참신한 아이디어를 제도적으로 뒷받침하지 못하게 하는 것과 연결된다. 결과적으로 새로운 제도가 국내의 중소기업의 발전에 장애가 될 수 있을 것이다.

한편, 외국기업의 濫訴 可能性을 배제할 수 없다. 국내 특허법에 징벌적 손해배상액 제도의 신설에 기인하여 외국 기업에 대하여 더 나은 법적 지위를 만들어주며, 국내 기업은 외국기업에 대하여 被訴 對象으로 전략할 수도 있다. 외국 기업은 자국의 기술보호를 위하여 향후에 보다 적극적으로 우리 특허청에 특허출원하여 특허권을 확보하고 이러한 특허권을 침해한 국내기업을 상대로 특허권침해로 인한 징벌적 손해배상액을 구하므로 국내기업을 도산시키고 국제적 지위를 확보할 가능성을 배제할 수 없다. 이런 경우에 징벌적 손해배상액을 'smart money'라고 부른다. 왜냐하면 이는 가해자에게 치명적인 손실을 가하여 수익을 올린다는 점에서 통상적인 방법으로 수입을 확보하는 것보다 '약삭빠른 방법으로 수입'을 올린다는 의미를 지니고 있기 때문이다. 이런 경우에 결국 중소기업의 기술개발이 대기업 또는 전문 연구기관의 기술개발보다 훨씬 불리한 위치에 빠지게 된다.

결론적으로, 징벌적 손해배상액 제도는 국내기업의 기술개발보다 이외에 국내 중소기업의 도산가능성 및 외국 기업의 국내 중소기업에 대한 징벌적 손해배상액 청구를 위한 남소가능성이 있음을 중요하게 고려하여야 한다.

2. 제한적 수용론 검토

징벌적 손해배상액 제도를 새롭게 도입하자는 견해는 현실적 필요성에 불구하고 기본적으로 법리적 논의에 좇을 때, 수용하는 데에 여러 가지 난점이 있음을 위에서 검토하였다. 고액의 손해배상액은 징벌에 해당하는 것으로 형사벌로 기능하고 있다. 징벌적 손해배상액 제도를 새로 도입하고 기존에 규정하고 있는 특허법 제225조의 침해죄를 병존하는 것은 이중적 처벌금지에 반하는 것으로 민사적 손해배상인 징벌적 손해배상액 제도가 도입된다면 현행 특허법의 관련규정을 법리에 좇아 바로 잡는 것이 요청된다.

1) 특허권 침해죄의 폐지 논의

징벌적 손해배상액 제도를 특허법에 새롭게 두는 경우에, 징벌적 손해배상액 제도와 특허권 침해죄를 동일 법률에 병존시키는 것은 법리적 모순을 그대로 노정할 뿐만 아니라, 특허권자를 지나치게 두둔하는 결과를 가져온다는 비난을 피할 수 없을 것이다. 새로운 제도의 도입으로 기존의 특허권 침해죄를 폐지하는 것이 법리적 모순으로부터 자유로울 수 있다.

이런 경우에 일반 사법상 징벌적 손해배상액 제도를 전반적으로 도입하지 아니하고 특별법인 특허법에 한하여 도입하는 경우로 상정한다면, 위에서 기술한 내용 가운데 일반 사법상 징벌적 손해배상액 제도가 현행 법체계에 어긋난다는 총론적 검토 외에 특별법적 논의를 전개할 수도 있다. 특별법상 입법의 필요에 따라, 민법이 아닌 특허법에 개별규정을 신설하여 도입하는, 논리적 설득이 충분하지 않다 할지라도 특허권 침해죄의 폐지를 전제로 징벌적 손해배상액 제도를 특허법에 신설하는 것을 신중히 고려할 수도 있을 것이다. 이러 논의를 연장할 때, 전보배상액을 기본적인 배상액으로 정하고 징벌적 손해배상액 산정에 관한 모든 사항을 법관에게 맡길 것인지, 일정한 범위를 정하여 징벌적 손해배상액을 산정할 수 있도록 할 것인지, 상한을 정하여 손해배상액을 정할 수 있도록 하는지에 대하여 보다 적극적인 분석이 요청된다. 즉 일반사법에 징벌적 손해배상액 제도를 수용하지 아니한 채 특허법의 규정 내에서 수용한다면, 특허법의 취지에 부합하는 입법정책을 마련하여 이를 구체적으로 이끌어내는 입법을 모색하여야 하기 때문이다.

미국법의 실무에서 드러난 것처럼 전보배상액의 100배 또는 500배 등의 고액 또는 무모한 금액을 산정하는 경우에 발생할 혼란을 피하려면 일정한 범위 또는 상한을 정하는 것을 아주 긍정적으로 수용하여야 할 것이다. 예컨대, 미국 특허법 제284조에 규정한 전보배상액의 3배의 상한을 설정한 경우 등은 좋은 예시가 될 수 있다.

2) 특허권 침해죄의 존치와 징벌적 손해배상액 제도의 신설

이중적 처벌금지(일사부재리)의 원칙하에 형사적 구제방법으로서의 특허권 침해죄를 폐지하고 징벌적 손해배상액 제도를 수용하는 것을 고려할 수 있다. 즉, 원칙론에 따라 사적 구제수단인 징벌적 손해배상액 제도를 신설하고, 기존의 형사적 구제수단인 특허법상 특허권 침해죄를 폐지하여야 한다는 양자택일적 방안을 말한다. 그런데 여기에서 택일적 방안 외에 양자를 모두 존치하는 방안은 어떠한가.

양자를 모두 특허법에 존치하는 방안은, 원칙론에 좇아 검토할 때, 법리적 논거의 박약으로 적절하지 않다. 특허권 침해죄를 존치시키면서 징벌적 손해배상액 제도를 수용하려는 정책적 판단이 고려된다면, 징벌적 손해배상액의 범위를 정하여 가능한 한 전보배상에 기한 손해배상액의 2배-3배 정도에서 법관의 재량에 맡겨 판단토록 논의할 수 있다는 견해를 제시할 수도 있을 것이다. 징벌적 손해배상액의 상한을 정하여 사법의 손해배상 법리를 크게 逸脫하지 않는 범위 내에서 징벌적 손해배상액을 산정할 수 있다는 논거를 이끌어낼 수 있을 것이다.

이러한 논의에서 출발하여 제안할 때 그 논거는 피상적으로 수용될 수 있는 형태를 취하고 있다고 하더라도 실체적 접근이라는 관점에서 살펴볼 때 본질적인 모순을 드러내게 됨으로써 법리모색에 궁색할 뿐만 아니라, 필요에 따른 정책을 마련하고 있다는 비판을 면하기 어려울 것이다. 징벌적 손해배상액의 상한을 정한다는 일정한 제한을 정책적 배려로 제시된다 할지라도 양자를 모두 수용하는 것은 상술한 이중적 처벌금지에 어긋난다는 원칙론에 대립되어 논리적 박약함을 드러낸다. 다만, 특허권이 민사특별법의 논의대상이 된다는 점을 강조함으로써 특별법상 신설 및 존치이유를 설명하는 점은 다소 정책적 배려라는 관점에서 검토될 수 있을 것이다.

3. 적극적 수용론

영미법상 징벌적 손해배상액 제도를 민법의 손해배상의 일반원칙으로 수용하지는 않지만, 민사특별법인 특허법에 신설하자는 견해는 정책적 필요에 따라 특별법의 입법취지를 도달하기 위하여 허용하는 논리라고 말할 수 있을 것이다. 악의적 특허권 침해에 대한 예방적 효과를 이끌어내는 특단의 입법조치로 현행 특허법의 손해배상 및 특허권 침해죄의 규정을 그대로 존치하고 별도로 징벌적 손해배상액 제도를 삽입하는 입법형식을 취하자는 것이다.

이때 위에서 언급한 여러 가지의 논리적 모순을 해결하려면 징벌적 손해배상액의 상한을 정하여 규정하여야 할 뿐 아니라, 가해자의 경제적 사정을 충분히 고려하여 그 배상액을 산정하여야 한다는 내용을 새로운 제도에 포함시켜야 할 것이다. 이 점은 미국에서 실무상 징벌적 손해배상액을 정할 때 가해자의 자력을 고려하여 구체적 액수를 정하고 있다는 사건판결을 통하여 구체적 타당성을 확보하려는 법원의 실무를 함께 수용하여야 한다.

이러한 논의를 전개하는 경우에 그 논거로서 현행 특허법 제128조 제4항 후문에 "이 경우 특허권 또는 전용실시권을 침해한 자에게 고의 또는 중대한 과실이 없는 때에는 법원은 손해배상의 액을 정함에 있어서 이를 참작할 수 있다"는 규정을 반대해석의 논리적 근거로 삼을 수 있다. 輕過失로 인한 특허권침해의 경우에 가해자의 경제적 사정(die wirtschaftliche Lage des Verletzers)을 고려하여 법원은 전보배상액 모두를 배상케 하는 것이 가혹하다는 판단에 이른다면 재량에 따라 손해배상액을 감액할 수 있다.[26] 이러한 논리를 징벌적 손해배상액 제도의 마련에 적용한다면, 수용론을 적극적으로 주장하는 견해는 가해자의 경제적 사정을 고려하여 법률에 정한 상한의 범위 안에서 법원이 손해배상액의 증액할 수 있다는 취지로 규정을 마련하는 논거로 제시할 수 있다. 이때 증액하는 범위를 어떻게 정할 것인가. 상한을 전보배상액의 최고 3배까지로 정하여 일실이익을 손해배상액 산정의 논거로 삼을 것인지 아니면 실시료상당액을 산정기준으로 삼을 것인지 여부는 실무상 검토되어야 하는 논의대상이다.

여기에서 논의 출발점이 특허법이라는 특별법에 한정한 징벌적 손해배상액 제도의 삽입이라는 입법방법에 의할 때 일실이익을 손해배상액의 산정기준으로 정하는 것보다 실시료상당액을 산정의 기초로 삼아 논의를 전개하는 것이 이 경우에 논리적이다. 일실이익을 배상액 산정의 기초로 삼는다고 한다면 일반 사법상 손해배상인 전보배상을 기본으로 정한다는 점을 간접적으로 인용하는 것을 말하므로 특허법의 규정으로 일반 사법의 특별규정이라는 취지를 살리지 못하는 결과가 될 것이다. 뿐만 아니라, 지나치게 고액으로 치닫게 될 수 있는 징벌적 손해배상액 제도를 다소 무디게 한다는 점을 함께 고려할 때, 실시료상당액을 배상액 산정기초로 정하면 전보배상액에 해당하는 일실이익의 산정보다 정책적 취지를 반영하는 것이라 말할 수 있다. 이때 실시료상당액을 주장할 때, 실제 전보배상액과 다르다는 점을 법리에 좇

26 이에 관하여 자세히는 배대헌, 특허권침해와 손해배상, 세창출판사, 1997, 135면 이하.

아 논의할 때 비판 받을 수 있다.

이러한 점을 징벌적 손해배상액 제도에 반영함을 전제로 현행 특허법에 특허권 침해죄를 존치하고 별도로 징벌적 손해배상액 제도를 신설하여 특허권침해를 예방하고 장래의 특허권침해를 억지하는 결과를 이끌어낼 방법에 해당하는 논리적 접근을 꾀할 수 있다. 이러한 논의는 전적으로 특별법상 규정이라는 점에 의지하여 검토되고 있으므로 私法 전체에 징벌적 손해배상액 제도를 수용한다는 점이라면 처음부터 논리적 접근을 꾀하지 말아야 할 것이다. 왜냐하면, 일반 사법상 논리적 접근은 특별법상 논리접근과 다르기 때문이다.

제4장

개인정보보호와 관련한 새로운 법체계 논의와 그 설계

Ⅰ. 서언

개인정보는 정보사회에서 많은 쟁점을 지닌 논의대상이다. 개인정보보호에 관한 일반적인 논의뿐만 아니라, 개별적인 사정 하에서 드러난 문제점을 해결하기 위하여 제시하는 대부분의 해결방안은 발생한 문제에 한정하여 제시된 對症療法에 그쳤다. 근본적 해결방안을 제시하지 못하는 데에는 발생한 사안이 개별적 특성을 지닌 것이거나 새로운 여건에서 빚어진 것이라는 점에서 비롯되었기 때문이다. 이에 따라 개인정보보호를 체계적으로 이끌어 내려는 노력으로 「개인정보 보호법」을 제정하였고, 관련 법률을 이에 따라 정비하였다.

하지만, 「개인정보 보호법」외에 「정보통신망 이용촉진 및 정보보호 등에 관한 법률」('정보통신망법' 이라 함), 「신용정보의 이용 및 보호에 관한 법률」 등에 상호 중복되는 규정이 있어서 법률간 정합성을 꾀할 방안을 모색하였다. 특히, 「개인정보 보호법」과 정보통신망법 상호간 동일·유사한 여러 규정이 남아 있어서 이 문제를 해결하는 데에 관심이 모아졌다. 동일·유사한 규정에 대한 문제 해결 후 정보통신망법이 장래 어떤 방향으로 나아가야 하는지를 모색하는 것은 정보통신 서비스제공과 관련한 이용자보호의 관점에서 중요한 논의대상이다.

지금까지 국내법에서 논의된 개인정보 논의는 개인정보 보호와 관련하여 규제적 방안을 마련하는 데에 주안점을 두었다. 이런 규제적 방안으로서 모색된 개인정보보호는 「개인정보 보호법」의 기초가 되어 그 실효성을 높이려는 노력을 기울였다. 한편, 정보통신망법은 종래의 개인정보보호에서 벗어나 새로운 안목에 따른 이용자보호의 법리적 접근을 강구할 필요가 있다. 정보통신 서비스제공자·이용자의 계약적 법률관계에 기초하여 이용자가 서비스제공자보다 열악한 지위에 빠지지 않도록 계약법상 대등한 지위에서 이용자 권익을 보호하기 위한 논의를 전개할 필요가 있다.

아래에서 그동안 개인정보와 관련하여 충분히 검토되지 아니하였던 대상 몇 가지를 개인정보보호의 법체계 틀 내에서 살펴보고, 몇 가지 논의대상에 대하여는 현행법의 규범체계에 의지하지 아니한 채 법리적 검토를 새롭게 이끌어내는 시도로 제시하였다. 개인정보에 관한 국내 논의는 대부분 보호를 강화하는 견해로 집중되어 있고 규제적 관점에서 살펴본 것이다. 정보통신망법의 이용자보호와 관련하여 새로운 체계를 세우려는 노력은 규제적 관점에서 벗어나 정보통신망 서비스제공자에 의한 이용자의 불이익이 발생하지 않도록 하는 데에 새로운 법리적 접근을 이끌어내고자 하는 것이다.

Ⅱ. 새로운 보호 틀 모색을 위한 개별 대상 논의

현행 개인정보보호에 관한 규범체계는 규제를 통한 보호의 틀에 기초하고 있다. 이는 유럽국가의 개인정보보호에 관한 법률과 닮아 있는 반면, 미국법의 영역별 자율규제적 규범의 틀과 구별된다. 전자는 개인의 인권보호에 주력하여 표현의 자유를 뒤로 미루어 놓고 있는 반면, 후자의 규범체계는 표현의 자유를 중시하고 공공기관(국가)에 의한 개인정보의 악용을 막는 데에 관심을 쏟아왔다.

실제 현행 개인정보보호에 관한 논의 및 법체계상 검토를 통하여 알 수 있는 것은 개인정보보호를 위하여 필요하고 중요한 사항을 모두 법률에 반영하였지만, 현실에서 입법취지에 따른 실효성이 제대로 구현되지 못하였다는 점이다. 그간 다루어졌던 논의대상으로 소개하면, '법체계의 정합성을 이끌어야 한다는 것과 그 원인이 무엇인가', '새로운 기술의 등장과 정보주체의 기술이용에 따른 변화의 여건에서 특정한 법규범의 틀을 고정하여 문제를 해결하려는 노력이 실효성을 얻을 수 있는가' 등이다.

아래에서는 앞의 3개 논의대상은 현행법에서 비롯된 논의대상을 살펴본 것이고, 뒤의 3개 논의대상은 새로운 환경에서 검토할 대상을 살펴본 것이다. 새로운 법체계를 이끌어내는 데에 필요한 것은 우선 현실 사정을 분석·검토하는 일이며, 그에 따라 새로운 요구사항이 종래 체계에 적합하게 조화를 꾀할 수 있도록 체계성을 확보하는 일이다.

1. 개인정보의 정의에 관한 논의

현행법상 「개인정보 보호법」에 '개인정보'를 살아 있는 개인에 관한 정보로서 성명, 주민등록번호 및 영상 등을 통하여 개인을 알아볼 수 있는 정보(해당 정보만으로는 특정 개인을 알아볼 수 없더라도 다른 정보와 쉽게 결합하여 알아볼 수 있는 것을 포함)로 규정하고 있으며, 정보통신망법은 '개인정보'를 생존하는 개인에 관한 정보로서 성명·주민등록번호 등에 의하여 특정한 개인을 알아볼 수 있는 부호·문자·음성·음향 및 영상 등의 정보(해당 정보만으로는 특정 개인을 알아볼 수 없어도 다른 정보와 쉽게 결합하여 알아볼 수 있는 경우에는 그 정보를 포함)로 정의하고 있다.

여기에서 문제는 다른 정보와 쉽게 결합하여 알아볼 수 있는 경우에 그 정보를 개인정보로 포섭할 수 있는지를 검토하는 것인데, 이와 관련하여 쉽게 결합하는 것이란 아주 불명확한 개념이다. 이 정의에 따른 개인정보는 개별 당사자의 기술의 수준에 따라 개념이 포섭하는 범위가 달라질 수 있을 뿐만 아니라, 기술변화에 따라 개인정보의 개념이 크게 확대될 수 있다. 최근 디지털 기술의 변화는 대단히 역동적이고 관련 기술의 변화는 예측의 범위를 벗어나는 일이 많다. 어떤 정보이든지 그 정보출처는 최초의 단말기와 연결되어 있다. 또한, 그 단말기 이용자는, 특별한 경우가 아닌 한, 그 신원이 밝혀지는 데에 오랜 시간이 걸리지 않는다. 이 점에서 특정 정보와 그 출처를 연결하는 것이 이전보다 훨씬 쉬워졌고, 그렇게 얻어진 정보의 품질은 이전보다 향상되었다.

구체적으로 살펴보면, 쿠키뿐만 아니라, 器機交叉를 통하여 수집한(cross device tracking) 개인정보 및 SNS, 검색엔진 등을 통하여 이용자의 행태를 분석하여 수집되는 정보에 이르기까지 개인에 관한 정보가 아주 다양한 방법을 통하여 수집된다. 이렇게 수집한 개인에 관한 정보에 대하여 당해 정보의 당사자(정보주체) 스스로 수집에 대하여 인식하지 못한다. 뿐만 아니라, 수집·이용·제공 전에 정보주체의 동의(개인정보 자기결정권에 기한)를 구하지도 못한다. 여기에서 이렇게 수집된 개인에 관한 정보를 모두 현행법상 개인정보라 말할 수 있는가(설령 개인정보에 포섭된다 할지라도 법적용의 실효성이 있는가).

일차적으로 개인을 식별할 수 있는 내용을 담지 아니한 정보를 수집할 때, 그 개별대상은 개인정보가 아니다. 이런 경우에 당해 정보주체의 동의를 필요로 하지 않는다. 다만, 현행법에 규정하고 있는 어떤 정보가 다른 정보와 쉽게 결합하여 알아볼 수 있는 것인지의 여부에 따라 달라진다. 쉽게 결합하여 알아볼 수 있다는 것은 실제 불명확하고 해석상 아주 애매하다. 또한, 다른 정보와 쉽게 결합하여 개인을 식별할 수 있다는 규정은 어렵게 결합하는 경우를 포섭하지 아니할 뿐만 아니라, 논리적으로 접근할 때, '쉽지 아니한' 사정 하에서 결합한 정보를 개인정보에 포섭할 수 없다.

요컨대, 현행법의 개인정보 정의는 개인정보 보호를 꾀하였던 초기에 통상적으로 포섭하였던 개인정보와 이를 다소 확장하려는 의도에서 마련된 것으로 최근 기술변화에 따른 행태정보의 수집 및 SNS 등이 널리 이용되던 사정을 반영할 수 없었다. 이를 입법론적 관점에서 간단히 살펴보면, '쉽게 결합하여'라는 규정내용에서 '쉽게'라는 표현을 삭제하는 것이 요청된다.

2. 수집대상에서 제외할 개인정보

개인정보보호를 논의할 때, 주된 논의대상으로 쟁점이 되는 것은 주민등록번호와 민감정보 등이다. 주민등록번호는 한국의 특이한 사정이 반영된 것으로 특정인에 관한 모든 정보와 연결되어 있다는 점과 대부분 서비스 이용과 관련하여 개인을 식별하는 주된 개인정보이다. 단적으로 말하면, 한국인은 주민등록번호만으로 개인에 관한 모든 정보를 열람하고 식별할 수 있다. 주민등록번호가 전 영역에 걸쳐 그 이용되고 있다는 점에서 이에 뒤따르는 문제가 아주 많고 복잡하다. 그 문제해결을 위하여 처음에는 일정한 범위를 정하여 주민등록번호 사용을 제약하는 논의를 전개하였다 하지만, 법률개정을 통하여 특별한 경우가 아닌 한, 더 이상 주민등록번호를 수집하지 못하도록 하는 방안이 강구되었다(개인정보 보호법 제24조의2; 정보통신망법 제23조의2).

현행법상 고유식별정보(민감정보)에 대한 수집제한을 규정한 법률의 태도는 세 가지다. i) 주민등록번호의 엄격한 수집·이용제한, ii) 고유식별정보(주민번호 제외한)에 대한 당사자의 수집·이용제한, iii) 통상의 개인정보와 같게 다루는 경우와 같이 고유식별정보를 수집하는 것이다. 민감정보로 분류되는 몇 가지 특정대상 역시 주민등록번호와 같이 수집·이용을 엄격히 제한하는 방안을 강구할 필요가 있다.

고유식별정보와 민감정보의 수집시 요구할 엄격한 제한사항에 대하여 현행법의 체계를 재검토할 필요가 있다.「신용정보의 이용 및 보호에 관한 법률」은「개인정보 보호법」에 규정한 것과 다르게 고유식별정보와 민감정보의 수집·이용 등에 있어서 절차의 엄격성을 요구하지 않는다(「신용정보의 이용 및 보호에 관한 법률」제34조 및 같은 법 시행령 제28조).[1] 이 경우에 수집되는 개인정보 가운데 주민등록번호 등의 수집·이용이 타 법률로 규율되고 있어서 현행 개인정보 보호에 관한 법체계와 다소 상이한 체계를 드러내고 있다. 법률규정 상호간 정합성이 문제가 되는데, 규정 상호간 정합성을 검토하는 데에 새로운 관심을 쏟아야 한다.

실무상 단순하지만 현실적으로 노력을 기울이지 않고 있는 대상이 많다. 신용카드번호, 전화번호, e-mail 주소, 개인생년월일 등의 수집이다. 이런 대상 가운데 하나를 지적하면, 불가피하게 수집한 계좌번호 또는 신용카드번호의 경우에 은닉(카드번호 마스킹)하는 대상과 위치가 불일치하여 몇 장의 신용카드 이용내역의 카드번호를 조합하면 쉽게 신용카드번호를 알아낼 수 있다. 외부에서 특정 카드번호를 알아챌 수 없도록 하는 방안이 복잡한 것이 아닌 것임에도 우리는 개인정보를 보호한다고 말하면서 실제로는 그렇지 못한 현실을 드러낸다.[2] 이를 법령으로 규율할 필요성이 있다.

1 신용정보의 이용 및 보호에 관한 법률 제34조(개인식별정보의 제공·이용)
① 신용정보제공·이용자가 개인을 식별하기 위하여 필요로 하는 정보로서 대통령령으로 정하는 정보(이하 "개인식별정보"라 한다)를 신용정보회사 등에 제공하려는 경우에는 해당 개인의 동의를 받아야 한다.
② 개인식별정보는 해당 개인이 동의한 목적 또는 해당 개인으로부터 직접 제공받은 경우에는 그 제공받은 목적의 범위에서만 이용되어야 한다.
③ 개인식별정보가 이 법에 따라 개인신용정보를 제공받기 위하여 신용정보주체를 특정할 목적으로 제공·이용되는 경우에는 제1항 및 제2항을 적용하지 아니한다. 이 경우 개인식별정보를 제공받은 자는 제공 요구에 따르기 위한 목적 외의 용도로 그 정보를 이용하거나 제3자에게 제공하여서는 아니 된다.
④ 개인식별정보가 제32조제4항제4호부터 제9호까지의 규정에 따라 제공·이용되는 경우에는 제1항 및 제2항을 적용하지 아니한다.
같은 법 시행령 제29조(개인식별정보의 제공·이용)
법 제34조제1항에서 "대통령령으로 정하는 정보"란 생존하는 개인의 성명, 주소, 주민등록번호, 외국인등록번호, 국내거소신고번호, 여권번호, 성별, 국적 등 개인을 식별할 수 있는 정보를 말한다.

2 현재 신용카드번호의 은닉은 제 각각 다르다. 16자리 가운데 마지막 4자리를 은닉하거나 세 번째 4자리를 은닉하여 이 두 가지를 조합하면 신용카드번호를 쉽게 알아낼 수 있다(예컨대, 1234-2345-****-4567, 1234-2345-3456-****를 조합하면 신용카드번호를 간단히 알 수 있다).

3. 형식적 동의제도에서의 탈피

오래 전부터 지적하였던 것이지만, 정보주체의 '동의' 의사표시가 있었다는 사실만을 중시하는 거래계의 현실에서 실제로는 형식적 동의임에도 불구하고 동의제도가 유지되어 왔다. 이는 정보주체의 의사표시인 동의를 요구하는 것으로 정보주체의 자기결정권 행사와 관련되어 있다. 정보주체의 의사에 기한 수집·이용·제공은 헌법재판소 결정에 합치하는 것이다.[3]

동의의 의사표시를 어떻게 새길 것인가. 일방의 의사표시로 법률관계에 효력이 발생한다. 다만, 동의 의사표시가 상대방 있는 의사표시라는 점에서 계약과 유사하지만, 청약·승낙의 의사표시로 묶여있지 않다는 점에서 구별된다. 그런데 의사표시를 하는 당사자 스스로 어떤 내용에 대하여 동의표시를 하는지 살펴볼 필요가 있다. 이와 관련하여 대상이 된 내용을 제대로 읽고 이해할 수 있도록 마련하고 있는지도 검토할 중요사항이다.

동의 의사표시를 하지 아니하면 아무런 서비스도 제공받지 못한다. 동의 의사표시는 일방에 의한 강요에 지나지 않아 동의를 형식적 요건으로 삼는 것이므로 실제 그 의사표시에 효력이 없다고 보아야 한다. 즉, 문제가 되는 내용으로 정보주체로부터 개인정보를 제공하는 것과 관련되어 있으므로 실제로 동의의 내심의 효과의사 없이 형식적(표시상) 동의 의사표시에 따른 개인정보의 수집·이용·제3자 제공 등에 정보주체의 동의가 없다고 해석하여야 할 것이다. 다른 선택의 대상이 일방에 의하여 요구된 결과에 이끌리어 자기결정을 하지 못하였다고 보아야 한다.[4]

위와 같은 논의에 대하여 다른 법리의 접근을 이끌어 낼 수 있다. 개인정보주체로부터 정보를 수집하여 이를 이용하고 또한 제3자에게 제공하는 것은, 서비스제공자의 관점에서 보면, 정보주체에 대하여 서비스를 제공하는 대가와 연계할 수도 있다. 이런 논의는 현행 법령에서 다루고 있는 동의 의사표시로써 개인정보를 수집·이용하는 법적 기초를 마련하는 것과 다소 차이를 가진다. 이를 구체화하면, 일방의 청약과 그 청약에 대한 승낙의 의사표시로써 법률관계를 구성한다면, 개인정보의

3 헌법재판소 2005. 05. 26, 99 헌마 513.

4 이는 사법의 법리상 異論이 있을 수 있다(내심의 효과의사와 표시상 효과의사의 불일치에 따른 법리의 적용 등).

수집·이용·제공 등의 단계별로 각각 다른 계약내용에 따라 정보주체가 합의하는 법리를 고려할 수 있을 것이다.

요컨대, 정보주체의 동의 의사표시에 따라 동의하면 모든 것이 결정되는 현실의 문제점을 해결하는 방안으로 계약법적 접근을 꾀할 수 있을 것이다.[5] 개인정보의 자기결정권이 정보주체의 동의에 한정하는 것은 아니다. 정보주체의 의사표시에 의하여 개인정보를 수집·이용·제공하는 것이 결정되어야 한다는 점에서 계약법적 논의로 문제해결의 단서를 이끌어낼 수 있다.

4. 빅 데이터의 활용과 개인정보보호를 위한 틀(framework) 논의

박근혜 정부는 2013년 정부 3.0[6]을 발표하면서 10대 과제 가운데 공공정보의 개방과 공유 및 빅 데이터(Big Data)와 관련한 정책을 마련하였고, 이를 차세대 신성장 동력으로 육성하기 위해 2016년까지 5000억 원을 투입, 새로운 시장과 일자리를 창출한다는 '빅 데이터 산업 발전전략'을 발표했다. 정부가 작성한 공공정보를 일반인이 자유롭게 접근·이용할 수 있도록 한다는 점은 반가운 일이다. 이와 함께 빅 데이터의 공유와 활용은 경제의 또 다른 도약을 이끌어내는 계기를 마련할 것으로 기대하고 있다.

빅 데이터의 활용은 주로 target marketing과 관련이 깊다. 빅 데이터는 특정한 개인의 개인정보를 직접적으로 수집하지 아니한 채 다수 이용자로부터 얻은 자료(정보)에서 확보한 정보를 말한다. 이 빅 데이터는 일반인을 상대로 관심을 이끌어내는 데에 주요한 역할을 한다. 빅 데이터의 공유와 활용을 통해 소비를 촉진하고, 새로운 일자리를 창출할 수 있을 것이라는 긍정적 측면의 예측이 우리에게 널리 소개되었다. 이러한 빅 데이터는 그 자체만으로는 개인정보가 포함되지 아니한 data base(dB)이거나 행태분석을 통하여 축적된 정보라는 점에 따를 때 개인정보의 불법적 이용에 큰 영향을 끼치지 않을 수도 있다.

그런데 엄청난 양의 정형 또는 비정형 데이터를 분석함으로써 개인정보가 노출

5 배대헌, "인터넷상 개인정보의 이용약관에 관한 고찰", 정보화정책, 제10권 제1호, 2003년 봄, 143-170 참조.

6 정부 3.0, 〈http://www.gov30.go.kr/〉 참조.

되거나 빅 데이터의 공유와 활용 시 빅 데이터가 다른 정보와 연결될 때, 개인정보가 공개되는 결과를 불러올 수 있다는 점에서 빅 데이터와 개인정보의 연계가 문제된다. 예컨대, 신용카드의 거래내역을 분석하여 이용자의 거래패턴을 찾아내고 구매시기와 선호하는 상품을 알아내어 개별 이용자에게 특정 상품을 소개할 수 있지만, 소개하는 상품과 특정 이용자가 어떤 관련성이 있다는 것을 전제로 이루어진다는 점에서 개인정보와 떼어놓고 이를 설명하기란 쉬운 일이 아니다.

이 점에서 빅 데이터의 활용으로 인하여 개인정보보호가 약화될 것이라는 점에 따라 개인정보보호의 틀이 달라져야 한다는 논의가 이어지고 있다. 또한, SNS에서 빅 데이터를 수집하는 경우에 개인정보 보호에 어려움이 있음을 지적하고 있다. 정부가 빅 데이터에 관한 정책을 전개하면서 빅 데이터가 개인정보와 연결하여 개인을 식별하는 결과를 빚어내지 않도록 하는 데에 주안점을 두어야 할 것이다.

요컨대, 빅 데이터에 한정하여 살펴보면 정보(또는 데이터)의 활용에 중시하는 반면, 개인정보와 연계하여 검토하면 규제적 측면에서의 제약을 중심으로 논의한다. 이 두 논의는 법리적으로 상호 배치하는 것이라는 점에서 같은 논의선상에서 검토할 수 없다. 따라서 이를 종합적으로 검토하기 위하여 법리적·체계적 논의가 수행되어야 한다.

5. 개인정보보호의 자율규제 확산

「개인정보 보호법」에 자율규제의 정의규정을 설치하지 않았지만, 같은 법 제13조에서 자율규제의 구체적 내용을 열거하고 있다. 그 내용은 개인정보 보호와 관련된 기관·단체의 육성, 개인정보 인증마크의 도입·시행, 자율적인 규약의 제정·시행 등이다. 이와는 달리 정보통신망법에서는 자율규제를 명문으로 규정하고 있는데, 정보통신서비스 제공자단체가 이용자를 보호하고 안전하며 신뢰할 수 있는 정보통신서비스를 제공하기 위하여 정보통신서비스 제공자 행동강령을 정하여 시행하는 것을 말한다.[7]

자율규제는 자율규제기관이 정한 내부규율의 준수 여부가 중요한 것이지만, 이를 국가(정부)에 의한 규제와 달라서 강제성을 띠고 있지 않다. 다만, 자율규제기관은 내부적 규율을 준수하도록 하거나 법령에 정한 사항에 위반하지 않도록 할 목적

7 정보통신망법 제44조의4 참조.

으로 개인정보 보호 등에 관한 교육과 홍보 등을 수행하게 된다. 자율규제는 서비스 제공자 내부적 규율 또는 강령을 준수한 자율활동에서 비롯되지만, 자율활동 그 자체가 자율규제는 아닌 것이다.

이를 조금 자세히 살펴보면, 자율적 보호활동은 개인정보 처리자가 법령, 규약 또는 강령 등에 따른 제약 없이 스스로 타인의 개인정보를 보호하는 것을 말하지만, 자율규제는 법령에 의하지 아니한 규약 또는 강령 등을 준수하면서 타인의 개인정보를 보호하는 것을 말한다. 전자는 규범의 효력이 전혀 동원되지 않지만, 후자는 일정한 영역에서 규범의 효력이 발휘된다는 점에서 그 차이가 있다. 자율규제는 구체적으로 민간단체를 통하여 이루어지고, 그 단체가 일정한 규약을 정하여 내부적으로 그 구성원을 통제한다는 점에서 자율적 보호활동과 구별된다.

개인정보보호의 실효성을 높이기 위한 취지에 따라 마련되어 정부의 지원을 통하여 자율규제를 촉진시키지만, 실제 자율규제기관을 통하여 이를 실현하게 된다. 자율규제기관은 소속단체의 개별 개인정보 처리자에 대하여 자율적 규제를 위하여 개인정보에 관한 교육·홍보활동을 전개하게 된다. 자율규제기관에 의한 교육·홍보는 내부적으로 규약에 따른 것이므로 법령에 규정될 사항이 아니다.

생각건대, 개인정보보호의 실효성을 확대하는 방안으로 자율규제의 확산이 필요하다는 점을 강조할 때, 두 가지를 함께 살펴볼 필요가 있다. 하나는 정부의 정책적 뒷받침이다. 우선적으로 자율규제를 이끌어내려면 재정적 지원이 필요하다. 이는 경제적 지원 또는 자율규제의 성과에 따른 인센티브가 혜택으로 돌아가게 하는 방안을 강구할 수 있을 것이다. 다른 하나는 개인정보보호가 정보사회의 문화로 정착할 수 있도록 정책을 전개하는 것이다. 윤리적 요소를 담은 개인정보보호는 규제적 방안으로 문제를 해결하는 한계에 부딪치게 된다. 이제부터 문화적 요소를 개인정보보호에 어떻게 담아낼 것인지를 충분히 숙고할 필요가 있다.

6. 개인정보 침해로 인한 사회적 구제방안

사회적으로 호의적이지 못한 사안을 웹에 일방적으로 공개한 후 이에 집단적 반응이 댓글로 이어져 특정인에 대하여 나쁜 평판이 지워지지 않고(烙印) 웹에 남아 있는 경우를 상정해 보자.[8] 때로는 웹에 어떤 일을 공개하는 것으로 인하여 빚어지는 행위에 대한 불공정한 평가가 지속적으로 행하여지면 어떤 행위를 웹에 공개한다는 것에 대하여 위협을 느껴 행위의 위축을 불러오게 된다. 특정인의 사회적 활동을 가로막거나 특별한 기준 없이 행하여진 나쁜 평판(평가)이 발생한 경우에 이를 예방하거나 사후에 이를 바로잡는 방안을 모색하여야 한다. 예방이 곤란한 현실적 어려움을 수용한다면, 일반 대중에게 호의적이지 못한 소문 또는 사건에 대한 공개는 사후에 그 평판이 적정하게 평가될 필요가 있다.

현실적으로 새로운 사람을 채용하거나 새로운 거래를 할 때, 상대방이 신뢰할 수 있는 사람인지 여부를 판단하는 데에 종래 신용정보 자료를 주로 참작한다. 어떤 정책을 세우고 결정하는 데에 신용(영향)평가기관의 보고서는 설득력을 갖는 중요자료다. 개인 신용에 대한 평가란 은행·카드회사 등 금융기관에서 제공받은 정보를 가공·분석하여 개인의 정확한 신용을 종합적으로 평가하는 것을 말한다. 신용평가에 대한 여건과 적용논리를 신용에 갈음하여 사회적 평판에 적용한다면 어떤가.

현행의 공정한 신용평가, 신용평가기관, 신용평가보고서 등의 대상인 신용을 평판으로 바꾸어 공정한 평판평가를 수행한다면, 잘못된 정보로부터 개인정보 주체에게 귀속된 사회적 평판을 바로잡고 이를 기초로 만들어진 평가보고서를 활용할 수 있을 것이다. 이를 위하여 개인정보 주체에게 자기에 관한 잘못한 정보를 수정할 수 있도록 하는 것처럼, 자신에 관한 잘못된 정보로 인한 평판도 바로잡을 수 있도록 하는 기회 제공이 필요하다. 여기에서 논의하는 개인의 평판(평가)제도는 개인의 신용평가제도를 원용하여 그 사회적 필요에 부응할 수 있게 하자는 것에서 출발한다. 현재와 같이 웹 페이지에 공개된 자료를 가지고 어떤 대상(이를 확대하여 사람)의 평판을 필요로 하는 데에 활용한다면, 평판을 신뢰할 수 있도록 하는 제도적 장치로 이끌어 내어야 한다.

요컨대, 이러한 논의의 연장선상에서 이미 규범적으로 검토되고 있는 것 가운데 하나가 평판 파산제도(reputation bankruptcy)이다. 이는 개인의 평판을 평가하여 더 이상 사회적 활동을 이끌어낼 수 없을 정도로 악화된 경우에 일반 파산제도의 원리

8 중국에서는 웹상 소문 유포자 감시를 위하여 200만 명 이상을 고용하여 검열을 수행하고 있다(이에 관하여 BBC News, "China employs two million microblog monitors state media say", Oct. 4th, 2013, 〈http://www.bbc.co.uk/news/world-asia-china-24396957〉참조.

를 채용하여 평판파산을 이끌어내는 것을 말한다.[9] 이 평판 파산제도는 온라인 상 개인의 평판을 등급화하고 더 이상 개인의 평판이 좋지 않다고 스스로 판단할 경우에 그동안 가상공간에서 이용하였던 서비스의 이용내용 전체를 완전히 삭제하고 웹에서 새로운 출발(fresh start)을 할 수 있도록 지원하자는 것이다.[10] 이를 위하여 현행 신용등급제와 유사한 제도를 채용하고 종래의 개인에 관한 평판을 유지하지 못할 만큼 악화된 경우, 예컨대, 텍스트·사진 및 다른 정보 등을 통하여 온라인상 개인의 사회적 평판을 더 이상 유지하지 못할 만큼 곤란한 지경에 빠진 경우를 상정한 것이다.

Ⅲ. 논의내용과 관련한 체계론

1. 법률간 정합성 논의에 따른 정보통신망법

위에서 살펴본 내용은 모두 개인정보와 관련 있는 대상이다. 앞의 3가지 검토대상은 개인정보보호의 현행 규범 틀에서 살펴본 것인 반면, 뒤의 3가지 대상은 새로운 논의대상으로 현행 규범 틀 밖에서 검토한 것이다. 현행 개인정보에 관한 규범 틀을 살펴볼 때, 「개인정보 보호법」을 기반으로 한 정보통신망법, 신용정보법 등 개별법을 통하여 개인정보보호를 위한 규제와 개인정보의 활용·보호를 꾀하는 입법 취지를 담은 법률에 주목하게 된다. 겉으로는 개인정보의 보호와 활용을 동시에 이끌어내고 있는 것 같지만, 실제로 현행 개인정보에 관한 규범 틀은 개인정보 보호법을 기반으로 한 규제중심의 개인정보보호에 주안점을 두고 있다.

규제중심의 개인정보 보호법과 정보통신망법은 개인정보를 보호하는 규정을 담고 있다. 이들 두 법률은 개인정보를 보호하는 데에 필요한 규정이 각 법률에 동일하게 규정되어 있다.[11] 이런 사정에서 두 법률간 정합성을 논의하게 되는데, 「개인

9 Zonathan Zittrain, The Future of the Internet and How to Stop It, Yale University Press, 2008, 228.

10 이에 대하여 자세히는 배대헌, "디지털 기억(digital memory)과 개인정보 보호의 문제", 재산법연구 제29권 제2호, 2012, 407-408 참조.

11 「개인정보 보호법」 제16조 제3항과 정보통신망법 제23조 제2항은 완전히 일치한다. 이 조항 외에 「개인정보 보호법」 제27조 제1항-제2항, 제29조 및 같은 법 시행령 제1항, 제39조 제1항은 각각 정보통신망법 제26조 제1항-제2항, 제28조 제1항, 제32조와 동일하다. 그 밖에 법률규정의 취지에 따라 규정을 해석할 때, 두 법률에 동일한 내용으로 다루어 적용할 수

정보 보호법」과 정보통신망법의 관계에 따를 때, 전자가 일반법적 지위에 있는 반면, 후자는 특별법적 지위에 있다고 보아야 한다. 일반적으로 특별법에 규정한 내용은 입법취지에 따라 일반법에 규정된 내용과 구별되는 규정을 담고 있다. 이 점에서 「개인정보 보호법」에 규정내용이 동일하게 정보통신망법에 명시되어 있다면, 정보통신망법의 해당규정을 정비할 필요가 있다. 다만, 정보통신 서비스제공과 관련하여 반드시 규정하여야 할 내용은 「개인정보 보호법」의 규정과 구별되는 내용을 담아 존치하여야 할 것이다.

개인정보보호에 관한 규정 가운데 정보통신 서비스제공과 관련되어 타 법률에 규정하지 못하는 내용을 제외한 규정을 정보통신망법에 더 이상 규정하지 못한다는 사정에 따라 판단하여야 할 것이다. 개인정보를 보호하는 취지를 좇아서 목적내용을 규정할 경우에 이용자보호라는 관점으로 확대할 수 있다. 개인정보보호를 이용자보호 관점에서 접근하여 살펴보면, 이용자보호를 광의의 개념으로 설정하여 개인정보보호의 대상을 검토할 수 있다. 이용자보호를 중심으로 정보통신망법에 규정할 것들은 「개인정보 보호법」에 규정하지 아니하는 대상에 한정하게 된다.

현행법상 개인정보에 관한 법리적 기초는 규제중심의 보호, 즉 개인정보를 수집·이용하려는 자에 대하여 법률에 규정한 일정한 항목을 준수하도록 규정하였고, 이를 어기는 경우에는 일정한 제재가 뒤따르게 하였다. 여기에는 정보주체의 자기결정권에 기한 동의의 의사표시를 법리의 기초에 놓았다. 규제를 통한 개인정보보호라는 목적을 달성하려는 데에 주안점을 둔 것이다. 이에 관하여 포괄적·일반적 규정을 담은 것이 「개인정보 보호법」이다. 따라서 「개인정보 보호법」이 제정된 이래로 정보통신망법상 개인정보보호에 관한 규정 외에 다른 규정을 설치하여 이용자 보호라는 관점에서 「개인정보 보호법」과 중첩되지 않도록 하는 것이 현실적으로 요청된다.[12]

여기에서 논의 핵심은 정보통신망법에 규정할 정보통신 서비스를 이용하는 당사자를 보호하는 데에 서비스 제공·이용이라는 거래당사자의 법률관계를 중심으로 살

있는 규정이 많다. 「개인정보 보호법」 제21조, 제22조 및 제26조는 각각 정보통신망법 제29조 제24조의2 및 제25조와 크게 다르지 않다.

12 전자신문 2014. 2. 3., "국회 전문가 토론회, 개인정보보호 컨트롤타워 필요성 한 목소리" 기사내용〈http://www.etnews.com/201402030377〉 참조.

펴보아야 한다는 점이다. 이는 계약의 법률관계에서 비롯되는 것이라는 점에 따르면, 정보통신 서비스제공자가 경제적 관점에서 우월적 지위로부터 서비스이용자에 대한 열악한 계약조건을 제시하거나 대등하지 아니한 계약내용을 강요하는 결과를 빚어낼 수 있다. 우리는 이 문제점을 해결하는 데에 법적 관심을 집중할 필요가 있다.

앞에서 살펴본 것 가운데 형식적 동의제도에서 탈피하는 방안의 제시로 동의의 의사표시에 갈음하여 계약법적 접근을 꾀하려는 검토가 하나의 예이다. 정보통신 서비스 제공자·이용자의 상호관계에서 이용자의 권익을 고려하여 이용자가 서비스 제공자에 의하여 법리상 열악한 지위에 빠지지 않도록 하는 것은 이전 규제중심의 보호를 이끌어내려는 것과 법리적 기초에서 서로 구별된다.

2. 이용자보호를 꾀하는 법리 구상과 논의

정보통신 서비스 제공자·이용자의 법률관계를 중심으로 이용자보호를 이끌어내기 위하여 우선 양 당사자 사이에 놓인 이용자의 사실적·법적 지위를 분석·검토할 필요가 있다. 규제중심의 법리 아래에서 이용자 법익을 고려하는 것보다 오히려 서비스제공자에 대한 법적 규제를 논의하고 이의 실효성을 확보하는 데에 주안점을 두었다. 하지만, 서비스제공이 다양하고 이전보다 서비스이용의 계약관계가 복잡하여 이용자 권익이 서비스 제공자보다 열악한 지위에 빠지게 되는 사정에 놓여 있다. 이는 다른 법리적 접근을 이끄는 단서가 되고 대등한 법적 지위를 논의하려면 결국 계약법적 논의로 이어지게 된다.

위에서 살펴본 몇 가지 논의대상 가운데 빅 데이터 활용과 관련한 검토, 개인정보보호의 자율규제(자율활동 포함) 및 개인정보침해로 인한 사회적 구제방안 검토 등에서 살펴본 공통된 특징은 이용자 스스로 자기 권익을 확보하고 개인정보보호의 결과를 얻을 수 있다는 것이다. 이용자보호를 꾀하려면 이용자가 스스로 결정하고 그에 따른 책임을 져야 한다는 점을 포함하여 계약 상대방에 대한 대등한 법적 지위에서 불이익을 받지 않도록 하는 데에 필요한 법적 조력을 갖추는 일이다. 이는 규제적 입법태도와 다른 것이다. 종래 규제방식은 정보통신 서비스제공자가 법령에 정한 의무사항을 준수하지 아니하였을 경우에 불이익을 받으며, 서비스이용자의 불이익은 이러한 규제체계를 통하여 사회적으로 구제될 뿐이다.

1) 빅 데이터 활용과 관련한 정책

빅 데이터 활용과 관련한 정책에서 빅 데이터의 활용이 개인정보보호보다 우선 고려된다. 하지만, 이러한 정책목적이 달성된다 하더라도 이용자에 대한 불이익·불편을 끼치지 않게 하려는 어떤 방안이 강구되어야 하는데, 어떤 방안이 적절한가. 정보통신망에서 자유로운 정보접근(free access)을 이끌어내는 데에 이용자에게 불편을 끼치지 않도록 하는 노력을 기울여야 하는데 이를 개인정보보호와 연계하여 검토할 수 있을 것이다.

이제까지의 개인정보보호가 규제적 측면에서의 접근이었다면, 빅 데이터의 활용과 함께 논의되는 개인정보보호는 계약법적 관점에서 이용자에게 불이익을 끼치지 않도록 하는 방안이다. 빅 데이터를 활용하려는 서비스제공자가 이의 활용 시 제3자의 개인정보와 연계할 경우에 그 연계로부터 일정한 법률관계가 생성되고 이때 상대방에게 불이익을 끼치지 않아야 함에도 불이익의 결과가 발생하였다면 이에 대한 책임을 부담하는 예를 상정할 수 있다.

2) 개인정보보호를 위한 자율규제 또는 자율활동

개인정보보호를 위한 자율규제 또는 자율활동과 관련하여 정보통신 서비스제공자 스스로 자율적 활동으로 타인의 개인정보를 보호하거나 일정한 단체에 의하여 내부적 규제방식을 정하여 이에 따라 타인의 개인정보를 보호하는 데에 노력을 기울일 수 있다. 이러한 노력은 정보통신 서비스제공자의 자발적 의사표시에 터 잡아 따를 수 있지만, 일정하고 꾸준한 성과를 얻어내기 위하여 정부의 재정적 뒷받침이 필요하고 이로써 성과를 강화시킬 수 있다.

이러한 점은 통상적으로 어떤 노력에 성과를 얻게 하는데 일정한 독려(incentive)가 필요하다. 이러한 자율규제 또는 자율활동은 정보통신 서비스제공자에 의하여 행하여지는 것이다. 하지만, 개인정보보호를 꾀하고자 하는 것이라는 점에서 (다른 점에서 이용자보호를 위하여) 서비스제공자의 적극적 행위에서 비롯된다.

이러한 논의는 법적 강제에 의하지 아니한 것이라는 점에서 정보통신 서비스제공과 관련한 윤리적 접근으로 이어질 수 있다. 이를 다른 면에서 살펴보면, 문화적 접근방법(cultural approach)이라 말할 수 있다. 규제와 채무이행을 멀리하면서 일상의 생활태도에서 실천하는 성과를 확보하려는 데에 관심을 모은다.

요컨대, 개인정보보호의 자율성을 강조하면서 일정한 성과를 얻으려면 결국 정보통신 서비스제공자에 의한 적극적 행위가 중요하다. 이를 위하여 이용자보호라는 관점에서 개인정보보호 틀을 재구성할 필요가 있다. 정보통신망법에 이를 담아내려면 이용자보호의 관점에서 개인정보를 再眺望하는 안목이 필요하다.

3) 개인정보침해로 인한 사회적 구제방안

개인정보침해로 인한 사회적 구제방안 검토는 아직 생소한 논의대상이다. 종래의 규제적 관점에서 검토하였던 개인정보보호와 근본적으로 논의 기초가 다르다. 타인에 대한 관심 표현이 웹에서 지워지지 아니하여 평판을 해치는 경우에 정보주체의 행위에 의하여 빚어진 것이라도 그 불이익한 평판에 대한 사회적 구제방안이 필요하다. 이러한 논의가 구체적으로 법제로 검토되고 있지 않다고 할지라도 장래 이용자보호를 위한 법리적 접근과 연계하여 의미를 가진다.

온라인상 사회적 평판과 이용자보호는 지금까지 국내에서 살펴본 규제적 관점에서의 개인정보보호와 다른 출발이라는 점에서 향후연구가 지속적으로 수행되어야 한다. 하지만, 신용평가 방법 및 신용평가기관 등을 통한 개인의 신용평가가 신용사회 기반을 마련하였다. 이러한 논의를 연장하면, 한 번 올려진 자료(지워지지 않는 정보)가 개인의 사회적 평판에 영향을 미치는 사정 하에서 정보사회의 개인에 대한 사회적 구제 방안을 구체적으로 모색하여야 한다는 결론에 이르게 된다.

Ⅳ. 결어

위에서 종래 「개인정보 보호법」과 정보통신망법이 상호 중첩된 규정을 두고 이에 대한 정합성 검토와 함께 정보통신망법이 개인정보보호에 관한 종래의 규제적 방안에서 벗어나 새로운 체계에 따른 이용자보호를 꾀할 수 있도록 몇 가지 논의대상을 제시하여 살펴보았다.

종래의 개인정보보호 체계에 얽매이지 않고 정보통신 서비스제공자·이용자의 대등한 법률관계에서 이용자를 보호하는 노력이 모색되어야 한다. 이러한 試論的 檢討는 향후 그 논의의 구체화를 통하여 보다 정치한 법리를 이끌어낼 수 있을 것이다. 이러한 이용자보호라는 관점에서 출발한 계약법적 논의가 확대되면, 개인정보의 보호라는 규제법적 관점에 갇혀 있는 견해가 또 다른 세계의 견해와 만나 개인정보와 관련된 문제해결을 위한 실체적 접근으로 이어져 그 성과를 얻을 수 있을 것이다.

[참고자료 1]*

* 한국정보화진흥원, 2014 개인정보 트렌드 전망, 2014/1, p.2에서 발췌

이슈	내용
공공데이터 개방	정부 3.0 확산에 따른 의료정보 등 공공데이터 개방과 이에 따른 개인정보 침해 우려
모바일 앱	모바일 앱이 개인정보를 수집·이용하는 과정에서의 개인정보 침해 우려
클라우드 컴퓨팅	클라우드 컴퓨팅 서비스와 관련하여 개인정보를 저장하는 위치와 이를 개인에게 고지하고 폐기하는 등의 개인정보 문제
동의 만능주의	과다한 동의절차로 인한 불편과 이로 인한 정보주체의 형식적 동의, 개인정보처리자가 수집 동의한 개인정보를 무분별하게 사용하는 등에 관한 문제와 이를 해결하기 위한 Opt-in/Opt out 논의
원격의료	의사와 환자가 멀리 떨어져 있는 장소에서 상호 통신 수단에 의해 행해지는 원격진료 등의 의료 행위로 인한 의료정보 등의 개인정보 침해 우려
빅데이터 분석	막대한 양의 정형 또는 비정형 데이터 집합을 분석함으로써 데이터 핸들링, 프로파일링, 데이터 마켓 등의 과정에서 개인식별과 정보노출로 인한 피해 우려
형태분석 광고 (맞춤형 광고)	인터넷 사용 행태, 소비 행태, 위치정보 등의 개인정보를 이용한 개인별 맞춤 광고로 인한 개인 정보 침해 우려
감시(Monitoring)	위치정보, 영상정보 등을 통해 개인을 식별하고 감시할 수 있는 CCTV, 블랙박스, 드론 등의 기술발전 및 상용화로 인한 개인정보 침해 우려
바이오정보 인식기술	얼굴인색, 지문스캐너, 바디스캐너, 홍채인식 등 바이오정보를 식별할 수 있는 기술의 발달과 상용화에 따른 개인정보 침해 우려
IoT(Internet of Things)	원격검침, NFC 등과 같이 생활 속 사물들을 유무선 네트워크로 연결해 정보를 공유하는 환경에서 나타날 수 있는 개인정보 문제
재식별화	익명화 처리를 한 개인정보가 재식별화 되어 개인정보를 침해하는 위험성 우려
피싱, 스미싱, 파밍	수법이 계속해서 진화하고 있는 피싱, 스미싱, 파밍 등의 인터넷(모바일) 사기 수법으로 개인정보, 금융정보 등을 탈취하는 피해

SNS	SNS 활동을 통해 축적된 사진, 이력, 학력, 위치정보 등의 개인정보 침해 우려
개인정보보호 윤리문화	신상털기, 개인정보 관리소홀 등 개인정보보호 윤리문화 부족으로 인해 생겨나는 문제점
개인정보 파파라치	본인의 이익을 위해 개인정보 침해나 법 위반사항을 적발하려고 하는 현상
잊혀질 권리(Right to be forgotten)	인터넷 등에 공개 또는 노출된 본인의 게시물이나 콘텐츠에 대해 파기, 또는 삭제를 요구할 수 있는 권리를 보장하는 방안
개인정보 국외이전	국가 간의 개인정보를 수집, 이전, 폐기하는 등에 있어서 개인정보 침해를 방지하기 위한 방안
개인정보보호 거버넌스	개인정보 관련 법령 개정 등에 대한 의사결정과 집행을 하는 활동 주체 및 역할구조 정립을 위한 방안
Privacy by design	고객서비스 기획, 관련 정보 수집 등 정보처리 단계 전반에 프라이버시 보호 기술을 적용하는 방안
피해구제 제도	개인정보 유출 시 2차 피해 방지를 위한 대응 조치 및 단체소송, 분쟁조정 등 구제 제도의 활성화 방안
개인정보보호 인증제(PIPL)	개인정보보호 인증제(PIPL: Personal Information Protection Level)를 활성화하기 위한 제도적 방안
규제완화 및 인센티브 제도	규제를 완화하고 개인정보보호 우수사례 등에 대해 인센티브를 제공하는 제도를 도입하는 방안
자율규제 활성화	기업이 스스로 개인정보 보호법을 지킬 수 있도록 하는 방안
망분리	개인정보 유출사고를 효과적으로 예방하기 위해 개인정보취급자의 업무망과 인터넷망을 분리토록 하는 제도 도입 방안
개인정보보호 프레임워크	개인정보 보호대책 수립, 관리체계 구축 및 운영, 내부 통제기준 마련 등의 개인정보보호 프레임워크를 도입하는 방안
데이터베이스(DB) 암호화	개인정보 보호법 제24조 제29조에 따라 기존 DB와 새롭게 생성되는 DB의 개인정보를 암호화하는 방안
개발보안(Secure Cording)	소프트웨어의 개발과정에서 개발자의 지식부족이나 실수, 또는 각 프로그래밍 언어의 고유한 약점 등 다양한 원인으로 발생할 수 있는 취약점을 최소화하기 위해, 설계 단계부터 보안을 고려해 개발하는 것
통합보안분석	개인정보 유노출의 가능성을 사전 점검하여 필터링 하는 분석기술을 활성화 하는 방안
개인정보 침해예보제	명절, 입학, 취업 등 개인정보 처리가 집중되거나 분야별·업종별 동향에 따라 침해가 우려되는 시기에 침해예보를 발령하는 제도 도입 방안
개인정보보호 전문가 육성	PIMS, CPPG, 개인정보 보호사 등 개인정보보호의 전문지식을 측정하여 인증하고 자격을 부여하는 제도를 통해 전문가를 육성하는 방안
개인정보보호 취업 가산점 제도	개인정보보호 분야의 자격증, 학점, 교육수료 등을 취업시 연계하여 전문가를 육성하는 제도 도입 방안
CPO(Chief Privacy Officer)의 역할과 책임	개인정보보호 책임자의 담당 영역, 권한 지정 및 역량과 책임성을 강화하는 방안
개인식별·인증 대체수단	주민등록번호를 대신하여 공인인증서, I-PIN과 같이 개인을 식별할 수 있는 인증수단 활성화 방안

[참고자료 2]

"개인정보를 돈으로 바꾸는 세상에서 어떤 법규범을 이끌어낼까?" (경북대신문, 2014. 3. 17.)

개인정보의 불법유출로 온통 난리다. 그 가운데 지난 1월 신용카드 3사의 고객정보 대량유출에 대한 사회적 충격은 우리를 허탈하게 만들었다. '고객의 개인정보를 빼냈지만 정보를 담은 매체를 그냥 가지고만 있었다'는 피의자의 진술내용이 그렇다. 그러나 실제 빼낸 카드 고객정보는 피의자 주변 사람에게 이미 넘어갔고 또 다른 목적으로 이용될 수 있다는 점이 검찰의 수사결과로 발표되었다.

유출된 개인정보 가운데 주민등록번호(고유식별정보), 신용·금융정보 등이 포함되어 있어서 앞으로 어떤 일이 벌어져 개인정보 주체에게 그 피해가 돌아올지 추가 피해에 대한 우려로 이제 노심초사할 뿐이다. 이는 정신적 고통이다. 이러한 개인정보에 대한 사회적 관심이 높아진 것은 어떤 형태로든 원하지 않는 이용으로 인하여 빚어지는 불편, 불이익(손해) 또는 범죄 등으로 연결될 수 있다는 점이며, 실제 원하지 않는 결과가 빚어지기 때문이다.

우리는 산업사회의 변혁을 통하여 정보화를 이끌어내었다. 정보사회의 한 가운데에서 디지털 기술이 주는 일상의 유익을 즐기면서, 한편으로는 이전에 경험하지 않았던 사회악에 고통스러워하고 있다. 이런 저간의 사정은 개인정보가 경제적 가치를 띤 것이며 그 개인정보를 이용하여 돈을 벌 수 있다는 점에서 비롯되었다. 돈을 벌 수 있는 대상이 많으면 많을수록, 악용할 수 있는 대상의 가치가 높으면 높을수록 더욱 그렇다. 이제 정보사회에서 정보는 경제적 가치에 따라 돈이 되기도 하고 쓰레기가 되기도 한다.

이런 정보사회의 현실에서 근본적인 문제의 출발점을 인식하고 그에 따른 문제해결 방안을 찾는 데에 우리의 관심을 모아야 한다. 규범의 틀로 모든 개인정보의 불법적 이용을 막으려 하여도 막을 수 없다는 현실에 서 있다. 그런데 나타난 결과만을 가지고 문제를 진단하여 해결책을 모색하려 한다. 대증요법에 따라 충실하게 방안을 제시하지만, 여전히 동일한 아니 진화된 문제에 봉착하여 또 다른 해결방안을 찾는 데에 급급하다. 잇따른 개인정보 유출로 인하여 빚어진 문제를 해결하는 데에 법적인 대책은 무엇일까?

무엇보다도 중요한 점은 관리적 측면의 개인정보보호 규정의 엄격한 준수다. 지난 1월에 발표된 신용카드사의 대규모 신용정보 유출도 정보보안프로그램 개발용역 수행과정에서 작업장에 USB를 소지하여 임의로 개인정보를 복사하였던 것에서 비롯되었다. 또한, 해킹으로부터 고유식별정보, 민감정보의 유출을 막으려면 그 중요한 개인정보를 암호화하는 것이 필요하다. 개인정보의 암호화 및 암호화에 따른 정보시스템을 보강하는 것이 뒤따라야 한다.

이를 꾸려내려면 조직 내의 새로운 관심과 이를 수행할 수 있도록 예산이 확보되어야 한다는 점에서 관련규정을 손보아야 한다. 그 밖에 일반인을 상대로 타인의 개인정보를 보호하는 것이 정보사회에서 준수하여야 할 윤리규범임을 교육하고, 이를 확대하여 자율적 규제를 강화하는 노력을 기울여야 한다.

개인정보의 유출 외에 불법적인 개인정보의 이용을 막는 데에 관심을 모아야 한다. 무엇보다도 관심을 기울여야 할 점은, 다소 거창하게 보이지만, 개인정보 보호에 관한 현행 법률간 정합성을 꾀하는 일이다. 이미 개인정보보호의 중요성을 인식하여 개인정보보호의 체계성을 확보할 목적으로 일반법의 형식으로 '개인정보 보호법'을 제정하여 시행하고 있다. 그런데 이 법률 외에 다른 법률에서 일반법에 명시한 규정을 중복하여 규정하고 있거나 상이한 규정을 두어 체계성을 잃게 하고 있다.

또한, 개인정보의 수집·이용·제3자에의 제공 등의 경우에 개인정보 주체의 동의가 실질적으로 행하여지도록 하는 방안을 강구하는 것이 필요하다. 현재 동의 의사표시는 정보주체가 원하는지 그렇지 않는지에 대한 의사를 묻는 것이 아니라 형식적 의미의 동의 여부만을 구하는 것이 되어버렸다. 실질적으로 동의하는지 여부를 묻게 하려면 의사표시의 합치(계약)에 따른 법리에 기초한 체계를 세워야 한다. 그 밖에 고유식별정보의 수집에 따른 사회적 문제가 더 이상 생기지 않도록 하는 방안을 모색하여야 한다. 현행 주민등록(번호) 체계를 완전히 바꾸지 않는 한, 불법적 수집된 주민등록번호의 악용을 막기 위한 구체적 장치를 개별 법률에서 마련하는 것이 필요하다.

개인정보의 수집·이용·제3자에의 제공 등의 구체적 처리과정에서 빚어지는 문제는 개인정보가 경제적 가치를 띤 것임을 그대로 드러낸 것이라는 점에서 대증적 해결방안을 포함한 정보사회의 새로운 규범의 틀에서 검토되어야 할 것이다. 더 늦기 전에. (법전원 배대헌 교수)

[참고자료 3]

대법원 2014. 7. 24. 선고 2012다49933 판결

[원고(선정당사자), 피상고인 겸 상고인] 전국교직원노동조합 외 2인 (소송대리인 법무법인 시민 외 1인)

[피고, 상고인 겸 피상고인] 피고 1 (소송대리인 법무법인 서울다솔 담당변호사 장응수 외 3인)

[피고, 상고인] 주식회사 동아닷컴 (소송대리인 변호사 류용현)

[원심판결] 서울고법 2012. 5. 18. 선고 2011나67097 판결

[주 문]

상고를 모두 기각한다.

상고비용 중 원고(선정당사자)들과 피고 주식회사동아닷컴 사이에 생긴 부분은 피고 주식회사 동아닷컴이 부담하고, 원고(선정당사자)들과 피고 1 사이에 생긴 부분은 각자 부담한다.

[이 유]

상고이유(상고이유서 제출기간이 지난 후에 제출한 상고이유보충서의 기재는 상고이유를 보충하는 범위 내에서)를 판단한다.

1. 피고들의 상고이유 중 이 사건 정보 공개행위가 원고(선정당사자, 이하 '원고'라고 한다)들 및 선정자들의 권리 침해에 해당하지 않는다는 부분에 대하여

인간의 존엄과 가치, 행복추구권을 규정한 헌법 제10조 제1문에서 도출되는 일반적 인격권 및 헌법 제17조 의 사생활의 비밀과 자유에 의하여 보장되는 개인정보자기결정권은 자신에 관한 정보가 언제 누구에게 어느 범위까지 알려지고 또 이용되도록 할 것인지를 그 정보주체가 스스로 결정할 수 있는 권리이다. 개인정보자기결정권의 보호대상이 되는 개인정보는 개인의 신체, 신념, 사회적 지위, 신분 등과 같이 개인의 인격주체성을 특징짓는 사항으로서 그 개인의 동일성을 식별할 수 있게 하는 일체의 정보라고 할 수 있고, 반드시 개인의 내밀한 영역에 속하는 정보에 국한되지 않고 공적 생활에서 형성되었거나 이미 공개된 개인정보까지 포함한다.

또한 그러한 개인정보를 대상으로 한 조사·수집·보관·처리·이용 등의 행위는 모두 원칙적으로 개인정보자기결정권에 대한 제한에 해당한다[헌법재판소 2005. 7. 21. 선고 2003헌마282, 425 (병합) 결정 등 참조].

원심판결과 기록에 의하면, 이 사건 정보는 기관(학교)명, 교사명, 담당교과, 교원단체 및 노동조합 가입현황 등 특정 개인을 식별하거나 교원단체 및 노동조합 가입자 개인의 조합원 신분을 알 수 있는 내용을 담고 있음을 알 수 있다.

위 법리에 비추어 보면, 이 사건 정보는 개인정보자기결정권의 보호대상이 되는 개인정보에 해당하므로, 이 사건 정보를 일반 대중에게 공개하는 행위는 해당 교원들의 개인정보자기결정권의 침해에 해당한다고 봄이 상당하다. 또한 위와 같은 조합 가입 여부에 관한개인정보가 공개될 경우 원고 전국교직원노동조합(이하 '전교조'라고 한다)에 속한 조합원들이 조합을 탈퇴하거나, 비조합원들이 조합에 가입하는 것을 꺼리게 될 수 있어 원고 전교조 역시 그 존속, 유지, 발전에 지장을 받을 수 있으므로, 이 사건 정보를 일반 대중에게 공개하는 행위는 원고 전교조의 그러한 권리를 침해하는 경우에 해당한다고 봄이 상당하다.

같은 취지에서 한 원심의 판단은 옳고, 거기에 상고이유의 주장과 같이 개인정보자기결정권의 침해 등에 관한 법리를 오해한 위법이 없다.

2. 피고들의 상고이유 중 이 사건 정보 공개행위가 위법하지 않다는 부분에 대하여

정보주체의 동의 없이 개인정보를 공개함으로써 침해되는 인격적 법익과 정보주체의 동의 없이 자유롭게 개인정보를 공개하는 표현행위로써 보호받을 수 있는 법적 이익이 하나의 법률관계를 둘러싸고 충돌하는 경우에는, 개인이 공적인 존재인지 여부, 개인정보의 공공성과 공익성, 개인정보 수집의 목적·절차·이용형태의 상당성, 개인정보 이용의 필요성, 개인정보 이용으로 인해 침해되는 이익의 성질과 내용 등 여러 사정을 종합적으로 고려하여, 개인정보에 관한 인격권 보호에 의하여 얻을 수 있는 이익(비공개 이익)과 표현행위에 의하여 얻을 수 있는 이익(공개 이익)을 구체적으로 비교 형량하여, 어느 쪽 이익이 더 우월한 것으로 평가할 수 있는지에 따라 그 행위의 최종적인 위법성 여부를 판단하여야 한다(대법원 2011. 9. 2. 선고 2008다42430 전원합의체 판결 등 참조).

위 법리에 비추어 보면, 원심판결 이유와 기록에 의하여 인정되는 다음과 같은 사

정, 즉 ① 이 사건 정보는 당시 국회의원이던 피고 1이 각급 학교장이 교육 관련기관의 정보공개에 관한 특례법 제5조, 같은 법 시행령 제3조 제1항 [별표 1]에 따라 교원의 교원단체 및 노동조합 가입현황(인원수)에 관한 정보를 사실대로 공시하고 있는지 여부를 확인한다는 명분으로 당시 교육과학기술부장관에게 요청하여 전달받고는 그 목적을 위반하여 이를 공개한 것인 점, ② 교원이 원고 전교조에 가입한 것 자체로 곧바로 학생의 수업권과 부모의 교육권이 침해된다고 볼 수 없으므로, 이 사건 정보를 사전에 학생과 학부모에게 일반적으로 제공하여야 한다고 볼 수 없는 점, ③ 원고 전교조에 가입한 특정 교원들의 교육내용이 학생의 학습권이나 학부모의 교육권을 침해하는 사례가 있다고 하더라도, 원고 전교조에 가입한 다른 교원에 관한 정보를 제공하거나 그 정보의 제공을 요구하지 아니하는 다른 학생이나 학부모에게까지 정보를 공개할 필요는 없는 점, ④ 설령 학생이나 학부모가 학생에 대한 교육을 담당하고 있는 해당 교원의 원고 전교조 가입 여부 등에 관한 정보를 알 필요가 있다고 하더라도 이를 외부에 널리 공표할 필요성까지 있다고 볼 수 없는 점, ⑤ 특히 인터넷을 통하여 정보를 공개할 경우에는 게시된 정보가 순식간에 광범위하게 전파됨으로써 그로 인해 중대한 법익 침해의 결과가 발생할 가능성이 있는 점 등에 비추어 보면, 피고들이 이 사건 정보를 공개한 표현행위로 인하여 얻을 수 있는 법적 이익이 이를 공개하지 않음으로써 보호받을 수 있는 원고들의 법적 이익에 비하여 우월하다고 할 수 없어, 결국 피고들의 이 사건 정보 공개행위는 위법하다고 할 것이다.

같은 취지에서 피고들의 이 사건 정보 공개행위가 위법하다고 본 원심의 판단은 옳고, 거기에 상고이유의 주장과 같이 이익형량에 관한 법리 등을 오해한 위법이 없다.

3. 피고 주식회사 동아닷컴(이하 '피고 동아닷컴'이라고 한다)의 상고이유 중 위자료 액수산정이 위법하다는 부분에 대하여

불법행위로 기본권을 침해당함으로써 입은 정신적 고통과 무형적 피해에 대한 위자료 액수에 관하여는 사실심법원이 변론에 나타난 제반 사정을 참작하여 그 직권에 속하는 재량에 의하여 이를 확정할 수 있다.

관련 증거들을 기록에 비추어 살펴보면, 원심의 위자료 액수에 관한 판단이 수긍할 수 있는 범위 내로서 형평의 원칙에 비추어 현저히 불합리하다고 볼 수 없으므로, 이 점에 관한 상고이유의 주장은 받아들일 수 없다.

4. 원고들의 상고이유에 대하여

간접강제 배상금은 채무자로부터 추심된 후 국고로 귀속되는 것이 아니라 채권자에게 지급하여 채무자의 작위의무 불이행으로 인한 손해의 전보에 충당되는 것이다.

원심은 증거에 의하여 그 판시와 같은 사실을 인정한 다음, 가처분 신청 선정자들이 피고 1로부터 지급받은 각 간접강제 배상금 283,501원이 원심이 인정한 손해배상금 100,000원을 초과함이 계산상 명백한 이상 가처분 신청 선정자들의 피고 1에 대한 각 손해배상채권은 가처분 신청 선정자들이 피고 1로부터 지급받은 각 간접강제 배상금으로 충당되어 모두 소멸하였다고 판단하였다.

위 법리와 기록에 비추어 살펴보면, 원심의 위와 같은 판단은 옳고, 거기에 상고이유의 주장과 같이 간접강제 배상금의 법적 성질에 관한 법리를 오해한 위법이 없다.

5. 결론

그러므로 상고를 모두 기각하고, 상고비용 중 원고들과 피고 동아닷컴 사이에 생긴 부분은 피고 동아닷컴이 부담하고, 원고들과 피고 1 사이에 생긴 부분은 각자 부담하기로 하여, 관여 대법관 의 일치된 의견으로 주문과 같이 판결한다.

[참고자료 4]

대전지방법원 논산지원 2013. 8. 9. 선고 2013고단17 판결

[주 문]

1. 피고인 1을 징역 6월에, 피고인 2를 징역 4월에 각 처한다.
2. 다만, 이 판결 확정일부터 각 1년간 피고인들에 대한 위 각 형의 집행을 유예한다.
3. 피고인 1에게 80시간의 사회봉사를, 피고인 2에게 보호관찰을 받을 것과 80시간의 사회봉사를 각 명한다.

[이 유]

범죄사실

가. 개인정보 보호법 위반

피고인은 1979.12.1.경찰공무원으로 임용되었고,2010.12.17.부터 2012.7.31.까지 부여경찰서 ○○지구대 소속 경위로 순찰2팀장 업무를 담당하였다.

피해자 공소 외 1은 2012.3.30.15:24경 자신의 휴대폰(번호 생략)으로 ○○지구대에 전화하여 "지금 △△방앗간 사무실에서 도박하는 사람들이 있으니 단속해 달라."는 취지로 신고하였고,○○지구대 순찰조는 위 신고에 따라 △△방앗간 사무실로 출동하여 피고인과평소 알고 지내던 피고인 2등 4명이 도박을 하고 있는 현장을 단속하였다. 단속을 당한 위 4명은 같은 날 임의동행 방식으로 ○○지구대 사무실에 출석하였는데, 피고인은 판돈규모 등을 감안하여 이들을 훈방 조치한 다음 ○○지구대장에게 사후 보고하였다.

그 후 피고인은 2012.4.초순 날짜를 알 수 없는 날 19:00경 충남 부여군 부여읍 구교리에 있는 '▽▽▽▽'이라는 상호의 술집에서, 그 무렵 피고인 2로부터 도박신고자의 전화번호를 알려 달라는 부탁을 받고 미리 ○○지구대 '업무취급 인수인계부'에 기재되어 있던 피해자의 전화번호를 암기한 다음, 피고인 2에게 개인정보인 피해자의 전화번호 뒷자리 4자('번호 생략')를 알려 주었다. 이로써 개인정보를 처리하였던 피고인은 업무상 알게 된 개인정보를 누설하였다.

(이하 생략)

피고인의 주장에 대한 판단

1.개인정보 보호법 위반의 점

피고인은, 피해자 공소외 1의 휴대전화번호 뒷자리 4자('번호 생략',이하 '이 사건 정보'라 한다)만으로는 피해자를 알아볼 수 없고, 이 사건 정보를 다른 정보와 쉽게 결합하여 피해자를 알아볼 수도 없으므로, 이 사건 정보는 개인정보 보호법 제2조 제1호에 규정된 개인정보에 해당하지 않는다고 주장한다.

오늘날 휴대전화의 사용이 보편화되면서 휴대전화번호 뒷자리 4자에 일정한 의미나 패턴을 담는 경우가 많아지고 있다. 휴대전화 사용자는 자신의 생일이나 기념일 또는 개인적으로 의미 있는 숫자를 휴대전화번호 뒷자리 4자로 사용하기도 하고, 휴대전화번호와 집 전화번호의 뒷자리 4자를 일치시키는 경우도 있으며, 한 가족이 동일한 휴대전화번호 뒷자리4자를 사용하는 경우도 적지 않다. 특히 영업용으로 휴대전화를 사용하는 사람들의 경우에는 휴대전화 다이얼패드의 위치대로 전화번호 뒷자리 4자를 배열하거나 전화번호 뒷자리 4자를 모두 동일한 숫자로 하는 등의 방식으로 자신의 전화번호를 최대한 기억하기 쉽게 만들려는 경향이 있고, 시중에 판매되는 휴대전화 기종 중 상당수는 뒷자리 4자만으로 전화번호를 검색하는 기능을 탑재하고 있다. 요컨대, 휴대전화번호 뒷자리 4자에 그 전화번호사용자의 정체성이 담기는 현상이 점점 심화되고 있다.

사정이 이러하므로, 휴대전화번호 뒷자리 4자만으로도 그 전화번호 사용자가 누구인지를 식별할 수 있는 경우가 있고, 특히 그 전화번호 사용자와 일정한 인적 관계를 맺어온 사람이라면 더더욱 그러할 가능성이 높으며, 설령 휴대전화번호 뒷자리 4자만으로는 그 전화번호 사용자를 식별하지 못한다 하더라도 그 뒷자리 번호 4자와 관련성이 있는 다른 정보(앞서 언급한 생일, 기념일, 집 전화번호, 가족 전화번호, 기존 통화내역 등)와 쉽게 결합하여 그 전화번호 사용자가 누구인지를 알아볼 수도 있다(이 사건의 경우에도 피고인 2는 피고인으로부터 제공받은 이 사건 정보와 자신의 휴대전화에 저장된 기존 통화내역을 결합하여 도박신고자가 피해자임을 어렵지 않게 알아내었다).

따라서 피고인이 피고인 2에게 제공한 이 사건 정보는 살아있는 개인인 피해자 공소외 1에 관한 정보로서 피해자임을 알아볼 수 있는 정보이거나, 적어도 다른 정보와 쉽게 결합하여 피해자임을 알아볼 수 있는 정보이므로, 이는 개인정보 보호법 제2조 제1호 에 규정된 개인정보에 해당된다. 그러므로 피고인의 위 주장은 받아들이지 않는다.

(이하 생략)

[참고자료 5]

대구지방법원 2014. 2. 13. 선고 2012나9865 판결 (판결요지)

[1] 정보통신서비스 제공자는 구 정보통신망 이용촉진 및 정보보호 등에 관한 법률(2012.2.17.법률 제11322호로 개정되기 전의 것, 이하 '구 정보통신망법'이라 한다) 및 구 정보통신망 이용촉진 및 정보보호 등에 관한 법률 시행령(2011.8.29.대통령령 제23104호로 개정되기

전의 것)등의 규정을 준수함으로써 이용자가 제공한 성명, 주민등록번호, 아이디, 비밀번호 등의 개인정보를 보호할 의무가 있다. 나아가 정보통신서비스 제공자가 서비스 이용약관을 통해 이용자로 하여금 개인정보를 필수적으로 제공하도록 요청하여 이를 수집하는 경우에는 위와 같이 수집한 이용자의 개인정보가 유출되지 않도록 적절한 보안시스템을 구축하고, 개인정보의 취급과정에서 안정성 확보에 필요한 합리적인 수준의 기술적 및 관리적 대책을 수립·운영할 계약상의 의무를 부담한다.

한편 서비스 이용자는 정보통신서비스 제공자 등이 구 정보통신망법상의 규정을 위반한 행위로 손해를 입으면 정보통신서비스 제공자 등에게 손해배상을 청구할 수 있고,이 경우 해당 정보통신서비스 제공자 등은 고의 또는 과실이 없음을 입증하지 아니하면 책임을 면할 수 없으며(구 정보통신망법 제32조),나아가 서비스 이용자는, 정보통신서비스 제공자가 개인정보보호에 실패하여 개인정보유출사고가 발생했을 경우 계약상 채무불이행에 따른 손해배상을 청구할 수 있고,이 경우 이용자로서는 정보통신서비스 제공자가 기술적·관리적 보호조치의무를 위반한 사실을 주장·증명하여야 하며, 정보통신서비스 제공자로서는 통상의 채무불이행에 있어서와 마찬가지로 채무불이행에 관하여 자기에게 과실이 없음을 주장·증명하지 못하는 한 책임을 면할 수 없다.

[2] 인터넷상에서 포털서비스사업을 하는 甲주식회사가 제공하는 온라인 서비스에 가입한 회원들의 개인정보가 해킹사고로 유출되었는데, 서비스 이용자인 乙이 甲회사를 상대로 손해배상을 구한 사안에서,甲회사는 정보통신서비스 제공자로서 구 정보통신망 이용촉진 및 정보보호 등에 관한 법률(2012.2.17.법률 제11322호로 개정되기 전의 것, 이하 '구 정보통신망법'이라 한다)및 구 정보통신망 이용촉진 및 정보보호 등에 관한 법률 시행령(2011.8.29.대통령령 제23104호로 개정되기 전의 것)등에 따라 이용자인 乙의 개인정보를 보호할 의무가 있으며, 서비스 이용약관에 따라 乙의 개인정보를 보호하기 위한 보안시스템을 구축하고, 개인정보를 취급하면서 안전성확보에 필요한 합리적인 수준의 기술적 및 관리적 대책을 수립·운영할 계약상 의무가 있음에도 이를 위반하여 해킹사고를 방지하지 못하고, 그 때문에 乙의 개인정보가 유출되도록 하였으므로 구 정보통신망법 제32조에 따른 손해배상책임은 물론 계약상채무불이행에 따른 손해배상책임도 부담한다고 한 판시한 사례임.

제2편

IT시장의 경쟁과 소비자보호

제1장 시장경제의 법적 토대

제2장 인터넷 포털시장과 사업자의 시장지위

제3장 방송시장의 구조와 행태

제4장 통신시장의 특징과 규제관할권

제5장 IT거래와 이용자보호

제1장

시장경제의 법적 토대

대한민국의 경제 질서는 '시장'과 '경쟁'을 본위로 하는 시장경제 질서이다.[1] 그렇다는 것은, 시장에 참여하려는 의사와 능력을 가진 자는 누구든 시장에 뛰어들어 가격과 성능, 서비스 경쟁을 기반으로 사업활동을 전개하고 그에 따른 성과를 획득, 향유할 수 있음을 보장받는다는 의미이다.

헌법을 위시하여 여러 법률에서는 그 같은 원칙을 뒷받침하기 위해 시장 기능과 경쟁 질서가 본래의 모습대로 작동할 수 있도록 하기 위한 규범적 토대를 마련해 두고 있다. 그 토대는 시장경제의 형성 내지 유지에 조력하는 형태로부터 그것에 반하는 구조나 행위를 규제하는 형태에 이르기까지 다양한 모습으로 나타나는데, 그에 따라 시장과 경쟁의 질서를 훼손하거나 억제하는 구조나 행태가 발생한다면 부정적인 법적 평가를 받게 될 것이다.

주지하는 것처럼 시장경제는 시장 참가자들 사이에 자유로운 경쟁질서 속에서 공정한 거래가 이루어질 때 비로소 실현될 수 있는 것이므로, 경쟁의 구조나 거래질서를 왜곡하거나 제한하는 행위(제한할 우려가 있는 행위를 포함)는 시장경제 질서에 반하는 행위로서 일련의 규제와 제재가 가해져야 한다. 이때 시장경제질서에 위반되는 행위인지 여부를 가늠할 수 있는 기준을 제시하는 한편, 위반행위에 대한 구체적인 법 집행의 절차를 마련해 놓은 규범이 필요한데, 그 같은 필요에 따라 마련된 일련의 규범을 독점금지법(Antitrust Law) 혹은 경쟁법(Competition Law)이라 부른다(이하, '경쟁법'으로 통일함). 우리 법체계 하에서는 공정거래법이나 독점규제법으로 알려져 있는 「독점규제 및 공정거래에 관한 법률」이 경쟁법에 해당하는 규범이다. 그리고 이들 법을 집행하는 기관을 경쟁당국(competition authorities)이라 하

1 헌법 제119조 제1항

는데,[2] 우리나라에서는 공정거래위원회가 그 역할을 담당하고 있다.

경쟁법의 적용범위는 원칙상 시장기능이 작동하는 영역 모두에 미친다. 반면에 이른바 시장실패(market failure)가 존재한다고 알려져서, 정부가 시장기능을 대신하여 '규제'라는 수단을 가지고 직접 시장에 참여하거나, 시장을 형성하거나, 시장기능을 조정하는 분야(regulated industries; 규제산업)에서는 경쟁법을 대신하여 개별산업 규제법들이 관할권을 보유하고 있다. 산업규제법은 교통, 통신, 에너지, 의료, 금융 등 분야마다 별도의 모습으로 존재하며 해당 규제당국(sector specific regulators)이 다양하다.[3]

전통적인 통신, 방송산업을 위시해서, PC 하드웨어 및 소프트웨어산업, 인터넷 및 Web 기반 산업에 이르기 까지 서로 다른 배경을 통해 성장해 온 IT분야는, 그 세부 유형에 따라 시장기능에 맡겨져 있는 영역과 시장기능이 제한받는 영역이 혼재되어 있다. 경쟁법과 산업규제법의 적용을 모두 받거나 둘 중 어느 하나의 적용을 받는 분야들이 존재한다는 의미이다. 또한 특정 IT산업 내에서도 적용규범이 행위 유형에 따라 달라지기도 한다. 이를테면 동일한 IT기업이라 할지라도 독과점적 지위의 남용행위나 담합(cartel)에 대해서는 전통적인 경쟁법이 적용되는 반면, 기업결합(merger)에 대해서는 개별 산업규제법이 적용되거나 경쟁법과 함께 중첩적인 규제관할권을 가지기도 한다.

이처럼 IT 시장의 경쟁질서를 관할하는 규범체계가 복잡하게 얽혀 있음에도 불구하고, 핵심규범적 지위를 가진 규범은 역시 경쟁법이라 할 수 있다. IT 경제에서 경쟁법의 역할과 비중은 지대한 것이었으며, 그 지평은 점차 확대되고 있다. 경쟁법의 영역에서 IT 분야가 차지하는 비중 또한 시간이 갈수록 확장일로에 있다.

IT 분야에서의 경쟁법의 작동방식이나 기준이 일반 제조업이나 서비스업에서의 그것과 반드시 동일하지는 않다. 무엇이 법에 위반되며 공동체적 가치를 훼손하는 것으로 보아야 할지를 판단함에 있어서 산업적, 기술적 특수성을 떼어 놓고는 정확

2 주요국가의 경쟁당국의 예로는 미국의 연방거래위원회(Federal Trade Commission)과 법무부 독점금지국(Department of Justice, Antitrust Division), 유럽연합의 집행위원회(EU Commission), 영국의 공정거래청(Office of Fair Trade)과 경쟁위원회(Competition Commission), 독일의 연방카르텔청(Bundes-Kartellamt), 호주의 경쟁소비자위원회(Australian Competition Consumer Commission), 일본의 公正取引委員會 등을 들 수 있다.

3 우리의 경우 방송통신위원회, 미래창조과학부, 산업통상자원부, 보건복지부, 금융위원회 등을 규제당국의 예로 꼽을 수 있다.

한 판단을 내리기 어려운 것이 IT 분야이다. 특히나 IT 분야만의 고려요소들은 새롭고도 빠른 변화의 속도로 등장했다 소멸하고 있다. 이 점에서 IT 관련 경쟁법은 법 실무가와 이론가들에게 새로운 도전과 기회의 장이 되고 있기도 하다.

한편 IT 시장의 법적 이슈 가운데 빼놓을 수 없는 또 하나의 분야가 IT거래의 소비자(consumer) 내지 이용자(user) 보호의 문제이다. IT 거래는 보편성, 일방적 편향성 등의 특징을 내포하곤 하는데, 그 결과 소액다수의 소비자피해가 유발되는 반면, 원인의 규명이나 적절한 보상과 구제는 쉽지 않은 것으로 인식되어 있다. 이 문제와 관련한 일련의 규범들 역시 IT 법의 과제이자 중요한 분과를 형성한다. 예를 들어 전자상거래 소비자보호법이나 약관규제법, 콘텐츠산업진흥법 등이 그러하다.

제2편에서는 IT경제 하에서 대두될 수 있는 법적 논점들 가운데, IT시장의 경쟁질서와 사업자의 거래행태, 소비자 이슈에 주목하여 관련된 규범의 적용범위와 기준, 그리고 실제 법적용 사례들을 살펴본다. 다만 지면의 제약상 모든 IT 산업 내지 시장과 관련 쟁점들을 다룰 수는 없으므로, 최근 국내외의 법조실무에서 쟁점화 사례가 존재하는지를 중심으로 하여 인터넷 포털시장과 유선방송시장, 유무선통신시장, 온라인게임시장 등을 살펴보고 이들 시장에서 문제가 된 시장지배적 지위남용 사례, 기업결합 사례, 그리고 이용약관의 불공정 사례 등을 관련 법리를 통하여 분석해 보기로 한다.

제2장

인터넷 포털시장과 사업자의 시장지위

I. 인터넷 포털시장의 구조와 특징

1. IT 시장의 네트워크 효과와 인터넷 포털시장

IT 산업 내지 IT 시장에는 다른 분야와 구별되는 몇 가지 특징들이 존재한다. 기술발전의 속도와 폭이 유독 빠르고 광범위하다는 점, 상품, 서비스, 기업간에 융합(convergence)과 통합(integration)이 활발히 전개된다는 점, 그리고 이른바 '네트워크 외부효과(Network Externalities or Network Effects)'가 존재한다는 점이 그것이다. 이 가운데 네트워크 외부효과는 미국의 경제학자 베블린(Thorstein Veblen)이 1899년에 그의 저서 「유한계급론」(theory of the leisure class)을 통해 처음 제기했던 것으로서 국내에는 망외부효과나 편승효과(bank-wagon effect) 등으로 알려져 있다. 이를 테면 사용자가 많은 재화나 용역일수록 비례하여 경제적 가치가 커지는 효과를 의미하는데 '쏠림현상' 내지 '떼거리 소비심리'가 그로 인해 나타나는 현상이라 할 수 있다.

네트워크효과가 존재하는 시장에서는 초기에 형성된 거래조건과 선택의 양상이 향후 경쟁 구도와 성태에 결정적인 영향을 미치게 되며, 일단 선두주자의 기술이 산업 내에 표준으로 결정되면 기술세대(technology generation)가 다음 단계로 넘어가기 전까지는 경쟁의 승자가 쉽게 바뀌지 않는 일들이 나타난다. 소비자도 시장을 선점한 사업자의 서비스나 상품을 선호할만한 유인을 갖게 되므로 기득권을 가진 사업자의 시장지위가 더욱 견고해 진다. 그에 반해 경쟁자나 신규진입자의 시장지위는 위축되며 거래상대방에 대한 고착현상(lock-in effect)도 점차 증가하게 된다.

문제는 그에 따라 독과점사업자의 출현과 높은 진입장벽, 배타적 거래관행들이 나타나기 쉽다는 점이다. 네트워크 효과가 존재하는 IT시장에서도 이 같은 현상과 문제점들이 자주 노출되고 있다. 네트워크를 장악한 사업자와 그렇지 못한 경쟁사업자 혹은 거래당사자들 사이에 분쟁도 자주 발생한다. 네트워크를 장악한 사업자들은 계약에 따른 정당한 권리행사이거나 혁신적 시장에서 발생하는 불가피한 현상이라고 주장하는 반면, 거래상대방이나 경쟁자들은 시장을 선점한 기득권자의 지위남용이라는 상반된 주장들이 대립하고 있다. 이런 주장의 배경이 된 기술과 시장 환경은 종전에 목격되지 않았던 것이어서 당사자들의 주장에 대한 진위나 법적 정당성 여부를 가리는 것은 쉽지 않은 일이다.

그 같은 일련의 특징들을 잘 보여주는 것이 인터넷 포털 시장이다. 아래에서는 이를 좀 더 상세히 살펴보기 위해 지난 2007년에 즈음 발생하여 2014년에 대법원 판결로 종결된 이른바 NHN 사건을 살펴보고자 한다. 이를 위해 먼저 인터넷 포털에 대한 분석과 거래실태를 살펴보고, 문제가 된 NHN 사건의 전모와 법원의 판단, 그리고 이를 통해 부각된 법적 쟁점들에 대해 검토해 보기로 한다.

2. 인터넷 포털의 개념과 사업구조

주지하다시피, 인터넷 포털(Internet Portal)은 인터넷 접속시에 거쳐가게 되는 웹사이트(web-site)이자, 다른 인터넷 사이트로의 연결을 가능하게 해주는 일종의 관문(portal)을 의미하는 용어이다. 사용자들에게는 필요한 각종의 정보 또는 데이터를 종합적으로 제공하는 역할을 수행하는 창구라 할 수 있다. 인터넷 포털은 각종 검색(Search)서비스, e-메일, 메신저 등 커뮤니케이션(communication) 서비스와, 홈페이지, 온라인 카페 등 커뮤니티(community) 서비스, 그리고 스포츠, 금융, 뉴스, 게임 등 각종 콘텐츠(contents) 서비스와, 끝으로 온라인 쇼핑 등 전자상거래(commerce) 서비스 등을 제공하는 등 매우 다양한 서비스를 제공한다. 사실 이 같은 각각의 서비스는 굳이 포털이 아니더라도 개별 인터넷 사업자를 통해 제공이 가능하지만, 이를 포털이라는 별도의 명칭으로 부르게 된 데에는 개별 인터넷 사업자와는 구별되는 특징을 포털이 가지고 있기 때문이다.

그 특징은 다음의 세 가지로 정리된다.[1] 먼저, i) 사이트가 이용자(end-user)를 유인할 수 있는 서비스를 제공하여 많은 트래픽(이용자수 또는 이용횟수)을 보유하고 있으며, ii) 확보된 많은 이용자를 바탕으로 광고, 유료게임, 전자상거래 등 수익을 위한 비즈니스 모델을 창출하고 있고, iii) 다양한 서비스 중 최소한 검색서비스, 콘텐츠 서비스, 커뮤니케이션 서비스, 커뮤니티 서비스 및 전자상거래 서비스 등이 제공한다는 점이다. 이를 요약하여 등장한 표현이 이른바 '1S-4C'(Search, Contents, Communication, Community, Commerce)이며, 이를 제공하고 있는지 여부를 두고 인터넷 포털인지 아닌지가 구분되어 오고 있다. 현재 국내에 이 같은 서비스를 제공하고 있는 포털사업자는 네이버(Naver), 다음(Daum), 네이트(Nate), 구글(Google) 등 20여 개에 이른다.

국내 인터넷 서비스의 초창기 한때는 검색포털, 커뮤니티/커뮤니케이션포털, 접속포털 등이 각각 별개로 운영되기도 했었다. 하지만, 현재는 대부분의 업체가 1S-4C를 기반으로 거의 유사한 서비스들을 제공하고 있으며, 그에 따라 포털업체 간에는 검색의 질을 높이고 이를 통해 기존 이용자를 확보 및 신규 이용자 유치 경쟁도 치열하게 전개되는 상황이다.

한편 인터넷 포털이 제공하는 사업의 구조는 검색, 이메일, 게임, 미니홈피, 전자상거래 등 서비스 유형에 따라 다양하다. 하지만 수입구조만을 놓고 보면 크게 무료 서비스와 유료 서비스로 양분된다. 무료 서비스에는 검색 서비스, 이메일·메신저 등 커뮤니케이션 서비스, 온라인 카페·블로그, 홈페이지 등 커뮤니티 서비스, 뉴스·부동산 정보 등 콘텐츠 서비스 등이 포함된다. 인터넷 포털이 이러한 서비스들을 이용자에게 무료로 제공하는 가장 큰 이유는 무엇보다 많은 이용자를 포털로 끌어들여서 광고주들로 하여금 매력적인 광고 매체라는 인식을 심어주기 위해서이다. 실제로 인터넷 포털사들의 매출액 중 상당부분이 광고를 통해 창출되고 있다. 다만 광고게재 외에도 유료 콘텐츠 판매, 전자상거래 수수료, 홈페이지 등록 수수료 및 커뮤니티 서비스 중 아바타, 배경음악, 배경그림 판매 등을 통해서도 수익을 창출하고 있기는 하다. 하지만 포털사들의 수입 대부분을 차지하고 있는 것은 역시 온라인 광

1 공정거래위원회 용역보고서(2007년 11월) 및 한국신용평가정보 인터넷 포털 산업보고서(2007년 2월) 참조.

고이다. 온라인 광고의 유형은 크게 디스플레이광고(배너광고)와 검색광고[2](키워드 광고)로 분류되는데, 최근에는 검색광고의 수익성 및 매출비중이 높아짐에 따라 인터넷 포털사 간 경쟁에 있어서 검색 서비스의 중요성이 증가하는 추세이다.

인터넷 포털광고의 유형

광고유형	특징	종류
디스플레이광고 (Display AD)	텍스트, 이미지, 동영상 등의 광고물을 배너, 팝업 등의 형태로 이용자에게 노출시켜 광고주의 웹사이트 등으로 접속 유도	배너광고, 동영상광고, 스폰서광고, 위젯광고
검색광고 (Search AD)	이용자가 검색어를 입력하면 광고주의 웹사이트 등으로 접속을 유도	키워드 광고, 검색광고 어플리케이션

[출처] '국내 인터넷·모바일광고 활성화 정책 방향' (2013년 10월)

한편, 인터넷 포털사는 콘텐츠 공급업체(contents provider, 이하 "CP"라 한다)로부터 콘텐츠를 주로 유료로 공급받아서 포털 이용자들에게 무료 또는 유료로 제공하고 있다. 그중 유료로 이용자에게 제공하고 있는 콘텐츠는 저작권법에 의해 보호되는 것이거나, 이용자가 지불의사가 높은 교육, 엔터테인먼트, 게임관련 콘텐츠들이다.

3. 인터넷 포털시장의 특징

1) 인터넷 포털과 네트워크 외부성

인터넷 포털은 네트워크(플랫폼으로 표현하기도 한다)를 기반으로 이용자와 이용자, 이용자와 광고주, 이용자와 CP를 연결하는 네트워크 사업이다.[3] 앞서 언급한 것처럼, 네트워크 산업은 이용자의 효용 또는 편익이 자신 이외의 다른 이용자들의 네트워크 사용에 의하여 직접적 또는 간접적인 영향을 받는 특성을 갖는데, 이러한 효과를 네트워크의 외부성(network externalities)이라 한다. 네크워크 외부성이 존재하

2 인터넷 포털의 검색광고는 오버츄어나 구글이 모집한 광고주를 노출하는 '스폰서링크'와 인터넷 포털사가 자체적으로 모집한 광고주를 노출하는 '자체 검색광고'로 나뉜다. 검색결과화면에는 스폰서 링크가 상단에 노출되고, 자체 검색광고는 스폰서링크 하단에 노출된다.

3 Two-sided platforms and analysis of single-firm conduct(David S. Evans, 2006년 9월) 참조

는 경우 사업자는 그렇지 않은 경우에 비하여 가격에 보다 민감하게 반응하므로 경쟁시장균형가격은 네트워크 외부성이 없는 경우에 비해 낮게 형성될 가능성이 높다. 네트워크 외부성이 존재하는 시장에서 두 기업이 가격 경쟁을 하는 경우, 한 기업이 가격을 내리면, 경쟁기업의 네트워크 크기에도 부정적인 영향을 줄 수 있어 네트워크 외부성이 존재하지 않는 경우에 비해 더 많은 수요자를 창출할 수 있다. 요컨대 경쟁기업은 자신의 수요자 이탈을 막기 위해 네트워크 외부성이 없는 경우에 비해 더 낮은 가격으로 대응해야 한다. 인터넷 포털이 제공하는 이메일 서비스, 블로그, 미니홈피, 대부분의 무료 콘텐츠의 유지·관리에 상당한 비용이 소요됨에도 불구하고 포털사들이 이들을 무료로 제공하는 이유도 같은 맥락에서 이해할 수 있다.

2) 인터넷 포털과 양면시장

한편 인터넷 포털에는 소위 '양면시장'의 특징도 발견된다. 양면시장(two-sided markets 또는 two-sided platforms)이란 네트워크를 통하여 두 개(이상)의 구분되는 집단(end-user)을 상호 연결될 수 있도록 하는 시장을 의미한다.[4] 일반적인 유통단계에서도 특정 유통단계에 있는 사업자들은 공급자와 수요자를 접하면서 사업활동을 수행한다. 단, 유통업자의 공급자가 유통업자 너머에 있는 수요자를 의식해서 공급단가 등 거래조건을 책정하지는 않으며, 대개는 자신과 직접 거래관계에 있는 상대방과의 거래조건, 경쟁구도 등을 감안하여 가격을 결정하게 된다. 반면에 양면시장에서는 중간에 매개역할을 하는 사업자와 접해 있는 양 사업자들이 서로 의식하면서 긴밀한 경제적 영향을 주게 된다.

지하철 무가지(無價誌)부터 카카오톡(kakao-talk)에 이르기까지 양면시장의 사례들은 현대인들의 삶 주변 곳곳에서 찾아 볼 수 있다. 인터넷 포털시장 역시 대표적인 양면시장의 하나라 할 수 있다. 인터넷 포털의 플랫폼은 본래 다수의 집단이 모여드는 곳으로 다면성(multi-sidedness)을 갖는다고 보아야 정확하겠지만, 일반적으로 양면 플랫폼(two-sided platform)의 범주에 포함시켜 논의되고 있다. 인터넷 포털 포털사업자들은 이용자에게 무료 또는 낮은 가격으로 다양한 서비스를 제공하

4 양면시장이론은 2001년 Jean-Charles Rochet와 Jean Tirole 교수에 의하여 처음 발표된 이후 현재 산업조직론과 경쟁법 분야에서 활발히 논의되고 있다.

는 반면, 광고주로부터 높은 광고료를 받는 수익모델을 채택하고 있으며, 콘텐츠 공급업체(contents provider)와 이용자들의 거래를 간접적으로 중개하는 역할을 통해 일정 수수료를 지급받고 있다. 즉 인터넷 포털은 최종소비자인 이용자와 콘텐츠 공급업체 또는 이용자와 광고주 등을 연결해 주는 역할을 수행하는데, 이들이 연결해 주는 공간이 곧 양면시장이다.

인터넷 포털과 양면시장

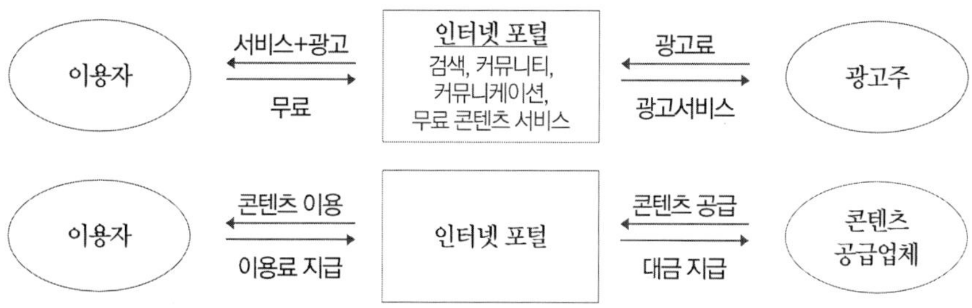

[출처] '인터넷 포털산업의 특성과 경쟁정책적 시사점', 공정거래위원회(2008)

양면시장이 성립하기 위해서는 다음과 같은 요건들이 충족되어야 한다.[5] 첫째, 양면성으로, 상호 연결을 필요로 하는 둘 이상의 구분되는 고객군(two distinct groups)이 존재해야 한다. 둘째, 적어도 한 면(side)의 고객군은 다른 면(the other side)의 고객군 규모가 클수록 더욱 높은 효용을 얻을 수 있어야 한다. 이를 '교차 네트워크 효과(cross network effect)' 또는 '간접 네트워크 효과(indirect network effect)'라고 한다. 하지만, 자신이 속해 있는 면의 네트워크의 크기에 의해 효용이 증가되는, 즉 '직접 네트워크 효과(direct network effect)' 또는 '동일면 네트워크 효과(same-side effect)'가 반드시 존재할 필요는 없다. 셋째, 높은 거래비용 등으로 서로 다른 고객군들이 자체적인 노력(직접 거래)으로 교차 네트워크 외부성을 내면화하기 어렵고 이를 용이하게 하기 위해 플랫폼을 이용하여야 한다. 인터넷 포털의 경우, 최종 소비자인 이용자와 광고주, 이용자와 CP 또는 이용자와 e-쇼핑몰 등 서로 다른 고객군들이 다른 면의 고객군의 규모에 따라 경제적 영향을 받는 관계에 있으며, 이 점에서 양면시장으로 분류되고 있는 것이다.

5 The antitrust economics of multi-sided platform markets(David S. Evans, 2003) 참조.

3) 정리

인터넷 포털 시장에서는 특정 서비스에 가격을 부과하거나 가격을 인상할 경우 해당면 수요의 자체 가격탄력성뿐만 아니라 자신이 제공하는 서비스의 다른 면의 반응을 동시에 고려하여야 하고, 이와 함께 다른 경쟁 2SP 사업자와 그 사업자의 개별면의 단면 사업자의 반응도 고려하여야 한다.

인터넷 포털이 제공하는 서비스의 상당 부분이 무료인 것은 이러한 네트워크 효과와 양면시장의 특성을 고려하여 가격전략을 택하기 때문이다. 예컨대, 인터넷 포털이 제공하는 검색, 이메일, 메신저, 미니홈피, 블로그, 무료 콘텐츠 등 무료서비스에 이용요금을 부과한다면, 방문자 및 검색 수가 크게 줄어들게 되고, 결국 인터넷 포털의 주요 수입원인 광고시장의 매력을 떨어뜨려 광고수입 감소로 나타날 것이다.

한편, 광고수입의 급감은 양질의 콘텐츠를 확보할 수 있는 자금부족으로 콘텐츠의 양이 줄어들고 질도 떨어지게 되며, 방문자수가 줄어들게 되고 이에 따라 광고수입도 감소하게 되는 등 악순환이 되풀이 될 수 있다. 이런 이유 때문에 경쟁법상 시장획정의 단계에서 단면시장에 적용되는 기법(예를 들어 SSNIP 테스트[6])을 기계적으로 양면시장에 적용할 경우 시장상황을 제대로 반영하지 못하는 문제가 발생하며, 양면시장에서 양면성을 고려하지 않고 시장분석을 할 경우 관련시장이 좁게 획정될 가능성이 높다.[7] 쉽게 말하자면 양면시장성이 존재하는 시장에서 그 특성을 간과할 경우에는 사업자의 시장지배적 지위를 제대로 포착하거나 그들의 행위가 가지는 영향력을 정확히 판단해 내지 못할 수 있게 된다. 따라서 이런 특징이 있는 시장에서 양면시장에 따른 분석기법을 적용하는 것은 법위반 여부의 평가 및 시장의 왜곡현상을 시정하기 위한 중요한 전제라 할 수 있다.

그렇다면 인터넷 포털시장에 내재하는 일련의 특수성들이 실제 거래현실에서 어떻게 출현하며 법적용에 어떤 영향을 미치는지를 사례를 통해 살펴보기로 하자.

6 SSNIP는 'Small but Significant and Non-transitory Increase in Price'의 약자로 미국, EU 등 대부분의 경쟁당국이 시장획정시 활용하는 방법이다. 이 테스트의 핵심은 가상의 가장 작은 독점기업(the smallest hypothetical monopolist)이 적어도 1년 동안 5%의 가격인상을 하였을 경우 소비자들이 어느 정도 다른 제품으로 소비를 전환하는지 여부를 파악하는 것이다.

7 양면시장의 특성이 고려된 외국 판례는 National Bancard Corp. vs. Visa U.S.A(1989), RTE, BBC, and ITP vs. Commission of the EC(1995) 등이 있다.

II. 사례 연구: NHN의 사업활동 방해행위 건

1. 사실관계

IT기업인 엔에이치엔주식회사(이하 "NHN"이라 한다)는 인터넷 검색·광고·전자메일·뉴스제공·전자상거래 등의 서비스를 제공하는 인테넛 포털 사업자이다. NHN은 2006년 4월부터 2007년 3월까지 동영상공급업체인 중앙엠앤비무비, 주식회사 판도라티비(이하 "판도라티비"라 한다), 텔미정보통신 주식회사, 주식회사 프리챌, 주식회사 씨비에스아이와 동영상 콘텐츠에 대한 색인 데이터베이스 제공 계약을 체결하면서, "NHN의 검색결과로 보여지는 동영상 정보서비스에 NHN과 협의 없이 광고를 게재할 수 없다"는 거래조건을 설정하였다. 아울러, 2007년 2월부터 3월까지 이와 유사한 계약조건으로 동영상 공급업체인 주식회사 다모임, 블루코드테크놀로지 주식회사, 주식회사 태그스토리 및 주식회사 픽스카우와 동영상 콘텐츠에 대한 색인 데이터베이스 제공 계약을 체결하면서, "NHN의 검색결과로 보여지는 동영상 플레이어 내 동영상 시청에 방해가 되는 유료광고는 NHN과의 협의 없이 게재할 수 없다"는 거래조건도 부과하였다.

이와 같은 계약 조건에 따라 동영상 콘텐츠 공급업체들은 자신들이 제공하는 동영상에 광고[8]를 게재하지 못하였다. 이에 따라 동영상 공급업체들은 업체별로 5억원에서 10억원 이상의 손실을 본 것으로 추산되었다. UCC 공급업체의 경우 NHN을 통해 들어오는 이용자가 61%에 달하는 상황이었다.

이후 판도라티비 등 일부 동영상 공급업체가 광고금지 조항을 문제 삼고, 경쟁당국인 공정거래위원회가 이러한 계약조건을 문제삼으려 하자 NHN은 2007. 6. 8. '동영상 아웃링크 가이드'를 통하여 동영상내 광고를 허용하였다. 하지만 NHN 측은 자신들의 행위가 어떠한 금전적 이익을 도모하기 위한 것이 아니며 오히려 소비자들이 불편해 하는 동영상 광고를 삭제하도록 함으로써 소비자의 편익에도 부합되는 일이라고 주장하였다.

8 동영상 광고란 동영상 콘텐츠에 삽입하는 광고로서 동영상의 시작 전·후 또는 중간에 상영되는 광고를 말한다.

사건 당시 NHN의 현황 (2006년 말 기준, 단위 : 백만 원, 명)

설립일	자본금	매출액			순이익			상시 종업원수
		2004년	2005년	2006년	2004년	2005년	2006년	
1999.6.2.	23,174	229,383	357,494	573,398	53,987	9,108	151,982	1,569

[표] 사건 당시 NHN의 분야별 매출 (단위 : 억 원)

구분		2004년	2005년	2006년
광고	검색형	855.5	1,732.4	2,986.9
	배너형	340.2	585.9	950.3
게임		870.3	920.6	1,287.7
전자상거래		108.9	233.4	401.4
기타		118.9	102.6	107.7
합계		2,293.8	3,574.9	5,734.0

2. 관련 규범 분석: 「독점규제 및 공정거래에 관한 법률」 및 동법 시행령 등

위 사안에서 문제된 NHN의 조치는 당사자들이 체결한 계약에 따라 행해졌다. 본 계약의 당사자들은 영리추구를 목적으로 하는 기업들이고, 의사능력과 행위능력을 갖춘 자들에 의해 계약이 체결되었으며 의사표시에도 하자가 없었다. 주지하다시피 적법한 절차를 통해 체결된 계약이라면 당사자들의 합의에 따라 도출된 결과가 누구에게 유리하거나 불리한지에 관계없이 그 결과는 사적자치의 원칙에 따라 존중받아야 한다. 즉 계약의 공정보다 계약 자유의 가치가 우선한다. 단, 이 같은 원칙은 양 당사자간에 대등성이 보장된다는 점을 전제하는 것으로서, 만일 당사자들의 지위가 동일하지 않은 상태에서 계약이 우월한 지위에 있는 자에게 유리하게, 열등한 지위에 있는 자에게 불리한 내용으로 체결된 경우라면 그 적용 기준은 달라질 수 있다. 즉 지위의 균형 내지 대등성이 깨어진 상태에서 체결된 계약에 대해서는 자유(自由)보다 공정(公正)의 가치가 우선 적용되며, 따라서 불공정한 계약의 내용은 무효가 될 수 있다. 계약의 형식에 따라 행해지는 실제 거래에서는 지위의 격차를 토대로 불공정하게 행해지는 거래를 쉽게 발견할 수 있는데, 민·형사법이 충분히 포섭하지 못하는 거래현실을 고려하여 계약 내지 거래의 공정 여부를 문제삼는

규범의 하나가 「독점규제 및 공정거래에 관한 법률」(이하, '독점규제법'이라 함)이다.[9]

당사자간에 지위의 격차가 발생하는 것은 주로 다음의 두 가지 이유 때문이다. 행위자가 시장을 지배하고 있거나 거래상 지위를 가지고 있는 경우가 그것이다. 독점규제법은 전자를 시장지배적 지위남용 행위로 규제하는(법 제3조의2) 한편, 후자를 거래상 지위남용행위로 규정하여 불공정거래행위의 일종으로서 규제하고(법 제23조 제1항 제5호) 있다.

법 제2조 (정의)

7. "시장지배적사업자"라 함은 일정한 거래분야의 공급자나 수요자로서 단독으로 또는 다른 사업자와 함께 상품이나 용역의 가격·수량·품질 기타의 거래조건을 결정·유지 또는 변경할 수 있는 시장지위를 가진 사업자를 말한다. 시장지배적사업자를 판단함에 있어서는 시장점유율, 진입장벽의 존재 및 정도, 경쟁사업자의 상대적 규모 등을 종합적으로 고려한다.

법 제3조의2 (시장지배적지위의 남용금지)

① 시장지배적사업자는 다음 각호의 1에 해당하는 행위(이하 "남용행위" 라 한다)를 하여서는 아니된다.

3. 다른 사업자의 사업활동을 부당하게 방해하는 행위

시장지배적지위남용행위의 심사기준 Ⅳ. 3. 라. (3)

(3) 부당하게 거래상대방에게 불이익이 되는 거래 또는 행위를 강제하는 행위로서 다른 사업자의 사업활동을 어렵게 하는 행위

법 제4조 (시장지배적사업자의 추정)

일정한 거래분야에서 시장점유율이 다음 각 호의 어느 하나에 해당하는 사업자(일정한 거래분야에서 연간 매출액 또는 구매액이 40억원 미만인 사업자는 제외한다)는 제2조(정의) 제7호의 시장지배적 사업자로 추정한다.

1. 1사업자의 시장점유율이 100분의 50 이상
2. 3 이하의 사업자의 시장점유율의 합계가 100분의 75 이상. 다만, 이 경우에 시장점유율이 100분의 10 미만인 자를 제외한다.

9 약관에 따라 체결된 계약 불공정한 거래가 행하여 졌다면 「약관의 규제에 관한 법률」이 적용될 것이다. 이에 관해서는 제2편 제4장에서 다시 살펴보기로 한다.

법 제23조 (불공정거래행위의 금지)

① 사업자는 다음 각호의 1에 해당하는 행위로서 공정한 거래를 저해할 우려가 있는 행위(이하 "불공정거래행위"라 한다.)를 하거나, 계열회사 또는 다른 사업자로 하여금 이를 행하도록 하여서는 아니 된다.

4. 자기의 거래상의 지위를 부당하게 이용하여 상대방과 거래하는 행위

동법 시행령 제36조

① 법 제23조(불공정거래행위의 금지) 제2항의 규정에 의한 불공정거래행위의 유형 또는 기준을 별표1과 같다.

별표1. 불공정거래행위의 유형 및 기준(제36조 제1항 관련)

6. 거래상 지위의 남용

법 제23조(불공정거래행위의 금지) 제1항 제4호 전단에서 "자기의 거래상 지위를 부당하게 이용하여 상대방과 거래하는 행위"라 함은 다음 각목의 1에 해당하는 행위를 말한다.

나. 이익제공강요

거래상대방에게 자기를 위하여 금전·물품·용역 기타의 경제상 이익을 제공하도록 강요하는 행위

즉 동일한 행위라도 시장지배적 지위를 남용해서 거래상대방에게 불리한 계약을 강요했다면 전자가, 거래상 지위를 남용해서 상대방을 불리한 지위에 빠뜨렸다면 후자가 적용된다. 그런데 독점규제법은 이 중 전자에 대해 과징금 등 제재의 강도를 높게 설정하는 등 보다 엄중한 입장을 견지하고 있어서, 사업자의 입장에서는 자신의 행위가 시장지배적 지위남용으로 분류되는지 아니면 거래상 지위남용으로 의율되는지에 대해 매우 중대한 이해관계를 갖게 된다. 따라서 본건과 같은 사례를 해결함에 있어서는 먼저 i) 계약의 양 당사자간에 대등성이 존재하는지 여부를 규명하고, ii) 일방당사자의 지위가 시장을 지배함으로써 발생하였는지, 아니면 단순히 거래상의 우월적 지위를 토대로 발생하였는지를 분석한 후, iii) 그 행위가 지위의 남용으로 볼 수 있을 만큼 부당한지를 판단하여 행위의 위법성 여부를 최종적으로 결정하게 된다. 그렇다면 본 사례에 대해 공정거래위원회와 법원이 어떻게 판단했는지를 살펴보기로 하자.

3. 공정거래위원회의 판단

1) 인터넷 포털의 관련시장

가) 관련시장의 획정

본건에서 NHN의 거래상대방인 동영상 제공업체들은 자신들에게 불리한 계약임을 알고도 NHN의 요구를 수용하여 계약을 체결하였다. 이 점에서 우선 양당사자들 사이에 지위의 균형이 깨어져 있음을 쉽게 확인할 수 있다. 그렇다면 NHN가 시장지배적 지위를 기반으로 이 같은 행위를 했는지가 규명되어야 한다. 그런데 NHN의 시장지배적 사업자 여부는 NHN의 규모나 매출액 등에 따라 절대적으로 결정되는 것이 아니라 NHN이 속한 시장에 따라 상대적으로 결정된다. 즉 NHN이 속한 시장이 어디까지인지를 먼저 규명하여야 하는데 이를 '관련시장의 획정'(definition of relevant market)이라고 한다. 독점규제법에서는 관련시장이라는 경제학적 용어를 대신하여 '일정한 거래분야'라는 표현을 사용하고 있다. '일정한 거래분야'의 의미를 규정한 독점규제법 제2조 제8호에 따르면 관련시장은 거래의 객체별·단계별 또는 지역별로 경쟁관계에 있거나 경쟁관계가 성립될 수 있는 분야로 정의된다.

한편 사례와 관련하여 공정거래위원회는 인터넷 포털서비스시장은 이용자 측면과 광고 측면으로 구분되는 양면시장의 특징을 가지고 있음을 인정하면서도 NHN의 광고금지 조치는 NHN이 인터넷 포털 서비스의 이용자시장에서의 지배력을 기반으로 하여 동영상 콘텐츠 공급업체에 대하여 동영상내 광고를 금지한 행위로서 온라인 광고 시장 및 동영상 콘텐츠 시장의 경쟁을 저해하였는바, 관련시장 및 NHN의 시장지배력 보유여부는 인터넷 포털 서비스 시장의 이용자 측면에서 판단하였다.

(1) 상품시장 획정[10]

인터넷 포털은 초창기에는 많은 수의 이용자를 확보한 서비스의 기반에 따라 크

10 관련 상품시장은 일반적으로 시장지배적 사업자가 시장지배력을 행사하는 것을 억제하여 줄 경쟁관계에 있는 상품들의 범위를 말하는 것으로서, 구체적으로는 거래되는 상품의 가격이 상당기간 어느 정도 의미 있는 수준으로 인상 또는 인하될 경우 그 상품의 대표적 구매자 또는 판매자가 이에 대응하여 구매 또는 판매를 전환할 수 있는 상품의 집합을 의미하고, 그 시장의 범위는 거래에 관련된 상품의 가격, 기능 및 효용의 유사성, 구매자들의 대체가능성에 대한 인식 및 그와 관련한 구매행태는 물론 판매자들의 대체가능성에 대한 인식 및 그와 관련한 경영의사의 결정행태, 사회적·경제적으로 인정되는 업종의 동질성 및 유사성 등을 종합적으로 고려하여 판단하여야 할 것이며, 그 외에도 기술발전의 속도, 그 상품의 생산을 위하여 필요한 다른 상품 및 그 상품을 기초로 생산되는 다른 상품에 관한 시장의 상황, 시간적·경제적·법적 측면에서의 대체의 용이성 등도 함께 고려하여야 한다(대법원 2007. 11. 22. 선고 2002두8626 전원합의체 판결 참조).

게 검색포털, 커뮤니티/커뮤니케이션포털 및 접속포털로 구분되었으나, 현재는 대부분 1S-4C를 기반으로 하여 유사한 서비스를 제공하고 있다. 또한 이용자는 일반적으로 각 서비스를 개별적으로 이용하기보다는 필요한 서비스를 한 개의 포털사이트에서 이용하고자 하는 행태를 보이는 것으로 이해할 수 있다. 이에 따라 공정위는 관련상품 시장획정은 포털에서 제공되는 다양한 서비스들의 묶음을 관련시장으로 획정하는 것이 타당하며, 인터넷 포털서비스와 관련된 상품시장은 '인터넷 포털서비스 이용자시장'으로 보았다. 그 이유는 다음과 같다.

첫째, 인터넷 사용자들이 시작페이지로 포털 사이트를 설정하는 비중이 76%에 달하여 시작페이지 설정에서 포털사이트가 다른 종류의 웹페이지를 월등하게 추월하고 있으며, 포털 사이트 접속 방법 중 시작 페이지로 설정하는 방법이 53.7% 그리고 즐겨찾기를 이용하는 방법이 20.8%에 달하고 있음을 볼 수 있다. 대다수의 이용자가 시작 페이지로 포털 사이트를 사용한다는 것은 특정 개별 서비스만 이용하기 위해 포털 사이트를 방문한다고 이해되기보다는 그때그때 필요에 따라 불특정 서비스를 이용하기 위해서라고 볼 수 있다.

시작 페이지 설정 및 포털 사이트 접속 방법 (2007년 기준, 단위 : 명,%)

시작 페이지	빈도 (%)	포털 사이트 접속방법	빈도 (%)
포털 사이트	604 (76.0%)	시작 페이지	427 (53.7%)
회사/학교/기업 홈페이지	98 (12.3%)	즐겨찾기 이용	165 (20.8%)
개인 홈페이지	19 (2.4%)	영문 도메인 입력	145 (18.2%)
게임 사이트	15 (1.9%)	한글 도메인 검색	42 (5.3%)
기타	59 (7.4%)	기타	16 (2.0%)
전체	795 (100.0%)	전체	795 (100.0%)

자료 출처 : 안주아·신명희 표본조사 결과(2007)[11]

둘째, 인터넷 포털사 입장에서도 하나하나의 서비스를 별개로 간주하기보다는 자신들이 제공하는 서비스 전체를 하나로 인식하여 이익 극대화 전략을 구사한다고 볼 수 있다. 이는 인터넷 포털은 직접적 또는 간접적 네트워크 효과가 존재하는 특성을 보유하고 있어 가급적 많은 이용자를 확보하는 것이 수입의 상당한 부분을 차

11 공정거래위원회 용역보고서(2007년 11월) 재인용

지하는 광고수입과 직결되어 사업의 성패를 좌우하게 되기 때문이다. 결국, 인터넷 포털시장은 다양한 서비스를 원하는 이용자와 이윤극대화 전략으로 다양한 서비스를 제공하는 인터넷 포털의 이해관계가 일치하여 형성된 것으로 볼 수 있다.

셋째, 현재 통계청 표준산업분류에서는 인터넷 포털업을 별도로 구분하고 있지 않으나 인터넷 포털사들이 제공하는 서비스를 하나로 보아 별도의 산업으로 분류하고자 하는 시도를 하고 있으며, 한국신용평가정보기관도 인터넷 포털이 제공하는 서비스를 하나로 묶어서 별도 산업으로 분류하고자 노력중이다.[12]

이 경우 앞에서 설명한 바와 같이 대부분의 포털업체들이 제공하는 검색서비스, 이메일·메신저 등 커뮤니케이션 서비스, 카페·블로그 등 커뮤니티 서비스, 전자상거래 서비스 및 뉴스·오락·생활·문화·금융·정보 등 콘텐츠 서비스 등 1S-4C는 반드시 포함되어야 하며, 1S-4C를 함께 제공하지 않는 업체는 포털시장 참여자에서 제외하는 것이 타당하다고 보았다. 하지만, 현재에는 없으나 향후 포털서비스의 진화에 따라 새로 제공되는 서비스도 묶음시장에 포함될 수 있다고 하였다.

(2) 지역시장 획정

인터넷 포털 시장은 인터넷 접속만 가능하다면 전세계 어디에서나 이용 가능하므로 세계시장적 성격을 가지고 있다고 볼 수 있으나, 이용자 입장에서 가장 중요한 요소는 언어이므로 지역시장은 언어, 즉 한글을 기준으로 정해야 한다고 보았다. 한글로 서비스하는 인터넷 포털은 대부분 국내에 본사 또는 지사를 두고 있으며 매출액의 대부분도 국내에서 발생하므로 공정거래위원회는 지역시장을 국내시장으로 한정하여 획정하였다.

(3) 소결

이용자 측면에서 본 인터넷 포털 관련시장은 인터넷 포털산업의 네트워크효과에 따른 양면성, 이용자의 포털 이용행태, 포털 사업자의 서비스 제공 행태, 포털 이용자의 언어적 제한 등에 비추어 볼 때, 인터넷 포털사가 제공하는 다양한 서비스를 하나로 묶어 '국내 인터넷 포털서비스 이용자시장'으로 보았다. 이 경우 포털 업체들이 제공하는 검색서비스, 이메일·메신저 등 커뮤니케이션 서비스, 카페·블로그

12 2007년 4월 통계청 한국표준산업분류 개정(안) 작성 예를 보면 인터넷 포털서비스를 63121(웹 포털서비스)로 예시하고 있으며 한국신용평가정보의 산업분류에 의하면 729000(인터넷 포털)으로 임시 분류하고 있다.

등 커뮤니티 서비스, 전자상거래 서비스 및 뉴스·오락·생활·문화·금융 정보 등 콘텐츠 서비스 등 1S-4C는 반드시 포함되어야 한다고 보고, 1S-4C를 함께 제공하지 않는 업체는 포털시장 참가자에서 제외하였다.

2) NHN의 시장지배적 사업자성

NHN은 동영상 콘텐츠의 수요자 및 유통채널로서 국내 인터넷 포털서비스 이용자 시장에서 가지는 지위를 이용하여 동영상 콘텐츠 공급업체의 사업활동을 방해하였는바, 공정거래위원회는 국내 인터넷 포털서비스 이용자 시장에서의 시장지배적 지위 여부를 판단하였다.

가) 시장지배적사업자 추정요건

공정거래위원회는, 먼저 다음과 같은 사정들을 고려할 때, '인터넷 포털서비스 이용자시장'에서의 시장점유율은 매출액을 기준으로 산정하는 것이 타당하다고 보았다.

첫째, 법 시행령 제4조 제2항은 시장점유율을 산정함에 있어 상품 또는 용역의 매출액 산정이 가능한 경우에는 매출액을 우선적으로 고려하도록 하고 있다. 인터넷 포털사는 광고매출 등을 증대시키기 위하여 상당한 서비스를 이용자에게 무료로 제공함으로써 이용자를 확보하는 방법으로 이윤극대화를 추구하고 있기 때문에 이용자로부터 매출이 직접적으로 발생하진 않는다고 할 것이다. 그러나 인터넷 포털서비스 시장이 이용자 측면과 광고 측면이 상존하는 양면시장이라는 점, 이용자 측면에서 보유한 지배력이 광고매출로 연결된다는 점 등을 감안할 때, 일부 서비스에 있어서 직접적으로 이용자로부터 수입이 발생하지 않는다고 하더라도 매출액이 아닌 다른 지표를 이용하여 시장점유율을 산정해야 할 경우로 보기 어렵다. 따라서 이용자 측면의 지배력을 보유함으로써 궁극적으로 광고매출 등을 증대시킬 수 있다는 점에서 매출은 이용자시장에서 지배력을 평가하는 지표로 볼 수 있다.

둘째, 인터넷 포털사가 시장지배력을 남용하는 대상은 CP이다. 그리고 콘텐츠 유통업체로서 CP에 대한 힘은 콘텐츠 유통채널로서의 매력 즉, 많은 이용자 확보이며 이용자를 끌어 모으는 원천은 질 좋고 다양한 콘텐츠 확보와 개발에 있다. 나아가 이러한 힘은 궁극적으로는 인터넷 포털사의 자금력인 매출과 직접적 관계를 가지고 있다.

셋째, 인터넷 조사기관이 집계하는 순방문자수(UV: unique visitor)나 평균체류시간(ADT: average duration time)은 일반적으로 일별·주별·월별로 집계되는데, 위 두 변수는 집계 시점·기간에 따라 변하고 집계 방식에 따라[13] 차이가 나는 등 객관적인 기준으로 삼기에는 문제가 있다. 즉 UV*ADT는 집계방식과 시점·기간에 따라 편차가 심해 통계로서의 안정성이 보장되지 못하므로 법 집행의 기준이 될 수 없다.

따라서 매출액을 기준으로 한 시장점유율을 살펴보면 아래 표와 같다. 이때, '국내 인터넷 포털 서비스 이용자 시장'의 참여자는 1S-4C를 함께 제공하는 엔에이치엔, 다음커뮤니케이션, 에스케이커뮤니케이션즈 등 14개 업체 이다. 2006년 말 매출액기준 시장점유율은 NHN이 48.5%, 다음커뮤니케이션이 16.7%, 에스케이커뮤니케이션즈이 15.6%로서 상위 3사업자의 시장점유율 합계가 100분의 75이상이 되어 NHN은 국내 인터넷 포털서비스 이용자시장에서 시장지배적 사업자로 추정되었다.

포털업체 연도별 매출액 및 점유율 (단위 : 백만 원, %)

포털업체			2004년 말		2005년 말		2006년 말	
	업체명	사이트명	매출액	점유율	매출액	점유율	매출액	점유율
1	엔에이치엔	네이버	229,383	**30.9**	357,494	**38.4**	573,398	**48.5**
2	다음커뮤니케이션	다음	183,392	**24.7**	202,501	**21.7**	197,091	**16.7**
3	에스케이커뮤니케이션즈	네이트	113,186	**15.3**	151,326	**16.3**	184,719	**15.6**
4	야후코리아(주)	야후	61,806	8.3	72,946	7.8	78,503	6.6
5	(주)엠파스	엠파스	32,877	4.4	34,225	3.7	42,561	3.6
6	케이티하이텔(주)	파란	22,500	3	25,818	2.8	32,958	2.8
7	하나로드림(주)	하나포스	24,874	3.3	25,081	2.7	27,837	2.3
8	(주)데이콤멀티미디어인터넷	천리안	16,010	2.2	13,803	1.5	10,590	0.9
9	(주)프리첼	프리첼	8,620	1.2	8,013	0.9	9,630	0.8
10	마이크로소프트(유)	엠에스앤	11,058	1.5	9,729	1	7,474	0.6
11	(주)드림위즈	드림위즈	6,565	0.9	6,772	0.7	7,256	0.6
12	(주)코리아닷컴 커뮤니케이션즈	코리아 닷컴	9,193	1.2	9,309	1	2,241	0.2
13	(주)케이티	메가패스	0	0	0	0	0	0
14	(주)네오위즈게임즈	세이클럽	23,207	3.1	13,860	1.5	8,880	0.8
전체매출액			742,671	100	930,877	100	1,183,138	100

자료 출처 : 회사별 제출 자료

* (주)케이티의 매가패스는 초고속 인터넷 서비스 매가패스 사용자를 위한 무료 서비스이다.

* 마이크로소프트(유)는 달러기준 매출액을 연도말 기준 환율로 변환한 수치이다.

13 〈표 3〉 참조

주요 인터넷 포털업체의 광고매출 비중

(2006년 말 기준, 단위: 억 원, %)

	NHN (네이버)	다음 (다음)	SK커뮤니케이션즈 (네이트)	야후코리아 (야후)	엠파스 (엠파스)	KTH (파란)
광고 매출액 (비중)	3,937 (68.6)	1,500 (76.1)	474 (25.6)	604 (76.9)	304 (71.4)	97 (29.4)
전체 매출액	5,734	1,970	1,847	785	426	330

나) 시장 진입장벽 존재 여부

네트워크 산업에는 네트워크의 외부효과에 따라 이용자수가 증가할수록 해당 서비스 이용자의 효용이 증가하고 이에 따라 네트워크의 가치도 증가하게 되어, 시장에 먼저 진출하여 선점한 업체로의 쏠림현상이 나타나게 되어 후발업체들이 쉽게 시장에 진입하기 곤란한 특성이 있다. 공정거래위원회는 다음과 같은 사항을 고려 할 때 국내 인터넷 포털서비스 이용자시장에 사실상의 진입 장벽이 존재한다고 보았다.

첫째, 최근 3년 동안 독자적으로 인터넷 포털서비스 시장에 새로이 진입한 기업이 하나도 없다. 이는 네트워크의 크기가 임계점(critical mass)에 도달하기 이전인 사업 초창기에는 특정서비스에 대한 차별화로 시장진입이 가능하였으나, 현재는 1S-4C의 모든 서비스를 동시에 공급하여야 하기 때문에 초기 진입비용이 선점기업에 비하여 훨씬 많이 소요되고 이에 따라 진입 후에 진입에 소요된 비용을 회수하는 것이 상대적으로 어려워졌기 때문에 나타난 현상이다.

둘째, 매출액 기준상 상위 3사의 시장점유율이 지속적으로 증가하고 있으며, 특히 상위 1사인 NHN으로의 쏠림현상이 급속히 진행되고 있다. 라이코스 코리아(Lycos Korea)와 프리챌의 몰락, 싸이월드와 엠파스의 합병 등 인터넷 포털 산업에서 변동이 심한 이유도, 초기에는 특정 서비스를 기반으로 차별화 경쟁이 가능하였으나 인터넷 포털 산업이 성장함에 따라 다양한 콘텐츠 확보를 통한 수익창출이 절대적으로 중요하게 되어 특정업체의 페이지뷰, 순방문자수, 검색수(query)[14] 등 트

14 포털 사이트별 연간 검색수(query) 현황은 다음의 표와 같다.

포털 사이트별 연간 검색수(query) 비중

(단위 : 천 건, %)

구분	2005(5월~12월)		2006(1월~12월)		2007(1월~6월말)	
	Query수	비율	Query수	비율	Query수	비율
naver.com	18,121,132	63.5	34,140,924	63.4	18,613,829	69.8
daum.net	4,229,730	14.8	9,712,089	18.1	4,482,420	16.8
yahoo.co.kr	2,371,100	8.3	3,446,560	6.4	1,246,102	4.7
empas.com	1,722,236	6.1	3,004,550	5.6	1,245,993	4.7

래픽이 임계점에 도달하지 못하는 경우가 많기 때문이다.

셋째, 국내 인터넷 포털서비스 시장의 경우 이미 성숙기 또는 포화단계에 들어섰다고 보여지므로,[15] 기존에 선점업체가 이미 임계점 이상의 네트워크 규모를 확보한 경우 후발업체가 독자적으로 시장에 참여하기는 현실적으로 매우 어려운 것으로 판단되었다.[16]

결국 공정거래위원회는 시장점유율, 진입장벽 등을 종합적으로 고려할 때, NHN가 국내 인터넷 포털서비스 이용자시장에서 가격·수량·품질·기타의 거래조건을 결정·유지·변경할 수 있는 시장지배적 사업자에 해당된다고 보았다.

3) NHN의 지위 남용(동영상 콘텐츠 공급업체에 대한 부당한 불이익 강제) 여부

본건 동영상 콘텐츠 공급업체들의 주요 수익모델은 인터넷 이용자들에게 무료로 동영상을 보여주는 대신 동영상 상영전·후 또는 중간에 광고를 게재해주고 광고주로부터 받는 광고료이다.[17] 공정거래위원회는 이 점을 감안하여 동영상 콘텐츠 공급업체들이 NHN 등 인터넷 포털 업체를 통하여 이용자에게 보여주는 동영상에 광고를 삽입할 것인지 여부는 동영상 콘텐츠 공급업체들이 자율적으로 결정할 사항이므로 이를 금지하는 NHN의 행위는 부당한 제한에 해당된다고 보았다. NHN이 동영상 콘텐츠 공급업체와의 계약시 "NHN과의 협의 없이 광고를 게재할 수 없다"라는 동영상 광고를 금지하는 조건을 설정함에 따라 판도라티비 등 동영상 콘텐츠 공급업체들은 동영상에 광고를 게재하지 못하여 광고수입을 포기할 수밖에 없으므로

nate.com	956,720	3.4	1,272,805	2.4	445,202	1.8
google.co.kr	399,352	1.4	765,267	1.4	203,333	0.8
paran.com	225,066	0.8	400,654	0.8	114,955	0.4
dreamwiz.com	115,494	0.4	346,758	0.6	37,984	0.1
hanafos.com	140,352	0.5	326,945	0.6	5,517	0.0
man.co.kr	237,100	0.8	303,053	0.6	38,094	0.1
chol.com	12,297	0.0	39,634	0.1	218,896	0.8
합계	28,530,579	100	53,759,239	100	26,652,325	100

*자료 출처 : 코리안클릭 제출 자료

15 코리안클릭은 '2006년 포털산업구조 변화와 서비스 트렌드' 보고서에서 국내 인터넷 서비스는 성숙기 또는 포화단계 상태로 진입하였으며, 상위권 사이트의 집중화가 심화되고 있다고 분석하였다.

16 국내 인터넷 포털서비스 시장에서 에스케이커뮤니케이션즈가 후발업체에서 상위 3사로의 진입에 성공한 이유는 2002년 라이코스 코리아 합병, 2003년 싸이월드 합병 및 2006년 10월 검색포털인 엠파스 인수 등 신규진입이 아닌 기업결합 전략을 구사한 결과라고 할 수 있다.

17 판도라티비의 경우 2007년 매출액 약 100억 원중 광고수입은 약 80억 원으로 광고수입비중이 약 80%이며, 엠엔캐스트의 경우 2007년 매출액 약 15억 원중 광고수입은 약 9억 원이으로 광고수입비중은 약 60%이다.

NHN 사이트에 보여주는 동영상에 대한 광고금지는 동영상 콘텐츠 공급업체에게는 주 수입원의 포기를 의미하며, NHN이 시장지배적지위를 남용하여 동영상 콘텐츠 공급업체에게 불이익을 강요한 부당한 행위에 해당된다는 것이다.

4) 동영상 콘텐츠 공급업체에 대한 사업활동방해 여부

NHN은 동영상 콘텐츠 유통사업자로서 판도라티비 등 동영상 공급업체로부터 동영상 콘텐츠에 대한 색인 데이터베이스를 제공받아 자사의 사이트를 통하여 이용자들에게 서비스하고 있다. 아래 그림에서 보는 바와 같이 동영상 이용자들은 주로 인터넷 포털 사이트의 'UCC[18] 전용게시판', '블로그·미니홈피, '카페·커뮤니티 등 대부분 인터넷 포털을 통해 UCC를 이용하고 있으므로 인터넷 포털을 통한 동영상 콘텐츠의 유통이 동영상 공급업체들에게는 매우 중요한 의미를 가진다.

UCC 이용자의 이용 경로(복수응답 허용) (단위 : %)

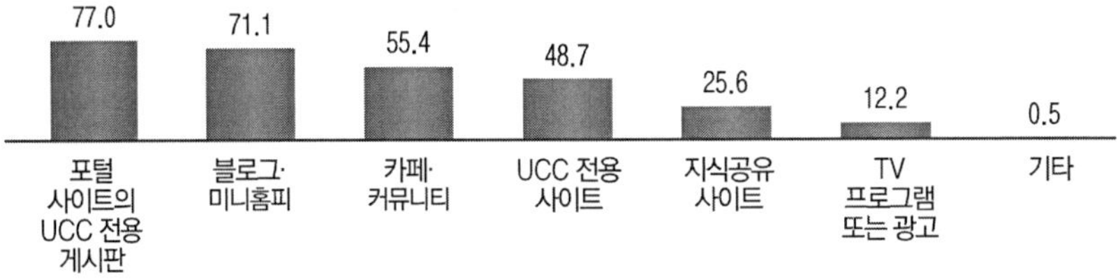

자료출처 : 한국인터넷진흥원, 2007년 상반기 UCC 이용실태조사

이 점을 고려할 때 국내 인터넷 포털서비스 이용자시장에서 시장지배적 사업자인 NHN의 이 사건 동영상내 광고게재 금지행위는 동영상 콘텐츠 공급업체들의 주요 수입원을 포기하게 하는 행위로서 이들 사업자의 사업활동을 어렵게 하고 동영상 콘텐츠 제공 서비스 시장에서 동영상 콘텐츠 공급업체의 성장을 저해한 행위에 해당된다는 것이 공정위의 판단이었다.[19] 나아가 NHN의 행위는 동영상 콘텐츠를

18 UCC(User-created contents)는 "이용자 제작 콘텐츠"를 의미하고, 일반적으로는 동영상이라고도 한다.

19 NHN의 서비스최고책임자(CSO : Chief Service Officer) 이해진은 2007년 2월경 사내 인터뷰에서 광고 게재를 금지한 NHN의 행위에 대하여 문제가 있음을 인정한 바 있다.
"(판도라 전단광고 거절): 광고 싣지 말라는 계약서상으로는 잘못 없겠지만, 그것까지 하지 말라는 것은 너무 심하다. 판도라는 결국 들어올 수밖에 없고, 엄청 억울할 것. 계약 담당자가 역지사지 할 필요. 어디까지 씨피를 위해 열어주고 융통성을 두어야 하는가 생각했어야. 문제 동영상 나오면 판도라에 던질 것이면서. 이건 잘못한 것이다."

기반으로 광고서비스를 제공하고 있는 동영상 콘텐츠 공급업체들의 사업활동을 제약함으로써 온라인 광고시장에서 경쟁사업자의 경쟁여건을 약화시키고 NHN의 시장지배적 지위를 유지·강화하였다고 보았다.[20]

5) 공정거래위원회의 최종 판단

이상을 종합한 결과 공정거래위원회는 NHN의 시장지배적 지위가 인정되고 NHN의 동영상내 광고금지는 불이익제공을 통하여 동영상 콘텐츠 공급업체의 사업활동을 어렵게 한 행위에 해당되며, NHN의 행위는 시장지배적 지위를 남용하여 다른 사업자의 사업활동을 부당하게 방해하는 행위로서 법 제3조의2 제1항 제3호, 시행령 제5조 제3항 제4호 및 시장지배적지위 남용행위의 심사기준 Ⅳ. 3. 라. (3)에 해당된다고 판단하였다.

NHN은 공정거래위원회의 결정에 불복하고 공정거래위원회 처분의 취소를 청구하는 소송을 서울고등법원에 제기하였다.

4. 서울고등법원의 판단

1) 관련시장의 획정과 시장지배적 사업자인지 여부

서울고등법원은 먼저 현행 법령의 규정에 의하면, 시장지배적 사업자의 지위남용행위로서의 불이익 강제행위는 '시장지배적 사업자가 부당하게 거래상대방에게 불이익이 되는 거래 또는 행위를 강제함으로써 그 사업자의 사업활동을 어렵게 하는 행위'라는 점을 확인하는 한편, 특정 사업자가 시장지배적 지위에 있는지 여부를 판단하기 위해서는 우선 경쟁관계가 문제될 수 있는 일정한 거래 분야에 관하여 관련 상품시장과 관련 지역시장이 구체적으로 정하여져야 하고, 그 다음에 그 시장에서 지배가능성이 인정되어야 한다는 점을 지적하였다.

그러면서 공정거래위원회가 이 사건 관련상품시장을 1S-4C서비스를 제공하는

20 NHN이 검색을 통한 동영상 콘텐츠의 아웃링크 서비스와는 별도로 스스로 제작 또는 확보한 동영상을 공급(동영상 콘텐츠 공급업체)하고 있다는 점, 인터넷 포털사에게도 광고료가 주요수입원이 된다는 점을 감안할 때, 인터넷 포털사와 동영상 콘텐츠 제공업체는 UCC 동영상 제공 서비스 시장과 온라인 광고시장에서 경쟁관계에 있다고 볼 수 있다.

인터넷 포털서비스 이용자시장으로 본 것은 다음과 같은 이유로 부당하다고 보았다.

먼저 이 사건 광고제한행위는 CP의 동영상 콘텐츠에 대한 색인 데이터베이스 제공계약을 체결하면서 원고의 검색결과로 보이는 동영상 플레이어 내 동영상 시청에 방해가 되는 선광고(先廣告)만을 원고와 협의 없이 게재할 수 없도록 한 것이므로(다툼없는 사실), 원고의 검색서비스를 통하여 CP와 이용자를 연결해 주는 과정에서 이루어졌다.[21] 따라서 특별한 사정이 없는 한 원고가 관련상품시장에서 시장지배력을 가지고 이를 남용하는 행위를 하였는지 여부를 판단함에 있어서는 원고가 CP와 자신의 이용자들을 중개하는 시장(관련상품시장)에서 시장지배력을 가지는지 여부와 그 지위를 남용하는 행위를 하였는지 여부를 판단하여야 할 것이고, 이는 CP들이 이용자들을 자신의 사이트로 유인함에 있어 원고 등의 인터넷 포털사에게 얼마나 의존하고 있는지 여부(인터넷 포털을 통한 이용자 유입은 CP의 광고매출로 이어질 것인바, 그 매출비중이 크지 않다면 의존성도 적다 할 수 있어 관련상품시장에서의 시장지배력을 논할 실익 또한 적어질 것이다)와 직결되는 문제라고 보았다.

그러나 이 사건에 있어서 피고는 관련상품시장을 인터넷 포털서비스 이용자시장으로 획정하면서도 인터넷 서비스 사업자 중 1S-4C서비스 전부를 제공하는 사업자로 한정함으로써, 원고가 이 사건에서 CP에게 제공한 것과 동일한 인터넷 검색서비스를 제공하는 인터넷 사업자를 관련상품시장에서 처음부터 제외하여 시장획정의 일반원칙을 위반하였을 뿐만 아니라, 이는 피고의 위 심사기준 Ⅱ항이 정하는 일정한 거래분야의 판단 기준에도 반한다고 하였다. 즉, 인터넷 포털을 통한 동영상 콘텐츠의 유통을 인터넷 포털서비스 이용자 측면에서 파악하여 시장을 획정한다고 하더라도, 동영상 콘텐츠의 이용은 1S-4C서비스를 모두 제공하지 않는 인터넷 사업자의 인터넷 검색서비스를 통해서도 충분히 가능하고, 그 서비스의 효용이나 성능, 소요되는 비용은 1S-4C서비스를 제공하는 인터넷 포털사와 별다른 차이가 있을 수 없으며, 이용자들도 원고가 제공하는 서비스의 기회비용이나 불편이 가중된다면 별다른 비용이나 노력 없이 바로 다른 인터넷 포털사이트 등으로 이동하여 동일한 서비스를 이용할 수 있으므로(인터넷 포털서비스 시장에서의 멀티호밍으로 인한 현상이며, 이로

21 피고도 이 사건 광고제한행위를 고려한 관련상품시장의 획정은 CP가 직접 동영상 콘텐츠를 유통하는 시장이 아니라 인터넷 포털사가 그 이용자에게 동영상 콘텐츠 유통을 중개하는 시장으로 보아야 한다고 주장하였다(2009. 1. 2.자 답변서 3쪽).

인해 피고가 지적하는 것처럼 인터넷 포털사이트에서 제공되는 서비스의 유지에 상당한 비용이 소요됨에도 대부분 무상으로 제공되고 있다), 1S-4C서비스를 제공하지 않는 위와 같은 인터넷 사업자라면 원고와 경쟁관계에 있다 할 것이어서 이들 사업자를 모두 포함하여 관련상품시장을 획정하였어야 한다고 판시하였다.

또한 특정 사이트에서 다양한 서비스를 이용하려는 인터넷 포털서비스 이용자들의 이용형태나 양면시장적 특성을 고려하더라도 피고와 같이 관련상품시장을 획정하게 되면 어떤 서비스 분야에서는 열등한 시장지배력을 지녔거나 새로운 서비스를 시작하는 인터넷 포털사라 해도 다른 서비스 분야에서 시장지배력이 있다면 어느 경우든 시장지배력이 있는 사업자로 인정할 수밖에 없게 되어 수긍하기 어렵다고 보았다.

나아가 피고가 이 사건 관련상품시장에서의 시장지배력의 추정 기준을 인터넷 포털사의 전체매출액으로 삼은 것이나 시장진입 장벽의 존재에 관한 피고의 판단은 다음과 같은 이유로 부당하다고 보았다. 즉, 독점규제법 시행령 제4조 제2항에서 시장점유율을 산정함에 있어 공급하거나 구매한 상품 또는 용역의 금액을 기준으로 산정하기 어려운 경우에는 물량기준 또는 생산능력기준으로 이를 산정할 수 있다고 규정하고 있으나, 여기서 말하는 매출액이나 물량 또는 생산능력은 일정한 거래분야 즉 관련상품시장 및 관련지역시장에서 발생한 매출 등을 말하는 의미한다는 점은 앞서 본 규정체계 및 그 규정내용상 당연한 전제로 보아야 할 것인데, 피고는 인터넷 포털서비스 이용자시장에서 이를 산정하지 않고, 법령상의 근거 없이 인터넷 포털사의 인터넷 광고시장에서의 매출액을 포함한 전체매출액을 기준으로 산정하였다는 것이다.

인터넷 포털사가 대부분 무료로 서비스를 제공하여 다수의 이용자를 확보하고 이를 이용하여 광고매출을 올리는 특성이 있는 만큼 인터넷 광고시장에서 매출을 이용자시장에서의 지배력이 그대로 반영되어 나타난 결과로 보아 피고의 주장을 받아들인다 해도 인터넷 포털사의 전체매출액을 시장지배적 사업자를 추정하는 시장점유율과 같은 척도로 평가하기에는 관련상품시장과의 관련성이 희박해진다. 즉 위 매출액에는 피고가 주장하는 인터넷 광고시장에서의 매출과 관련이 없는 게임관련 매출, 전자상거래 매출이 포함되어 있고(원고의 경우 광고매출 비중은 2006년 말을 기준으로 68.6%이다), 2006년 말 기준으로 하여 주요 인터넷 포털사의 광고매출액 기준으로 한 서열은 원고-다음커뮤니케이션-야후코리아-에스케이커뮤니케이션즈-엠파스-KTH 순이지만, 전체매출액을 기준으로 하면 원고-다음커뮤니케이션-에스케이커뮤니케이션즈-야후코리아-엠파스-KTH 순이 되어 에스케이커뮤니케이션즈는 어떠한 기준으로 보느냐에 따라 그 지위의 인정 여부가 달라져 부당하다는 것이다.

더구나 원고는 이 사건 전까지는 CP들로부터 동영상 콘텐츠에 대한 색인 데이터베이스를 제공받아 검색서비스를 제공한 적이 없었고, 자신이 제공하는 동영상 콘텐츠에도 선광고를 게재하지 않았으며(다툼 없는 사실), 피고가 원고에 대하여는 온라인게임, 상거래 등 모든 서비스 분야를 합산하였으면서 일부 업체의 경우에는 일부 서비스의 매출액을 제외하였다고 주장하고 있음에도, 이에 대해 피고는 아무런 구체적인 언급이 없다는 점도 지적하였다.

또한 앞서 본 바와 같이 멀티호밍현상이 존재하는 인터넷 포털서비스 시장에서는 광고매출액을 기준으로 한 시장점유율이 높다고 하여도 시장지배력은 그보다 더 떨어질 수밖에 없을 것이고, 최근 신규사업자의 진입은 없었더라도 기존 사업자의 신규 서비스분야로의 진출과 서비스경쟁은 매우 치열한 양상으로 계속되어왔으며, 과거의 인터넷 포털사들의 성장과정을 보더라도 최근의 매출액만을 기준으로 인터넷 포털서비스 시장이 원고를 포함한 일부 사업자들의 과점시장으로 고착화되었다고 단정하기는 어렵다는 것이 서울고법의 판단이었다. 덧붙이자면 인터넷 광고시장에서의 매출만을 기준으로 시장점유율을 추정하는 것이 오히려 피고의 논리에 일관되고, 피고가 객관적인 기준으로 삼기에는 문제가 있다고 본 UV*ADT 집계방식도 공정성이나 객관성을 담보하기 위해 고려하는 것이 타당하다고 판시하였다.

2) 시장지배적지위의 남용 여부

서울고등법원은 설사 이 사건 관련시장에서 원고에게 시장지배적 사업자의 지위가 인정된다 하더라도 다음과 같은 이유에서 원고의 이 사건 광고제한행위가 시장지배적 지위남용행위로서 부당성을 갖는다고 보기 어렵다고 판단하였다.

독점규제법 제3조의2 제1항 제3호의 시장지배적 사업자의 지위남용행위로서 불이익 강제행위의 부당성은 '독과점 시장에서의 경쟁촉진'이라는 입법목적에 맞추어 해석하여야 할 것이므로, 시장지배적 사업자가 개별 거래의 상대방인 특정 사업자에 대한 부당한 의도나 목적을 가지고 불이익 강제행위를 한 모든 경우 또는 그 불이익 강제행위로 인하여 특정 사업자가 사업활동에 곤란을 겪게 되었다거나 곤란을 겪게 될 우려가 발생하였다는 것과 같이 특정 사업자가 불이익을 입게 되었다는 사정만으로는 그 부당성을 인정하기에 부족하고, 그중에서도 특히 시장에서의 독점을 유지·강화할 의도나 목적, 즉 시장에서의 자유로운 경쟁을 제한함으로써 인위적으로 시장질서에 영향을 가하려는 의도나 목적을 갖고, 객관적으로도 그러한 경쟁제한의 효과가 생길 만한 우려가 있는 행위로 평가될 수 있는 불이익 강제행위를 하였을 때에 그 부당성이 인정될 수 있다.[22]

그런데 우선 피고(공정거래위원회)는 원고(NHN)가 인터넷 포털서비스 이용자시장에서의 시장지배력을 남용하여 CP에게 부당한 불이익을 강제하였다는 것이고, 그와 같이 보는 이유는 인터넷 포털서비스 이용자시장에서의 시장지배력이 CP에 대한 측면에서의 시장으로 전이되었다는 것이나, 그와 같은 전이가 있었다고 볼 근거가 부족하다고 하였다. 또한 원고의 이 사건 광고제한행위로 인해 CP는 광고수익이 줄어들 가능성이 있기는 하나, 이러한 사정은 원고의 이 사건 광고제한행위로 인하여 CP가 입게 되는 구체적인 불이익에 불과한 것으로 현실적으로 경쟁제한의 결과가 나타났다고 인정할 만한 사정에 이르지 못하고, 피고가 지적하는 원고 임원의 발언만으로 경쟁제한의 의도나 목적이 있었던 것으로 보기도 어렵다고 보았다.

오히려 원고와 CP 사이의 색인데이터베이스 제공계약은 이 사건을 통해 처음 있게 된 것이고 상호간에 아무런 대가가 수수되지 아니하였던 점, 당시 원고가 자체 제공하던 동영상 콘텐츠에도 선광고는 게재하지 않아 CP를 특별히 차별한 것도 아니었던 점(다툼 없는 사실), 동영상 콘텐츠의 선광고를 무조건 금지한 것이 아니라 사전 협의하도록 약정하였던바, 원고의 검색서비스를 통해 동영상 콘텐츠가 이용자에게 제공되므로 원고로서도 이용자에게 불편을 초래할 정도의 광고는 어느 정도 제한할 합리적인 필요성이 있었다고 할 것인 점, CP로서도 동영상 콘텐츠의 선광고가 자신에게 불이익이 되는 것이라면 다른 인터넷 포털사를 통해 동영상 콘텐츠를 제공하는 방법을 선택할 수 있고, 선광고를 게재하지 않는 불이익을 감수하고라도

22 대법원 2007.11.2. 선고 2002두 8626 전원합의체 판결

이용자의 편익을 고려한 동영상 콘텐츠를 제공함으로써 이용자 유입을 늘려 광고수익을 증대시키는 방안도 선택 가능한 정책으로 보이는 점, 이 사건 광고제한행위에도 불구하고 CP로서 유력사업자인 판도라티비는 계약 후 얼마 지나지 않아 선광고를 게재하였으며 원고 역시 2007. 5. 이후부터 CP의 선광고를 허용한 점, 원고에 대한 CP의 경로의존성 내지 원고를 통한 유입비율의 정도가 불명확한 상태에서는 그 불이익의 규모도 가늠할 수 없는 점 등의 사정을 종합하여 보면, 원고가 시장에서의 독점을 유지·강화할 의도나 목적, 즉 시장에서의 자유로운 경쟁을 제한함으로써 인위적으로 시장질서에 영향을 가하려는 의도나 목적을 갖고, 객관적으로도 그러한 경쟁제한의 효과가 생길 만한 우려가 있는 행위로 평가될 수 있는 불이익 강제행위를 했다고 보기도 어렵고, 달리 이를 인정할 증거도 부족하다고 판시하였다.

3) 소결

따라서 이 사건 공정거래위원회의 처분은 위법하다는 것이 서울고등법원의 판단이었다.[23]

5. 대법원의 판단

대법원의 판결은 사건이 발생한지 8년이 지난 2014년 11월에 내려졌다. 이 판결에서 대법원은 특정 사업자가 시장지배적 지위에 있는지 여부를 판단하기 위한 전제 조건 및 관련시장 중 관련상품시장의 의미와 그 시장의 범위를 판단하는 방법, 그리고 시장지배적 사업자의 지위남용행위로서 불이익 강제행위의 부당성 여부의 판단 방법에 관하여 원심이 내린 판단은 정당하다고 보았으며, 관련상품시장의 획정 및 시장지배적 사업자의 인정 여부, 시장지배적 사업자의 불이익 강제행위의 부당성에 관한 법리오해의 위법이 없다고 판결하였다.[24]

23 서울고등법원 2009. 10. 8. 선고 2008누27102 판결

24 대법원 2014.11.13. 선고 2009두20366 선고 판결

Ⅲ. 쟁점과 토의주제

1. 논점과 쟁점

1. 인터넷 포털업체가 이메일이나 메신저 등 일반 소비자에게 제공하는 커뮤니케이션 서비스에 대해 요금을 부과하지 않는 이유는?

2. 인터넷 포털업체들이 상호간에 경쟁을 벌이고 있는 시장은?
   - 인터넷 포털 관련 상품시장 및 지리적 시장의 획정

3. 자신의 지위를 남용했던 사업자에 대해 현행법상 적용가능한 규정은 어떠한 것들이 있는가?
   - 독점규제법상 시장지배적 지위남용 금지(제3조의2)와 불공정거래행위 중 거래상 지위남용금지와의 비교

2. 토의주제

- 인터넷 포털시장의 관련시장의 획정에서 특히 주의해야 할 점은 무엇인가?
- 급변하는 지식산업 분야에서 시장을 선점한 사업자의 행위에 대한 부당성 판단은 신중해야 하는가, 아니면 적극적이어야 하는가?
- 위 사례에서 인터넷 포털사업자의 행위로 인해 경쟁이 제한되는 영역에 대하여 달리 볼 여지는 없는가?

제3장

방송시장의 구조와 행태

I. 다채널 유료방송시장의 구조와 실태

1. 국내 방송시장의 일반현황

1) 방송산업의 발전과정과 현황

방송산업은 IT산업 가운데에서도 기술발전에 따라 가장 급격한 변화를 거친 분야로 꼽을 수 있다. 전파를 이용하여 영상 정보를 TV 안테나를 통해 전달하는 소위 '공중파 방송시대'에서 출발했던 국내 방송산업은,[1] 각 지역별로 케이블 방송 사업자가 가입자를 유치하여 케이블을 가입자의 텔레비전에 연결하고 정보를 전달하는 방식의 '종합유선방송시대'를 거쳐, 현재는 위성을 이용하여 영상 정보를 전달하는 '위성방송'과 IPTV로 대표되는 '디지털방송', 일방적 수신이 아니라 송수신의 환경인 인터넷을 기반으로 하는 쌍방향 커뮤니케이션 수단으로서 '인터넷 방송'에 이르기 까지 다양한 매체가 혼재되어 있는 시대에 이르렀다.

공중파 시대에는 5~6개의 지상파 방송채널만으로 사실상 무료로 방송을 제공하는 것으로 시작되었으며, 이후 계열지상파와 지역민방 및 특수목적 방송 등 40여개의 방송사업자가 설립 및 운영되고 있다. 이후에 도래한 종합유선방송시대에는 20여개에서 수백 개에 이르는 다양한 채널을 통해 유료로 방송이 제공되는 근본적 변화가 이루어졌는데 이 점에서 종합유선방송의 전후를 방송산업의 시대적 구분에서 가장 중요한 분기점으로 꼽기도 한다.

종합유선방송이 계기가 되었던 국내 다채널 유료방송매체에는 위에서 언급한 바

1 방송법에서는, 정지 또는 이동하는 사물의 순간적 영상과 이에 따르는 음성·음향 등으로 이루어진 방송프로그램을 송신하는 방송(제2조 제1호 '가'목)으로 정의되어 있다.

와 같이 위성방송[2] 및 IPTV(Internet Protocol Television, 이하 'IPTV'라 한다)[3] 등 다양한 형태가 존재한다. 국내 다채널 유료방송시장에는 총 200개 안팎의 사업자가 참여하고 있다. 그동안은 종합유선방송사업자(System Operator, 이하 'SO'라 한다)가 구역별 방송허가구역에서 압도적 점유율을 유지한 채 독과점적 지위를 누려왔으나, 최근 들어서는 위성방송사업자인 한국디지털위성방송㈜ 및 IPTV사업자들의 가세로 다채널 유료방송에서의 경쟁도 한층 치열해진 상황이다. 특히 통신사업자들이 자사의 통신서비스와 IPTV서비스를 결합한 상품을 출시하면서부터 다채널 유료방송시장에서 종합유선방송사업자들이 차지하는 비중은 급속히 감소하고 그 시장을 IPTV가 대체하는 양상으로 시장이 재편되고 있다.

다채널 유료방송시장 현황 (단위 : 개, 억원)

구분	SO	위성방송	IPTV	합계
사업자 수	94	1	3	98
매출액[4]	31,591	5,513	8,429	45,533

[출처] 2012년 방송사업자 재산상황 공표집, 방송통신위원

다채널 유료방송의 가입자 수는 2012년 말에 2,500만 명을 돌파하였고, 이후로도 그 수가 지속적으로 증가하고 있다. 방송매체별로는 SO가 전체시장의 여전히 가장 많은 점유율을 보유하고 있으나 그 비중은 감소 추세로 돌아선 반면, 위성방송이나 IPTV의 경우에는 아직 낮은 점유율을 유지하고 있기는 하나 급속도로 증가하는 추세이다.

한편, 다채널유료방송의 가입비율은 전체 대상가구의 약 100%를 넘어선 것으로 추정되며, 사업자별로는 SO, IPTV, 위성방송 사업자, RO(Relay Operator, 중계유선방송사업자, 이하 'RO'라 한다) 등의 순으로 각각 시장을 점유하고 있다. 유료방송 가입

2 위성방송은 크게 일반 위성방송(Sky Life)과 위성 이동멀티미디어방송(위성 DMB : Digital Multimedia Broadcasting)으로 분류할 수 있으나, 위성 DMB는 종합유선방송 및 일반 위성방송과는 뚜렷이 구별되는 매체특성이 있어 상호 경쟁관계라고 보기는 어렵다. 이 의결서에서 위성방송은 '일반 위성방송'을 의미한다.

3 IPTV란 광대역통합정보통신망 등을 이용하여 인터넷 프로토콜방식으로 일정한 서비스 품질이 보장되는 가운데 텔레비전 수상기 등을 통하여 이용자에게 실시간 방송프로그램을 포함하여 데이터·영상·음성·음향 및 전자상거래 등의 콘텐츠를 복합적으로 제공하는 방송을 말한다(인터넷멀티미디어사업법 제2조 제1호). IPTV는 인터넷과 텔레비전의 융합이라는 점에서 디지털 컨버전스의 한 유형이라고 할 수 있다.

4 SO, 위성방송의 경우 전체 매출액을, IPTV의 경우 방송사업수익(실시간 IPTV가입자 요금수익, 부가서비스이용수익, 장치비수익, 기타 영업수익이 포함)을 말한다.

비율이 100%를 초과하면서 시장이 거의 포화상태에 이르러 성장이 정체됨에 따라 SO와 IPTV, 위성방송의 관계는 상호 보완적이기보다는 경쟁적인 관계로 변모하고 있다. 그 결과 다채널유료방송시장은 서로 상대 가입자를 확보하려는 경쟁이 치열하게 전개되고 있다.

RO는 SO 전환 등의 영향으로 1997년 7백만을 초과하던 가입자 수가 현재는 약 18만 가구에 불과한 수준이다. 게다가 대부분의 RO들은 인근지역 SO의 영상신호를 받아 지역가구에 재송출하는 역할을 수행하면서 SO의 소매업자로 전락한 실정이서서, 중계유선방송의 시장규모는 더 이상 다채널유료방송시장에서 큰 의미를 갖고 있다고 보기는 어려워졌다.

한편, 위성방송은 2002년부터 2005년까지 매년 약 50만 명 수준의 신장세를 유지하였으나, 2006년부터는 그 증가세가 둔화되어 2012년 말 기준 15.23% 수준을 유지하고 있으며, 2008. 4. 18. 인터넷멀티미디어방송사업법 시행으로 통신사업자가 IPTV를 제공할 수 있는 제도가 구비됨에 따라, 2008. 11월 이후부터 IPTV사업자들도 다채널 유료방송시장에 신규 진입하여 현재에 이르고 있다. 2014년 말 국내 IPTV 사업자는 3개가 존재하며, 2012년 말을 기준으로 25.2%의 점유율을 차지하고 있다.

2) 방송통신융합시장(인터넷 멀티미디어 방송 시장을 중심으로)

국내 방통통신융합시장은 아직은 형성단계에 있으나 조만간 급속한 성장을 이룰 것으로 전망되는 분야이다. IPTV서비스와 DMB(Digital Multimedia Broadcating)서비스가 대표적인 방송통신융합 서비스에 해당한다.

DMB서비스의 경우 현재 이용료가 무료라는 이점 등으로 지상파 DMB가입자가 위성DMB가입자보다 더 많으나, 향후 지상파 전송문제 해결, 다양한 콘텐츠 확보여부 등에 따라서는 위성DMB 가입자가 늘어날 것으로 전망된다.

IPTV서비스는 초고속 인터넷망을 이용하여 정보, 동영상, 방송 등을 텔레비전 수상기로 제공하는 서비스라는 점에서 일견 일반 케이블방송이나 위성방송과 유사한 성격을 갖지만, 양방향성이 있다는 점에서 다른 서비스들과 차별성을 갖고 있다. 즉, 소비자는 IPTV에서 구현되는 콘텐츠를 필요에 따라 변형 및 저장을 할 수 있으며, 원하는 프로그램을 원하는 시간에 자유로이 전송받아 볼 수도 있다. 그리고 동

서비스가 인터넷 등과 결합되는 경우 더욱 다양한 양방향 서비스 제공이 가능해지는데, 소비자가 스포츠 중계에서 자신의 취향에 맞는 TV 각도를 선택하거나 드라마의 결말을 선택할 수 있는 것이 그 예이다.

국내 IPTV시장은 2008년 '인터넷멀티미디어 방송사업법(일명 IPTV법)'이 제정된 이후에 케이티, 에스케이브로드밴드, 주식회사 엘지데이콤[5] 등 3사가 당시 방송통신위원회로부터 IPTV 서비스 제공사업자로 신규 허가를 받았으며, 케이티는 2008. 11. 17.부터, 에스케이브로드밴드와 엘지데이콤은 각각 2009. 1. 1.부터 상용서비스를 시작하였다.

3) 방송시장의 수익구조

다채널유료방송시장은 그동안 가입자 수의 증가에 따라 그 매출규모가 지속적으로 증가하는 추세에 있다. SO와 위성방송을 기준으로 매출액 구성을 살펴보면 수신료가 가장 높은 비중을 차지하고 있다. SO의 수신료는 1995.3월 케이블TV방송 개시와 함께 월 15,000원의 기본형 단일 상품으로 출발하여 1998년에는 SO의 가입자당 수신료 수입이 연 17만원까지 이르렀으나, 1999년부터는 급격히 감소하기 시작하여 2004년 이후부터는 연 6~7만원에 불과한 낮은 수준을 유지하고 있다.[6]

위성방송의 수신료는 출범당시 SO 상품대비 고가의 정액제 실시 및 조건부 상한제 실시 등의 영향으로 가입자당 수신료가 연 10만원 이상을 유지하고 있는데, SO가 제공하는 서비스와 대비하면 약 1.6배 높은 수준이다. 한편 IPTV는 통신결합상품과 연계되어 가격이 구성되나, 평균적으로 위성방송과 유사한 수준에서 가격이 형성되어 있는 것으로 평가되고 있다.

4) 종합유선방송시장의 구조 변화

국내 종합유선방송시장은 1999.1월 「종합유선방송법」의 개정을 계기로 소위

5 2010. 1. 1.자로 주식회사 엘지텔레콤이 주식회사 엘지데이콤과 주식회사 엘지파워콤을 흡수합병하여 주식회사 엘지유플러스로 사명을 변경하였다.

6 그 주된 이유는 첫째, 1999년 초부터 구 방송위원회가 기본형 상품 이외에 국민형, 보급형, 선택형 등 본격적인 티어링 제도를 도입하면서 아날로그 케이블TV의 이용요금을 5가지 묶음채널 상품 기준으로 승인하여 기본형보다 훨씬 저렴한 상품(월 4,000원/6,000원/8,000원/10,000원 이하)이 보급되었기 때문이다. 둘째, 동일한 방송구역에서 SO-RO, SO-SO간 가격경쟁이 이루어졌고, RO의 SO 전환과정에서 기존의 저가 RO 상품가입자들이 SO 가입자로 유입된데다 위성방송의 시장진입으로 가입자 이탈 방지 및 신규 가입자 유치를 위해 수신료 저가할인경쟁이 심화되었기 때문이다.

MSO(Multiple SO; 복합종합유선방송사업자)가 등장하기 시작했다. 이에 따라 방송구역 확대에 따른 매체력 강화 및 종합유선방송사업자, 위성방송사업자, IPTV사업자가 공급하는 채널을 이용하여 콘텐츠를 제공하는 방송채널사용사업자(PP: Program Provider, 이하 'PP'라 한다)와의 수직결합을 통해 방송시장에서의 시장지배력을 강화해 오고 있다. SO사업자 중 약 80% 안팎이 MSO이며, 이들 MSO는 종합유선방송 방송사업수익의 80% 이상을, 특히, 상위3사(티브로드, 씨제이, 씨앤앰)가 시장 수익의 60% 이상을 점하고 있다.

주요 MSO의 가입자 수/매출액 현황

(단위 : 개, 천명, 억원, %)

구분	SO 수(개)		방송사업수익(억 원)		방송사업수익 점유율(%)	
	2011년	2012년	2011년	2012년	2011년	2012년
MSO 규모	76	75	18,133	19,537	85.7	84.3
SO 전체	94	94	21,169	23,163	100	100

[출처] 2012년 방송산업 실태조사 보고서, 방송통신위원회; 2012년 방송사업자 재산상황공표집, 방송통신위원회

아울러, 1999년부터 MSO와 다불어 등장한 복수채널사용사업자(Multiple Program Provider : 이하 'MPP'라 한다)도 방송시장 재편에 원인을 제공하였다. 특히 씨제이 및 온미디어 계열의 MPP와 지상파 3사의 MPP 중심으로 PP시장구조가 빠르게 변화하고 있으며 방송채널사용사업 방송사업수익 기준 5대 MPP의 시장점유율은 60% 수준으로 쏠림현상도 목격되는 상황이다. 그 밖에 SO-SO, SO-PP간의 수평·수직결합도 활발하게 전개되면서 소위 MSP(MSO+MPP)가 전체 SO/PP 방송사업수익의 60% 안팎을 점유하고 있다.

주요 MSP의 현황과 시장점유율

구분	방송사업수익(억 원)		점유율(%)	
	2011년	2012년	2011년	2012년
주요 MPP 방송사업수익	13,179	14,239	61.5	56.5
PP 방송사업수익	21,428	25,194	100.0	100.0

[출처] 2012년 방송산업 실태조사 보고서, 방송통신위원회; 2012년 방송사업자 재산상황공표집, 방송통신위원회

주요 MSP의 매출비중 현황

구분	방송사업수익[7]		점유율	
	2011년	2012년	2011년	2012년
5대 MSP 합계	25,477	28,192	59.8	58.3
전체 SO, PP	43,597	48,357	100.0	100.0

[출처] 2012년 방송산업 실태조사 보고서, 방송통신위원회; 2012년 방송사업자 재산상황공표집, 방송통신위원회

2. 다채널 유료방송시장에 대한 규제

다채널 유료방송은 대표적 규제산업으로 진입·소유·영업활동에 있어 IT 산업 가운데는 가장 강력한 정부규제를 받아 온 분야이기도 하다. 다채널 유료방송시장에 대해서는 현재 다양한 법적·제도적인 진입장벽들이 작동하고 있다. 예를 들어 SO의 경우 주관부처(미래창조과학부)가 전국의 방송구역을 77개 지역으로 나누고, 구역별로 지역독점을 허용[8]하고 있는 점이 대표적이다. 위성방송의 경우도 크게 다르지 않아서, 위성방송사업자 1개사가 전국을 방송구역으로 독점 운영하도록 허용하고 있다. IPTV의 경우에도 인터넷멀티미디어사업법에 의거 규제당국(미래창조과학부)의 사전승인을 받아야 한다. 이러한 점을 감안하여 공정거래위원회는 다채널유료방송시장에서 이루어진 동일구역 내 SO간의 기업결합을 허용하는 대신 이용요금 인상제한, 채널 임의변경 또는 의무상품의 미판매 행위 금지 등의 행태적 시정조치를 부과하고 있다.

둘째, 다채널 유료방송은 방송의 일부이므로 공공적 특성을 보유하고 있다. 따라서 다채널 유료방송시장에서의 독과점적 지배를 방지하기 위하여 SO, 위성방송사업자 및 IPTV사업자가 일정범위를 초과하여 다른 방송사업을 상호겸영하거나 그 주식을 소유할 수 없도록 제한하고 있다.

셋째, 다채널 유료방송시장의 독과점허용에 따른 소비자 피해를 방지하기 위하

7 결합사업자의 SO 방송사업수익과 PP 방송사업수익을 포함하며, 홈쇼핑 PP의 방송사업수익은 제외하였다.

8 정부는 전국의 방송구역을 77개 지역으로 나누고, '1개 방송구역에 1개의 SO'로의 개편(즉, 지역독점)을 방송정책으로 채택하였다. 이러한 독점허용의 배경으로 동일지역에서 복수사업자가 경쟁할 경우 전송망의 중복투자 등 비효율성을 초래하며, 복수사업자간의 가격경쟁이 계속될 경우 SO와 PP의 수익구조가 악화되고 시장에서의 퇴출가능성도 증대된다고 보기 때문이다. 즉, "경쟁에 의한 수신료 인하 → PP에 대한 프로그램 사용료 감소(즉, PP수입 감소) → 프로그램제작비 투자 감소 → 프로그램의 질 저하 → 시청률 및 시청가구의 감소 → 추가적인 수신료 및 광고단가의 인하"와 같은 악순환이 반복될 수 있으며, 그 결과 SO나 PP의 도산이 초래될 수도 있다는 것이다.

여 채널편성이나 묶음상품별 이용요금 등에 대한 엄격한 규제가 이루어지고 있다. 즉, 다채널유료방송사업자는 방송법 또는 인터넷멀티미디어방송사업법[9]에 의거 제공하고자 하는 서비스에 관하여 요금 및 이용조건(이하 '이용약관'이라 한다)[10]을 정하여 방송통신위원회에 신고(변경신고를 포함)하여야 하며, 이용요금에 대하여는 승인(변경승인을 포함)을 받아야 한다. 이와 관련하여 방송통신위원회는 '종합유선방송 이용요금기준'을 마련하여 운영하고 있다.

이에 따라 SO와 위성방송사업자는 방송통신위원회로부터 승인받은 묶음상품별 이용요금의 범위(즉, 최고가격상한제) 내에서 자체할인율을 책정하여 판매[11]하고 있으며, IPTV사업자의 경우에는 모든 상품의 이용요금에 대해 방송통신위원회로부터 승인을 받아 판매하고 있다.

한편 정부는 디지털전환특별법(2008.3월 제정)[12] 및 '디지털 전환 활성화 기본계획에 의거, 2012. 12. 31.이후 디지털방송을 전체 지상파방송으로 확대하였다. 또한, 위성방송의 경우에는 2007년부터 플랫폼의 고화질(HD) 전환을 추진하여 2008년 4월 지상파 5개 채널을 포함한 7개 HD채널공급을 시작으로 현재 100여개의 HD채널을 전송하는 등 HDTV 보급률과 지상파의 편성비율을 지속적으로 확대하고 있다.

방송콘텐츠 분야에서도 주목할 만한 규제완화가 있었다. 「방송법」은 지난 2009년 법개정을 통해 일간신문이나 뉴스통신을 경영하는 법인(특수관계자 포함)의 SO 및 위성방송에 대한 지분소유제한 완화(33%→49%), 대기업의 위성방송에 대한 소유제한 폐지, 외국인의 위성방송에 대한 소유제한 완화(33%→49%) 등 다채널유료방송시장의 관련 규제를 대폭 완화하여 소위 종편시대를 열기도 했다.[13] 이에 따라 신문사, 통신사,

9 SO와 위성방송사업자는 방송법 제77조(유료방송의 약관 승인)에 의거, 인터넷멀티미디어방송제공사업자(즉, IPTV사업자)는 인터넷멀티미디어방송사업법 제15조(이용약관의 신고 등)에 의거 각각 이용요금에 대하여 승인을 받아야 하며, 요금산정의 근거자료(가입비, 기본료, 사용료, 부가서비스, 실비 등을 포함)를 함께 제출하여야 한다.

10 방송위원회는 1999년 초부터 본격적인 채널 티어링(tiering)제도(즉, 묶음상품) 도입에 따른 이용요금 왜곡 등의 혼란을 방지하는 차원에서 2001.9.10. '종합유선방송 이용약관'을 마련하여 모든 SO에 대해 2002.4.8.까지 동 약관을 신고하고, 이용요금에 대해 승인받도록 조치하였다. 당시 방송위원회는 '이용약관(요금)변경승인신청서 작성요령'을 통해 자체 원가분석을 기초로 작성한 묶음상품별 이용요금 및 세부 원가내역 산출자료 등을 신고 시에 함께 제출토록 하였다.

11 종전에는 최저판매가격에 대한 규제가 있었지만, '07. 7월부터 동 규제는 폐지되었다. 참고로 최저판매가격(즉, 조건부 상한제)이란 차 하위 묶음상품요금 이하로 할인하거나, 가장 저렴한 상품인 보급형 패키지 요금(승인가격 10,000원)을 5,000원 미만으로 할인하는 행위를 말한다.

12 「지상파 텔레비전방송의 디지털 전환과 디지털방송의 활성화에 관한 특별법」 제2조 제2항

13 방송법 제8조 제5항, 제14조 제3항

대기업, 외국인의 다채널유료방송시장의 진입이 확대되어 다채널유료방송시장의 콘텐츠 시장 역시 더욱 심화된 경쟁구도 속에 발전하게 될 것으로 전망되고 있다.

II. 사례 연구: 티브로드강서방송의 사업활동 방해 건

1. 사실관계

1) 강서구 방송권역의 유료방송시장 구조

주식회사 티브로드 강서방송(이하, '티브로드'라 약칭한다)은 서울특별시 강서구를 방송권역으로 하여 방송프로그램을 송출해 오던 종합유선방송사업자(System Operator, 이하 'SO')로서, 복수종합유선방송사업자(Multiple System Operator, 이하 MSO)인 모기업 '태광산업 티브로드'[14]의 계열사이다.

티브로드는 2006년 이전에는, 서울특별시 강서구 일대를 방송권역으로 하고 있었던 종합유선사업자(SO) '티브로드 지에스디'와 '티브로드 강서방송'로 나뉘어 있었으나, 2006년 2월부터 정부가 추진했던 이른바 해드앤드(Head-End)통합 시책[15]에 따라 합쳐지면서 단일SO로 재탄생하였다 .

모든 유료방송시장이 그러하듯 SO는 플랫폼사업자로서 방송채널사용사업자 혹은 방송프로그램공급자인 PP(Program Provider)로부터 프로그램을 제공받아서

14 태광산업 티브로드는 2005년 12월 말을 기준으로 MSO 가운데 점유율이 가장 높은 사업자였다. MSO들의 시장점유율은 아래 표와 같다.

주요 MSO 현황 및 시장점유율 (단위 : 백만원)

구분	SO 수		매출액		매출액 점유율(%)	
	2004	2005	2004	2005	2004	2005
태광산업	22	19	280,540	327,813	20.8	20.7
씨앤엠	17	16	234,232	289,377	17.4	18.3
씨제이	8	13	121,467	260,791	9.0	16.5
큐릭스	8	6	73,829	82,337	5.5	5.2
씨엠비	17	12	155,356	81,198	8.6	5.1
현대백화점	8	8	73,734	80,964	5.5	5.1
지에스홈쇼핑	2	2	31,051	65,775	2.3	4.2
온미디어	6	4	50,176	46,588	3.7	2.9
MSO 전체규모			980,389	1,234,843	72.8	78.1
종합유선방송산업 전체			1,347,948	1,581,807	100	100

15 종합유선방송 설비의 중복투자, 운영비용 및 인력의 효율적 운영을 위하여 인근 종합유선방송사업자와 방송시설과 그 부속된 토지, 건물 등을 공동사용토록 할 목적으로 추진했던 통합시책을 말한다.

이를 방송권역내 가구 및 가입자들에게 송출하는 역할을 담당하게 된다. 강서구 지역의 SO들 역시도 이러한 구조 속에 각종 연예, 오락, 뉴스, 생활정보 등 다양한 프로그램을 취급하는 PP들로부터 프로그램을 공급받아 채널을 편성한 후 이를 지역민들에게 방송해 주고 있었다. 그리고 SO들이 공급을 받던 프로그램에는 본건에서 문제가 된 홈쇼핑프로그램도 있었다.

이런 상황에서 2006년 초 양 SO가 통합하면서 두 가지의 중대한 변화가 생기게 되었다. 하나는 시장구조의 변화였다. 통합이전에 강서구 지역에서 방송프로그램을 송출하던 플랫폼사업자의 점유율[16]은 '티브로드 강서방송'이 19%, 티브로드 지에스디방송이 77.5%, 한국디지털위성방송(일명 '스카이라이프')이 3.58%로서 SO들의 점유율이 압도적이었던 상황이었는데, 양사가 통합되면서 이 지역의 집중도가 더욱 노골화되었다는 점이다. 다만 양사가 계열관계에 있었기 때문에 통합 후 집중도 제고로 인한 경쟁제한효과는 경쟁관계에 있던 사업자간의 경우와 동일하다고 볼 수는 없겠다.

한편 또 한가지 변화는 통합전에 양 SO들이 각자 고유의 채널을 편성하고 있던 상황에서, 통합으로 인하여 새로운 채널편성 및 조정이 뒤따르게 되었다는 점이다. 그 결과 PP들의 입장에서는 전과는 다른 채널을 편성받을 수도 있는 상황에 놓이게 되었다.

2) SO간 해드앤드 통합에 따른 방송채널의 변경조치와 PP의 반발

통합으로 인해 티브로드의 시장지위가 보다 확고해진 상황에서, 방송프로그램을 공급해야 하는 PP들의 채널이 일방적으로 변경될 수도 있게 됨에 따라 PP들간에 이해관계는 서로 엇갈리는 문제가 발생하였다. 이 문제는 특히 홈쇼핑사업자들[17]에게 매우 민감한 사안이었다. 어느 채널에 편성되는지가 매출액에 결정적인 영향을 미치

16 방송권역인 강서구 지역 내 가입가구수를 기준으로 산정한 것이다.

17 2005년말을 기준으로 5대 전문홈쇼핑사업자의 매출액기준 시장점유율은 아래 표와 같다.

[표] 5대 전문홈쇼핑사업자의 매출액 등 비교 (2005년말 기준)

구분	자본금	사업영역	매출액(상품수수료 기준)	비고
GS홈쇼핑	328억원	TV홈쇼핑, 인터넷 쇼핑 등	5,256억원	경남방송, 울산방송 보유
CJ홈쇼핑	440억원	TV홈쇼핑, 인터넷 쇼핑 등	4,516억원	CJ케이블넷 보유
현대홈쇼핑	450억원	TV홈쇼핑, 인터넷 쇼핑 등	2,855억원	HCN과 계열사
우리홈쇼핑	400억원	TV홈쇼핑, 인터넷 쇼핑 등	2,463억원	
농수산홈쇼핑	324억원	TV홈쇼핑, 인터넷 쇼핑 등	1,989억원	

게 되기 때문이었다.[18] 일반적으로 TV홈쇼핑 사업자는 전문홈쇼핑사업자와 인포머셜(Informacial) 사업자로 구분되는데, 인포머셜 사업자는 사전에 방송용 테이프를 광고심의자율기구에서 심의받은 후 케이블 TV 프로그램공급자 등에게 광고시간을 구매하여 영업하는 사업자로서 대부분 영세한 규모인데다, 본래 독자적인 채널을 확보하고 있지 못해서 채널배정에 대한 이해관계나 민감도가 약하다. 반면에 전문홈쇼핑사업자는 전국의 종합유선방송사업자의 시청가구에 모두 송출되고 있었고 종합유선방송사업자의 채널편성에 따라 매출액에 상당한 차이가 발생하는 입장에 처해 있었다. 종합유선방송 채널에서 가장 좋은 채널은 통상 지상파 사이의 채널로 S급 채널로 불렸고, 지상파 인접 채널인 A급 채널에 대해 그 다음의 선호도를 가지고 있었다.

홈쇼핑사업자들로서는 다른 PP들에 비해 사업의 규모가 큰데다 채널이 매출에 미치는 영향도 결정적이어서 가급적 유리한 채널확보에 나서게 되고, 그 결과 거의 모든 시장에서 S급이나 적어도 A급의 채널을 배정받아 방송을 내보내고 있었다. 당시 방송법에 따라 방송채널사용사업을 승인받은 사업자는 GS홈쇼핑, CJ홈쇼핑, 현대홈쇼핑, 우리홈쇼핑, 농수산홈쇼핑 등 5개사였다. 이 중 우리홈쇼핑을 제외하고는 통합이전과 이후에 있어서 전보다 불리해진 것이 없었던 데 반하여, 유독 우리홈쇼핑은 통합이전에 S 등급인 8번의 채널번호를 사용하다가 2006년 4월 7일부로 B 등급인 18번으로 대폭 강등된 채널번호를 배정받았다.

해드앤드 통합 이후 채널 변동내역

〈통합 전〉			〈통합 후〉
지에스디방송	강서방송	채널	지에스디방송/강서방송
SBS	SBS	5	SBS
CJ홈쇼핑	지역방송	6	CJ홈쇼핑
KBS2	KBS2	7	KBS2
우리홈쇼핑	현대홈쇼핑	8	현대홈쇼핑
KBS1	KBS1	9	KBS1
GS홈쇼핑	CJ홈쇼핑	10	GS홈쇼핑
MBC	MBC	11	MBC
농수산홈쇼핑	GS홈쇼핑	12	농수산홈쇼핑
EBS	EBS	13	EBS

»

18 특히, 홈쇼핑의 특성상 종합유선방송사업자의 송출기반이 없으면 홈쇼핑 매출이 발생하지 못하기 때문에 종합유선방송사업자와의 관계를 긴밀하게 유지하여야만 하는 거래상의 특성을 가진다.

〈통합 전〉 〈통합 후〉

지에스디방송	강서방송	채널	지에스디방송/강서방송
현대홈쇼핑	농수산홈쇼핑	14	FOX KOREA
지역방송	**우리홈쇼핑**	15	온스타일
CMC TV		16	
CNTV	CEM TV	17	DTN
DCS	중화TV	18	**우리홈쇼핑**

한편, PP들은 일반적으로 SO에게 프로그램 공급에 대한 대가로 일정한 사용료를 받는데 비하여, TV홈쇼핑사업자들은 단순히 프로그램을 공급하는 입장뿐만 아니라 SO를 통한 방송으로 인해 상품판매매출을 올리는 사업자이어서 SO가 제공하는 채널의 이용가치면에 있어서 다른 PP들과는 다른 입장에 서게 된다. 이 때문에 SO들은 여타 PP와는 달리 TV홈쇼핑사업자들은 오히려 SO에 대하여 송출수수료를 지급하며 프로그램을 공급하였다. 그런데 위와 같은 채널변경조치가 있기 이전에 티브로드는 2006년 3월 우리홈쇼핑과 채널 변경을 위한 협상을 전개하여 우리홈쇼핑에게 송출수수료 인상을 요구한 일이 있었고, 이 요구를 우리홈쇼핑이 받아들이지 않은 직후 채널을 강등하는 조치가 취해진 것이다.

티브로드의 이와 같은 조치에 따라 우리홈쇼핑은 매출감소라는 불이익을 당하게 되었고, 그 결과 공정거래위원회에 티브로드를 시장지배적 지위남용으로 고발하였다. 우리홈쇼핑의 주장은 티브로드가 다채널유료방송시장에서 시장지배적 지위를 보유하고 있으며, 그 지위를 남용하여 거래상대방에게 불이익을 제공하는 방식으로 사업활동을 방해했다는 것이었다. 이에 대하여 티브로드는 해드앤드 통합에 따라 채널변경은 불가피했을 뿐만 아니라, 채널은 유한자원으로서 모든 사업자를 만족시킬 수 없었으므로, 자사의 조치는 부당한 것이 아니라고 주장하였다. 아울러 자사가 방송시장의 지배적 지위를 점하고 있지 않다는 주장도 덧붙였다.

2. 공정거래위원회의 판단

공정거래위원회는 티브로드의 위와 같은 채널변경행위가 독점규제법에 위배되었는지를 심사하기 위해, 티브로드가 시장지배적 사업자인지 여부, 그리고 시장지배적 사업자라면 그 지위를 남용하였는지, 그 행위가 타사업자의 사업활동을 방해하는 결과를 야기했는지를 단계별로 검토하였다.

공정거래위원회는 먼저 관련시장을 획정하면서, 유료방송시장의 거래구조에 비추어 채널변경과 관련된 상품시장을 SO의 '프로그램 송출시장'으로 보는 한편,[19] 지리적 시장을 각 개별 SO의 방송구역 즉 강서구 지역으로 획정하였다. 이를 토대로 티브로드의 시장점유율이 독점규제법 제4조 소정의 시장지배적사업자 추정요건을 충족하므로 시장지배적 사업자에 해당한다고 판단한 다음, 티브로드의 위 채널변경 행위가 동법 제3조의2 제1항 제3호의 '시장지배적 사업자가 다른 사업자의 사업활동을 부당하게 방해하는 행위'에 해당한다고 보았다. 그 결과 공정거래위원회는 티브로드에 대하여 법 제5조의 규정을 적용하여 2007년 3월 28일 티브로드 측에 대하여 시정명령, 공표명령 및 과징금 처분을 부과하였다.

티브로드는 공정위의 심결에 불복하면서, 공정거래위원회의 관련시장획정에 오류가 있으므로 자신이 시장지배적 사업자에 해당하지 아니하며, 설령 지배적 지위가 있다고 하더라도 법 제3조의2 제1항 제3호의 소정의 시장지배적지위의 남용행위에 해당하지 아니하거나 법 제58조 소정의 법령에 따른 정당한 행위에 해당한다고 주장하였다. 이에 공정거래위원회 처분의 취소를 청구하는 행정소송을 서울고등법원에 제기하였다.

3. 원심(서울고등법원) 판결

서울고등법원은 관련시장의 획정부분에 있어서 공정거래위원회와 약간 다른 입장을 취하였다.[20] 먼저 본건의 상품시장(정확히는, 용역시장)에 대해서는 공정위의 판단과 마찬가지로 SO가 가입자에 대해 방송프로그램을 송출하는 단계인 프로그램송출시장으로 획정하는 한편, 지리적 시장 역시 종합유선방송업에 대해 방송법상 진

19 공정위는 티브로드 지에스디 사건(공정거래위원회 전원회의, 2007. 3. 28. 의결 제2007-152호(사건번호 2006서경2335))에 관한 심결문에서, "본건의 경우 유료방송시장의 거래구조는 TV 홈쇼핑 사업자 등 PP 사업자가 프로그램을 공급하는 단계와 종합유선방송사업자나 위성방송사업자가 공급받은 프로그램을 송출하는 단계로 구분될 수 있으며 프로그램 공급시장은 프로그램 제작 및 공급, 프로그램 사용료 수입 등이 주요 거래 내용인 반면, 프로그램 송출 시장은 채널편성 및 프로그램 송출, 프로그램 송출수수료 수입, 수신료 수입 등이 주요 거래 내용으로서 양자가 별도의 특성을 가지고 있다는 점을 고려할 때 본건 채널변경과 관련된 상품 시장은 프로그램 송출 시장으로 획정한다"고 하였다.

20 서울고등법원 2007. 11. 8. 선고 2007누10541 판결

입장벽이 존재하고 지역적 대체성이 없다는 점을 들어 강서구로 보았으며, 이 점에서는 공정위와 동일한 판단을 내렸다.[21]

반면에 PP가 SO에게 프로그램을 공급하는 단계인 '프로그램송출서비스시장'에 대해서는 후자의 시장에서의 지배적사업자가 곧바로 그 전단계의 시장에서도 지배적 사업자가 되는 것은 아니며 전국을 영업범위로 하는 TV홈쇼핑사업자들이 개별지역의 거래조건에 따라 다른 지역으로 방송프로그램제공을 전환할 수 있으므로 이 시장의 지리적범위는 전국에 이른다고 보았다.

그러면서도 시장지배적사업자는 자신이 지배하는 시장뿐만 아니라 그 이전 또는 다음 단계의 인접시장에서 자신의 지배력을 전이(轉移)하여 그 시장에서 다른 사업자의 활동을 부당하게 방해하게 되는데, 이런 경우도 시장지배적 지위의 남용에 해당된다는 것이 현행법의 태도인바, 본건 티브로드의 채널 변경행위는 독점규제법 제3조의2 제1항 제3호의 '시장지배적 사업자가 다른 사업자의 사업활동을 부당하게 방해하는 행위'에 해당한다고 보았다. 이밖에 법 제58조의 법령에 따른 정당한 행위라는 원고 티브로드의 주장은 받아들이지 않았다.

결과적으로 티브로드의 채널변경에 대한 위법성을 인정했다는 점에서는 공정거래위원회와 동일한 결론이었지만, 티브로드가 지배력을 보유한 시장에서 그렇지 않은 시장으로 시장지배력을 전이하는 방식으로 남용행위가 이루어졌다는 논리를 구성한 점이 공정위 심결과 근본적으로 다른 점이었다. 티브로드는 원심에 불복하고 다시 대법원에 상고하였다.

4. 대법원 판결

대법원은 본건 관련시장의 획정에 관해 언급하면서, 원심의 취지와 다소 차이가

21 서울고등법원은 "피고는 이 사건 관련시장으로서, ① 상품시장(정확하게는 용역시장)으로서의 프로그램 송출시장, ② 지리적 시장은 원고들이 독점적인 방송허가를 받은 서울 강서구 지역으로 획정하면서, 서울 강서구 지역 내 종합유선방송의 가입 가구수를 기준으로 할 경우 원고 지에스디 방송의 시장점유율이 77.5%, 원고 강서방송이 19%, 한국디지털위성방송이 3.58%로서 원고들의 시장점유율 합계가 법 제4조 소정의 기준을 초과하고, 이 시장에서 종합유선방송업을 영위하기 위하여는 방송법상 진입장벽이 있고 지역적 대체성이 없으므로, 원고들이 서울 강서구 지역에서 공급되는 종합유선방송의 독점적 공급자로서 그 송출서비스 시장에서 그 지역의 가입자들에 대하여 가격 등의 거래조건을 결정, 유지, 변경할 수 있는 지위에 있음을 전제로 하여 원고들을 법 제2조 제7호 소정의 시장지배적사업자에 해당한다고 보았는바, 이러한 관련시장의 획정 및 그 시장지배적사업자 지위의 인정은 일응 적법하다고 판단된다"고 판시하고 있다.

있어 보이는 시장을 전제로 위법성 요건에 대한 판단을 전개하고 있다.[22] 즉 대법원은 "이 사건 관련 상품시장 및 관련 지역시장에 관한 원심판결 이유를 위 법리 및 기록에 비추어 보면, 원심의 이유설시에 일부 모순되는 듯한 점은 있으나, 원심이 결론적으로 이 사건 관련 상품시장은 프로그램 송출시장과는 별개의 시장으로서 원고와 같은 플랫폼사업자가 TV홈쇼핑사업자 등으로부터 수수료를 지급받고 송출채널을 통해 프로그램의 송출서비스를 제공하는 '프로그램 송출서비스시장'이고, 이 사건 관련 지역시장의 범위를 전국이라고 본 것은 옳은 것으로 수긍할 수 있다"고 함으로써, 결론에 있어서 원심을 인용한 듯 보이지만, 실제로는 원심과 달리 관련상품시장을 프로그램송출서비스시장이라고 전제하고 있다.[23]

요컨대, 대법원은 본건 관련시장은 PP와 SO사이의 시장(프로그램 송출서비스시장)인데, 이 시장의 지리적 시장은 전국이므로, 이 시장에서 티브로드가 시장지배적 지위에 있지 않다고 보았고, 그렇다면 SO와 가입자 사이의 시장(프로그램송출시장)에서 티브로드에게 인정되는 시장지배력이 전자의 시장으로 전이되었는지를 판단하여야 하다고 보았다. 그 결과 대법원은 별개의 시장인 프로그램 송출시장에서의 시장지배적 사업자가 곧바로 프로그램 송출서비스시장에서도 시장지배적 사업자가 되는 것이 아니며, 또한 위 양 시장의 거래내용, 특성, 시장지배적 지위남용행위의 규제목적, 내용 및 범위 등을 비롯한 여러 사정을 종합적으로 고려하면, 프로그램 송출시장에서 시장지배적 사업자인 원고의 시장지배력이 프로그램 송출서비스시장으로 전이된다고 볼 만한 근거를 찾아 볼 수도 없다고 하였다.

아울러, 설령 이 사건 관련 시장에서 원고가 시장지배적 사업자의 지위에 있다고 하더라도, 이 사건 채널변경행위가 사업활동 방해행위로서 부당성을 갖추기 위해서는 시장에서의 독점을 유지·강화할 의도나 목적, 즉 시장에서의 자유로운 경쟁을 제한함으로써 인위적으로 시장질서에 영향을 가하려는 의도나 목적을 갖고, 객관적으로도 그러한 경쟁제한의 효과가 생길 만한 우려가 있는 행위로 평가될 수 있는 불이익 강제행위가 있어야 하는바, 이를 인정할 만한 사정에 이르지 못한다고 하였다.

결국 대법원은 원고의 주장을 받아들여 원심을 파기환송하였다.

22 대법원 2008. 12. 11. 선고 2007두25183 판결

23 대법원이 판시한 것처럼 원심의 이유설시에 모순이 있는 것이 아니라 오히려 대법원의 판시내용에 다소 모순점이 있어 보인다.

공정위, 서울고법, 대법원의 상품시장획정 및 시장지배력 판단 비교

구분	프로그램송출서비스시장 (PP→O)	전이 ←	프로그램송출시장 (SO→가입자)	위법성
공정거래위원회	티브로드의 시장지배력 인정(O)	거론 안 함	상품(용역)시장으로 봄. 티브로드의 시장지배력 인정(O)	인정함
서울고등법원	티브로드의 시장지배력 부정 (×)	인정함	상품(용역)시장으로 봄. 티브로드의 시장지배력 인정(O)	인정함
대법원	상품(용역)시장으로 봄. 티브로드의 시장지배력 부정(×)	인정 안 함	티브로드의 시장지배력 인정(O)	인정 안 함

III. 쟁점과 토의과제

1. 쟁점의 소재

사건개요를 소개하는 과정에서 부각되고 있는 바와 같이, 본건은 공정거래위원회와 서울고등법원 그리고 대법원을 거치는 과정에서 각각의 결론은 물론이고 적용법리 및 논리전개방식에 있어서 번복과 변화를 거듭하면서 진행되어 왔다. 이 같은 번복과 변화가 초래되었던 이유는, 경쟁당국과 법원간에 관련시장의 획정에서부터 시장지배력의 남용여부와 위법성 요건에 대한 판단에 관하여 서로 다른 시각을 견지하였기 때문이다.

우선, 유료방송서비스시장이 두 단계로 이루어져 있는 것이고 양 시장이 양면시장으로 연결되어 있지 않은 이상 각기 독립하여 존재하는 시장이라는 점에 대해서는 공정위로부터 대법원까지 별다른 의문을 제기하지 않았다. 하지만 상품시장을 프로그램송출서비스시장으로 볼 것인지, 프로그램송출시장으로 볼 것인지에 대해 공정위와 서울고법의 시각과 대법원의 시각이 갈리었다.

다음으로, PP로부터 SO로 프로그램이 공급되는 송출서비스시장의 지리적 범위에 대해 공정거래위원회가 강서구지역으로 본 반면, 법원은 전국시장으로 획정을 함으로써 위법성 판단이 달라지는 결과를 초래했다. 한편 이 사건이 법원에서 다루어지는 과정에서 공정위 심결에서 눈에 띄지 않았던 시장지배력의 전이론이 부각되었다. 이 이론이 본건에 적용될 수 있는지 그에 따라 결론이 달라질 수 있는 것인지도 논의의 여지가 있다. 아울러 홈쇼핑사업자라는 PP와 SO간에서 발생하는 지위의 남용문제에 대한 적용법조로서 제3조의2에 관해 재고해 볼 필요가 있다. 이하에서는 이와 같은 순서에 따라 쟁점별 분석을 시도해 보기로 한다.

2. 관련시장의 획정: 티브로드는 시장지배적 사업자인가?

1) 관련 상품(역무)시장에 관하여

대법원도 확인하고 있는 바와 같이, 관련 상품시장은 일반적으로 시장지배적 사업자가 시장지배력을 행사하는 것을 억제하여 줄 경쟁관계에 있는 상품들의 범위를 말하는 것으로서, 구체적으로는 거래되는 상품의 가격이 상당기간 어느 정도 의미 있는 수준으로 인상 또는 인하될 경우 그 상품의 대표적 구매자 또는 판매자가 이에 대응하여 구매 또는 판매를 전환할 수 있는 상품의 집합을 의미한다.[24] 이 시장의 범위는 거래에 관련된 상품의 가격, 기능 및 효용의 유사성, 구매자들의 대체가능성에 대한 인식 및 그와 관련한 구매행태는 물론 판매자들의 대체가능성에 대한 인식 및 그와 관련한 경영의사의 결정행태, 사회적·경제적으로 인정되는 업종의 동질성 및 유사성 등을 종합적으로 고려하여 판단될 것이며, 그 외에 기술발전의 속도, 그 상품의 생산을 위하여 필요한 다른 상품 및 그 상품을 기초로 생산되는 다른 상품에 관한 시장의 상황, 시간적·경제적·법적 측면에서의 대체의 용이성도 함께 고려된다.

본건에서 문제가 된 채널변경조치는 불이익강요로서 다루어졌지만, 그 이전에 송출수수료라는 가격의 인상조치가 있었으므로, 위의 판단기준을 적용할 만한 표지가 존재한다고 볼 수 있다. 즉 SO인 티브로드가 PP인 우리홈쇼핑에 대하여 인상한 송출수수료에 대응하여 구매선을 전환할 수 있는 플랫폼사업자의 집합이 본건의 상품(역무)시장의 범위가 될 것이다. 일응 티브로드 이외의 종합유선방송사업자(SO)나, 중계유선방송사업자(RO), 위성방송사업자, 위성이동멀티미디어방송사업자[25]가 PP들

24 이 점은 대법원 2007. 11. 22. 선고 2002두8626 전원합의체 판결에서 이미 판시되었다. 공정거래위원회의 「시장지배적지위남용행위심사기준」 역시 일정한 거래분야에 대하여 동일한 기준을 제시하고 있다.

25 SO는 2005년 12월 당시 전국 77개 방송구역(57개 구역은 독점, 20개 구역은 복점)에서 119개 사업자가 영업 중이었으며 각 방송구역 별로 독과점적 지위를 행사하고 있었다. 그 외 방송사업자로서는 RO 160개, 위성방송사업자 1개(방송구역

이 선택할 수 있는 거래선이라 할 수 있다. 또한 방송법상 플렛폼을 제공할 수 있는 사업유형과 사업자의 진입이 통제되므로 이들을 둘러싼 법적 진입방벽도 견고하다.

그럼에도 공정거래위원회와 서울고등법원은 상품시장으로서 채널변경조치와 무관한 프로그램송출단계에만 주목하여 상품시장을 획정하고 있는데, 공정위의 경우는 그 근거를 송출시장의 특성에 비추어 볼 때 채널변경은 송출시장의 거래내용에 해당한다는 점에 두고 있다. 공정위에 따르면 프로그램 공급 시장은 프로그램 제작 및 공급, 프로그램 사용료 수입 등이 주요 거래 내용인 반면, 프로그램 송출 시장은 채널편성 및 프로그램 송출, 프로그램 송출수수료 수입, 수신료 수입 등이 주요 거래 내용으로서 양자가 별도의 특성을 가지고 있다는 점을 고려할 때 본건 채널변경과 관련된 상품 시장은 프로그램 송출 시장으로 획정한다는 것이다. 만일 이것이 기준이라면 공정위가 양 시장에서 이루어지는 거래내용의 구분기준은 적절치 않은 측면이 있다. 오히려 채널편성과 프로그램송출수수료 수입은 프로그램공급시장 즉 송출서비스시장에서 이루어지는 거래로 보아야 하며, 송출시장에서는 프로그램송출과 수신료수입이 거래내용으로 생각할 여지가 있다.

이 점에서 본건에서 지위남용여부가 문제된 채널변경행위의 관련상품시장은 홈쇼핑사업자가 공급자이고 SO를 포함한 플렛폼사업자들을 수요자로 하는 프로그램 송출서비스 내지 공급시장으로 보아야 하며, 이에 관한 대법원은 판단은 타당하다고 볼 수 있다. 특히 이 사건이 법원에서 다투어지면서 시장지배력의 전이가 쟁점으로 부각되는 한편, 종국적으로 공정거래위원회의 패소로 결론이 내려지게 된 주된 원인은, 곧 관련상품시장을 송출시장으로 획정한데서 비롯된 것이라 할 수 있다.

2) 지리적 시장의 획정에 관하여

한편 송출시장의 지리적 범위에 대하여 서울고법과 대법원은 상품시장의 여하와는 관계없이 전국을 시장으로 획정하였다. 대법원은 그 이유를 다음과 같이 설명한다. 대법원 2007. 11. 22. 선고 2002두8626 전원합의체 판결에서 제시된 바와 같이, "관련 지역시장은 일반적으로 서로 경쟁관계에 있는 사업자들이 위치한 지리적 범

에 제한 없이 방송하는 사업자로서, 한국디지털위성방송 주식회사의 일명 '스카이라이프'), 위성DMB사업자 1개(위성DMB 사업자인 'TU미디어')가 있었다.

위를 말하는 것으로서, 구체적으로는 다른 모든 지역에서의 가격은 일정하나 특정 지역에서만 상당기간 어느 정도 의미 있는 가격인상 또는 가격인하가 이루어질 경우 당해 지역의 대표적 구매자 또는 판매자가 이에 대응하여 구매 또는 판매를 전환할 수 있는 지역 전체를 의미"한다는 것이다. 설령 SO로서 티브로드가 송출수수료를 인상하더라도 전국을 영업범위로 하고 있으며 모든 지역 종합유선방송시장에 진출해 있는 우리홈쇼핑으로서는 거래선을 얼마든지 타지역의 플랫폼사업자 특히 SO로 전환할 수 있기 때문이라는 것이다.

그런데 이 부분에서 대법원은 판매자가 이에 대응하여 구매 또는 판매를 전환할 수 있는 지역전체에만 주목하면 그 전제로서, 비록 전환을 하지만 기존의 역무를 제공할 수 있는 상태에서 옮겨가야 한다는 점을 고려하지 않고 있다. 물론 전국을 영업범위로 하는 우리홈쇼핑의 경우 티브로드 말고도 홈쇼핑프로그램을 판매할 수 있는 지역이 전국임에는 분명하지만 티브로드의 불이익강제에 대응하여 거래선을 다른 사업자로 전환할 경우에는 적어도 강서구지역의 티브로드 가입자에 대해서는 방송을 하지 못하게 되므로 인터넷이나 위성방송사업 등 극히 일부 수단을 제외하고는 사실상 매출을 올리기가 곤란하다.

대법원의 이 같은 논리구성은 미국 연방대법원의 1953년 Times-Picayune 사건[26]에서 광고주와 신문사의 관계에서 고려되었던 지리적 시장획정방식과 유사한 측면이 있으며, 대법원도 본건의 지리적 시장판단과정에서 이 판결을 감안했던 것으로 알려진다. 이 사건에서는 비록 New Orleans 지역에서 조간지와 석간지를 모두 발행하는 유일한 신문사는 Times-Picayune사였지만, 광고주들은 광고게재료가 인상될 경우에는 굳이 이 지역에 대한 광고를 하지 않고 다른 지역으로 광고를 이전할 수도 있으므로 신문광고시장의 지리적 범위는 New Orleans 지역으로 국한되지 않는다는 견해가 제시된 바 있다. 하지만 광고주가 광고를 하는 단계에서 고려하는 거

26 Times-Picayune Publishing. Co. v. United States, 345 U.S. 594 (1953). 이 사건은 New Orleans 지역에서 발행되던 4대 일간지(아이템사의 조간지 Morning Tribune 및 석간지 Item, 조간지 Times-Picayune, 석간지 States)에 관한 것이었는데, 1950년 당시 Morning Tribune은 발행정지 상태였고, Times-Picayune이 발행부수 약 18만 8000, Item지가 약 11만 5000, States지가 약 10만 5000의 발행부수를 각각 기록하고 있었다. 이 가운데 Times-Picayune사는 조간신문과 석간신문 모두 발행하는 신문사였고, 경쟁자는 조간신문에는 존재하지 않았으며 석간의 Item과 States지 뿐이었다. 그러던 중 Times-Picayune은 광고주가 조간지와 석간지 모두에 같은 광고를 하면 게재료를 인하키로 하는 일종의 패키지 전략(unit plan)을 수립했다. 이러한 관행은 당시 널리 이루어지고 있었다. 이에 대해 연방 법무부(DOJ)는 이 행위가 셔먼법 제1조에 위배되는 부당한 거래제한이면서 동법 제2조에 위배되는 독점화 기도행위라고 보고 Times-Picayune를 상대로 루이지애나 연방지방법원 동부지원에 약식판결을 청구하는 반트러스트 소송을 제기했다.

래선 전환가능성과 홈쇼핑사업자가 고려해 볼 수 있는 해당지역의 포기 및 타지역 SO로의 거래선 전환가능성은 영업적 의미 면에서 근본적인 차이가 있다. 광고주의 입장에서는 광고가 비록 매출에 영향을미치기는 하지만 신문광고를 포기한다고 해서 판매자체가 근절되는 것은 아니며, 신문광고 이외에 다른 광고수단을 모색할 수도 있기 때문에 가격인상에 대한 대응수단으로 타 지역 신문으로의 전환 모색이 가능하다. 하지만 홈쇼핑의 경우는 방송이 소비자에 접근할 수 있는 유일한 수단이며, 가격인상을 이유로 당해 지역의 독점적 SO와의 거래를 포기한다는 것은 결국 당해 지역의 판매를 포기한다는 의미이므로 쉽게 선택할 수 있는 대안이 되지 못한다. 요컨대 방송프로그램을 제공하지 않는 방식의 대응으로써 거래선을 전환할 수 있는 가능성은 지리적 시장의 고려대상이 아니라고 볼 수도 있다.

본건에서 대법원도 확인하고 있는 바와 같이, 지리적 시장의 범위는 거래에 관련된 상품의 가격과 특성 및 판매자의 생산량, 사업능력, 운송비용, 구매자의 구매지역 전환가능성에 대한 인식 및 그와 관련한 구매자들의 구매지역 전환행태, 판매자의 구매지역 전환가능성에 대한 인식 및 그와 관련한 경영의사의 결정행태, 시간적·경제적·법적 측면에서의 구매지역 전환의 용이성 등을 종합적으로 고려하여 판단하여야 하는바, 현행법상 종합유선방송사업자의 시장진입이 제한되는 상황에서 지리적 시장을 전국으로 획정한 것은 타당한지에 대해 재고의 여지가 있다.

만일 타당하지 않다면 본건에서 문제가 된 시장지배력의 남용은 강서구를 범위로 하여 방송프로그램을 공급하는 소위 송출서비스시장으로 국한된다고 할 것이며, 따라서 이 시장에서 티브로드의 시장지배적 지위는 인정되어야 한다는 결론이 도출될 수도 있다.

3. 시장지배력 남용의 근거: 티브로드의 시장지배력은 전이되었는가?

1) 문제의 소재

공정위 심결에서는 시장지배적 지위의 남용으로서 타사업자의 사업활동방해행위를 인정한 반면, 원심인 서울고법은 프로그램 송출시장에서의 지배력이 프로그램 송출서비스시장으로 전이되었다고 보고 있다. 대법원도 지배력 전이를 쟁점의 하나로 거론하되, 지배력 전이가 발생하지 않았으므로 위법하지 않다는 결론을 내렸다. 원심과 대법원이 티브로드가 자신의 프로그램 송출시장에서의 시장지배적 지위를 프로그램 공급시장으로 전이되었는지를 가지고 위법성을 판단하고 있다는 점은 본건에서 가장 주목되는 부분이다. 만일 본건에서 쟁점이 되고 있는 시장지배력의 전이가 경쟁법에서 얘기되어 왔던 독점력의 전이를 의미한다면 본건은 시장지배력의 전이가 제3조의2의 적용대상이 될 수 있음을 확인한 최초의 대법원 판례로서 적지 않은 의미를 갖게 될 것이다. 하지만, 판결문에서 언급하고 있는 시장지배력의 전이가 무슨 의미인지에는 의문이 있다. 시장지배력의 행사라는 용어를 대체해서 시장지배력의 전이라는 표현이 사용된 것인지, 아니면 경쟁법에서 통상 얘기되어 온 시장지배력의 전이에 대한 논의를 본건에 적용한 것인지가 분명치 않으나, 일견 후자를 염두에 둔 것으로 보인다.

판결문에서도 언급하고 있는 바와 같이 SO인 티브로드가 방송프로그램 송출자이자 시청자에 대한 독점적 공급자로서 프로그램송출시장에서 보유하고 있는 시장지배력을 인접시장인 프로그램공급시장으로 전이했다는 의미로 이해할 수 있다. 국어적으로는 가능한 논리구성이다. 그런데 이 국어적 논리는 시장지배력은 공급자에 의해 행사된다는 전제위에 설정된 것으로 보인다. 만일 한 시장에서 공급자로서 가지는 지배력을 수요자로서 참여하고 있는 시장에서 행사한다면 이는 시장지배력 자체의 행사가 아닌 전이의 문제로 본다는 것이다. 하지만 익히 알려져 있는 바와 같이 경쟁법에서 얘기되는 시장지배력 내지 독점력의 전이(leverage)는 이와는 다소 다른 차원의 논의라 할 수 있다.

2) 시장지배력(독점력) 전이(monopoly leverage)의 본질

시장지배력 내지 독점력의 전이는 통상 서로 다른 시장에 모두 참가하고 있는 사업자가 어느 한 시장에서 보유한 시장지배적 지위를 인접시장(adjacent market)으로 확장하여 그 시장에서의 지배력 부재에도 불구하고 상당한 지배력을 행사하는 경우에 사용되는 것으로 알려져 왔다.[27] 대개의 경우 한 시장에서 공급자로서 지배적 지위를 가지고 다른 시장에서 자신의 판매나 공급에 영향을 미치고 있거나 미칠

27 Louis Kaplow, Extension of monopoly power through leverage, 85 *Columbia Law Review*, April, 1985. p.516.

수 있는 경우에 이 논리가 적용되며, 주로 끼워팔기나 결합판매,[28] 혹은 수직적 협정(수직결합이나 배타조건부거래)[29] 이 시장지배력을 전이시키는 수단으로 사용된다. 아울러 끼워팔기 등의 우려를 발생시키는 기업결합도 시장지배력의 전이를 차단하기 위한 목적에서 제재될 수 있다.[30] 우리 공정거래위원회도 그와 같은 상황에서 시장지배력의 전이를 거론하고 있다.[31] 이를테면 MS 사건에서 공정위는 MS사가 운영체제 시장의 독점적 지배력을 지렛대로 활용하여 응용프로그램 시장에서의 경쟁상 우위를 획득하고자 하는 의도 즉, 운영체제시장에서의 독점력 전이수단으로 이용하려는 의도를 실현하려 했다는 점을 지적한 것이 그러하다.[32]

시장지배력의 전이를 이유로 경쟁법 위반을 도출해보려던 시도는 20세기초 미국의 판례에서 제기되었던 것이고,[33] 이후 1960-70년대 미국의 경쟁당국에 의해 실무에서 활발히 채용되었었다. 하지만 이후 시장지배력의 전이논거에 대한 회의가 시카고학파를 중심으로 제기되면서[34] 현재는 경쟁법 규제의 논거로서 입지가 좁아진 상태이다.[35]

그 반론의 논거는 두 가지이다. 하나는 시장지배력의 전이가 실제로 발생할 가능성이 크지 않다는 주장이다. 설령 어느 한 시장에서 지배력을 가지고 있는 사업자라도 다른 시장에서 그 지배력을 전이할 만한 유인이 언제나 존재한다고 볼 수는 없다

28 미국의 경우 Fortner Enterprises, Inc. v. United States Steel Corp., 394 U.S. 495, 509 (1969); Times-Picayune Publishing Co. v. United States, 345 U.S. 594, 611 (1953); Carbice Corp. of Am. v. American Patents Dev. Corp., 283 U.S. 27, 32 (1931); United Shoe Mach. Corp. v. United States, 258 U.S. 451, 457-58 (1922) 등의 사례를 예로 들 수 있다.

29 미국의 경우 Fortner Enterprises, Inc. v. United States Steel Corp., 394 U.S. 495, 509 (1969); Times-Picayune Publishing Co. v. United States, 345 U.S. 594, 611 (1953); Carbice Corp. of Am. v. American Patents Dev. Corp., 283 U.S. 27, 32 (1931); United Shoe Mach. Corp. v. United States, 258 U.S. 451, 457-58 (1922) 등의 사례를 예로 들 수 있다.

30 하지만 실제로는 결합판매나 끼워팔기를 초래할 수 있다는 이유로 기업결합을 사전규제하기는 쉽지 않을 것이며, 경쟁당국은 대체로 사후적 규제에 맡기려는 성향을 보이게 된다. Tetra Laval/Sidel: The limits of leverage in EC mergers, CRA International, Competition Memo, 2002.11.

31 기존의 시장간 만이 아니라 신생시장과 관련해서도 이 문제가 정책가들의 관심이 되기도 하였다. 최근의 논의를 예로 들자면, 기간통신사업자로서 시장지배적 지위에 있는 통신사업자가 IPTV 시장에 참가할 경우 기간통신시장에서의 지배력을 IPTV 시장으로 전이시키지 않을지에 대한 우려 그에 대한 방지책이 제기되고 있는 상황이 그러하다.

32 공정거래위원회 2006. 6. 16. 사건번호 2006심이1163.

33 시장지배력의 전이론과 유사한 주장은 이미 1912년 Henry v. A.B.Dick Co. 224 U.S. 1, 53 (1912) 판결에서 C.J. White 대법관의 소수의견에서 제시되었다. 특허권의 남용에 관한 이 사건에서 White 대법관은 끼워팔기가 특허권자로 하여금 독점력의 증식을 가능케 한다는 견해를 피력하였다. 이후 Motion Picture Patents Co. v. Universal Film Co., 243 U.S. 502, 518 (1917) 판결에서 연방대법원은 이 주장을 다수견해로 채택하였다.

34 Posner, The Chicago School of Antitrust Analysis, 127 *The University of Pennsylvania Law Review*, p.925 (1979); Scherer, Book Review, The Posnerian Harvest: Separating Wheat from Chaff, 86 *Yale Law Journal*, p.974 (1977)

35 비교적 최근의 사례

는 것이다. 지배력을 갖지 않은 시장에서 지배력을 행사하게 되면 그 시장에서 매출액이 증가하거나 경쟁자를 배제하는 효과를 누릴 수 있지만 그만큼 지배력을 가진 시장에서 고객을 잃는 손실 역시 감수해야 하기 때문이다.[36] 또한 지배력의 전이가 그리 나쁜 것만은 아니며 사업자의 입장에서는 주어진 시장조건에서 이윤을 극대화할 수 있는 합리적 수단이라는 주장도 제기된다.[37]

하지만 중요한 것은 시장지배력 전이론에 대한 평가를 어떻게 하든, 이것이 시장지배력 내지 독점력의 고유행사의 경우에 비해 훨씬 엄격한 요건이 적용되어야 하는 사안임에는 의문의 여지가 없다. 당해 사업자가 시장지배적 지위를 가지지 않는 시장임에도 그 사업자가 일정한 지배력을 보유하고 있으며 실제 그 지배력이 행사되고 있다는 점이 입증되는 경우에 비로소 규제가 가능한 것이라는 점에서 그렇다.

3) 위법성 판단의 근거로서 시장지배력 전이의 요건

그렇다면 시장지배력의 전이론을 적용할 수 있는 요건은 무엇일까? 이 의문에 적확한 답을 제시하고 있는 선행연구를 아직 발견하지는 못했지만, 몇 가지 점들을 종합해 보면, 다음과 같이 정리해 볼 수는 있을 듯하다.

이를테면 시장지배력의 전이문제는 시장지배력이 존재하지 않는 상황에서 지배력이 남용되거나 그럴 우려가 존재하는 상황에서 제기되는 것이므로 i) 먼저 한 사업자가 둘 이상의 시장에 진입해 있고 그 가운데 어느 하나에 시장지배력을 가지고 있을 것이 요구된다고 본다. 이때 당해 사업자가 진출해 있는 양 시장은 인접여부와 관계없이 적어도 간격을 두고 분리되어 있는 경우가 대부분일 것이다.

다음으로 ii) 당해 시장에서 특정 사업자가 보유한 지배력이 다른 시장으로 전이되었어야 한다. 시장지배력이 전이되었다는 것은 시장지배력을 보유하지 않은 사업자가 다른 시장에서 보유한 시장지배력을 수단으로 하여 거래상대방에게 자신에게 유리한 조건이나 시장행태(가격인상이나 산출량감소 등)를 관철시킴으로써 경쟁자에 대

36 Herbert Hovenkamp, *Federal Antitrust Policy-The Law of Competition and Its Practice*-(2nd ed.), West Group, 2004, p.319.

37 이에 관한 상세한 설명은 Louis Kaplow, op. cit, p.516 이하 참조.

해서 뿐만 아니라 경쟁 자체에 피해를 발생시키는 상황을 의미한다고 볼 수 있다.[38]

iii) 한편 전이된 시장지배력이 실효성을 가지기 위해서는 시장지배력이 존재하는 시장과 그렇지 않은 시장에서 지배력을 행사당하는 객체가 동일집단이어야 할 것이 요구된다. 두 시장의 거래상대방 군이 동일하지 않다면 시장지배적 지위에 있는 시장에서의 지배력을 타 시장으로 전이하는 것이 처음부터 가능하지 않기 때문이다. 단 그 역할은 다를 수 있다. 즉 지배적 지위에 있는 시장에서는 공급자이면서 지배적 지위에 있지 않은 시장에서 수요자인 상황에서도 지배력의 전이는 가능하다.

4) 본건의 경우

본건과 같이 서로 연속적인 거래단계에 있는 경우, 특히 시장지배력을 가지고 있는 자가 양 시장의 접점에서 통제자(gatekeeper)의 지위에 처한 경우에 어느 한 쪽에서 지배력을 점한 상태에서 다른 시장에 이를 행사하는 경우를 시장지배력이 전이되는 경우에 포함시킬 수 있을지가 문제된다.

일응 시장지배력의 전이에 대해 위의 요건을 설정한다면 본건의 채널변경행위는 그 요건을 대체로 충족하지 못하고 있다. 먼저 앞의 관련시장획정에서 지적한 논리대로라면 티브로드는 프로그램송출서비스시장과 프로그램송출시장에서 모두 시장지배력을 가지고 있는 것으로 볼 수 있으므로 전이를 논할 필요가 없게 된다. 특히 본건과 같이 서로 격리된 시장이 아니라 방송서비스의 수직적 제공단계에서 전후로 연계된 관계에서는 양 시장의 접점에 위치한 사업자가 각기 공급자이자 수요자의 지위에 서게 된다. 즉 후방시장에서 공급자로서 시장지배적 지위는 대개의 경우 곧바로 전방시장에서 수요자로서 시장지배적 지위를 부여하는 경우가 일반적이다. 그 결과 시장은 구분되어 있지만 접점의 사업자는 동일한 원인에서 발생하는 지배력을 자신의 전후방시장에 대해 행사하는 것이 가능해 진다. 따라서 만일 티브로드가 PP들에게 시장지배력을 행사할 수 있다면 이는 송출시장에서 일반시청자들에게 행사할 수 있는 지배력을 전이해서가 아니라 PP들에 대해 전이되지 않은 고유의 지배력이 있기 때문으로 보아야 한다. 이때의 지배력은 홈쇼핑을 포함하여 PP들이 제작한

38 Julian O. von Kalinowski etc., *Antitrust Laws and Trade Regulation: Desk Edition*(2nd ed.), Vol, 1, LexisNexis, 2005, at 3-99.

방송프로그램을 구매하는 독점적 수요자로서 가지는 지배력이라 하겠다.

또 하나, 시장지배력의 전이는 거래당사자의 조합이 동일한 상황에서 거래의 객체가 다른 경우에 발생하게 되는데, 본건에서 양 시장의 거래당사자는 PP와 SO, 그리고 SO와 가입자로 구성된다. 즉 티브로드에게 있어서 첫 번째 프로그램송출서비스시장의 거래상대방은 PP인 반면, 두 번째 프로그램송출시장의 거래상대방은 가입자로서 일반시청자들이므로 서로다른 대상에게 시장지배력을 전이하는 상황은 발생되기 어렵다. 법원의 인식대로 이 문제를 굳이 시장지배력의 전이로 풀어나가려고 한다면 시장지배력이 전이되었는지에 대한 면밀한 분석과 요건의 제시가 있어야 하는데 법원은 이에 대해 그다지 별다른 언급없이, 단순히 지배력이 전이되었는지 여부에 대한 결론만 제시한 채, '그러하기 때문에 위법 내지 위법이 아니다'라는 방식의 논리를 전개하고 있다.

요컨대 이 사건이 법원에서 다투어지면서 방송서비스 공급시장에서 티브로드가 가진 수요자로서의 시장지배력의 행사문제가 방송서비스 송출시장에서 티브로드가 가진 공급자로서의 시장지배력 전이 문제로 전도된 측면이 있으며, 이 점에서 본건 위법성 판단을 위해 적용된 법리의 타당성에 의문이 있다. 시장지배력의 전이를 근거로 한 규제론에 대하여 법경제학적 측면에서의 비판이 줄곧 제기되고 있고, 최근 미국의 판례에서 확인되듯이 이를 이유로 한 경쟁법위반에 법원은 물론 경쟁당국도 신중한 기조를 유지하고 있는 마당에, 시장지배력의 전이라는 적절치 않은 논리를 동원하여 위법성을 판단한 것은 시장지배적 지위남용금지 제도 자체의 실효성을 위해서도 바람직하지 않다. 당해 시장에서 시장지배력을 인정할 수 있다면 시장지배력의 고유행사로서, 만일 시장지배력이 존재하지 않는다면 거래상 지위남용으로서 이 문제를 다루어 볼 여지도 있다.

4. 사업활동방해행위의 성립 여부

시장지배적 지위남용으로서 사업활동방해행위가 성립되기 위해서는 시장지배적 사업자가 경쟁자나 거래상대방을 포함하여 다른 사업자의 사업활동을 방해하는 결과만으로는 충분하지 않으며, 방해행위가 부당한 것임이 입증되어야 한다. 이때 부당성의 판단을 위해서는 시장지배적 사업자가 당해행위로 인해 누리게 되는 이익과 남용행위의 대상사업자가 받는 손해를 종합적으로 형량해야 함은 물론이고, 당해 시장의 경쟁제한효과 내지 우려를 유발하는 여부를 고려하여야 할 것이다.

이 점에 관해 대법원은 포스코판결에서 제시된 경쟁제한성 요건과 아울러 행위자의 의도 요건을 재확인하고 있다. 즉 시장지배적 사업자가 개별 거래의 상대방인 특정 사업자에 대한 부당한 의도나 목적을 가지고 불이익 강제행위를 한 모든 경우 또는 그 불이익 강제행위로 인하여 특정 사업자가 사업활동에 곤란을 겪게 되었다거나 곤란을 겪게 될 우려가 발생하였다는 것과 같이 특정 사업자가 불이익을 입게 되었다는 사정만으로는 그 부당성을 인정하기에 부족하고, 그중에서도 특히 시장에서의 독점을 유지·강화할 의도나 목적, 즉 시장에서의 자유로운 경쟁을 제한함으로써 인위적으로 시장질서에 영향을 가하려는 의도나 목적을 갖고, 객관적으로도 그러한 경쟁제한의 효과가 생길 만한 우려가 있는 행위로 평가될 수 있는 불이익 강제행위를 하였을 때에 그 부당성이 인정될 수 있다고 보았다.

본건에서 제기된 시장지배력의 전이론에 대해서도 같은 맥락의 요건을 부과할 수 있다. 앞서 지적했듯이 시장지배력의 전이의 경우에는 실제로 시장지배적 사업자에게 현실적 이득을 가져다주기 어렵다는 최근의 논의에 따르면, 지배력이 전이된 시장에서 사업자가 얻은 이익이 본래 지배력이 존재하던 시장에서 본 손실과 유사한 수준이라면 사업자의 이익수준의 변화는 없는 것이 된다. 이런 이유 때문에 Hovenkamp 교수는 행위자에게 이득이 되지 않는 시장지배력의 전이 내지 행사 문제는 독점금지법으로 처리할 것이 아니라 지배력 남용으로 손해를 본 피해자가 불법행위책임을 묻는 방식으로 해결하는 편이 바람직하다고 지적하고 있다.[39] 즉 경쟁제한성까지는 입증이 되지 않은 상태에서 시장지배적 사업자의 거래상대방에게 불이익만을 유발하는 사업활동을 경쟁법 위반으로 구성하기는 쉽지 않다고 보는 것이 최근에 목격되는 유력한 견해이며, 대법원의 기조도 이와 부합된다고 하겠다.

본건의 경우 티브로드의 채널변경으로 인해 우리홈쇼핑의 매출액이 1/3 가까이 감소하였음에도 불구하고, 이 조치의 사업활동방해성을 인정하지 않은 대법원의 판단은 타당한 것으로 생각된다. 선호되는 채널의 개수가 유한한 상황에서 5개 홈쇼

39 H. Hovenkamp, *op. cit.* p.317.

핑사업자 모두에게 S등급이나 A등급을 배정하는 것이 불가능한 상황에서 우리홈쇼핑이 유독 불리한 채널을 배정받았다는 사실은 해당 사업자에게는 불이익을 강요한 것일 수 있으나 부당한 것으로 보기는 어렵다. SO의 입장에서도 홈쇼핑사업자는 일반적인 PP와는 다른 의미가 있는 거래상대방이고, 프로그램제공에 대한 사용료를 지불하는 동시에 매출액의 일정비율을 송출수수료 명목으로 받고 있기 때문에, 홈쇼핑사업자의 매출이 증대될수록 SO의 수익도 증대되는 상황에서 독점적 SO가 특정 홈쇼핑사업자에게 불리한 채널을 배정한 것은 경쟁을 제한하려는 의도라기보다는 채널이라는 자원의 희소성에 기인된 결과로 보인다. 그런 점에서 경쟁제한성과 행위자의 의도를 요건으로 하는 시장지배적 지위남용으로 채널변경을 문제삼는 데는 처음부터 한계가 있지 않았나 생각된다.

이 점에서, 본건을 시장지배적 지위의 남용이 아닌 불공정거래행위로써 다루었다면 어떤 결과가 되었을지는 생각해 볼 여지가 있다. 경쟁당국이 본건과 같은 유료방송시장에서 SO의 불이익제공 내지 강제를 문제삼으려 했다면 시장획정 여하 및 시장지배적 사업자성 여하와 관계없이 불공정거래행위로서 거래상 지위남용으로 처리하는 방안이 더 적절할 수도 있다. 시장지배적 지위남용금지에 관한 제3조의2와 불공정거래행위에 관한 제23조는 기능적으로는 특별법과 일반법의 관계에 있을지 몰라도 제도의 기원 및 지향점에 비추어 볼 때는 양자를 구별되는 제도로 운용하는 것이 바람직하다는 생각이다. 유료방송시장에서 SO들이 PP에 대해 가지는 지위는 법에 의한 독점권 보장으로 인해 발생하는 시장지배력에 기인한다기보다는 방송프로그램의 유통과 거래구조에서 발생하는 거래상 우월적 지위에서 발생한다고 보기 때문이다. 본건에서 홈쇼핑회사들은 설령 강서구에 복수의 SO들이 존재하고 티브로드가 시장지배적 지위를 가지고 있지 못하더라도, 유선방송의 특성상 티브로드를 통한 방송을 포기할 경우 티브로드 가입세대에 대한 매출을 기대하기 매우 어려워지므로 PP들은 불리한 조건을 수용할 수밖에 없는 입장에 선다. 즉 가격인상으로 인해 수반되는 비용과 매출로 인한 이익을 비교하여 일정한 이윤창출이 기대된다면 불리해진 조건에도 불구하고 시장에 잔류하는 쪽으로 입장을 정리할 가능성이 크다. 그렇다면 본건에서도 티브로드가 가졌다고 주장되는 교섭력은 곧 시장을 지배하는 힘에서 발생하는 것이 아니라, 거래상 우월적 지위에서 발원하는 것으로 이해되어야 하지 않을까?

제4장

통신시장의 특징과 규제관할권

I. 통신시장의 경쟁과 규제

1. 통신시장의 형성과 변화, 그리고 정부의 역할

1) 초기 통신시장의 형성과 독점적 시장구조의 원인

통신산업은 전통적인 IT 산업이면서 최근 산업의 구조와 기술의 전개, 시장의 형태가 급속히 변화해 가는 분야이다. 특히 디지털 시대가 도래한 이후, 동일한 통신망을 이용하면서도 종래의 음성전달 위주의 통신에서 탈피하여 음성, 데이터, 영상의 복합적 전송 등 다양한 서비스가 양방향으로 제공 가능하게 되었다. 아울러 인터넷의 대중화로 데이터통신 등 복합적 멀티미디어서비스에 대한 수요가 폭발적으로 증가하고 있다. 이런 변화요인을 배경으로 하여 통신산업은 종래 정보, 통신, 방송이라는 전통적 구분 대신 컨버전스라는 새로운 패러다임과 시장을 창출해오고 있으며, 특히 네트워크의 융합[1] 및 서비스의 융합[2]을 통해 변화의 속도를 높이고 있다.

하지만 본래 통신산업은 국가의 작위적 조정에 의한 것이든 시장의 기능에 의한 것이든 독점적 사업권을 가진 사업자에 의해 주도되었었다. 적어도 초창기에는 그러했다. 이처럼 통신시장에 초기부터 독점적 시장구조가 형성된 데에는 대략 다음의 몇 가지 요인들이 작동했었기 때문이다.

먼저, 통신산업에는 규모의 경제가 존재해서 통신망의 구축 등에 소요되는 상당

1 통신망의 광대역화로 인해 통신망을 통한 방송콘텐츠 전송이 가능하게 되었으며(예: IPTV, 이동통신망을 통한 방송서비스 제공), 방송망의 디지털화를 통한 고도화와 통신망과의 연계성 확보를 통해 양방향서비스 제공이 가능하게 되었다.(예 : 케이블TV의 초고속인터넷서비스, VoD 등)

2 망의 광대역화, 양방향화, 콘텐츠의 디지털화로 인해 통신과 방송의 속성을 함께 지닌 서비스가 출현하게 되었다.(인터넷방송, 데이터방송, VoD, 이동통신방을 통한 방송서비스 제공 등)

한 초기 고정비용과 낮은 가격에 서비스를 공급할 수 있는 경제력을 보유한 단일 기업만이 최종적으로 남게 되는 이른바 자연독점성(natural monopoly)이 내재하였다. 또한, 통신분야에서는 이용자의 수가 증가할수록 망의 가치가 상승하게 된다는 망 외부효과가 존재하는 것으로 알려져 있다. 이에 따라 단일 망의 가치가 몇몇 소규모 망의 가치를 합한 것보다도 훨씬 커지게 된다는 것이다.[3]

한편, 통신서비스들간이나 이용자들간에 교차보조(cross-subsidies)를 가능하게 하기 위해서는 시장을 독점적 구조로 유지할 수밖에 없다는 현실적인 이유도 거론된다. 예를 들어서, 독점적 통신사업자는 산간벽지의 이용자들에게 비용이하의 가격으로 서비스를 제공하는 대신, 도시지역의 이용자들에게는 자신의 독점력을 이용하여 한계비용이상으로 가격을 책정함으로써 산간벽지에서의 손실을 만회할 수 있게 되고 따라서 전역에 걸쳐 소위 보편적 역무(universal service)의 제공이 가능해진다는 논리이다.[4] 따라서 이 같은 상황에서 통신시장을 개방하고 경쟁을 도입하게 되면 신규사업자들은 당연히 초과이윤이 창출되는 도시지역으로 서비스공급을 집중하게 될 것이므로, 교차보조를 가능케 했던 도시지역에서의 초과이윤이 소멸되어 산간벽지에 대한 서비스제공은 결국 불가능해지고 만다는 것이다.

이 외에, 통신이 국가전략이나 안보 차원에서 지니는 의미를 감안할 때 국가의 통제를 받는 특정기업에게 통신산업을 전담토록 하는 것이 바람직하다는 통념이 존재하는 게 사실인데, 이 역시 통신부문을 시장논리에 맡기기를 꺼리게 한 또 다른 요인으로 작용하였다.

이러한 이유에 따라 통신산업의 초기형성단계에서 독점은 불가피한 선택으로 인식되었으며, 소수의 사업자를 통해 배타적으로 서비스를 제공하는 방식의 운영메커니즘을 채택해 왔던 것이다.

하지만, 여느 시장에서와 마찬가지로, 독점적 통신사업자가 자신의 지위를 마음대로 사용할 수 있도록 할 경우에는 결국 지위남용의 문제를 낳게 되고 그 폐해가

3 Mark, Amstrong, Competition in Telecommunications, 13 Oxford Review of Economic Policy pp.64-65 (1997).

4 Nicolas Curien, The Theory and Measure of Cross-Subsidies: An Application to the Telecommunications Industry, 9 International of Industrial Organization, p.73 (1991). 교차보조는 서비스지역간에서도 발생하지만 서비스간에도 존재할 수 있다. 즉 시내전화서비스를 원가이하로 공급하되, 그로 인한 손실을 시외전화나 국제전화요금을 통해 보전하는 방식을 취할 수 있는 것이다.

결국은 통신서비스 이용자와 사회전반으로 미칠 수밖에 없다. 우선 독점상태를 방치할 경우에는 사업자에 의한 서비스품질과 가격의 자의적 결정을 초래하게 되어서, 통신서비스의 제공과 관련된 소비자의 후생적 이익을 저해할 가능성이 높아질 것이다[5]. 한편 독점사업자가 서비스이용자들을 차별취급할 만한 여건을 갖추지 못한 경우에는, 사업자가 통신서비스를 양적으로 통제해서 사회 최적에 미치지 못하는 수준으로 서비스 제공을 감소시킬 우려가 있다. 경쟁부존재의 시장상황하에서는 독점자가 혁신이나 사업활동의 효율성을 추구하려는 유인이 그만큼 줄어들 수밖에 없다는 점도 간과할 수 없는 폐단으로 지적된다. 독점체제하에서는 급속한 속도로 진행되는 기술발전상황에서 가용가능한 최선의 기술이 무엇인지를 알기 어렵고, 안다고 해도 기술개발의 결과를 적극적으로 수용할 유인이 크지 않기 때문이다.

따라서 이 같은 폐해들을 차단하기 위해서는 결국 정부가 독점상태로 시장을 운영하되 시장조건을 직접 형성하거나 통제할 수밖에 없다는 것이 종래의 합치된 결론이었다. 그리고 그와 같은 결론을 토대로 각국은 독점적 통신사업자가 제공하는 서비스의 양, 질 및 가격에 대해 상당한 규제와 감독을 시행해 왔던 것이다. 결국 독점이 용인되고 가격이 통제되는 시스템하에서 경쟁당국의 역할은 기대할 수 없었으며, 산업규제당국(sector-specific regulator)의 기능에 절대적으로 의존하는 상황이 한 동안 지속되었다.

2) 시장환경의 변화에 따른 경쟁의 도입

통신서비스 제공을 주된 임무로 하는 정부기업이나 공기업에 대하여 그 사업활동을 통제하는 형태로 실현되던 초기의 통신규제는, 1980년대에 들어서면서 중대한 변화에 직면하게 되었다. 그것은 먼저 정부기업이 통신서비스를 독점 공급하는 방식이 과연 타당한 것인지에 대해 회의로부터 시작되었다.[6] 독점적 통신사업자들의 사업성과가 미흡하다는 실증 분석과 아울러서, 국영(state-owned) 통신사업자들의

5 이때의 후생적 이익은 주로 독점사업자들이 통신이용자들로부터 착취하거나 독점적 지위 유지의 대가로 전가되는 형태로 상실된다. Damien Geradin & Michel Kerf, *Controlling Market Power in Telecommunications*, Oxford University Press, p.6 (2003).

6 *Id*. p.7.

수익률이 사기업에 비해 낮다는 점이 규명되었으며,[7] 이로 인해 독점적 구조의 통신산업이 비효율로 인해 소비자 이익을 침해한다는 비판이 커지게 되었다. 이에 더하여 국영통신회사에 대한 기존의 규제 자체에 관해서도 많은 문제점들이 노출되기 시작하였다. 규제기관이 통신사업자를 효과적으로 규제하는데 필요한 전문적인 기술을 갖추지 못한데다, 단기의 산업정책적 고려에 치중한 결과 당초의 규제목적이 왜곡되는 경우가 많았던 것이다. 이와 같은 상황에서, 통신시장을 정부의 통제하에 묶어두는 방식을 고집하기는 것보다는, 비록 전면적인 수준까지는 아니더라도 점진적으로나마 경쟁을 도입하는 방안이 대안으로서 설득력을 갖게 되었다.

한편, 통신산업에서 독점이 불가피하다는 종래의 관념은 자연히 약화되어 갔다. 정보기술의 발전은 통신설비비용의 감소와 함께 통신망 구축에 있어서의 기술적인 제약을 크게 완화시켰으며, 광통신과 마이크로웨이브통신 등의 등장으로 대체적인 통신수단의 도입도 활발히 이루어지게 되었다.[8] 한편 시장에 망 외부효과가 존재하더라도 다양한 망들을 상호접속할 수 있는 제도적 보완이 뒤따르면서 경쟁이 도입될 여지가 발생하게 되었다. 또한 교차보조제도를 통해 추구하고자 하는 사회적 목적과 관련해서도, 굳이 당해 분야에서 독점이 유지될 것을 요구하지 않고서도 그러한 목적을 달성할 수 있는 방편들이 모색되었다. 예를 들어, 과세나 모든 통신사업자에 대한 비용부담을 통하여 자금을 확보함으로써, 이러한 자금을 특정 지역의 통신이용자들이나 서비스를 보조하는데 사용할 수가 있는 것이다. 또한 통신회사를 국가소유로 하거나 시장진입을 제한하지 않고서도 국가전략이나 안보상의 우려를 해소할 수 있는 기술적 해법들이 생겨나게 되었다.

이 같은 변화는 통신서비스를 종전과는 다른 메커니즘에 따라 제공할 것을 요구하게 되었으며, 통신분야의 효율성 향상을 목표로 시장원리에 따른 기업운영, 기회비용을 반영한 목표이익의 획득이라는 정책적 요구를 사업자에게 부과하는 등 통신

7 예를 들면 Ahmed Galal et al., *Welfare Consequences of Selling Public Enterprises - An Empirical Analysis*, Oxford University Press, 1994; Bjorn Welleniun and Peter A Stern (eds.), *Implementing Reforms in the Telecommunications Sector-Lessons from Experience*, The World Bank, 1994 등의 문헌들은 유럽과 아시아, 남미 등의 실제 사례를 통해 통신시장에 있어서 서비스가 민간기업에 의해 공급되고 시장이 경쟁상태에 있을수록 효율성 내지는 성과가 높다는 점을 입증해 보였다.

8 가령, 이동통신의 가격이 하락하면서 인구밀도가 낮은 지역에서는 유선통신망을 통하지 않더라도 이동통신망을 이용하여 낮은 가격에 서비스를 제공받을 수 있게 되었다. 이명호·전영섭·조신, 『정보통신산업의 공정경쟁과 규제정책』, 서울대학교 출판부, 1999, 100-101면.

사업자 대한 경쟁의 압력도 커지게 되었다. 그 결과 정부에 의한 규제 방식의 통신시장 운영 메커니즘은 시장에 의한 경쟁 방식으로 전환되기 시작하였으며, 그 전환의 범위 만큼 경쟁당국의 관할권도 새롭게 형성되기에 이르렀다.

3) 정부역할에 대한 새로운 요구와 제도적 대응

통신산업의 운영메커니즘을 점차 시장과 경쟁으로 전환하기 위해서 일차적으로 취해진 조치는 사업주체의 민영화였다. 이에 따라 정부가 통신사업자에 대해 갖고 있던 지분은 민간에 매각되었고, 사업자에 대한 경영권과 인사권 역시 자율적으로 행사할 수 있게 되었다. 그리고 새로운 사업자들이 통신시장에 진입할 길을 여는 조치가 뒤따랐다. 문제는 사업의 주체만 국가소유에서 민간소유로 바뀌었을 뿐 시장이 구조는 시장지배적 사업자와 일부 신생 통신사업자로 이루어진 왜곡된 상태로 형성됨으로써 사실상 공적 독점에서 사적 독점으로의 전환된 것에 불과하다는 점이었다. 더욱이 종전에 정부지원 하에 구축된 막대한 설비들이 자율적인 경영권을 가진 민간사업자에게 그대로 이전됨으로써 오히려 지배적 지위남용의 우려는 전보다 커졌다고 할 수 있었다. 이에 따라 통신시장의 전환기적 상황과 통신서비스가 가지는 본연의 공공성을 함께 고려해야 할 새로운 역할이 국가에게 요구되었다.[9]

우선, 통신시장이 여타 시장과 같이 작동하기 위해서는 기존의 사업자와 신규진입자 사이에 공정한 경쟁의 토대(level playing field)가 구축될 것이 전제되었다. 이를 위해서는 정부가 기존 사업자와 신규사업자간의 지위상의 우열문제는 물론이고 기존사업자와 규제당국간의 유대관계, 나아가 소비자들의 서비스이용상의 편의 문제 등을 정리할 필요가 있었다. 이를 테면, 기존의 통신사업자가 받고 있는 반경쟁적인 직·간접의 정부보조를 제거하거나, 기존 사업자로 하여금 여타의 사경제주체로서 활동할 것을 요구하거나, 혹은 기존의 사업자를 민영화하는 등의 조치가 뒤따라야 한다. 또한 새로운 사업자들이 기존의 사업자가 보유한 망(network)으로의 접근권을 확보할 수 있어야 하며, 이를 위해 사업자들간의 상호접속(interconnection; Zusamenschaltung)협정이 공평한 조건하에 체결될 수 있도록 정부가 개입할 필요가 있다. 통신시장의 모든 경쟁자들이 전화번호나 무선통

9 Damien Geradin, *op. cit.*, pp.8-10.

신주파수 등과 같은 희소자원에 접근함에 있어서도 차별을 받지 않도록 하기 위한 추가적 조치도 요구된다. 한편 통신이용자들이 기존의 거래사업자를 다른 통신회사로 전환하기 위해서, 자신의 전화번호를 변경해야 하거나 번호를 추가해야 하는 경우에는 이용자입장에서 사업자를 변경하기가 쉽지 않은 일이다. 따라서 기존의 사업자와 신규사업자간의 공정한 경쟁이 보장되도록 하기 위해서는 번호이동성(number portability)[10]이나 다이얼링동등성(dialling parity)[11]의 보장과 같은 제도적 보완이 뒤따라야 한다.

다음으로, 일단 통신시장에 경쟁이 도입되고 난 후에는 경쟁이 지속적으로 유지·촉진될 수 있도록 하는 조치가 뒤따라야 했다. 이를 위해서 정부는 단순히 통신사업자의 배타적인 권리를 제거하거나 명시적인 시장진입장벽을 제거하는 것 외에, 반경쟁적 관행의 위험을 제거하고 필수설비(essencial facilities)에 대한 접근가능성을 높이기 위해서는 사업자간의 공동행위나 기업결합을 적절히 규제하는 한편, 수직적인 거래단계에 있는 사업자들이 공정한 수단을 통해 경쟁하도록 감독하는 역할이 요구된다.

또한 통신산업에서 인정되어 온 이른바 교차보조는 앞서 살펴 본 바와 같이 기존 통신사업자의 이중적인 요율구조를 전제로 한 것이어서 본질상 경쟁시스템과는 공존하기 힘든 제도이다. 새로운 사업자가 통신시장 가운데 초과이윤이 존재하는 영역에 진입하여 가격을 끌어내리게 되면, 이를 토대로 교차보조를 운영해 왔던 기존 사업자의 이익기반이 소멸하기 때문이다. 따라서 정부당국은 일부 통신서비스가 보조를 받을 필요가 있다고 판단될 경우에는 경쟁적 환경 속에서 그와 같은 보조를 가능케 할 자금확보를 위해 정부당국이 나서서 새로운 제도를 모색하여야 한다.

한편, 이 같은 조치들에도 불구하고 통신산업의 일부 영역은 여전히 자연독점적이거나 비가쟁적(non-contestable)[12]이어서, 일정기간동안은 특정 사업자에 의한

10 이용자가 전부터 사용해 오던 국번과 전화번호를 그대로 유지한 채 다른 통신사의 요금제도 및 서비스를 이용할 수 있도록 하는 제도로서, 이동통신사간의 자유로운 이동을 통해서 사업자간의 경쟁을 제고하고 서비스품질을 향상시키고자 하는 목적에서 시행된다.

11 이용자가 특정 통신사업자를 선택할 때도 추가적인 번호를 누를 필요가 없도록 하는 제도를 의미하며, 역시 이용자의 편의도모와 사업자간의 경쟁촉진이 그 목적이다.

12 여기서 비가쟁적이라는 의미는 시장에의 진입과 퇴출에 상당한 비용이 드는 경우를 말한다. 가령, 사업활동에 필수적인 설비들이 쉽게 매각될 수 없거나 다른 산업으로 전용하기가 어려운 경우가 그러하다. 이처럼 시장에의 진입과 퇴출에

독점적 운영이 불가피한 상태로 남아있어야 했다. 따라서 통신산업의 전 부문을 경쟁상태에 맡겨둘 수는 없으며, 독점사업자가 제공하는 통신서비스의 가격이나 품질을 직접적으로 통제하는 방식으로 효율성을 제고하고 시장지배력의 남용을 방지할 필요성이 여전히 존재한다.[13]

이 같은 전제조건들의 성격은 다양해서, 종전부터 통신시장에서만 특유하게 요구되어 오던 것들이거나 새롭게 요구되기 시작한 것이거나, 아니면 다른 일반 산업분야에서 요구되는 것들이었다. 이 요구들을 각각 이름 짓자면, 처음의 것들은 기술적 규제(technical regulation)와 경제적 규제(economic regulation)라고 할 수 있고, 다음의 것을 필수설비 규제(essencial facilities regulation)라고 칭할 수 있으며, 마지막의 것은 경쟁적 규제(competition regulation)로 부를 수 있겠다.[14]

그리고 이들 각각의 규제 임무를 어떠한 법적 근거 하에 어느 기관이 어떠한 방식으로 운영할 것인지는 각국의 시장상황과 경제질서에 따라 다양하게 나타날 수 있다. 다만 대체로는 통신분야를 전담하는 전문규제기관(sector-specific regulator)으로서 통신규제당국과 전 산업분야에 걸쳐 경쟁질서를 유지·촉진하는 역할을 수행하는 경쟁당국에게 이들 규제를 나누어 맡기는 방식이 일반적이다. 그리고 이 과정에서 양대 기관의 기능과 권한을 어떻게 조정할 것인지가 새로운 과제로 대두된 것이다.[15] 전자의 예로는 세계최초의 통신규제당국인 미국의 연방통신위원회(FCC: Federal Communications Commission)를 위시하여, 독일의 우편통신규제청(Regulierungsbehörde für Telekommunikation und Post), 영국의 통신청(OFTEL: Office of Telecommunication), 일본의 우정성, 그리고 한국의 미래창조과학부와 방송통신위원회를 들 수 있으며, 후자의 범주에는 미국의 연방거래위원

비용이 많이 드는 경우에는 기존 사업자를 상대로 경쟁하려는 욕구를 가지기 힘들며 따라서 기존 사업자의 시장지위는 더욱 공고해진다. 통신시장의 경우 시내유선전화서비스가 이에 해당한다고 볼 수 있다. 시내전화서비스를 개시하기 위해 소요되는 초기시설들은 일종의 매몰비용(sunk cost)으로서, 성질상 사업자의 시장퇴출시에 회수될 가능성이 희박하다. 따라서 잠재적 경쟁자들이 이들 시장에서 기존사업자와 경쟁하려는 결정을 내리기가 쉽지 않은 것이다. 가쟁성이론에 관한 자세한 설명은 William J Baumol et al, *Contestable Markets and the Theory of Industry Structure*, Harcourt Brace Jovanovich (1983). 참조

13 W Kip Viscusi et al, *Economics of Regulation and Antitrust*(3rd ed.), MIT Press p.377 (2000).

14 이러한 개념분류는 OECD가 1999년 작성한 기간망산업에 대한 규제분석보고서(OECD Committee on Competition Law and Policy, *RELATIONSHIP BETWEEN REGULATORS AND COMPETITION AUTHORITIES*, DAFFE/CLP(99)8, June 1999. p.20)에서 제시되어 있다. 이에 관한 자세한 분석은 후술키로 한다.

15 Damien Geradin, op. cit., p.11.

회(FTC: Federal Trade Commission)나 독일의 연방카르텔청(Bundeskartellamt), 영국의 공정거래청(OFT: Office of Fair Trading), 일본의 공정취인위원회, 그리고 한국의 공정거래위원회 등이 포함되어 있다.

2. 통신규제당국과 경쟁당국의 관계에 관한 이론적 분석

1) 관계분석의 방법론

통신부문이 시장경쟁의 영역으로 편입된 이후에 정부기관들이 수행해야 할 역할이 무엇이며, 그것을 어떻게 배분할 것인지에 대해서는 각국에서 행해진 다양한 조합의 규제방식을 통해 간접적으로 그 장단점을 엿볼 수 있다. 이에 관해 현재까지 여러 각도에서의 실증분석들이 이루어지고 있다. 그 가운데 눈에 띄는 것으로는 OECD의 경쟁법/정책위원회에서 발간한 “규제당국과 경쟁당국의 관계” 보고서의 접근방식이 주목할 만한 유형분류법을 제시하고 있다. 이하에서는 양대 기관의 관계를 분석하기 위해 OECD의 분석을 기초로 먼저 경쟁당국과 통신규제당국의 차이점을 비교·검토한 후 각 규제유형에 따른 기관의 비교우위가 어떠한지를 살펴보기로 한다.

2) 양 규제기관의 비교[16]

가) 추구하는 정책목표

경쟁당국이나 통신규제당국 모두 경제적 효율성(economic efficiency)의 증진을 정책목표로서 추구한다는 점에서는 큰 차이가 없다. 그러나 양 기관의 설립근거가 되는 법률이나 실무관행이 서로 다르며, 그 결과 정책목표들 간의 우선순위에 있어서 다소간의 상이점이 있다. 우선, 경쟁당국은 경쟁촉진을 통한 경제적 효율성과 소비자 후생을 중점적으로 추구하지만, 중소기업의 보호나 지역의 균형발전과 같은 여타 사회적, 정치적 정책목표는 상대적으로 낮은 비중을 두고 고려하게 된다. 반면 통신규제당국은 상대적으로 광범위한 정책목표를 추구하게 되며, 상충되는 복수의

16 이하의 논의는 OECD Committee on Competition Law and Policy, *RELATIONSHIP BETWEEN REGULATORS AND COMPETITION AUTHORITIES*, DAFFE/CLP(99)8, (June 1999)의 Background Note 중에서 pp.24-29까지를 기본 토대로 다른 문헌들을 참조하여 재정리한 것이다.

목적들의 비중을 사안별로 선택하여 공익을 실현코자 한다. 즉 경제적 효율성뿐만 아니라 다른 정책목표들도 높은 우선순위를 갖는다.[17] 이러한 정책목표는 주로 분배 문제나 시장실패(시장지배력의 존재를 제외한 시장실패)의 교정에 주안점이 두어져 있다. 그 결과 통신규제당국이 이러한 복합적인 정책목표를 고려하는 과정에서 경쟁제한적인 시장구조를 용인하거나 조장하는 정책을 시행하기도 하는데, 예를 들어 통신시장에서 계열회사간의 상호보조가 보편적 역무(universal service)[18]의 제공을 위해 불가피하다고 보게 되는 것이다.

나) 정책목표달성을 위한 구체적 접근방식

다음으로, 양 기관은 적용영역 면에서도 차이를 보인다. 경쟁당국은 모든 경제영역에 적용되는 경쟁법의 집행을 담당하는데 반해, 통신규제당국은 통신부문의 규제에 국한하여 시장실패가 예상되거나 자원배분이 적절하지 않은 경우 이를 직접 해결하고자 한다. 즉 경쟁당국은 개별 경제주체의 왜곡된 시장인센티브를 교정하고 보완할 목적으로 다양한 유형의 금지조항을 시행하지만, 통신규제당국은 시장인센티브를 정부의 직접적인 통제로 대체하는 차이가 있다.[19]

또한, 양 기관이 시장개입에 개입하는 시점에서도 차이가 있다. 일반적으로 경쟁당국의 규제는, 사후적(ex post)인 형태를 띈다. 즉 기업의 경제활동이 경쟁제한적 효과를 가질 때 이를 사전에 예측하여 규제하기보다는 행위가 발생한 이후에 시정하고 피해자에게 적절한 조치를 부과하게 된다.[20] 반면에, 통신규제당국의 규제는 주로 사전적인(ex ante) 규제를 선호한다. 시장기능에 의한 자원배분이 불합리할 것이라는 예상 하에 규제를 행하기 때문이다. 이에 따라 통신사업자가 소비자에게 받을 요금을 사전에 인가하고 필수설비의 이용을 위해 다른 사업자가 체결하는 계약

17 Michael Tyler and Susan Bednarczyk, Regulatory institutions and process in telecommunications –An international study of alternatives, Telecommunications Policy, Vol. 17 (December 1993), pp. 651–652.

18 국민생활에 긴요한 용역을 저소득층이나 특정 지역의 주민에 대해서는 비용이하의 가격에 제공하는 것을 의미한다. 낙도나 산간지역의 전화서비스 요금을 비용이하로 책정하여 공급하게 함으로써 모든 국민들이 최소한의 전화서비스를 제공받도록 하는 제도를 그 예로 들 수 있다.

19 Robert Anderson, Abraham Hollander and Joseph Monteiro, Regulatory Reform and the Expanding Role of Competition Policy in the Canadian Economy, p.8. (Oct. 1996).

20 다만 전술한 바와 같이 기업결합의 경우는 통상 결합행위가 완료되기 이전에 법 위반여부를 조사하게 되며, 사업자간의 공동행위에 대해서 사업자들이 스스로 경쟁당국에 위법성에 대한 사전판단을 요청하는 경우에도 예외적으로 경쟁당국이 사전에 개입하게 된다.

의 조건을 미리 정하거나 심사하게 된다.[21]

다음으로 개입방법에 관한 차이점도 지적할 수 있다. 경쟁당국에 의한 개입은 관련이해당사자의 신고가 있거나 경쟁제한적인 상황에 대한 직권인지에 의해 이루어진다. 따라서 경쟁당국의 개입은 간헐적인 성격을 띄게 된다. 반면, 통신규제당국은 통신산업에 대하여 일상적, 지속적, 긴밀한 정책개입 및 기업감시를 하게 된다.

한편, 경쟁당국은 개별 기업의 경쟁제한적인 행위를 교정하기 위한 행위규제보다는 개별산업에서의 시장구조를 경쟁적으로 바꾸는 구조규제에 중점을 두고 있다. 반면 통신규제당국의 주임무는 개별 규제기업의 행동을 감시하고, 바람직한 기업행동을 유도하는데 있으므로 행위규제에 치중하는 경향이 있다.

다) 기관의 전문성

규제당국은 통신시장에 진입규제, 가격책정, 적절한 수준의 품질관리, 보편적 서비스 제공에 대한 감시 등 다양한 유형의 규제를 수행하게 되므로, 법률, 경제, 기술 혹은 회계분야의 전문지식을 가진 인력을 필요로 하게 된다. 반면 경쟁당국은 회계분야의 전문성보다는[22] 시장구조와 기업행동의 경제적 효과를 판별할 수 있는 경제학적 지식과 개별 규정의 적용가능성을 판단할 수 있는 규범적 사고능력을 중요한 요소로 꼽게 된다.

이러한 차이점 때문에, 사업자가 정부규제기관이 내린 결정에 불복하고 법원에 제소할 경우, 법원은 경쟁당국이 내린 결정보다는 규제당국의 판단을 보다 존중하려는 성향을 보이게 된다. 앞서 지적한 바와 같이 경쟁당국은 경제전반에 걸쳐서 적용되는 경쟁법의 위반여부를 판단하게 되지만, 통신규제당국이 판단해야 하는 사안은 대개 산업의 특수성과 기술적 전문성을 고도로 요구되는 경우가 많아서, 단순히 법규정만을 토대로 평가할 수 있는 수준을 넘어서기 때문이다. 미국에서 통신규제기관의 판단에 대하여 법원이 이른바 제1차적 관할권(primary jurisdiction)[23]을 인

21 하지만 투자수익률(rate-of-return)에 대한 규제에 따라 일부 투자행위가 있을 때 이를 사후적으로 불허하는 경우가 있을 수 있으며, 따라서 이 경우에는 규제당국의 제재조치도 사후적으로 부과된다.

22 경쟁당국도 약탈적 가격책정이나 가격차별과 같은 행위의 위법성을 판단하기 위해서는 비용분석과정이 필수적으로 뒤따르게 되기 때문에, 회계적 분석능력이 전혀 요구되지 않는 것은 아니다.

23 미국의 법원에 의해 인정되어 온 원칙으로서 규제기관의 전문성을 존중하여 독점금지법 위반소송에서 제기된 문제들을 규제기관이 검토할 때까지 소송의 진행을 정지시키는 것을 의미한다.

정해 온 이유도 여기서 찾을 수 있다.

라) 사업자들에 의한 포섭 가능성

국가가 경쟁당국이나 산업별 전문규제기관을 설립하는 주된 이유 가운데 하나는 고도의 경제적, 기술적인 정책집행을 전문화된 기관에 일임함으로써 규제의 전문성과 실효성을 제고하기 위한 데 있다. 이를 위해서는 법 집행기관의 업무수행과정에 정치적, 경제적 영향력을 배제시키는 일이 무엇보다 중요하다. 이에 따라 소관 법률에 경쟁당국이나 전문규제기관의 독립성을 제도적으로 보장하기 위한 규정을 두는 경우가 많으며, 동일정당 소속 구성원의 비율을 일정한도로 제한하는 등 조직구성에 균형을 기하기 위한 조치나 자의적인 해임을 방지하기 위한 조치들이 모두 그러한 취지에서 도입된 규정들이라고 할 수 있다. 그런데 집행기관의 독립성을 위해서는 정부기관이나 정치세력으로부터의 독립성뿐만 아니라 사업자들의 영향력을 차단하는 문제도 매우 중요하다. 이를 위해 규제기관의 일원이 조사대상 사업자와 금전적 혹은 기타 관련성이 있는 경우에는 해당자를 조사과정에서 배제시키는 등 제도적 장치가 모색되기도 하지만, 규제수행의 특성상 사업자들과의 견련관계로 인한 정책판단이 왜곡되거나 사업자의 영향권 하에 놓일 수 있는 이른바 포섭(capture)의 위험성이 불가피하게 존재한다.[24] 그런데 경쟁당국의 경우는 법 집행의 범위가 전 산업분야에 걸치는 데다, 특정 산업과의 접촉이 간헐적으로 이루어지기 때문에 포섭의 위험성이 적다. 또한 경쟁법의 집행은 경쟁당국 뿐만 아니라 사적당사자에 의해서도 이루어 질 수 있기 때문에 사업자들이 경쟁당국만 포섭한다고 해서 법망을 벗어날 수 없다는 점도 또 다른 이유로 작용한다. 이에 반해, 일상적, 포괄적 규제를 담당하는 통신규제당국은 피규제사업자들에 의해 포섭될 가능성이 비교적 높다고 할 수 있다. 우선, 통신규제당국은 통신부문에서 제기되는 정책적 기술적 문제에 대해 사업자들과 동일한 정보를 공유하게 되므로 시간이 경과함에 따라 사업자들과 유사한 시각을 갖게 된다. 또한 규제권한의 지속을 원하는 통신규제당국으로서는 사업들과 연합하여 시장지향적인 규제완화정책에 대하여 반대입장에 서기도 한다. 특히 통신산업과 같은 기간망 산업에서 규제기관의 포

24 국내에서는 '포획'이라는 용어로 사용되는 경우가 많다. 규제기관의 포섭 가능성에 대한 자세한 소개는 Jean-Jacques Laffont & Jean Tirole, A Theory of incentives in Procurement and Regulation, chapter 11, The MIT Press (1993) 참조.

섭가능성은 관련 정치적 개입으로 인해 더욱 커질 수 있다. 다시 말해 통신시장에서의 고객과 일반 유권자들의 범위가 거의 일치하기 때문에, 개별 사업자의 정치적 영향력이 상대적으로 높다고 할 수 있다. 그 결과 정치인에 대한 통신사업자의 로비활동이 매우 효과적이어서, 정치적 간섭에 의해 통신규제당국의 의사결정이 왜곡될 우려가 있는 것이다.[25]

3) 통신규제의 유형에 따른 기관의 비교우위

가) 기술적 규제

기술적 규제(technical regulation)란, 통신의 운용기술과 관련된 일체의 규제로서 주로 망의 호환성 및 안정성, 망의 표준화, 이용자의 사생활 보호, 기타 환경친화적 사업활동 등을 보장하기 위한 제반 기준 및 규칙의 운용을 의미한다고 할 수 있다. 기술적 규제를 수행하기 위해서는 통신기술에 관련된 전문성이 상당히 요구되는바, 일찌기 통신산업의 초기형성기부터 규제기관의 기술적 전문성 결여가 문제시되어 왔었다.[26] 그런 점을 감안하면 기술적 규제를 경쟁당국이 수행한다는 것은 여러 면에서 부적절한 선택이 될 수밖에 없다. 굳이 통신산업의 기술적 전문성을 거론하지 않더라도 경쟁당국이 시장의 경쟁 유지 내지는 촉진이라는 주된 임무에 기울여야 할 집중력을 분산시키는 결과도 바람직하지 않다. 따라서 통신규제당국으로 하여금 기술적 규제 임무를 수행토록 해야 한다는 데 오늘날 대체적인 의견일치가 이루어져 있다. 다만 종전의 독점적 통신사업자가 통신기술의 표준과 규칙을 미리 정해 놓은 경우에는 이 문제가 단순히 기술적 차원에서 그치지 않고 경쟁제한의 문제로 비화될 가능성도 있을 것으로 생각된다.

나) 경제적 규제

통신시장의 경제적 규제(economic regulation)는 독점적 가격책정을 방지하고 적절한 수준의 소비자보호를 강구하기 위한 목적에서 취해지는 규제로서 주로 통신서비스의 요금이라든지, 진입장벽에 대한 규제의 모습으로 나타난다. 그런데 경제

25 최종원, "해외 경쟁규제기관 사례와 우리나라 통신위원회 장기발전방향", 『통신서비스산업 공정경쟁연구반 활동』, 정보통신정책연구원 공정경쟁연구실, 1998. 12, 10면.

26 Ian Walden, Telecommunications Law and Regulation: An Introduction, *Telecommunications Law*, Blackstone Press, p.10, (2001).

적 규제는 성격상 간헐적이기보다는 지속적으로 행해질 수밖에 없으며, 기술적 규제 못지 않게 해당 분야에 특유한 전문지식에 의존해야 하는 경우가 많다. 따라서, 경쟁당국보다는 규제당국이 경제적 규제에 더 적합한 기관일 수가 있다. 경쟁당국이 이용자 보호를 위한 규제까지 담당하게 되면 경제적 효율성뿐만 아니라 소득재분배까지 고려해야 하는 경우가 발생하는데 이는 다분히 정치적인 성격으로서 경쟁당국의 관할권을 벗어난 영역인 것이다. 특히나, 시장기구에 의한 가격형성을 위해 조력하는 것이 경쟁당국 본연의 임무라고 할 때, 경제적 규제를 경쟁당국에 일임하는 방식은 기관본연의 성격에 부합되지 않는 것이 사실이다. 다만 경제적 규제의 권한을 통신규제당국이 담당할 경우에는 통신업계에 포섭될 위험이 불가피하게 발생하기 때문에, 통신규제당국이 언제나 비교우위를 가진다고 주장할 수만은 없는 측면이 있다.

다) 필수설비의 접근과 관련된 규제

필수설비(essential facilities)는 기존의 독점사업자가 수직적으로 보유하는 일련의 자산 가운데 일부로서 이를 이용하지 않고서는 사업활동을 제대로 수행할 수 없는 설비를 말한다. 필수설비는 통신산업과 같은 기간망 산업(network industries) 분야의 경쟁에 있어서 특히 중요한 의미를 가지는데, 필수설비에의 접근이 보장되지 않거나 차별적인 조건이 뒤따르게 되는 경우에는 필수설비를 보유하지 못한 사업자가 결국 시장에서 제대로 경쟁을 할 수가 없기 때문이다. 따라서 통신분야의 필수적인 투입재 즉 필수설비에 해당하는 망에 대하여 비차별적인 이용을 보장할 수 있는 규제가 필요하게 된다. 필수설비에 대한 거래거절은 본래 독점금지법의 관심대상이기도 했기 때문에, 일견 시장지배적 지위의 남용에 대한 규제경험을 가지고 있는 경쟁당국이 보다 효과적으로 필수설비규제를 수행할 수 있을 것으로 예상해 볼 수 있다.[27] 그러나 공정경쟁을 보장하기 위해서는 필수설비의 이용조건을 책정하기 위한 자료를 수집, 분석하는 한편, 수립된 조건이 준수될 수 있도록 지속적인 감독과 특히 사전적인 규제가 아울러 요구된다. 이는 기본적으로 규제기관이 수행하

27 필수설비와 관련된 대표적인 독점금지법 위반사례로는 United States v. Terminal R.R. Assn., 224 U.S. 383 (1912); Associated Press v. United States, 326 U.S. 1 (1945); Otter Tail Power Co. v. United States, 410 U.S. 366 (1973); Aspen Skiing Co. v. Aspen Highlands Skiing Corp., 472 U.S. 585 (1985) 등을 들 수 있다.

는 임무와도 상당부분 일치된다고 할 수 있다.[28] 따라서 필수설비규제에 관하여 어느 기관이 비교우위를 가지는 지를 일률적으로 판단하기가 쉽지 않다.

라) 경쟁적 규제

경쟁적 규제(competitive regulation), 내지 경쟁정책적 규제는 시장의 독과점적 폐해나 사업자간의 공동행위나 기업결합 및 불공정거래행위를 규제함으로써 시장에 경쟁기능이 제대로 작동할 수 있도록 함으로써, 경제적 효율성과 소비자후생을 도모하기 위한 일체의 규제라고 할 수 있다. 경쟁적 규제에 대해서는 기관본연의 성격이나 경쟁제한성 심사의 노하우 축적이란 측면에서 경쟁당국이 효과적으로 임무를 수행할 수 있을 것이라는데 의문이 없다. 하지만 과거에 독점적 통신사업자가 지배하던 시장에 신규진입을 허용한다고 해서 그 시장이 곧바로 경쟁구조로 이행되거나 시장실패가 방지될 것으로 기대할 수는 없다. 그 결과 통신규제당국이 경제적 규제를 담당하면서 동시에 당해 산업분야에 특유한 경쟁규범의 입안과정에 개입하고 그러한 규범을 시행하는 권한을 경쟁당국과 공유하는 경우도 흔히 발견할 수 있다. 다만 이 경우는 경쟁당국이 가지고 있는 전문성을 규제당국이 존중할 수 있도록 하는 제도적인 뒷받침이 뒤따르게 된다. 따라서 이 역시 어느 한 기관의 관할범위에 포함하는 것으로 속단할 수 없는 부분이다.

마) 주기적인 시장력 측정

한편 통신시장에 대한 주기적인 시장력(market power)의 측정도 통신규제의 한 영역으로 포함될 수 있다.[29] 본래 시장력이나 시장지배력의 측정은 경쟁한성 심사의 전제로서 주로 경쟁당국이 시장점유율 산정을 통하여 수행하여 왔다. 그러나 통신규제에서 의미하는 시장력의 측정은 이와는 다소 차이가 있다. 통신분야에서는 신규경쟁이 도입되더라도 이미 기반시설을 보유하고 있던 사업자가 일정기간 상당한 지배력을 가지고 있는 경우가 대부분이다. 따라서 이러한 사업자 지위의 지배적 속성이 정상적인 시장경쟁을 어렵게 만드는 요인이 되는 경우에는 경쟁을 도입하더라도 경쟁적 규제에만 맡겨두기 곤란하고 대신에 경제적 규제가 필요할 수가 있다. 결국 여기서 말하는 시장력의 측정이란 새로 시장영역에 편입된 통신분야에 대해 경제적 규

28 OECD Report DAFFE/CLP(99)8, p.8.

29 *Id*. p.20.

제를 지속해야 할지 아니면 경쟁적 규제에 맡겨도 좋은지를 평가하기 위해서 시장력의 규모와 범위를 측정하는 작업이라고 정의할 수 있다.[30] 이처럼 개별 사업자의 시장력을 주기적으로 측정하는 임무는 산업조직론적 전문지식과 심사노하우를 보유한 경쟁당국이 담당하는 것이 적합하다는 데에 의견일치가 이루어져 있다.

3. 국내 통신시장의 형성과 발전

국내 통신시장은 유선통신단계를 거쳐 무선통신과 인터텟 통신, 나아가 방송통신융합의 단계로 이어지는 발전의 궤적을 보여주고 있다. 이들 시장은 변화는 1980년대 이후 대략 10년을 주기로 나타났는데 그 변화의 추이는 아래 표와 같다.

통신산업의 환경변화 추이

시기	1980년대	1990년대	2000년대	2010년대
핵심 환경	유선전화	이동전화, 인터넷	유무선통합, 초고속인터넷	융합형 U-service
환경 변화	가입자 확대, 인프라 확충	업무영역 확대, 콘텐츠 다양화	콘텐츠 융합	산업간 융합, 솔루션 지능화

국내 통신시장의 분류도 이런 발전의 양상을 반영하여 유선통신시장과 무선통신시장, 그리고 방송통신융합시장의 세 영역으로 구분되고 있다. 이하에서는 이런 분류법을 토대로 국내 통신시장의 변화와 발전의 과정을 정리해 보기로 한다.

1) 유선통신시장

한국의 통신산업은 다른 나라와 마찬가지로 유선통신으로부터 시작되었다. 이 시장은 크게 시내전화시장, 시외전화시장, 국제전화시장, 초고속인터넷시장, 전용회선 시장[31] 등으로 구성된다.

먼저 시내전화시장은 정부독점 시대에서 공사(한국통신) 독점체제를 거쳐 민영

30 Ibid.

31 전용회선을 가입자에게 설치, 임대함으로써 월정 요금으로 통화량, 통신시간, 시간대의 제약없이 음성 또는 데이터 통신을 가능하게 하는 서비스인데, 주로 정부기관, 기업체 등의 데이터, 팩스, 사내방송, 사내 통합망, 금융기관 온라인망, PC통신 및 인터넷서비스사업자의 통신망 구축 등에 이용된다.

KT 독점 체제에 이르는 독점적 산업구조를 통해 형성되었다. 하지만 통신시장의 시장화 정책에 따라 1999년에 하나로텔레콤이 시내전화에 진입하면서 경쟁이 개시되었고, 2004년 10월 LG데이콤(구 데이콤) 진입함으로써 3사 체제가 형성되었다. 하지만 시장화의 실질적 의미는 크지 않아서 KT가 압도적 시장점유율을 보유한 사실상의 독점적 구도를 탈피하지 못하였다. 다만 2003년에 시내전화 번호이동성제도가 도입되고, 하나로가 2007년 이후부터 적극적인 결합상품 출시 및 커버리지 확대 노력으로 시장점유율이 다소 증가하는 현상이 나타나기도 했다.[32] 시내전화시장에서 가입자 수나 매출액을 기준으로 HHI[33]가 8000 이상에 이르는 고집중상태이다. 시내전화시장의 전체 매출액과 요금수익 규모는 이동전화에 의한 통화량 대체 증가로 인하여 지속적으로 감소하는 추세를 보이고 있다. 반면에 가구수 및 기업고객수의 변화 등으로 시내전화 가입자 수 규모는 큰 변화가 나타나지 않고 있다. 오히려 이동전화시대의 도래에 따라 유선전화의 효용은 급속도로 감소하는 상황이다.

한편, 국내 시외전화시장 역시 KT 독점체제에서 출발하여 1996년 데이콤, 1999년 온세통신, 2004년 하나로, 2005년에는 SKT 계열사인 SK텔링크가 각각 진입하여 총 5개의 기간통신사업자가 경쟁하게 되었다.[34] 시외전화시장은 요금 수준의 특성상 이동전화서비스 등에 의해 통화량 대체현상이 현저히 증가하여 시장규모, 매출액은 감소하는 추세에 있다.

국제전화시장도 KT 독점체제에 있다가 1991년에 LG데이콤(구 데이콤)이, 1997년에 온세통신이, 2003년에 SK텔링크가, 2004년에 하나로가 각각 기간통신사업자로 진입하였으며, 이들 5개 사업자들은 40여 개의 별정통신사업자들과 치열한 경쟁체제에 있다. KT의 시장점유율은 큰 변화없이 36~38%대를 유지하고 있고, 최근 진입한 SK텔링크나 하나로의 점유율은 증가추세에 있으며, 다른 경쟁사업자들의 점유율은 유지 또는 감소하는 상황이다. 국제전화시장은 다른 전화시장에 비해 상대적으로 집중도가 낮은 편이다.

32 특히 하나로는 적극적인 결합상품 출시 등으로 최근 급격히 가입자 기반을 확대하고 있는 상황이다.

33 일정한 거래분야에서 각 경쟁사업자의 시장점유율의 제곱의 합을 의미한다.

34 그 밖에 애니유저넷, 삼성네트웍스, 새롬 C&T, 새롬리더스 등 총 100여개 사업자가 시외전화서비스 별정통신사업자로 등록되어 있다.

초고속 인터넷서비스 시장도 유선통신의 주요 부분이다. 초고속 인터넷 서비스란 이용자가 인터넷 가입자망을 이용하여 인터넷 백본망[35]에 접속하여 인터넷을 이용할 수 있도록 해주는 서비스를 말하는데, 국내에는 KT, 하나로, LG파워콤, LG데이콤, 드림라인 등 5개사와 각 지역을 중심으로 케이블TV서비스를 제공하는 방송사업자(SO/RO/NO)들이 기간통신사업자로서 동 서비스를 제공하고 있다. 이 가운데 하나로는 2006년 1월 두루넷을 인수하고, 2006년말에는 온세통신의 초고속인터넷사업부문을 양수하였다.

상위 3개사가 시장점유율 80% 이상을 점하고 있으나 2007년 이후 매출액 증가폭이 극히 미미한 상황이다.[36] 초고속인터넷은 상호 대체성이 매우 높은 xDSL, HFC, 광LAN, FTTH, 위성[37] 등의 방식으로 제공되는데, 시장이 포화상태에 이르고 있는 상황이다.

한편 전기통신사업자 또는 통신 주관청과의 임차 계약에 따라 사용자가 원하는 두 지점 간 또는 다지점 간을 직통으로 연결하여 독점 사용하는 전용회선 시장도 존재한다. 전용 회선은 이용하고 싶을 때 언제나 신속, 편리하게 이용할 수 있고, 회선이 고정되어 있기 때문에 항상 안정된 통신 품질을 얻을 수 있으며, 교환기를 거치지 않기 때문에 고속·광대역 회선을 이용할 수 있고, 요금은 접속 시간에 관계없이 정액제이므로 일정량 이상의 통신량이 있으면 공중 회선(교환 회선)보다 저렴하며, 통신 용도와 통신 방법에 따라 독자적인 망을 구축하여 다양한 종류의 단말기를 접속하여 사용할 수 있는 등의 장점이 있다. 이 때문에 기업체 등에서 전용 회선을 임대하여 전국의 지점과 공장 등을 연결, 사설 구내 교환기(PBX)와 결합하여 자사 전용의 사설망을 구축함으로써 비용을 절감하는 한편 통신신뢰도를 제고하고 있다. 국내 전용회선시장은 1996년까지 KT와 구 데이콤(현 LG데이콤)의 복점상태였으나, 현재는 다수의 사업자에 의한 경쟁체제로 이루어져 있다.

35 주요 대도시에서 다른 대도시로 세계를 연결해 주는 초고속 네트워크

36 정보통신정책연구원,「2008년도 통신시장 경쟁상황평가」, 2009.

37 ADSL(Asymmetric Digital Subscriber Line)는 비대칭 디지털 가입자 회선으로 하향 최대 8M, 상향 640K의 속도를 내며, VDSL(Very High Speed DSL)은 일정지역까지 광케이블을 시설하고 이후 전화선으로 제공하는 방식으로 하향 최대 53M까지 전송할 수 있으며 100M도 시범제공중이고, HFC(Hybrid Fiber & Coaxial)은 광동축 혼합망이라 하며 광대역으로 CATV 및 초고속인터넷을 동시에 제공할 수 있고 하향 최대 10M를 제공하며, 광LAN은 아파트 각 동까지는 광케이블로 제공하고 가입자까지는 랜선으로 제공하여 상하향 최대 100M까지 제공이 가능하다.

2) 이동전화시장

이동전화서비스는 전기통신사업법상 주파수를 할당받아 제공하는 역무로서, 전파법에 따라 할당받은 주파수를 사용하는 무선국(기지국)을 개설하고 이를 이용하여 음성·데이터·영상 등의 전자기 신호를 송신하거나 수신하는 전기통신역무이다. 과거 이동전화서비스는 음성통화 서비스가 위주였으나, 점차 데이터 중심으로 이동하는 추세이며, 데이터 전송 기술의 발전 등 네트워크의 진보와 고기능 단말기의 확산을 바탕으로 음악, 영화 등 멀티미디어서비스가 이동전화서비스의 일부로 자리 잡아 가고 있다.

이동전화서비스시장은 전파의 희소성에 따른 진입장벽의 존재,[38] 전파 재활용을 통한 가입자 수용의 확대와 한계,[39] 가입자 규모 증가에 따른 이동전화망의 비용증가[40] 등의 특성이 있다. 아울러 변화의 속도가 매우 빠르다는 것도 특징으로 들 수 있다. 최근 국내 이동전화(서비스)시장은 음성통화 중심(2세대 이동통신, 2G)에서 하나의 단말기로 시간, 장소, 방식에 상관없이 음성, 데이터 및 영상 등을 고속으로 주고받을 수 있는 통합 개념의 글로벌 멀티미디어 서비스(3세대 이동통신, 3G[41])로 변화되고 있는 양상이다. 아울러 고속 하향 패킷접속(HSDPA, High Speed Downlink Packet Access)서비스가 실시되고 있는데, 이는 W-CDMA보다 훨씬 빠른 속도로 데이터를 주고 받을 수 있다는 것 때문에 와이브로(Wibro)와 함께 3.5세대 이동통신방식으로 불린다.

국내 이동전화시장은 1984년 SKT의 전신인 한국이동통신이 아날로그 방식으로 셀룰러 이동전화서비스를 제공하면서 형성되었으며, 1996년 4월 신세기통신이 영

38 이동전화를 포함하여 전파를 이용하는 모든 무선통신은 전파자원의 희소성으로 인하여 사업자 수가 허가당국에 의해 일정 수로 제한되므로 제도적 진입장벽이 존재한다.

39 이동전화서비스는 각 사업자에게 할당된 대역의 전파를 이용하여 보다 많은 사람들을 수용하기 위하여 서비스 지역을 세분화된 여러 셀(cell)로 나누고 인접 셀에서는 서로 다른 주파수 채널을 할당하되 비 인접 셀에 대해서는 동일한 주파수 채널을 사용함으로써 주파수를 재활용한다. 또한 기존의 셀 설계하에서 이른바 셀분할을 통해 더 많은 가입자를 수용할 수 있으나, 셀 분할을 무한정 할 수는 없으며 결국 가입자가 일정 수준을 넘어서면 사업자의 수용능력에는 한계에 직면하게 된다.

40 각 사업자별로 가입자의 증가를 수용하기 위해 기지국 설치와 같은 여러 망요소들에 대한 투자를 확대해야 하므로 가입자 규모 증가에 따라 총비용이 증가한다.

41 IMT-2000(International Mobile Telecommunication-2000)이라고 하며, 이는 무선접속표준인 서비스 방식에 따라 유럽식인 비동기식(WCDMA)과 북미식인 동기식(CDMA-2000)으로 구분되는데, SKT와 KTF가 비동기식 사업자로 선정되어 3G서비스(TU, SHOW)를 제공하고 있으며, LGT는 동기식 사업자로 선정되었으나 사업권을 반납하였다.

업을 개시하면서 복점상태 나마 경쟁이 도입되기 시작하였다. 이후 1997년에는 최대 5개사의 경쟁체제(SKT, 신세기, KTF, 한솔PCS, LGT)였으나, 2001년 KTF의 한솔PCS 인수, 2002년 SKT의 신세기통신 인수 이후 3사 경쟁체제(SKT, KTF, LGT)가 유지되고 있다.

국내 이동전화가입자는 2006년말 4,020만명으로 보급률 83.2%의 포화단계에 진입하고 있고, 2013년에는 가입자가 5,400만명에 이르고 있다. 이동전화서비스 가입자 수는 계속 증가하고 있으나, 증가율은 전반적으로 둔화되고 있는 추세이다.

3) 무선인터넷 서비스 시장

무선인터넷 서비스는 인터넷 기능이 있는 이동전화단말기 또는 PDA (Personal Digital Assistant: 개인휴대 정보단말기)를 이용하여 인터넷으로 접속하여 인터넷 서비스 또는 데이터 통신을 이용하는 것을 의미한다. 무선인터넷 서비스는 이동성, 원격접속 및 적시성을 제공하여 언제 어디서나 다양한 콘텐츠를 쉽게 이용이 가능하며 고속전송을 통해 문자·대용량 멀티미디어 콘텐츠 등 다양한 정보제공이 가능하다. 음성통화 부분의 매출성장이 둔화되고 있는 것과는 달리 이동통신 3사의 무선인터넷 전체 매출은 지속적인 성장세를 보이고 있다.

무선인터넷 망개방이란 무선인터넷망을 보유한 이동통신사만이 제공하던 무선인터넷 서비스를 타사업자들도 제공할 수 있도록 망에 대한 접근성을 보장하고 공정경쟁 환경을 수립하고자 하는 것이다. 즉, 이동통신사의 무선인터넷 인프라를 CP(Contents Provider: 콘텐츠 제공사업자), 타 통신사업자 등에게 개방하는 것으로 정의할 수 있다. 망개방은 이동통신사가 자신만 이용하던 무선인터넷 네트워크를 타 사업자가 쉽게 서비스할 수 있도록 해 무선인터넷 서비스가 활성화될 수 있도록 하는데 그 의의가 있으며, 다수의 CP가 무선인터넷 산업에 참여하도록 유도하여 현재의 이동통신 3사 과점체제에서 유효경쟁체제로의 전환을 통하여 궁극적으로 소비자의 후생을 극대화하는 데 그 목적이 있다.

한편, 소비자가 휴대전화 단말기를 통해 벨소리, 게임 등 콘텐츠를 이용하기 위해서는 이동통신사의 무선인터넷 서비스에 접속하거나 망개방 사업자의 무선인터넷 서비스에 접속하여야 하므로 이동통신 3사와 망개방 사업자는 상호 경쟁관계에 있다.

소비자가 휴대전화 접속을 통해 예컨대, 망개방사업자인 온세텔레콤의 So1(온세텔레콤의 초기화면) 서비스를 이용하게 되면 이동통신사의 무선인터넷망을 거쳐 So1 시스템에 접속하게 되고 이때 이동통신사에서는 해당 고객의 사용자 정보(핸드폰 번호, 단말기 규격 등)을 온세텔레콤에 제공해 주게 되고 온세텔레콤은 해당 사용자에게 서비스를 제공한다. 이후 소비자가 So1 서비스를 둘러본 후 본인이 필요로 하는 콘텐츠를 구매하게 되면 과금이 발생하고 이 과금은 온세텔레콤이 모두 기록하여 그 과금자료를 보관하고 있다가 과금월(1개월)이 지나면 과금월의 익월 초에 그 과금자료(월단위 청구자료)를 이동통신사에 전송하여 청구·수납을 의뢰한다. 이동통신사는 이 청구자료를 받아 최종 확정된 청구액을 소비자들에게 청구한다. 이동통신사는 이 수납금액을 온세텔레콤에 지급하되 수납·청구대행 수수료(5%)를 제외한 금액(95%)을 지급하게 되고 온세텔레콤은 그 정산액을 가지고 CP들과 정산을 한다. 망개방 사업자들의 수익구조는 화보, 동영상, 벨소리 등 다양한 콘텐츠서비스를 소비자들에게 제공하고 여기서 발생하는 정보이용료를 주된 수익원으로 하고 있다.[42]

4) 인터넷전화 시장

인터넷전화 서비스란 인터넷 프로토콜(IP)을 사용하여 음성을 디지털 신호로 변환한 후 IP 네트워크를 통해 송·수신할 수 있게 해주는 서비스이다. 초기의 인터넷은 데이터 전송 서비스만 제공하였으나, 이후 음성이나 영상 등도 전송할 수 있는 광대역 멀티미디어 네트워크로 발전하였고 공중가입자 전화망과 연동하여 인터넷전화서비스도 출현하게 되었다.

인터넷전화는 IP 네트워크를 기반으로 운용되고 있기 때문에 세계 어느 곳이든 인터넷이 되면 서비스 제공이 가능하므로 사용자는 전화번호를 가지고 옮겨 다니면서 서비스를 이용할 수 있다. 또한 인터넷이라는 개방형 시스템의 장점을 살려 통신사업자 별로 차별화되고 개선된 부가서비스를 더욱 경제적이고 신속하게 제공할 수 있다는 장점이 있다.

42 소비자가 망개방사업자의 무선인터넷서비스에서 벨소리 등 콘텐츠를 다운로드 받으면 소비자가 지불하는 금액(정보이용료)이 매출액으로 잡히고 예컨대, 이를 100으로 보았을 때 망개방 사업자는 이동통신사에 청구수납대행수수료를 약 5%, 기타 제반수수료로 약 2%를 지불하고 나머지 금액을 기준으로 CP와 수익금을 정산하는데 이때 CP가 90%, 망개방사업자가 10%를 수익분배 몫으로 가져간다.

Ⅱ. 사례연구 (SK텔레콤-하나로텔레콤 간의 기업결합 사례)

1. 사실관계

에스케이텔레콤 주식회사(이하 'SKT'라 함)는 이동전화, 무선인터넷 사업 등을 영위하는 사업자이며, 하나로텔레콤㈜는(이하 '하나로'라 함) 시내전화, 시외전화, 초고속인터넷사업 등을 영위하는 사업자이었다.

결합 당사회사의 개요

<table>
<tr><th rowspan="2">구분</th><th>취득회사</th><th colspan="3">피취득회사</th></tr>
<tr><th>SKT</th><th colspan="3">하나로</th></tr>
<tr><td>○사업내용</td><td>무선통신업</td><td colspan="3">유선통신업</td></tr>
<tr><td>○재무상황
- 자산총액
- 자본금
- 매출액</td><td>(2006년 기준, 억원)
158,149(집단:162,399)
446
106,509(집단:110,279)</td><td colspan="3">(2006년 기준, 억원)
28,544(집단:29,354)
11,612
17,233(집단:17,313)</td></tr>
<tr><td rowspan="2">○주주구성
(%)</td><td rowspan="2">SK(주) 등 특수관계인 33.59
Citibank ADR 29.96
포스코 기타 36.45</td><td>주주</td><td>취득 전</td><td>취득 후</td></tr>
<tr><td>Newbridge Asia HT, L.P 외 8개사
미래에셋자산운용
SKT
기타</td><td>38.89
9.58
4.70
56.41</td><td>0.00
9.58
43.59
56.41</td></tr>
</table>

* 하나로의 서비스별 매출 비중('07년 상반기 기준) : 초고속인터넷(63.0%), 유선전화(26.7%), 기업데이터(8.6%), 기타(1.7%)

** AIF Ⅱ NT,LTD, AOF NT,LTD, United Classic Investments Limited, HT Holdings Ⅴ L.P., HT Holdings Ⅵ L.P., HT Holdings Ⅶ L.P., HT Holdings Ⅷ L.P., HT Holdings Ⅸ L.P.

SKT는 2007. 12. 1. Newbridge Asia HT, L.P 외 8개사와 하나로 주식 38.89%를 취득하는 계약을 체결한 후, 2007. 12. 17. 당시 정보통신부(현 미래창조과학부)에 주식소유 인가신청서를 제출하였고, 정보통신부는 위원회에 전기통신사업법 제13조 제3항의 규정에 의거하여 경쟁제한성 여부에 관한 사전협의 요청서를 제출하였다. SKT는 이 건 기업결합 이전에 하나로의 주식 4.7%를 보유하고 있었으므로, 본 건 기업결합으로 인하여 총 43.59%의 주식을 보유하게 되었다.

2. 기업결합과 경쟁법

1) 기업결합에 대한 경쟁법의 문제의식

기업들은 규모의 경제나 범위의 경제를 구하기 위해서 혹은, 구조조정이나 시장 장악의 목적 등 다양한 동기에서 상호간의 결합을 시도하곤 한다. 그 동기가 어떠하든 기업간의 결합은 당사자의 소유구조와 지배구조에 급격한 변화를 초래하는 것이면서, 기업 안팎의 이해관계인들에게도 적지 않은 영향을 미치는 일이라 할 수 있다. 이 때문에 입법자는 기업결합이 유발하는 변화의 결과와 그 역기능에 관심을 두고 이를 규율하기 위한 다양한 제도들을 여러 법 분야(상법이나, 노동법, 자본시장법, 조세법, 개별규제산업법 등)에 걸쳐 마련해 두고 있다.

독점규제법의 경우도 그중 하나로서 기업결합이 유발하는 현상을 규율하기 위한 규정들을 두고 있다. 단, 독점규제법이 기업결합에 대해 두는 관심은 다른 법들과는 차이가 있는데, 요컨대 기업결합이 시장의 경쟁에 미치게 될 영향이 그것이라고 할 수 있다. 기업결합은 기업의 내부적 성장이 아닌 결합을 통한 인위적 확장을 꾀하는 사업전략으로서 경우에 따라서는 시장을 집중시키거나 봉쇄하는 방식을 통해 경쟁의 환경과 조건을 제한하는 결과를 초래할 수 있기 때문이다. 이런 결과는 독점규제법이 전 영역에 걸쳐 일관되게 주목하여 규율해 온 현상에 다름 아니다. 그런 까닭에 오늘날 경쟁법을 도입한 거의 모든 나라들에서는 정도의 차이가 있을 뿐 기업결합에 관한 규정을 마련하여 운용하여 오고 있다. 특히 기업결합규제가 경쟁법 전반에서 차지하는 비중은 매우 큰 것이어서 카르텔이나 독과점 규제와 더불어 경쟁법의 가장 핵심적 내용의 하나로 자리 잡아 왔다. 다만, 기업 결합은 영리나 효율성의 추구라든가 비용과 위험의 회피 등과 같은 기업 본연의 동기에서 기인하는 것이 대부분인데다, 그것이 시장에 미치는 효과도 복합적이므로 위법성을 판단하기까지의 과정이나 결과에 있어서 다른 행위유형들과는 다소간의 차이를 보이기도 한다. 이 때문에 경쟁법에서는 대체로 카르텔 등의 경우와는 달리 곧바로 경쟁제한성을 추단하거나 엄중한 잣대를 적용하는 등의 방식을 취하지는 않으며, 경쟁당국이나 법원 역시 다분히 신중하고도 정교한 심사 과정을 거쳐 최종적인 위법여부를 가늠토록 해 오고 있다.

우리 독점규제법 역시도 기업결합의 복합적인 성격을 감안하되, 그 위법성을 포착해서 시장의 경쟁을 보호할 수 있도록 하기 위한 규정들을 다양하게 마련해 두고 있다. 즉, 실체적 측면에서 독점규제법 제7조에서 법 위반행위 가운데 하나로 경쟁제한적 기업결합을 제한하거나 예외적으로 허용할 수 있도록 하는 한편, 절차적 측면에서 제12조를 통해 일정한 요건에 해당하는 결합행위에 대해 당사자가 그 사실을 공정거래위원회에 사전 또는 사후에 신고토록 규정하고 있다. 아울러 제재적 측면에서 법 제7조에 위배되는 기업결합에 대하여 제재공정거래위원회가 제16조 소정의 시정조치와 제17조의3의 이행강제금을 당사자들에게 부과할 수 있도록 하고 있다.

제7조 (기업결합의 제한)

① 누구든지 직접 또는 대통령령이 정하는 특수한 관계에 있는 자를 통하여 다음 각호의 1에 해당하는 행위(이하 "기업결합"이라 한다)로서 일정한 거래분야에서 경쟁을 실질적으로 제한하는 행위를 하여서는 아니된다....

1. 다른 회사의 주식의 취득 또는 소유
2. 임원 또는 종업원에 의한 다른 회사의 임원지위의 겸임
3. 다른 회사와의 합병
4. 다른 회사의 영업의 전부 또는 주요부분의 양수·임차 또는 경영의 수임이나 다른 회사의 영업용고정자산의 전부 또는 주요부분의 양수
5. 새로운 회사설립에의 참여.

② 다음 각호의 1에 해당한다고 공정거래위원회가 인정하는 기업결합에 대하여는 제1항의 규정을 적용하지 아니한다. 이 경우 해당요건을 충족하는지에 대한 입증은 당해 사업자가 하여야 한다.

1. 당해 기업결합외의 방법으로는 달성하기 어려운 효율성 증대효과가 경쟁제한으로 인한 폐해보다 큰 경우
2. 상당기간 대차대조표상의 자본총계가 납입자본금보다 작은 상태에 있는 등 회생이 불가한 회사와의 기업결합으로서 대통령령이 정하는 요건에 해당하는 경우

.....

④ 기업결합이 다음 각 호의 어느 하나에 해당하는 경우에는 일정한 거래분야에서 경쟁을 실질적으로 제한하는 것으로 추정한다.

1. 기업결합의 당사회사의 시장점유율의 합계가 다음 각 목의 요건을 갖춘 경우

가. 시장점유율의 합계가 시장지배적사업자의 추정요건에 해당할 것

나. 시장점유율의 합계가 당해거래분야에서 제1위일 것

다. 시장점유율의 합계와 시장점유율이 제2위인 회사의 시장점유율과의 차이가 그 시장점유율의 합계의 100분의 25이상일 것

.....

제16조 (시정조치 등 〈개정 2007.8.3〉) ① 공정거래위원회는 제7조(기업결합의 제한)제1항 …의 규정에 위반하거나 위반할 우려가 있는 행위가 있는 때에는 당해 사업자… 또는 위반행위자에 대하여 다음 각호의 1의 시정조치를 명할 수 있다. …

1. 당해 행위의 중지
2. 주식의 전부 또는 일부의 처분
3. 임원의 사임
4. 영업의 양도
5. 채무보증의 취소
6. 시정명령을 받은 사실의 공표
7. 기업결합에 따른 경쟁제한의 폐해를 방지할 수 있는 영업방식 또는 영업범위의 제한
8. 기타 법위반상태를 시정하기 위하여 필요한 조치

2) 현행법상 기업결합 규제 체계

기업결합의 특성과 시장에 미치는 중대한 영향 때문에 독점규제법을 집행하는 공정거래위원회는 여러 단계의 심사와 분석을 거쳐 기업결합이 사회적으로 허용될 수 있는 것인지를 가늠하고 그에 따른 조치를 취하게 된다. 이 과정에 비추어 현행법이 규정하고 있는 기업결합의 내용을 정리해 보면 다음과 같은 몇 가지 단계로 나누어 볼 수 있다.

먼저, 기업결합의 절차적 규제로서, 기업결합의 존재를 확인하기 위한 단계이다(법 12조 내지 12조의2). 기업결합의 규제를 위해서는 무엇보다 특정 시장에서 행해지고 있는 기업들간의 행위가 과연 결합행위에 해당하는 것인지를 확인하는 작업이 선행되어야 한다. 이를 위해 독점규제법은 경쟁당국인 공정거래위원회로 하여금 기업결합의 진행여부를 사전에 인지하고 적절한 대응을 하기 위해, 일정한 규모와 요건을 갖춘 행위를 당사자들이 신고토록 하고 있다.

공정거래위원회가 이런 신고를 통해서, 혹은 신고대상이 되지 않더라도 직권에

의해 결합사실이 있음을 인지하게 되면, 결합의 추진행위가 법적용의 대상이 되는 기업결합에 이르렀는지를 확인하는 과정을 거친다. 이를 위해서는 취득기업이 법에서 열거하는 결합수단을 통해 피취득기업을 경제적으로 지배하여 결국 단일체가 되었는지(지배관계의 형성)를 살펴보게 된다.

다음 단계로서, 만일 결합을 추진하는 기업들이 단일한 지배관계를 형성하여 비로소 결합의 단계로 들어선 것으로 판단되면, 공정거래위원회는 그 경제적 단일체가 당해 시장에서 어떠한 지위를 갖게 되고 그 결합이 시장에 어떤 영향을 미치는지를 분석함으로써 기업결합의 허용여부를 가리게 된다. 기업결합의 실체적 규제단계라고 할 수 있다(법 7조). 이 단계는 매우 복잡한 분석의 기법과 과정을 통해 진행되는데, ① 우선 결합하는 기업들이 속해 있는 일정한 거래분야가 어디까지인지를 확인(관련시장의 획정)하는 작업이 행해진다. ② 이를 토대로 공정거래위원회는 결합이 당해 시장의 경쟁을 실질적으로 제한하는지를 결합의 유형[43]에 따라 심사(경쟁제한성 판단)하게 된다. ③ 그 결과, 당해 결합이 경쟁제한성을 내포하고 있지 않다고 판단되면 결합은 곧바로 허용되는 반면, 만일 경쟁제한적이라고 판단될 경우에는 바로 위법으로 결정하지 않고 이 결합을 예외적으로 허용할 만한 다른 정책적 고려요소들이 존재하는지를 한번 더 살펴보게 된다. 이를 위해 공정거래위원회는 결합당사자들로부터 법에서 정한 예외인정 사유의 존재에 대한 항변(예외인정사유 내지 정당성 항변)을 듣게 된다. ④ 만일 당해 결합이 법에서 인정하는 예외적 허용 사유에 해당한다고 인정될 경우에는 심사절차가 종료되고 결합은 허용된다. 하지만, 예외인정사유에 해당되지 않는다고 판단할 때에는 당해 기업결합이 비로소 위법한 것으로 판단을 받게 된다(위법성 판단).

끝으로, 위법한 기업결합에 대한 제재단계이다.(법 16조) 이상의 복잡다기한 심사과정을 거쳐 하나의 기업결합 내지 결합안이 위법한 것으로 규명된 경우에는 공정거래위원회가 결합의 당사자를 상대로 시정조치나 이행강제금을 부과(제재조치의 부과)하는 조치를 취하게 되며, 이로써 결합사건에 대한 행정적인 규제는 종료된다.

43 수평결합, 수직결합, 혼합결합으로의 구분 유형을 의미한다.

3. 본 기업결합에 대한 공정거래위원회의 심사

1) 지배관계의 형성 여부

이 건 결합으로 인하여 취득회사 SKT는 비록 주식소유비율이 50% 미만이나 하나로의 최대주주(43.59%)의 지위를 얻게 된 점, 주식분산도 면에서도 2대 주주(미래에셋자산운용) 등과 월등한 차이에 있게 된 점, 향후 하나로에 대한 경영권을 직접 행사하게 되었음을 스스로 인정하고 있는 점 등을 고려할 때 공정거래위원회는 SKT가 피취득회사인 하나로의 경영전반에 실질적인 영향력을 행사할 수 있는 지위에 있다고 판단하였다.

2) 관련시장(relevant market)의 범위

가) 관련 상품시장(relevant product market)

종래 SKT는 무선통신업을 영위하고, 하나로는 유선통신사업을 영위하고 있었으나,유·무선통합서비스[FMC, (Fixed Mobile Convergence), FMS, (Fixed Mobile Substitution)]가 출시되고, 유·무선서비스 결합상품이 판매되고 있어 유선통신시장과 무선통신시장을 경쟁관계가 성립할 수 있게 되었다. 더욱이 무선통신이 유선통신을 대체하는 현상이 급속히 진행되고 있다.

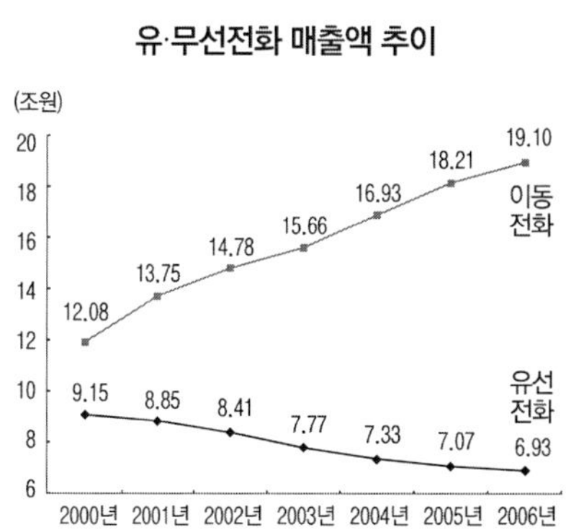

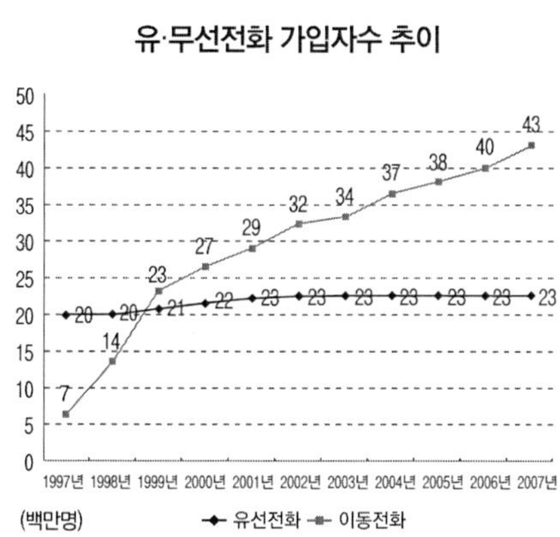

이 점에서 유무선 통신시장을 단일시장으로 볼 수 있는지의 문제가 대두되었다.

이에 관해 공정거래위원회는 본건 결합시점을 기준으로 하여, 유선통신시장과 무선통신시장은 서비스간 차이점 및 대체 정도, 유·무선통합(대체)서비스의 제공 수준 및 이용 정도, 결합상품 출시 현황 및 소비자 구매행태 등을 종합적으로 고려할 때, 현재 상황에서는 별개의 상품시장으로 보는 것이 타당하다는 결론을 내렸다.

그 근거로는 다음과 같은 점들이 제시되었다.

먼저, 음성통화부문에서 유선과 무선의 통화량 비율이 2001년 6.5 : 3.5에서 2006년 4.6 : 5.4에 이르고, 유선 통화량의 감소현상이 뚜렷해지고 있으나, 당시의 시점으로는 무선에 의한 유선의 가입대체가 본격적으로 이루어지지 않고 있다고 보았다. 여전히 보완재이며 동일한 시장으로 볼 정도로 수요대체가 이루어졌다고 보기는 어렵다는 것이다.

인터넷서비스 부문에서는 이동전화를 통한 무선인터넷서비스의 경우 제한된 콘텐츠, 상이한 요금체계, 이동성 등의 특성을 고려할 때, (유선)초고속인터넷에 대해 독립적, 보완적 성격이 강하다고 판단되었다

한편 유무선통합서비스 부문의 경우, 가입자수 및 이용도 면에서 양 통신수단을 통합할 정도의 수준에는 이르지 못하였고, 결합상품 부문과 관련하여, 2007.7~8월 이후부터 유·무선통신서비스의 결합상품이 출시되기 시작하였으나26) 아직까지 본격적인 결합상품이 출시되는 상황은 아니라고 보았다. 구체적인 상품관련 시장은 아래와 같다.

○ 시내·시외·국제전화시장: 유선 시내전화, 유선 시외전화, 유선 국제전화는 요금수준의 차이, 역무 구별, 인허가 등 진입규제의 차이, 시장참여자의 상이함 등에 따른 경쟁상황의 차이를 고려하여 각각 별개의 시장으로 획정하였다.

○ 이동전화시장: 이동전화시장은 이동전화 음성통화서비스,[44] 무선인터넷(데이터)서비스(EV-DO: Evolution Data Only, HSDPA:High Speed Downlink Packet Access), 문자메세지서비스(SMS, Short Message Service)를 모두 포

44 이동전화는 주파수의 차이 및 기능에 따라 셀룰러, PCS, W-CDMA 등으로 구분되나, 이동전화기를 이용한 음성통화와 관련하여 모두 수요대체성이 인정되므로 이들을 하나의 시장으로 보았다.

함한 시장으로 획정하였다.[45]

○ 초고속인터넷서비스시장: 기술방식에 따라 xDSL, HFC, 광LAN, 케이블 등 여러 방식으로 분류될 수 있으나, 상호 수요대체성이 높아 단일한 초고속인터넷서비스시장으로 획정하였다.

○ 전용회선시장: 전용회선시장은 시내전용회선시장, 시외전용회선시장, 국제전용회선시장, 인터넷전용회선시장으로 구분하여 획정하였다.

○ 유료방송시장: 위성방송서비스, (Pre-)IPTV서비스, 종합유선방송(CATV)서비스를 모두 포함하여 하나의 유료방송시장으로 획정되었다.

○ DMB(Digital Mobile Broadcasting)시장: 지상파DMB와 위성DMB는 동일시장으로 획정되었다.

나) 관련 지리적 시장(relevant geographical market)

공정거래위원회는 각 상품시장에서 제공되는 대부분의 서비스는 지역적 차별이 없이 전국에 단일하게 제공되고 있고, 가격책정 및 경영의사결정 등이 전국 단위로 이루어진다는 점, 소비자들의 구매전환가능성 및 구매행태도 지역별로 차별화되어 있지 않은 점 등을 고려할 때, 위 각 상품시장들의 지리적 시장은 전국시장으로 획정하였다.

3) 기업결합의 유형

SKT의 계열회사인 SK텔링크와 하나로는 시외전화시장 및 국제전화시장에서, SKT의 계열회사인 SK네트웍스와 하나로는 시내전용회선시장에서, SKT의 계열회사인 SK커뮤니케이션즈와 하나로의 계열회사인 하나로드림은 인터넷 포털서비스(이용자)시장에서 서로 직접적인 경쟁관계가 성립되었다. 이 점에서 본건 결합으로 인하여 수평형 기업결합이 발생하였다.

한편 하나로의 인터넷데이터센터(IDC)서비스와 SKT의 계열회사인 SK커뮤니케이션즈의 인터넷(포털)사이트 운영간의 관계, 하나로의 데이터방송채널사용사업과

45 다만 향후 Wibro의 활성화, 재판매제도의 도입 등에 의해 음성통화 부문과의 경쟁과 데이터 부문의 경쟁 분리가 가능해진다면 별도의 시장으로 획정이 가능하다고 보았다.

SKT의 계열회사인 티유(tu)미디어의 위성DMB사업간의 관계, 인터넷 포털서비스 및 (Pre-)IPTV와 콘텐츠 사업간에는 각각 원재료 의존관계 성립한다. 이 부분에 관해서는 수직형 기업결합이 성립된다.

위와 같은 수평형 및 수직형 기업결합을 발생시키지 않는 경우에는 모두 혼합형 기업결합에 해당하며, SKT의 이동전화 사업과 하나로의 유선통신사업간의 관계가 특히 문제되었다.

4) 경쟁제한성의 판단

가) 수평형 기업결합 부문

먼저 공정거래위원회는 본건 결합으로 인해 시외전화시장의 경쟁에 미치는 영향을 검토한 결과, 본건 결합 후의 HHI는 7,411이었으며 HHI 증가분은 17에 불과하였으므로 본건 결합 후 시외전화 시장에서의 시장집중도의 증가가 미미하여 경쟁제한성이 없는 것으로 판단하였다.

국제전화시장의 경우, 결합 후 HHI는 2,515이었으며, HHI 증가분은 98이었다. 국제전화시장에서의 경쟁 역시 제한될 가능성은 없는 것으로 판단되었다.

시내전용회선시장의 결합 후 HHI는 3,203 이상,[46] HHI 증가분은 184이었다. 그럼에도 이 건 결합으로 국내 시내전용회선시장에서의 경쟁이 실질적으로 제한될 가능성은 없다고 판단되었다. 경쟁자인 KT가 여전히 시장지배적 사업자의 지위에 있고, 전용회선시장에는 법률상·제도상 진입규제가 존재하지 아니하며, 후발사업자들의 성장세는 지속되고 있으며, 본건 결합으로 당사자들의 시장점유율 등 영업능력이 증가하더라도 단독으로 가격을 인상하기는 어려울 것으로 예상되기 때문이었다.

끝으로 인터넷 포털서비스(이용자)시장의 경우 결합 후 HHI는 3,151이고, HHI 증가분은 88이었다. 하나로(계열회사 하나로드림)의 시장점유율이 매우 낮고, 동 시장에서 NHN(네이버)의 지위가 압도적으로 높은 상황이며, 동 시장에의 진입장벽이 거의 없으므로 이 건 결합으로 인해 국내 인터넷 포털서비스(이용자)시장에서의 경쟁이 실질적으로 제한될 가능성은 없다고 판단되었다.

46 시내전용회선시장에서의 사업자별 시장점유율(2006년 매출액 기준)이 KT 51.8%, SK네트웍스 18.4, LG파워콤 12.5, 하나로 5.0, 기타 12.3로 나타났으나, 기타 사업자들의 구체적인 시장점유율 자료확보가 어려워 상위 4사까지만의 HHI를 계산한 것이다.

[참고] 기업결합심사기준 Ⅶ.1.

수평형 기업결합이 경쟁을 실질적으로 제한하는지 여부는 기업결합 전후 시장집중상황, 결합당사회사의 단독의 경쟁제한 가능성, 경쟁사업자간의 공동행위 가능성, 해외경쟁의 도입수준 및 국제적 경쟁상황, 신규진입의 가능성, 유사품 및 인접시장의 존재 여부 등을 종합적으로 고려하여 심사한다.

[참고] 기업결합심사기준 Ⅲ.

기업결합 후 ① HHI가 1,200에 미달하는 경우, ② HHI가 1,200 이상이고 2,500 미만이면서 HHI증가분이 250 미만인 경우, ③ HHI가 2,500 이상이고 HHI증가분이 150 미만인 경우에는 경쟁제한성이 없는 것으로 추정된다.

나) 수직형 기업결합 부문

인터넷 데이터센터(IDC)서비스와 인터넷 포털서비스간의 관계를 감안할 때 시장봉쇄효과 등의 발생 우려는 없으므로 경쟁제한성이 없다고 판단되었다.

데이터방송채널사용업과 위성DMB간의 관계에 있어서도 데이터방송채널(사용)시장에서 하나로의 시장점유율이 극히 미미한 수준이고 브랜드 인지도 등에서도 훨씬 열위에 있으며, SKT측의 위성DMB 사업도 아직까지는 저조한 상황임을 감안할 때 본건 결합으로 인하여 시장봉쇄효과 등이 발생되기 어려워 경쟁제한성은 없다고 판단되었다.

한편 인터넷 포털서비스 및 (Pre-)IPTV와 콘텐츠 사업간에는 콘텐츠 시장과 콘텐츠 시장의 하부시장인 다채널 유료방송시장 및 인터넷포탈서비스시장과의 관계에 있어서 경쟁제한 여부는 우려할 정도가 아니라고 판단되었다.

[참고] 기업결합심사기준 Ⅶ. 2

수직형 기업결합이 경쟁을 실질적으로 제한하는지 여부는 시장봉쇄효과, 경쟁사업자간의 공동행위 가능성 등을 종합적으로 고려하여 심사한다.

[참고] 기업결합심사기준 Ⅲ.

기업결합 후 ① 관련시장 각각에서 HHI가 2,500 미만이고, 당사회사의 시장점유율이 25% 미만인 경우, ② 각 관련시장에서 당사회사가 4위 이하의 사업자인 경우에는 경쟁제한성이 없는 것으로 추정된다.

다) 혼합형 기업결합

SKT이동전화서비스와 하나로의 유선통신서비스〔유선전화, 초고속인터넷, (Pre-)IPTV〕간 혼합형 기업결합의 경쟁제한 여부가 문제될 수 있다. 이 부분은 본건 기업결합의 핵심쟁점이기도 하였다.

우선 국내 이동전화 시장은 HHI가 4,112이고 SKT의 시장점유율도 50%를 상회하였으며, 초고속인터넷시장은 HHI가 3,463이고 하나로의 시장점유율이 25%를 상회하였다. 기업결합심사기준상 본건 혼합형 기업결합은 경쟁제한성이 없는 것으로 추정되지 않으므로 경쟁제한성 여부가 검토되었다.

[참고] 기업결합심사기준 Ⅶ.3.

혼합형 기업결합이 경쟁을 실질적으로 제한하는지 여부는 잠재적 경쟁의 저해효과, 경쟁사업자의 배제효과, 진입장벽 증대효과 등을 종합적으로 고려하여 심사한다.

[참고] 기업결합심사기준 Ⅲ.

혼합형 기업결합으로서 기업결합 후 ① 관련시장 각각에서 HHI가 2,500 미만이고, 당사회사의 시장점유율이 25% 미만인 경우, ② 각 관련시장에서 당사회사가 4위 이하의 사업자인 경우에는 경쟁제한성이 없는 것으로 추정된다.

라) 통신시장의 혼합형 기업결합에서 경쟁제한성 판단시 고려되어야 할 요소

공정거래위원회는 당시 유·무선통신시장이 아직 하나의 시장으로 획정할 정도는 아니지만, 상당히 밀접할 정도로 경쟁관계가 형성되어 가는 추세에 있으며, 향후 유·무선 결합상품이 본격적으로 출시되면 이러한 경향은 더욱 커질 것으로 보이므로, 이미 출시된 결합상품 및 향후 출시될 가능성이 높은 유·무선 통신 서비스간 결합으로 인한 경쟁제한 여부를 경쟁제한성 판단시 고려하여야 한다고 보았다. 따라서, 향후 형성될 결합상품 시장에서의 경쟁제한성 여부도 고려하여야 한다고 하였다.

한편 '통신산업'은 '주파수' 등의 필수적 생산요소가 필요하고, 네트워크 효과를 가지는 서비스이어서, 일단 사업자간의 우열관계가 형성되면 우위를 차지하는 사업자로의 쏠림현상이 매우 커 다른 분야에 비하여 기존 사업자의 지위가 고착화될 가능성이 현저하다. 음성전화서비스, 데이터통신서비스 등 각 개별 통신서비스 및 방송서비스는 서로 연관성이 없는 별개의 상품이 아니라 디지털 기술발전에 따라 서로 융합되어 상호 관련성이 매우 크다. 이에 따라 공정거래위원회는 본건 기업결합을 통해 향후 통신시장의 시장구조를 더욱 고착화하여 경쟁을 제한할 우려가 있는지 여부를 검토하여야 한다고 보았다.

마) 경쟁사업자 배제 가능성

[참고]기업결합심사기준 Ⅶ.3.나.

당해 기업결합으로 당사회사의 자금력, 원재료 조달능력, 기술력, 판매력 등 종합적 사업능력이 현저히 증대되어 당해 상품의 가격과 품질 외의 요인으로 경쟁사업자를 배제할 수 있을 정도가 되는 경우에는 경쟁을 실질적으로 제한할 수 있다고 인정된다.

공정거래위원회는 우선 SKT와 하나로는 각각 이동전화시장과 유선통신시장에서 자금력, 유통망 활용능력, 서비스제공 능력 등에서 이미 경쟁사에 비하여 높은 경쟁력을 확보하고 있다고 보았다. 그 이유는 다음과 같다.

SKT는 당시 이동전화시장에서 비용효율성이 높은 800MHZ주파수를 독점 사용하여 경쟁사업자(1,800MHZ대역 사용)에 비하여 월등한 원가경쟁력을 보유하고 있었고. 원가경쟁력, 규모의 경제 등으로 인하여 대규모가입자를 확보하고 있으며, 매출액, 영업이익, EBITDA등 자금력이 경쟁사인 KT군보다 월등히 앞서고, 이를 바탕으로 한 마켓팅 투자액도 경쟁사에 비하여 가장 높다. 또한 판매력이 뛰어난 핵심유통망도 다수 확보하고 있었다.

반면 하나로는 현재 유선통신과 관련된 거의 모든 서비스를 제공하고 있어 기술력, 상품구색, 결합상품 구성 능력에서 이미 경쟁력을 확보하고 있고, 특히 초고속인터넷 및 (Pre-)IPTV 시장 등에서 선도적 지위에 있으며, 전국적으로 유통망도 확고히 구축되어 있었다.

또한 이미 각 시장에서 자금력, 기술력, 판매력 확보로 경쟁력 있는 SKT와 하나로는 본건 결합을 통해 종합적 사업능력이 증대[47]되고, SKT는 이동전화시장에서의 지배력을 유선시장 및 결합상품시장으로 전이[48]시키고, 이동전화시장에서의 지배력을 더욱 확대 함으로써 가격과 품질 외의 요인으로 경쟁사업자를 배제할 가능성이

47 기술진화하에서 경쟁적인 부시장(Complementary market)과 독점적 주시장(Primary market)의 두 생산물을 결합하여 주시장의 독점을 강화할 수 있음(Carlton & Waldman, 2002)

48 소비자설문조사결과 소비자가 결합상품 선택시 가장 우선적으로 고려하는 서비스는 이동전화(59.4%), 초고속인터넷(36.6%), 유선전화(2.3%) 순*이고, 결합상품이 출시될 경우 소비자들의 SKT 및 하나로간 결합상품에 대한 선호도가 매우 높기 때문에 SKT는 이동전화시장에서의 시장지배력을 결합상품 시장에도 전이시켜 경쟁사업자들을 배제할 가능성이 높다고 할 것이다.
*한국전자통신연구원(ETRI)이 설문조사한 "패키지 상품의 이용에 대한 소비자 설문조사"(2007.12. 조사대상 : 서울 및 수도권 남녀 1000명

높다고 보았다.

특히 공정위는 SKT의 이동전화시장에서의 시장지배력이 SKT의 우월한 기술력과 효율적인 투자보다는 비용효율성이 좋은 800MHZ 독점 사용에 기반을 두고 있으므로 결합상품이 판매될 경우 이러한 비용우위는 계속 유지되고 경쟁기업은 비용면에서 비교열위를 갖게 될 것이므로, SKT의 800MHZ 독점사용은 SKT 시장지배력 전이효과의 중요한 원인이 된다고 보았다.

이에 대해 SKT 측은 다음과 같은 반론은 제시하였다.

먼저 SKT는 본건 결합으로 인한 사업능력증대효과가 크지 않다고 주장하며, SKT의 비용효율성은 800MHz 주파수 사용 때문이 아니라 가입자 규모 및 이에 따른 규모의 경제와 선발사업자로서 사용량이 많은 우량고객을 확보하였기 때문이라고 주장하였다. 또한 SKT와 KT군은 재무상황은 유사하거나, KT군이 우위에 있으므로 본 기업결합으로 인한 결합당사회사는 자금능력이 증대하지 않았고, 결합기업들의 유·무선 유통망도 별개로서 공동활용 여지가 적어 이 건 결합으로 인한 판매력 증가효과도 적다고 하였다.

SKT는 결합기업들 간의 결합상품의 선호도가 KT군에 비하여 우월하다고 단정할 수 없고, 그 선호율도 SKT의 가입자 기준 점유율보다 낮은 수준이므로 결합상품을 통해 SKT의 이동전화시장에서의 지배력이 유지·확대되지는 않을 것이라고 하며, 공정위 측이 우려하는 경쟁사업자 배제 효과는 결합판매고시 등 전기통신사업법령에 의해 제도적으로 차단되어 있다고 주장하였다.

바) 진입장벽 증대 가능성 여부

SKT 측은 이동전화시장 신규진입은 대규모 투자와 주파수 확보가 관건으로 본건 결합으로 시장진입에 필요한 투자규모가 증가하거나 주파수정책이 영향을 받지 않고, 유선통신시장도 본건 결합과는 별개로 신규진입이 거의 불가능한 상황으로서, 본건 결합으로 진입장벽이 증대하는 효과가 없으며, 결합서비스제공 의무화 등을 통해 신규사업자의 결합판매 시장 진입이 제도적으로 보장되고 있다고 주장하였다.

하지만 공정거래위원회는 주파수 한정, 대규모 설비투자 필요 등 통신산업의 특수성으로 현재도 통신시장의 신규진입은 어려운 형편이나, 이 건 결합으로 인하여 진입장벽이 더욱 높아질 가능성이 크다고 판단하였다.

사) 잠재적 경쟁 저해 여부

[참고]기업결합심사기준 Ⅶ. 3. 가.

잠재적 경쟁저해성 여부는 ① 상대방 회사가 속해 있는 일정한 거래분야에 진입하기 위하여 특별히 유리한 조건을 갖출 필요가 있는지 여부, ② 당사회사가 상대방 회사가 속해 있는 일정한 거래분야에 대해 잠재적 경쟁자인지 여부, ③ 일정한 거래분야에서 결합당사회사의 시장점유율 및 시장집중도 수준, ④ 당사회사 이외에 다른 유력한 잠재적 진입자가 존재하는지 여부 등을 고려하여 판단한다.

공정거래위원회는 국내 유·무선통신시장 모두 진입을 위하여는 대규모 투자, 전국단위의 유통망 확보 등 특별한 조건이 필요하고, 본건 기업결합이 관련시장에서 당사회사의 시잠점유율 및 시장집중도가 매우 높은 수준에서 이뤄지고 있으므로 기업결합 당사회사가 상대방 거래분야에서 잠재적 경쟁자라면 경쟁제한성이 인정된다고 보았다. 그러나 KT 등 상대방 회사가 속해 있는 일정한 거래분야에서 잠재적 경쟁자에 해당하지 않는 것으로 보이므로, 본건 결합으로 잠재적 경쟁이 감소되었다고 볼 수 없다고 하였다.

아) 경쟁제한성의 종합적 판단

비록 잠재적 경쟁저해 여부는 인정되지 않으나, 경쟁사업자 배제, 진입장벽 증대효과가 있으므로 전체적으로 경쟁제한성이 인정된다는 것이 공정거래위원회의 판단이었다.

5) 예외적 허용 사유의 존재 여부

가) 효율성 증대효과 발생여부 판단

법 제7조 제2항 제1호는 "당해 기업결합 외의 방법으로는 달성하기 어려운 효율성 증대효과가 경쟁제한으로 인한 폐해보다 큰 경우"에 경쟁제한적인 기업결합이라도 예외으로 허용될 수 있는 것으로 규정하고 있다.

[참고] 기업결합심사기준 Ⅷ.1.가.

「효율성 증대효과가 가까운 시일 내에 발생할 것이 명백하여야 한다」고 규정하고 있다.

이때 효율성 증대효과는 당해 기업결합에 의해서만 달성될 수 있는 기업결합 특유적인 효율성(merger-specific efficiency)을 의미하며, 그러한 효율성 효과의 입증책임은 기업결합 당사회사에게 부과된다. 이에 관하여 공정위는 효율성 증대효과가 미미하거나 이 건 결합으로 인한 경쟁제한 폐해보다 효율성 증대효과가 더 크다고 볼 수 없다고 보았다.

나) 회생이 불가한 회사와의 기업결합 해당 여부 판단

한편 법 제7조 제2항 제2호는 "상당기간 대차대조표상의 자본총계가 납입자본금보다 작은 상태에 있는 등 회생이 불가한 회사"를 취득한 경우 역시 예외적으로 허용될 수 있는 기업결합의 하나로 규정하고 있다. 그런데 본건에서 하나로텔레콤은 회생불가회사로 볼 수 없으므로 공정위는 이러한 주장도 받아들이지 않았다.

4. 공정거래위원회의 심결 주문

공정거래위원회는 심사결과 본건 기업결합이 혼합형 결합부문에서 통신시장의 경쟁을 실질적으로 제한할 가능성이 있으며, 달리 이를 예외적으로 허용할 만한 사유도 존재하지 않는다고 보고 결합 당사자들에게 다음과 같은 시정조치를 명하였다.

1. 피심인들은 이 건 주식취득에 대한 정보통신부의 인가 결정일로부터 5년간 다음과 같은 사항을 준수하여야 한다.

가. 피심인 에스케이텔레콤 주식회사는 자신의 이동전화서비스(피심인 에스케이텔레콤 주식회사의 계열회사가 재판매하는 이동전화서비스를 포함한다, 이하 같다)와 피심인 하나로텔레콤 주식회사의 유선통신서비스가 포함된 결합상품(피심인 에스케이텔레콤 주식회사의 계열회사의 통신서비스가 추가된 결합상품을 포함한다. 이하 주문에서 '당해 결합상품'이라 한다)을 판매하면서 다음과 같은 행위를 하여서는 아니된다.

(1) 소비자가 개별적으로 가입하거나 이용할 수 있는 기존 유선·이동전화서비스(이하 주문에서 '기존 서비스'라 한다) 제공의 폐지 또는 제한하는 방법으로 당해 결합상품만을 이용하도록 강제하는 행위

(2) 피심인 에스케이텔레콤 주식회사 및 하나로텔레콤 주식회사의 대리점 등 유통업체들에게 기존 서비스에 대한 거래조건을 당해 결합상품에 대한 거래조건보다 불리하게 설정 또는 변경하여 당해 결합상품 판매를 강제하는 행위

(3) 다른 전기통신사업자가 당해 결합상품과 동종 또는 유사한 형태의 결합상품을 구성 또

는 판매하고자 피심인 에스케이텔레콤 주식회사의 이동전화서비스 제공을 요청하는 경우 피심인 하나로텔레콤 주식회사에 비해 거래조건을 불리하게 하거나 적정한 대가를 제시함에도 이를 거절하는 행위

나. 피심인 에스케이텔레콤 주식회사는 자신의 이동전화서비스를 다른 전기통신사업자를 통해 재판매하는 경우 피심인 하나로텔레콤 주식회사에 비해 재판매와 관련된 조건, 절차 및 방법, 대가 등 거래조건을 불리하게 하거나 적정한 대가를 제시함에도 이를 거절하여서는 아니된다.

2. 피심인 에스케이텔레콤 주식회사는 다른 전기통신사업자가 800Mhz 주파수에 대한 공동사용(소위 '로밍')을 요청하는 경우 정당한 이유 없이 이를 거절하여서는 아니된다.

III. 쟁점과 토의 주제

- 전통적 IT산업으로서 통신산업의 성장 배경과 특징
- 유선통신과 무선통신은 대체재인가 보완재인가?
- 기업들간의 결합을 법이 왜 문제삼는가?
- 현대 통신시장에서의 기업결합을 어떻게 보아야 할 것인가?
- 경쟁제한적 기업결합에 대한 경쟁당국의 시정조치로서 주파수 로밍의무 부과는 적절한가?

제5장

IT거래와 이용자보호

- 정보통신 및 온라인게임 산업을 중심으로 -

I. IT 기술의 발전과 소비자 문제의 대두

1. IT 소비자(이용자) 피해의 추이와 현황

IT산업의 비약적인 발전에 따라 각 분야의 서비스를 이용하는 소비자 내지 이용자들의 후생과 편익은 괄목할 만하게 신장되었다. 하지만 그 이면에 서비스를 구매 또는 이용하는 과정에서 나타나는 각종 불만 및 민원도 급증하고 있다. IT 분야의 소비자 관련 분쟁 가운데 정보통신서비스 관련 이용자 민원이 가장 많은 비중을 차지하는 것으로 나타나고 있으며 그 비중 또한 해마다 증가하는 추세이다.[1]

피해의 유형은 부당대금청구, 명의도용, 법정대리인의 동의 없는 상태에서의 미성년자 가입, 계약해지의 지연 또는 누락, 계약불이행, 신청하지 않은 부가서비스 요금의 청구, 해지 후 일방적 요금부과·인출, 과다요금청구 등 다양하다.

IT산업이 급성장하고 서비스보급률이 높아지는 것을 감안하면 소비자 내지 이용자의 피해발생건수와 관련 민원이 급증했다는 것은 특이한 일이 아니며, 오히려 이런 결과가 현실을 모두 반영하고 있는지에 의문이 드는 측면도 있다. 이용자들이 실제 느끼는 불만은 통계수치들에서 보여지는 결과를 넘어설 수도 있을 것으로 추측된다. 이용자 불만처리가 주로 한국소비자원이나 방송통신위원회 등 소비자정책기관 및 통신규제기관을 상대로 이루어졌고 법원에 의한 피해구제나 분쟁해결의 건수가 극히 미미하다는 점 또한 불만제기나 상담의 결과가 현실적인 피해보상으로까지 이어졌다고 보기는 어렵다.

1 계약단계에서 본인이 알지 못한 상황에서 계약이 체결된 경우를 의미한다.

이용자 상담 건수가 전체 소비자불만처리 건수에서 차지하는 비중이 높음에도 불구하고 실제 피해구제건수가 높지 않은 것은 여타 소비자문제와 구별되는 IT 서비스의 특성과 이용자들의 불만표출 행태 때문이다.

2. IT 소비자 피해자의 특징

IT 분야에서 제공되는 서비스 가운데는 실체가 비가시적이며 무형인 경우가 많아서 그 내용을 구체적으로 지정하거나 설명하기 곤란한데다 계량화나 표시도 쉽지 않은 특징을 보인다. 통신이나 인터넷 처럼 공급되는 동시에 소비되는 것으로 공급과 수요의 구분도 용이치 않다. 이런 이유로 물품이나 가시적인 여타 서비스와는 달리 품질의 하자나 결함여부를 가늠하기가 쉽지 않게 되고, 그 기준의 설정여하가 이해당사자에게 큰 영향을 주게 된다.

한편 온라인으로 제공되는 IT서비스는 흔히 통신망과 지속적으로 연결되어야 하며, 서비스를 일정기간 계약하여 사용하는 방식을 취한다. 가입으로부터 이용, 전환, 해지의 각 단계별로 일정한 절차도 요구된다. 그 결과 각 단계별로 고유의 이용자 보호관련 이슈가 발생하지만 서비스나 거래조건에 불만이 있어도 이용을 중단하거나 사업자를 변경하는 방법을 강구하지 않는 것은 이용자에게 용이한 선택이 아니다. 계약의 해제·해지나 고객의 이탈 및 전환에 따른 불편과 비용(switching cost)이 적지 않게 수반되기 때문이다.

또한 하나의 서비스를 완료하기 위해서는 발신사업자와 착신사업자, 필요시 중개사업자를 거치는 경우가 많다. 이용료 분쟁이 줄곧 유발되면서도 이용자 피해 발생시 책임소재의 규명이 쉽지 않은 이유가 여기에 있다. 예컨대 유·무선 통신뿐만 아니라 초고속인터넷의 경우 콘텐츠제공자, 소매인터넷접속서비스제공자의 다양한 단계를 거치므로 이용자보호 문제도 복잡한 양상을 띄게 된다. 소비자측에서의 입증책임이 그만큼 어려울 수밖에 없다.

서비스의 이용은 일상적이고 빈번한 것이어서 일시적인 소비스 단절 등 사소한 불편에 대해서는 가급적 문제제기를 하려들지 않는 성향이 있다. 고지서상 부과요금이 잘못 청구된 경우에도 금액차이가 소액이면 역시 묵과해 버리기도 한다. 물론 인터넷상거래나 온라인 주식투자 등의 경우는 통신 단절이 이용자에게 큰 손실을 유발할 수가 있고 이런 경우에는 이용자들의 대처양상이 달라질 것이기는 하지만, 전반적으로 피해발생의 가능성 및 빈도는 높은데 비해 구체적인 피해액은 그리 않다.

설령 적극적으로 불만을 제기하거나 피해보상을 받으려고 해도 계약 체결시에 소비자들이 인지하지 못한 상태에서 동의했던 거래조건에 소비자들에게 불리하고 사업자에게 유리한 각종의 조항들을 들어 사업자가 책임을 부인하는 경우도 비일비재하다. 이런 계약은 대부분 사업자가 일방적으로 미리 마련해 둔 '약관'을 통해 체결되고 있다.

이처럼 IT시장의 소비자 문제는 다양한 원인에서 발생되고 있으며, 일반적인 소비자정책적 관심과 법적 접근방식에 더해서 IT 서비스의 특수성과 소비자의 소극성을 감안한 섬세하고도 종합적인 대응이 요구되는 분야이다.

아래에서는 주로 약관을 통해 체결되는 불공정한 거래 및 계약의 문제를 온라인 게임을 중심으로 살펴 보기로 한다.

II. 온라인게임 시장의 특징과 현황

1. 온라인 게임의 특징

온라인 게임이란 1970년도 후반부터 본격적으로 보급된 개인용 컴퓨터를 사용하여 즐기는 오락 레저활동의 한 형태로서 종래의 컴퓨터 게임이 정해진 시나리오에 따라 진행되는 것과는 달리, 가상적 상황들을 설정해서 컴퓨터와 컴퓨터끼리 일정 시간 동안 다양한 데이터를 주고받는 형태의 게임을 의미한다. 컴퓨터 게임/멀티플레이 게임/네트워크 게임/온라인 네트워크 게임/인터넷 게임 등의 용어가 혼재되어 사용되고 있지만, 통상 온라인 게임이라 불리고 있다.

온라인 게임산업을 구성하는 핵심요소는 시각적인 소스를 개발하는 '그래픽 디자이너'와 시청각적인 소스와 게임의 기획의도에 맞춰 프로그램을 짜는 '프로그래머', 그리고 게임의 진행방향과 내용 등 형태를 기획하는 '기획자', 그리고 '네트워크' 기술인력의 4가지 요소로 이루어진다.

온라인 게임에는 다음과 같은 특징들이 발견된다.

먼저 기술의 발전에 영향을 많이 받는다는 점을 꼽을 수 있다. 이미 정보통신의 발전으로 온라인 게임에 필요한 인터넷 회선과 서버 등 네트워크 인프라가 구축되었지만, 그에 반하여 기술의 발전은 새로운 형태의 불법복제를 탄생시켰다. 흔히 가정용 게임기 시장이라고 불리우는 콘솔시장의 주요 매체는 CD나 DVD인데, 이를 복제할 수 있는 기술이 보편화되고 저렴해지면서 오프라인 시장의 수익을 크게 악화 시켰다. 불법복제 초기에는 중국의 개혁과 개방정책으로 인해 해택을 보는 기업가들이 대규모 불법복제를 주도했지만, 현재는 가정에서도 웹하드 공유프로그램이나 P2P프로그램, 그리고DVD-RW를 통해 손쉽게 복제가 가능하다. 오프라인에서의 불법적인 복제 행위에 대해 정확한 피해액을 집계 하는 것은 무리가 있지만 2006년까지 국내에 팔린 소니社의 '플레이스테이션 2'가 100만대인 데 반해, 플레이스테이션 2가 팔린 2006년까지 정식발매 소프트웨어는 플레이스테이션 한 대당 0.9장에 불과했던 점에서 불법유통의 실태를 짐작케 한다. 반면에 온라인 게임은 계정과 로그인을 기본으로 하는 클라이언트 프로그램 때문에 반드시 금전적으로 결제한 이후에 서비스를 이용할 수 있다. 이로 인해 수익성이 확실하게 보장된다.

두 번째, Player vs Player로 인한 현실감이 중요시된다는 점이다. 바둑의 경우를 예로 들어 설명하자면, 일단 완벽한 바둑 프로그램을 만들기 위해서는 먼저 둘 수 있는 모든 경우의 수를 계산한 다음, 흑돌과 백돌의 승패를 결정하는 경우의 수를 계산해야 한다. 하지만 프로바둑기사들의 입장에서 천문학적인 경우의 수와 수천만가지의 대국데이터를 계산하는 연산처리 능력을 지닌 기계를 개발하는 일은 거의 불가능하다. 반면에 플레이어를 인공지능이 아닌 또 다른 플레이어가 상대한다면 수많은 대처방법이 유기적으로 도출되고 게임에서 승리했을 때의 성취감 또한 커질 수 있다. 실제 Player 대 Player의 Starcraft 같은 온라인 게임이 나온 이래 소비자들로부터 여전한 이끌어 내고 있는 것도 이 때문으로 보아야 한다.

실시간 After-Service가 가능하다는 점도 특징이자 장점이다. 게임을 포함한 모든 프로그램은 프로그램상 구현화된 부분이 많으면 많을수록 의도하지 않은 문제가 생길 확률이 크다. 이를 버그라고 하는데 일반적으로 버그를 찾는 가장 손쉬운 방법은 직접 게임을 실행해 보는 일이며 버그를 찾고 수정하는 작업 또한 구현화된 부분이 많을수록 길어진다. 오프라인 게임은 한번 출시하면 잘못된 사항을 고칠 방법은 Recall 밖에 없지만, 그에 따른 비용이나 시간상 문제 때문에 사전에 철저한 수정작업이 유일한 해결책이었다. 최근에는 인터넷 회선을 통해 PC나 인터넷을 지원하는 가정용 게임기로 수정사항을 내려 받을 수 있지만 인공지능에 의존하는 오프라인게임은 수익성이 문제되기 때문에 지속적인 수정을 하기도 쉽지 않다.

반면 온라인게임은오프라인 게임이 오랜시간 비용과 인력을 고용해 버그 테스트를 하는데 비해 온라인의 경우는 훨씬 많은 인력으로 훨씬 짧은 시간 내에 적은 비용으로 문제점을 수정할 수 있다. 또한 추가로 광고 효과도 얻는다. 게임출시 이전에 문제점을 포착해 내기 위한 클로즈테스트 기간에 대부분 치명적인 문제점이 수정되며, 차후에 생기는 문제점 또한 서버프로그램을 수정하고 서버프로그램 버전에 맞춰 각각 유저의 클라이언트 프로그램을 수정하는 것으로 해결할 수 있다. 또한 특별히 문제가 생기지 않아도 게임 내에 변화를 주거나 추가사항을 만드는데 유용하게 이용된다.

전반적으로 온라인 방식의 게임은 상품성 면에서 오프라인 게임에 훨씬 앞서 있다는 것이 시장의 평가이다.

2. 온라인 게임 산업의 역사

1) 1969~1979년 : 네트워크 게임의 등장

온라인 게임의 역사의 출발점은 일리노이 대학에서 1961년에 도입한 일명 플라토(PLATO, Programmed Logic for Automatic Teaching Operations)라 불리는 네트워크 시스템이었다. PLATO는 지속적인 발전을 거듭하여 1972년에는 1000명의 동시 접속자를 수용할 수 있게 되었다. 원래 PLATO는 교육 전산화를 위한 시분할 시스템을 의미했으나, 1967년 릭 블룸(Rick Blomme)에 의해 게임 플랫폼으로 활용되었다. 블룸은 원격 네트워크 기반에서 작동되는 최초의 Multi-Player 게임인 MIT SpaceWar 2인용 버전을 개발하였다. 사실 SpaceWar는 1962년 MIT의 스테픈 러셀, 피터 샘슨, 댄 에드워즈, 그리고 마틴 그랫츠에 의해 메인 프레임 컴퓨터

PDP-1에서 최초로 구현되었으나 일반적으로 릭 블룸의 PLATO버전을 네트워크 게임의 시초로 인정하고 있다. 그 이후 여러 멀티플레이어 게임들이 PLATO용으로 서비스되기 시작했다.

2) 1996년 이전 : 오프라인 게임 산업을 보조하는 온라인 게임

현재 본격적인 온라인 전용 게임들이 등장하기까지 시대는 스타크래프트출시 이전과 스타크래프트 출시 이후로 나뉜다. 그 이전에는 기술적인 한계로 인해 온라인 게임 또한 초고속 인터넷 전용회선이 아닌 전화선만으로 게임을 즐겨야했다. 국내에서는 하이텔이나 나우누리같은 컴퓨터통신 서버를 경유해서 텍스트 문자로만 즐길 수 있는 게임이나 서버를 경유하지 않고 전화선을 통해 P2P연결로 게임을 하던 것이 고작이었다. 1996년까지 온라인 게임은 PC통신의 이용량을 늘리던 수단이나 단지 오프라인 게임에 부가적인 재미를 주는 요소였을 뿐 온라인 게임을 통해 수익을 창출하던 시대는 아니었다.[2]

3) 1996년 이후 : 온라인 게임 산업의 대두

전용회선을 통해 초고속 인터넷 접속이 가능한 PC방이 최초로 등장하는 등 가정에서도 비교적 저렴한 가격에 양질의 인터넷 전용 회선을 제공받을 수 있었다.(초기에는 대규모 아파트 단지에 한정되어 있었다.) 이 시점에 등장한 게임이 스타크래프트인데, 이 게임은 온라인 전용 게임은 아니지만 게임전용 서버인 배틀넷 접속뿐만 아니라 p2p, 자체 네트워크 게임까지 가능한데 온라인적인 요소가 주된 수익의 모델이 되었다.[3] 그 후 97년에 등장해 98년 정식 서비스를 시작한 MMORPG게임 '리니지'[4]와

2 세계 최초의 온라인 RPG 게임은 1991년에 등장한 Never Winter Knights이었다. 당시 회선이나 서버, 트래픽등의 환경문제로 크게 알려지지 않은 게임이나, 세계 최초라는 점에서 의미가 있는 게임이다.

3 MMORPG의 신기원을 이룸으로써 세계 게임시장에 큰 변화를 가져온 게임으로 Ultima Online을 꼽는다. 원래 79년부터 꾸준히 발매되어온 패키지 게임 형태의 인기작 울티마 시리즈의 Online 버전이다. 게임의 자유도와 중독성 측면에서 높은 평가를 받았다. 한편 국내 최초의 MMORPG 게임은 1996년에 출시된 '바람의 나라'이었다. 원래 국내 통신망을 이용하여 그래픽이 아닌 채팅을 통해 게임을 진행하는 MUG방식의 게임이었다. 그와 같은 형태로 진행되다가, 점차 국내에 인터넷망이 보급되면서 MMORPG로 출시된 게임이다. 서비스 초기에는 완전 무료형태였지만, 현재는 부분 결제 요소를 추가해약간의 수익을 내고 있는 게임이다. 국내 최초이며, 최장수 MMORPG라는 점에서 높은 평가를 받고 있다.

4 스타크래프트로 인한 PC방 열풍에 힘입어 본격적으로 시장을 주도하기 시작한 게임이다. 게임방식은 단순하고 지루하지만, 게임을 플레이해서 아이템과 게임머니를 획득하는 것이 현실세계에서 돈이 되기 때문에 그 자체가 엄청난 중독성을 가지고 있다. 덧붙여서 게임 내에서 극도로 희귀한 아이템은 웬만한 중고차 한 대 가격과 비슷하다. 이런 특수 한 인기

국내 온라인게임 산업과 소위 PC방 산업의 성장에 있어서 결정적 역할을 하였다.

3. 게임산업의 수익 구조

게임산업의 수익은 광고, 서비스 이용료, 아이템 판매 등을 통해 창출된다. 광고 수익은 무료형 온라인게임에서 주로 보이는 형태로서 제휴광고나 단기 팝업 광고수익을 주 수입원으로 서비스를 제공한다. 비교적 낮은 제작비가 들어간 게임들이 많이 선택하는 수익 획득방법이다.

또한 서비스 이용에 따른 요금은 정액제(보통 월별)나 시간제, 유저들의 계정별이나 특정 컴퓨터의 인터넷 주소별로 부과한다. 제작비가 많이 들어가는 MMORPG 게임이 주로 이런 요금 형태를 취한다.

한편 부분 유료 온라인 게임에서 가상 아이템 판매를 통해 수익을 창출한다.채팅 사이트의 아바타 판매 방식에서 유래된 판매 방식, 휴대폰 요금 결제, ARS요금 결제 등 각종 요금결제 기술의 발달에 의해 형성된 수입기반이다. 반면에 편리한 결제방법 때문에 미성년자들이 부모의 휴대폰으로 무단 결제하는 사례들이 빈발하여 사회문제화 되기도 한다. 사업자들은 서비스 자체는 무료로 제공하지만, 게임 내 사용되는 아이템이나 부수적인 요소를 판매하는 것으로 수익을 보충하기도 한다.

III. 소비자로서 게임이용자의 특수성

1. 온라인 게임에 대한 이중적 시각

온라인 게임은 지식산업의 선도 분야로서 그 산업적 가치에 대해서는 물론이고 그것이 창출하는 문화적 순기능에 대해서도 사회전반에 걸쳐 공감대를 확산해 가고

를 등에 업고 리니지시리즈를 제작한 엔씨소프트는 06년 한해 동안 3천억원의 공식 적인 매출을 올렸다. 온라인게임 자체의 독특한 사회, 경제구조 구축으로 인한 집단 중독성을 이용하는 게임방식은 하나의 큰 트렌드가 되었고,지금도 대한민국에 출시된 100여종의 MMORPG는 단순히 또 다른 버전의 리니지라고 해도 전혀 과언이 아니다. 하지만 살인적인 플레이시간과 단순하고 지루한 게임방식은 게임자체의 이미지에 악영향을 주고, 신규 시장이라고 할 수 있는 새로운 유저층 확보에 점차 어려움을 겪고 있다. 국내 네트워크 기술이 발전하는데 가장 큰 역할을 한 게임이기도 하다.

있는 분야이다. 하지만 게임을 바라보는 시각과 정책적 접근 방식에는 여전히 이율배반적이랄지 이중적 시각과 잣대가 존재하는 것이 사실이다. 시민들이 온라인게임의 산업적 성장과 국제경쟁력 제고가 가져다 줄 경제적 잉여물에 대해 높은 기대감을 나타내면서도, 게임으로 인한 사회적 병폐현상에 대해서는 경계심 또한 강하게 표출하고 있다. 온라인게임의 산업적 성장과, 문화적 가치의 확산을 위해서는 새로운 게임상품의 개발과 정책적 보조와 더불어 그것이 파생하는 사회적 문제들을 사전에 차단하고 사후에 해결하기 위한 제도의 설계 및 운용이 오히려 더 중요한 전제가 되고 있는 것으로 보인다.

더욱이, 게임이용자 보호를 거론하지 않더라도 소비자정책의 국가적 비중이 증대하고 있는 시점에서 이용자 보호문제는 온라인게임 정책의 중핵으로 자리잡고 있다. 이 문제에 대한 관심의 주체도 전통적인 소비자정책당국이나 공정거래위원회를 위시하여 문화체육관광부나 방송통신위원회 등 여러 기관으로 확대되어 가고 있으며, 사업자나 소비자단체 등에서도 제도개선을 위한 다양한 방안들을 제시하는 상황이다.

2. 소비자 정책적 시각에서 본 게임이용자의 특징

일반적으로 소비자법(consumer law)이 상정하는 소비자는 거래의 목적이 생활유지나 욕구충족이라는 점에서 영리추구를 목적으로 하는 사업자와 대등할 수 없고, 거래에 참여하는 행태가 일시적, 단속적, 비전문적이라는 점에서 동일 상거래를 반복적, 계속적, 전문적으로 하는 사업자에 비해 정보력이 부족하며, 조직화되지 못한 상태에서 개별적으로 거래에 나선다는 점에서 사업자와도 상반된다. 그 결과 소비자는 사업자에 비하여 거래조건에 대한 정보력이나 상대방과의 교섭력이 뒤처지게 된다.

구분	일반사업자	일반소비자
거래목적	영리추구	생활유지 및 욕구충족
시장참여행태	반복적, 계속적, 전문적	일시적, 단속적, 비전문적
조직화 여부	조직화, 집단화	비조직화, 개별화

이 때문에 소비자를 보호하기 위한 목적으로 제정된 일련의 법들은 거래단계에

따라 이들이 처한 열등한 지위를 사업자와 대등한 수준으로 유지되도록 조력하는 데 주안점을 두게 된다. 그 결과 소비자기본법의 주요 내용도 소비자에게 제공되는 상품·용역의 품질 및 안전관련 기준을 제시하기 위한 규범, 소비자에게 상품·용역에 관한 정보공개 및 제공의무를 부과하는 규범, 소비자의 거래상 열후한 지위를 보완하기 위한 규범, 그리고 시장경쟁질서를 유지, 촉진하기 위한 경쟁규범 등 다양한 실체법과 절차법으로 구성되며, 대부분 강행규범으로 이루어진다는 특징을 보인다. 이들 규정들은 소비자법의 형식으로 제정되기도 하고, 개별 산업분야를 규율하는 법률에서 일부규정으로 편성되기도 한다.

한편 게임서비스를 이용하는 고객 역시 게임상품을 구매, 이용하는 일종의 소비자로서, 비영리를 목적으로 거래를 하고, 비조직화되어 있다는 점에서 국가의 후견적 조력을 필요로 하는 거래당사자라 할 수 있다. 단, 일반 소비자에 비하여 거래대상과 내용에 관해 상당수준의 전문성을 보유한데다, 반복적, 계속적인 구매행태를 보인다는 점에서 거래상 지위나 이용자피해 발생 유형에 있어서 일반 소비자들에게 나타나는 경우와는 다소의 차이를 보이기도 한다.

구분	게임사업자	게임이용자
거래목적	영리추구	욕구충족
시장참여행태	반복적, 계속적, 전문적	반복성, 계속성, 전문성이 상당부분 존재함
조직화 여부	조직화, 집단화	비조직화, 개별화

하지만 이 같은 차이가 보호 필요성의 경감을 원인하지는 않는다. 오히려 몇 가지 점에서 게임이용자들에 대한 후견적 보호 및 국가의 개입 필요성은 더 커진다고 볼 수 있다.

먼저 게임이용의 목적이 거래의 동기가 생활유지보다는 욕구를 충족하기 위한 것이라는 점에서 과몰입의 문제를 야기한다는 점을 지적할 수 있으며, 일종의 사회정책적 관점에서 게임문화에 접근할 필요성이 제기된다.

한편 계약의 체결과정에서도 온라인 거래의 특성상, 거래의사의 형성 및 거래의 성립이 즉시성을 띠게 되며, 의사표시의 기술화, 자동화 및 방식의 정형화로 인해 당사자 상호간에 의사소통이 일정한 패턴에 의해 이루어지는 특징을 보인다. 또한 이용자의 의사가 사업자에게 정확하게 전달되기 어려운 경우가 많고, 불특정 다수인을 상대로 한 대량의 반복거래로 개별적인 거래의 특성이 간과되는 한편 예측 가능한 사업자와 예측이 어려운 소비자 사이에 상호이해의 차이가 발생한다. 비대면 거래에 의하여 상대방 신원 및 신용을 확인하기 어려운 문제도 있다. 아울러 개방형, 분산형 시스템을 이용한 결과 통신회선의 보유, 운영주체, 온라인화폐의 발행인, 인증기관 등 거래에 관여하는 자가 다수 존재하게 되고 그에 따라 피해에 대한 귀책을 정하는 것이 쉽지 않다는 점도 지적할 수 있다.

한편 게임소비자라는 용어대신 이용자라는 용어를 사용하고 있는 점에도 주목할 필요가 있다. 현재 전기통신사업법 등 정보통신소비자들에 대해서는 이용자라는 용어를 주로 사용하고 있는데, 개별사안에 따라 판단되어야 할 문제가 있기는 하지만, 소비자와 이용자 개념을 구분해서 접근할 필요가 있다. 현행법상 소비자 개념은 사업자가 제공하는 물품이나 용역을 소비생활뿐만 아니라 생산활동을 위해 사용 또는 이용하는 자까지도 포함되는 반면, 게임이용자는 주로 소비생활을 위해 최종 사용 또는 이용하는 자를 염두에 둔 것으로 볼 수 있기 때문이다.

이 같은 이용자의 지위의 특수성으로 인해 이용자피해 내지 불만유형 측면에서도 몇 가지 주목할 만한 특징이 나타난다. 통상적인 소비자문제는 품질불량, 납품지연, 대금결제 등과 관련하여 발생되는 것이 일반적이다. 이에 비해 게임거래에서는 해킹이나 불법프로그램유통, 현금거래, 미성년자 회원가입 및 결제 등이 이용자피해사건의 주류를 이루고 있는데다, 사업자가 아닌 이용자의 귀책사유로 인하여 발생하는 피해들이 적지 않은 양상을 보인다. 불량이용자에 의한 사기, 계정도용, 현금거래 등의 경우가 그러하다. 이 경우, 사업자는 제3자적 입장에 서게 되는데, 많은 경우가 피해를 입은 이용자들이 게임업체에게 해결을 요청하는 과정에서 이용자보호 내지 불만처리로 흡수되어 처리되고 있다.

한편 게임이용자들이 주로 청소년층인데다 비대면거래로 이루어지기 때문에 미성년자 법률행위의 법정대리인 동의 문제, 개인정보보호 문제 등 파생된다. 이 밖에도 이용자가 상당한 게임물에 대한 전문성을 갖추고 있으며, 이용자에 의한 프로그램조작 및 불법프로그램 유통문제가 발생하는 등, 게임이용자 보호 내지 불만처리를 위해서는 전통적인 소비자보호법제만으로는 충분치 않으며, 별도의 실체법들을 필요로 하게 된다.

3. 게임이용자 보호의 법적 접근방식

현행법상 소비자보호 내지 이용자불만 문제에 대한 규율방식의 대략은, 일반법인 소비자보호관련법제[5]를 중심으로 하되, 개별산업분야를 규율하는 별도의 법률에 소비자 내지 이용자 보호를 위한 특별규정을 두고 특수한 문제들을 규율하는 방식으로 정리할 수 있다. 게임산업도 이와 같은 맥락에서 이용자보호 문제에 관한 규범체계가 수립되어 있다. 즉, 전통적인 소비자보호 관련 법률들에서 소비자보호의 실천적 규정들을 규율하는 한편, 게임 및 정보통신 등을 규율하기 위한 개별 법률에서 이용자보호적 성격을 가진 규정들을 두고 있다. 그 결과 게임이용자 보호는 일차적으로 소비자보호관련법의 실체 및 절차규범들을 토대로 실현되며, 게임거래 및 산업에 특수한 이용자피해를 별도의 기준과 절차를 통해 해결된다. 다만, 소비자보호와 게임이용자불만처리 내지 이용자보호는 다른 문제일 수 있음에 유의할 필요가 있다. 게임이용자들이 제기하는 불만이 모두 소비자보호관련 법/정책의 관심대상이 되는 것은 아니며, 이용자불만처리와 소비자보호법/정책의 목표가 일치하지 않는 경우가 있다. 예를 들어, 게임사업자들이 해킹으로 포섭하여 고객관리의 대상으로 삼고 있는 유형들도 규범적 의미에 있어서 각기 차이가 있다. 단순한 계정도용, 절취와 해킹툴을 이용한 계정편취가 이용자 입장에서 자신의 계정을 타인이 사용하고 있다는 결과에 있어서 같지만 법적으로 까지 동일한 평가가 주어지는 것은 아니다. 요컨대 해킹으로 인해 이용자가 받은 손해를 사업자가 보전해줄 것인지 여부는 소비자문제로 보기 어려우나, 해킹에 따른 계정도용 확인시 계정폐쇄나 중지 등의 조치는 소비자문제가 될 수 있으며, 따라서 양자를 구분해서 접근할 필요가 있다.

전자의 경우, 즉 소비자보호법/정책의 대상이 아닌 경우, 사업자들이 이용자의 요구에 응해줄 것인지 여부는 사업자들 스스로 판단할 문제이다. 즉 사업자의 영업전략 내지 사후고객관리 차원에서 접근할 문제들이며, 법이 강제할 사안이 아니다.

반면, 사후고객관리를 어떤 방식으로 처리할 것인지는 개별 사업자들이 독립적인 판단 하에 결정되어야 하며, 이용자불만처리 정보에 대한 공개와 공유가 업자들

5 여기서 말하는 소비자보호관련법은 현행 소비자기본법의 전신이었던 소비자보호법을 의미하는 것은 아니며, 소비자기본법을 위시하여 소비자보호를 목적으로 하여 제정된 일련의 법체계를 일컫는 의미로 사용한다.

사이에 거래조건의 상호 조정으로 이어지지 않도록 유의할 필요가 있다. 보기에 따라서는 거래조건 카르텔로 판단될 여지가 있기 때문이다. 단, 표준약관 등을 통해 업계 내의 통일적 거래조건으로 정립되는 것은 가능할 것이다.

4. 온라인게임의 이용 단계별 소비자문제 유형과 관련 규범

전통적 소비자 문제에 대한 법적 대처방식은 거래단계별로 구분해 볼 수 있다. 먼저 온라인게임 이용계약의 교섭단계에서는 사업자의 신원확인 가능성, 사업자에 의한 표시, 광고의 허위 및 과장여부가 위법여부를 가리는 관건이 되곤 한다. 다음으로 게임 이용계약의 체결단계에서는 일반적인 계약성립의 요건으로서 청약의 의사표시 및 그에 대한 사업자의 승낙을 게임이용계약에도 그대로 인정할 것인지의 문제가 중요하며, 그 외에 미성년자인 이용자의 계약을 유효화하기 위해 법정대리인의 동의를 득했는지가 중요하다. 또한 이용약관이 이용자에게 제대로 명시, 교부 및 설명되었는지, 그 내용은 신의성실의 원칙에 반하는 불공정한 것이 아닌지가 문제된다. 이용계약이 성립된 이후에는 계약내용의 이용 미비, 이용자의 청약 철회문제, 기타 각종 분쟁해결 방법이 문제될 수 있다.

이러한 일련의 단계에 대해서는 일차적으로 민·상법 및 민·상사특별법, 소비자기본법, 전자상거래소비자보호법 등이 적용될 수 있다. 민법의 경우 계약당사자간 계약책임, 채무불이행책임, 하자담보책임, 불법행위책임, 미성년자 등 행위무능력자의 법률행위에 대한 법정대리인의 동의, 취소권 규정이 적용되며, 상행위 일반법으로서 상법도 적용가능하다. 소비자기본법 및 할부거래법, 전자상거래소비자보호법의 경우는 청약철회, 소비자피해보상보험, 분쟁조정 등을 규율하게 된다.

이와 더불어 게임물에 특유한 문제들의 법적 해결도 단계별로 유형화할 수 있다. 이용계약의 체결단계에서는 개인정보수집·이용 관련, 미성년 이용자 보호를 위해 정보통신망법이 개인정보제공 동의, 이용자의 정보제공 동의 철회, 14세 미만 미성년자 법정대리인의 권리를 규정하고 있으며, 이용계약 성립이후에는 계정도용, 불법프로그램 유통 보호를 위해 「정보통신망 이용촉진 및 정보보호 등에 관한 법률」, 저작권법이 관련 규정을 두고 있다. 계정압류 및 정지와 같은 사업자의 제재조치,

이용자의 의무위반에 대한 계약해지 등의 적합성은 여전히 약관규제법에 따라 공정성여부가 판명된다.

「콘텐츠산업 진흥법」은 이용자의 청약철회 등 권리행사 보호를 위해, 청약철회 등이 불가능한 온라인콘텐츠의 경우 그 사실을 표시하거나 시용상품제공, 한시적·일부 이용 등의 방법을 취하도록 하는 한편 표준약관의 활성화를 위한 근거규정 등을 두고 있다.[6]

요컨대 온라인게임이용자보호 문제는 일반 소비자 문제보다 영역의 폭은 좁은 반면, 처리대상이 되는 불만의 유형은 훨씬 다양한 특징을 갖고 있다. 아래에서는 온라인게임이용 약관에 결부하여 발생하는 이용자보호 문제에 집중하여 다루어 보기로 한다.

Ⅳ. 온라인게임 이용약관의 편입통제

1. 약관규제 일반론

약관이란, 주지하다시피, 계약의 일방당사자(一方性)가 다수의 상대방과의 계약체결을 위하여(一般性), 일정한 형식에 의하여 미리 마련한(事前性) 계약의 내용을 말한다.[7]

현대적 계약관계에 있어서 약관이 차지하는 비중과 역할이 지대하며, 특히 온라인게임의 이용을 위한 계약에 있어서는 그것이 가지는 비대면의 상태에서 대량적, 반복적으로 체결된다는 특수성으로 인해 약관에 대한 의존도가 절대적이라 할 수 있다. 계약의 신속한 체결 수단으로서 약관은 사업자와 이용자간의 분쟁시 해결의 기준을 제시하는 역할을 수행하는 동시에 양자간 분쟁의 시초가 되기도 한다. 따라서 약관운영에 있어서 실체법적 쟁점의 이해와 준수는 건전한 게임문화조성과 게임산업 발전을 위해 매우 중요한 전제가 아닐 수 없다.

현행 법 체계상 게임이용약관을 포함한 모든 약관거래 규율의 기본적 틀은 「약관의 규제에 관한 법률(이하 '약관규제법')」이 제공하고 있다. 동법에서는 계약의 초안으

6 콘텐츠산업 진흥법 제27조 참조

7 약관의 규제에 관한 법률 제2조 제1항.

로서 약관의 내용을 이용자에게 명시하고, 설명하며, 이용자의 요청이 있을 경우 이를 교부하는 조치를 요구함(제3조)과 아울러, 약관해석의 기본원칙(제4조, 제5조) 약관의 내용을 신의성실의 원칙에 위배되지 않는 공정한 것으로 구성해야 할 의무(제6조, 제7조~14조)를 사업자들에게 부과하고 있다.

게임이용약관을 둘러싼 법적쟁점도 기본적으로는 약관규제법상 통제유형별을 중심으로 형성되어 왔다고 볼 수 있다. 특히 최근에는 명시설명의무의 이행과 표준약관의 제정, 그리고 게임이용계약의 특성에 기인한 각종의 불공정성 관련 이슈들이 새롭게 대두되고 있다.

2. 현행법상 명시·설명의무의 요건과 해석

약관규제법 제3조 제1항 및 2항에서 제시되어 있는 명시·설명의무의 내용은, 사업자가 계약체결시 고객에게 약관의 내용을 계약의 종류에 따라 일반적으로 예상되는 방법으로 명시하여야 하고, 특히 중요한 내용은 고객이 이해할 수 있도록 설명해야 한다는 것이다. 여기서, '일반적으로 예상되는 방법'은 어떤 방법을 말하는지, 그리고 '중요한 내용'이란 무엇인지는 법령에 제시되어 있지 않다. 다만 약관의 설명 방법에 관해서는 수건의 판례를 통해서 부분적이나마 최소한의 윤곽을 추출해 볼 수 있는 기준이 제시되어 있다. 이를테면 보험자가 보험계약자에게 보험계약의 청약을 유인하는 안내문만 송부한 것으로는 설명의무를 다하였다고 볼 수 없다는 것이다.[8]

아울러 설명의무의 대상으로서 '중요한 내용'의 판단기준에 관해서는, 고객이 당해 내용에 대해 설명을 들었다면 계약을 체결하지 아니하였을 정도가 될 때[9] 중요한 것으로 인정된다고 보았다. 반면 내용상으로는 계약의 핵심적 사항이라고 하더라도, 당사자 사이에서 그에 대한 설명의무가 제대로 이행되었더라도 그것이 계약의 체결여부에 영향을 미치지 않을 만한 사정이 있다면 설명의무의 대상이 되는 중요한 내용으로 인정되지 않는다.[10]

8 대법원 1997. 9. 26. 선고 97다4494 판결; 대법원 1999. 3. 9. 선고 98다43342,43359 판결.

9 대법원 1996. 6. 25. 선고 96다12726 판결; 대법원 1995. 12. 12. 선고 95다11344 판결.

10 대법원 2005. 10. 7. 선고 2005다28808 판결; 대법원 1994.10.25. 선고 93다39942 판결.

이러한 의무를 위반한 사업자에 대해서는 공정거래위원회가 500만원 이하의 과태료를 처할 수 있으나, 고객의 약관에 대한 인식가능성이 없었다는 것을 입증하는 일이 쉽지 않아서 실제 과태료를 부과·징수한 사례는 없는 것으로 나타났다.[11]

한편 약관규제법에 의한 규제내용 가운데 제3조의 명시·설명의무에 대해서는 지난 2007년에 주목할 만한 법 개정이 있었다. 약관의 내용을 단순히 고객에게 명시하는 조치만으로는 명시의무를 이행했다고 보기에 충분치 않으며 내용을 현실적으로 이해할 수 있을 수준으로 약관의 형식, 글자체, 색체 등을 명확히 할 것을 의무화한 것이 그것이다. 단지 명시했는지 여부가 아니라 현실적으로 알아볼 수 있도록 성의있는 조치를 했는지가 의무의 이행여부를 가늠하는 기준으로 설정되었다는 의미이다. 이해의 용이성이 떨어지는 약관이 오히려 사업자들에게 명시설명의무 이행에 대한 항변사유로만 활용될 수 있는 맹점을 보완하기 위한 취지로 볼 수 있다. 따라서 고객에게 인터넷 웹사이트를 통해서 게임이용약관을 제시하되, 글자의 크기가 지나치게 작거나 내용이 일목요연하게 파악되기 어려운 형식으로 이루어진 경우에는 약관의 명시 내지 설명이 이루어졌다고 보기 어렵게 되었다.

다만 현행 약관관련 법령에는 약관에 사용되는 글자크기에 대한 규제는 존재하지 않는다. 일반인들이 가장 쉽게 접할 수 있는 일간신문의 활자크기는 통상적인 컴퓨터 문서프로그램을 기준으로 약 10포인트로 하고 있다. 약관거래 고객과 겹쳐질 수 있는 여타 소비자군을 상정한 타법이나 매체에서 운용되고 있는 기준들을 참고해 보자면, 할부거래에 관한 법률 시행규칙 제3조에서는 할부거래계약서의 활자크기를 9포인트 이상으로 하되 중요사항에 대해서는 붉은 글씨로 기재하고 테두리를 치도록 의무화하고 있다. 아울러 식품의약품안전청이 제정, 고시한 '식품 등의 표시기준'[12] 제5조 3호에서는 식품의 제조연월일, 유통기한, 원재료명, 성분 및 함량표시 글자는 7포인트 이상으로 할 것을 정하고 있다.

게임이용약관에 대해서도 구체적인 글자크기 등의 기준이 제시되어 있지 않아서 일률적으로 말하기는 어려우나, 'ᄒᆞᆫ글'프로그램 기준으로 글자크기 4~6포인트 정도의 글씨를 사용하는 '깨알약관'에 대해서는 이미 공정거래위원회가 소비자들의

11 감사원,「소비자보호시책추진실태」, 2004.6, 72면 참조.

12 식품의약품안전청고시 제2003-27호.

인식가능성을 떨어뜨릴 뿐만 아니라 고객에게 불리한 규정에 대한 주의력과 관심을 분산시키는 효과가 있어서 사실상 명시·교부의무가 이행된 것으로 보기 어렵다고 본 바가 있다. 다만 온라인 게임이용약관의 경우는 사업자가 작성한 글자의 크기가 이용자의 모니터 크기에 따라 달라질 수 있어서 크기 자체가 절대적인 기준이 되기는 어려운 측면이 있다. 따라서 색채나 글자체 등 이용자에 대한 시각적인 효과를 통해 가독성을 높일 수 있는 적절히 보완하는 조치가 병행되어야 할 것이다. 아울러 청소년 등 저연령층을 주된 고객으로 확보하고 있는 게임업계에 있어서는 이용자의 입장에서 해독성을 제고시킬 수 있도록 약관의 표기를 정비하는 노력이 뒤따라야 할 것으로 전망된다.[13]

3. 운영정책의 수시변경과 사전고지의 문제

현행법은 명칭이나 형식 등에 관계없이 다수의 거래상대방을 상정하고 일방적으로 미리 작성한 계약의 내용이 되는 모든 것을 약관으로 보고 있다. 따라서 약관의 내용에 담지 않고 사업규칙 등에 위임한 거래조건은 비록 약관이라는 명칭을 사용하지 않았어도 당국에 의해 약관으로 간주된다는 점에 유의해야 한다. 이런 내용들을 명시하지 않거나 적법절차를 거치지 않고 개정한 경우에는 약관규제법 위반이 될 수 있다. 현재 각 게임사들이 이용약관과는 별도로 작성하여 운영하고 있는 '운영정책'도 명칭여하에는 관계없이 약관으로 보게 되며, 그 내용에 대한 명시, 설명은 물론, 변경시에도 이 점을 이용자들에게 공지해야 할 의무가 있다는 점에 유의해야 한다. 문제는 약관에 비해 운영정책은 수시로 변경되기 때문에 이를 일일이 이용자들에게 공지하는 것이 현실적으로 용이치 않다는 점이다.

이에 대하여 법원은 "운영정책의 내용이 약관에서 정한 바와 근본적으로 다르지 않고 이용자들의 예측가능한 범위 내에서 변경이 이루어진 경우에는 별다른 변경공지를 하지 않더라도 그에 따른 제재 등의 조치를 취하는 것이 허용될 수 있다"고 보았다.[14]

13 깨알약관에 대해서는 이미 공정거래위원회가 지난 2005년 3월에 10개 신용카드사에 대해 시정조치를 내린 바가 있다. 명시·설명의무 위반행위에 대해서는 최초의 시정조치이기도 했다.

14 서울중앙지방법원 판결, 사건번호 2007가합61415.

한편, 공정거래위원회의 조치를 살펴보면, 단기의 사전고지기간을 제시하고 약관변경을 허용토록 한 조항에 대해 불공정한 것으로 판단한 바가 있다.

[관련 약관조항의 예]

"회사는 필요하다고 인정되는 경우 이 약관을 변경할 수 있습니다. 회사는 약관이 변경되는 경우에 변경된 약관의 내용과 적용일을 정하여, 그 적용일로부터 7일전까지 홈페이지에 온라인으로 공시하거나 회원의 e-mail로 전송하는 방법으로 회원에게 고지합니다. 변경된 약관은 공시하거나 고지한 적용일로부터 효력을 발생합니다"

위 약관조항의 경우 약관의 명시·교부 및 설명의무 위반을 직접 대상으로 한 것은 아니지만, 운영정책 변경의 기한적 한도에 관해 가늠해 볼 수 있다는 점에서 적지 않은 의미를 가진 것으로 보인다. 이 조항은 법원 판결의 경우와 달리 '회사가 필요하다고 인정하는 경우'라고 함으로써 이용자의 예측가능성이 없는 변경에 해당하며 따라서 명시 등의 의무가 발생한다. 이에 대해 공정거래위원회는 사업자가 약관을 개정할 경우 변경사항이 고객에게 불리한 내용인지와 중요한 내용인지 여부에 대한 구분없이 7일 정도로 짧은 기간만 고지하면 약관변경의 효력을 인정함으로써 약관규제법 제6조 제2항 제1호에 해당하여 무효로 보고 있다.

여기서 공정위가 문제 삼은 것은 기간의 문제로서 즉, 7일은 너무 짧다는 데에 있으며 기간 외의 문제로서 고지만으로 별도의 동의절차를 밟지 않아도 되는지에 대해서는 언급하지 않고 있다. 이에 대해서는 고지만으로 족한지 별도의 동의절차가 있어야 하는지가 불명확한 경우 현행 약관규제법의 취지상 고객에게 유리하도록 해석되어야 한다는 규정의 적용도 가능하다. 논란의 여지를 해소하기 위해서는 약관에 동의에 관한 별도의 의제조항이 필요할 것으로 보인다.

V. 불공정한 게임이용약관의 유형 및 판단기준

공정거래위원회는 온라인게임을 중심으로 이용약관의 실태파악과 불공정약관의 적발을 위한 조사를 주기적으로 실시해 오고 있다. 또한 각급 법원을 통해서도 게임

이용약관 불공정성에 관한 의미있는 사법해석이 내려지고 있는 상황이다. 이를 통하여 게임이용약관 조항들 가운데 현행 약관규제법 제6조 내지 제14조의 이른바 불공정약관규제 조항을 통해 불공정성 여부가 가늠된 사례들이 대략적으로나마 추출이 되어 있다. 이하에서는 법원의 판결 및 공정거래위원회의 약관심사과정에서 문제가 되었거나 향후 문제가 될 수 있는 사례들을 예시하고 이들 조항의 불공정성에 관한 분석결과를 제시해 보기로 한다. 서술의 순서는 약관규제법상 관련조문을 열거하고 유관사례를 소개한 후, 분석결과를 제시하는 방식으로 전개키로 한다.

1. 고객에게 부당하게 불리한 약관 조항[15]

1) 계정의 영구압류 조항

온라인게임 계정의 영구압류는 이용자의 입장에서 보면 실질적으로 계약의 해지를넘어 영구적인 이용정지에 해당되는 효과(해당 계정으로 게임을 할 수 없게 됨)가 있다. 따라서 계정의 영구압류는 매우 극단적인 처방으로 예외적 경우에 한해 발동할 수 있는 하나의 자위권으로서 게임사업자들에 의해 사용되어 왔다. 영구압류의 사유에는 게임아이템이나 게임머니의 현금거래, 자동사냥프로그램 및 일정한 자동진행프로그램 사용의 경우가 대부분을 차지한다.

[관련 약관조항의 예]

게임이용 약관상 제재 대상 항목

분류	1차 제한
아이템/계정의 현물/현금 거래	영구 계정 이용 제한

치명적 버그악용 – 1차: 영구블럭 / 시스템 버그악용 – 1차: 영구블럭 / 운영자/직원 사칭 – 1차: 영구블럭 / 회사 사칭 – 1차: 영구블럭 / 캐릭터 사칭 – 1차: 영구블럭

이 같은 행위는 게임사업자에 대해서는 물론이고 다른 이용자에게도 경제적, 정신적 피해를 줌은 물론이고, 게임의 룰을 훼손시키는 행위로서 게임의 상품성과 지속성을 떨어뜨리게 된다. 따라서 계정압류 자체가 위법이라고 할 수는 없다. 공정거

15 법 제6조 제2항 제1호 위반 여부에 관한 사항으로 볼 수 있다.

래위원회의 실무나 법원의 초기 판결도 그런 맥락에서 사업자들의 계정 영구압류조치의 정당성을 인정하여 왔다.

문제는 제재수위와 압류조치의 발동 시점인데, 1차 적발시 일정기간만 계정의 이용을 제한하거나 해당 캐릭터나 아이템을 영구제한하는 정도라면 문제되지 않으나, 계정의 영구압류는 극단적 조치로서 과도성 여부가 문제될 수 있으며, 비록 제재대상에 해당된다고 하더라도 사안의 경중을 구별하지 않고 1차 적발시 곧바로 계정을 영구압류 조치하는 것 역시 과다한 제재로서 문제의 소지가 크다고 할 수 있다.

한편 영구압류와 관련하여 서울지방법원은 인터넷 게임상의 악성 불법소프트웨어를 설치하는 경우에 계정을 영구제재토록 한 약관조항에 대하여, 이용자가 마우스나 키보드를 조작하는 방식으로 명령하지 않더라도 자동으로 몬스터선택, 공격할 방법 등을 선택함으로써 하루 24시간 지속적으로 사냥할 수 있게 해주는 자동사냥프로그램이 악성 불법소프트웨어 게임사 이용약관에서 정한 악성 불법소프트웨어에 해당한다고 하여 합법이라는 판결을 내렸다. 인터넷 게임내의 불법 프로그램 사용실태 및 공정한 게임질서 유지의 필요성과 그에 따른 규제필요성에 비추어 볼 때 해당 약관조항은 위반행위 및 제재의 내용에 관하여 그 의미를 충분히 파악하고 예측할 수 있을 정도의 것으로 보인다고 하면서, 자동 사냥프로그램의 폐해 등을 고려할 때 이러한 약관위반 행위에 대하여 사전경고 등의 조치 없이 계정을 영구제재하더라도 이용자의 정당한 이익과 합리적인 기대에 반하는 것으로 보기 어렵다는 판단이었다.

반면에 서울고등법원은[16] 게임내 질서위반이나 약관위반을 하여 계정의 이용을 정지한 것이라고 하더라도 게임이용자에 대한 자의적이고 무차별적인 계정압류조치로 인한 정신적 피해를 인정하고 계정의 원상회복 및 손해배상을 할 것을 명하였다. (이에 대해서는 보완 서술키로 함)

2) 입증책임의 전가 조항

게임이용약관 가운데는 단순히 게임사업자가 명백히 인지할 수 없는 사유로 인한 접속지연과 통상 랙으로 인한 손해에 대해서는 책임을 지지 않는다는 내용의 규정들이 적지 않다.

16 서울고등법원 2007. 6. 5. 선고 2006나20025 판결.

[관련 약관조항의 예]

"회사는 회사에서 명백히 인지할 수 없는 사유로 인한 접속지연과 서비스 이용자들이 통칭하는 랙으로 인한 손해(아이템 분실, 경험치 손실)에 대해서 책임을 지지 않습니다"

이런 조항들은 사실상 입증이 곤란한 접속지연 등의 책임을 이용자들에게 일방적으로 부담시킨 것으로 불공정성한 것으로 인정될 가능성이 크다.

3) 채팅내용의 열람 조항

게임 특성상 이용자들의 분쟁 해결을 위한 입증자료로 채팅 내용을 저장·보관하는 것은 불가피하지만, 열람사유를 사업자가 판단하도록 규정하고 있고, 열람하는 경우 이용자들에게 통보 절차를 규정하고 있지 않을 경우에는 문제가 될 수 있다.

[관련 약관조항의 예]

"회사는 게임 서비스 내에서 이용자간에 이루어지는 모든 채팅내용을 저장·보관합니다. 회사는 이용자간의 분쟁 조정, 민원 처리 또는 게임 질서의 유지를 위하여 회사가 필요하다고 판단하는 경우에 한하여 본 정보를 열람하도록 할 것이며, 본 정보는 회사만이 보유하고 법령으로 권한을 부여 받지 아니한 제3자는 절대로 열람할 수 없습니다"

이용자들은 자신의 채팅내용(개인정보 등)을 누가 언제 열람한다는 사실을 인지할 수 없고, 예상치 못한 개인정보의 유출로 불측의 피해를 입을 수도 있다고 판단될 수 있기 때문이다.

2. 사업자 면책 조항[17]

게임이용서비스의 무료제공으로 인해 발생한 고객의 피해 및 계정도용 신고조사 등으로 인한 이용자 피해에 대해 사업자는 일절 책임을 지지 않으며, 오히려 이용자에게 관리의 책임을 묻는 약관 조항도 쉽게 발견된다.

17 법 제7조 제1호 적용사례.

[관련 약관조항의 예]

"개인정보 및 게임계정의 관리는 이용자 스스로 주의를 기울이셔야 합니다. 게임 계정관리의 1차적 책임은 이용자에게 있으며, 그 피해에 대해서는 회사에서는 책임지지 않습니다"

이런 경우에 대하여 최근 공정거래위원회는 게임계정 관리소홀, 서버해킹 및 계정도용조사 등 사업자의 귀책사유로 인해 피해가 발생할 수 있는 만큼, 과실책임의 원칙에 따라 사업자가 배상해야 한다고 보고 위 약관조항을 불공정한 것으로 판단한 바 있다.

한편 사업자의 고의 또는 중대한 과실로 인한 법률상 책임을 배제하는 조항은 이른바 절대적 무효조항으로서 부당성 여부를 판단하지 아니한다.

[관련 약관조항의 예]

"회사는 전시, 사변, 천재지변, 국가비상사태 기타 불가항력적 사유로 서비스를 제공할 수 없는 경우에는 책임이 면제됩니다"

"회사는 기간 통신 사업자가 전기통신서비스를 중지하거나 정상적으로 제공하지 아니하여 손해가 발생한 경우에는 책임이 면제됩니다"

위 사례와 같이 천재지변의 경우는 고의나 중대한 과실이 있다고 인정되기 어려운데다, 전기통신사업법 제33조의2(손해배상)가 "전기통신사업자는……손해를 입힌 경우에는 배상을 하여야 한다. 다만, 그 손해가 불가항력으로 인하여 발생한 경우……에는 그 배상책임이 경감 또는 면제된다"고 규정하고 있다는 점에 비추어 불공정조항으로 보기 어렵다.

한편 이용자 상호간의 분쟁 또는 이용자와 제3자간의 분쟁은 기본적으로 당사자간의 문제이며, 특별히 회사에게 이용자간의 분쟁을 해결해야 할 법률적 의무가 있다고 보기도 어렵다.

[관련 약관조항의 예]

"회사는 이용자 상호간 또는 이용자와 제3자간에 서비스를 매개로 발생한 분쟁에 대해 개입할 의무가 없으며 이로 인한 손해를 배상할 책임도 없습니다"

따라서 위와 같은 약관조항 역시 허용될 가능성이 있다.

3. 사업자의 손해배상책임 제한 조항 업자의 손해배상책임 제한 조항

1) 서비스 중지 장애에 대한 책임

게임사업자의 귀책사유로 게임서비스를 제공하지 못한 경우는 사업자 측이 손해배상의무를 져야 하는 것이 원칙이다.

[관련 약관조항의 예]

"회사는 회사의 귀책사유로 인하여 4시간이상 연속해서 서비스가 중지되거나 장애가 발생한 경우에 정액 계정에 한해 서비스 중지/장애시간의 3배에 해당하는 이용시간을 무료로 연장합니다"

하지만 위의 경우와 같이 회사의 귀책사유로 3시간 연속중단된 뒤에 1시간 제공 후 다시 3시간 연속중단 현상이 반복될 경우, 회사는 하루에 6시간만 게임서비스를 제공하더라도 아무런 책임을 지지 않게 된다. 따라서 이런 유형의 약관조항은 사업자책임의 일반원칙에 반하는 것으로 불공정한 것으로 평가될 가능성이 크다.

2) 무료제공 서비스에 대한 책임

게임회사들은 이벤트 행사 등의 경우 무료이용권을 발급하는 등 무료서비스들를 제공하는 경우가 적지 않다. 이에 대한 손해배상책임을 부담시킬 경우에는 자칫 사업자가 무료서비스 제공 자체를 축소 내지 폐지할 가능성이 있어서 이용자의 편이나 후생에 기여하지 못하는 결과가 될 수 있다.

[관련 약관조항의 예]

"회사가 제공하는 서비스 중 무료 서비스의 경우에는 손해 배상의 대상에서 제외 됩니다"

따라서 이런 경우의 책임배제는 불공정 조항 여부가 문제될 수 있다. 이에 대해 공정위는 지난 2005년 직권조사시에 불공정성을 인정하지 않은 반면, 지난 2009년 11월 심사시에는 유·무료 서비스의 종류에 관계없이 게임계정 관리소홀, 서버해킹 및 계정도용조사 등 사업자의 귀책사유로 인해 피해가 발생할 수 있는 만큼, 과실책임의 원칙에 따라 사업자가 배상해야 한다고 보고 위 약관조항을 무효로 판단하였다. 공정위의 불공정성 판단 기준이 보다 엄격한 방향으로 선회되고 있음을 보여주고 있다.

한편 이 조항은 약관규제법 제7조 제1호 즉, 계약당사자의 책임에 관하여 사업자, 이행보조자 또는 피용자의 고의 또는 중대한 과실로 인한 법률상의 책임을 배제하는 조항으로 볼 여지도 없지 않다.

4. 게임이용계약의 해제·해지에 관한 조항

1) 고객의 청약철회 불가조항[18]

[관련 약관조항의 예]

"회사의 유료서비스(아바타, 아이템, 회원제서비스 등)는 '온라인디지털콘텐츠산업발전법' 및 '디지털콘텐츠이용자보호지침'에서 규정하는 청약철회가 불가능한 서비스입니다. '회사'는 청약철회권의 제한을 위해 동법에 따라 다음 각호 중 하나의 조치를 취하여야 합니다.

(1) 청약의 철회가 불가능한 유료서비스에 대한 사실을 표시사항에 포함한 경우

(2) 시용상품을 제공한 경우

(3) 한시적 또는 일부이용 등의 방법을 제공한 경우

2) 사업자에 대한 해제·해지권 부여 조항 법 제9조 제2호 적용사례

통상적으로 불이행을 이유로 계약을 해제하기 위해서는 상당한 기간을 두고 상대방에게 이행을 최고하는 조치가 선행되어야 한다. 그런 점에서 이용자의 의무사항 중에는 사전통보 없이 해지를 해야 할 만큼 중대한 위반행위가 아닌 경우(예: 홈페이지의 공지사항 수시확인 의무 등)임에도 불구하고 의무위반행위의 경중을 구별하지 아니하고 일률적으로 사전통보 없이 해지할 수 있도록 한 경우가 문제될 수 있다.

[관련 약관조항의 예]

"회사는 이용자가 제○○조의 이용자의 의무를 위반한 경우 및 고의 또는 중대한 과실로 회사에 손해를 입힌 경우에는 사전 통보 없이 이용계약을 해지하거나 또는 기간을 정하여 서비스의 이용을 중지할 수 있습니다."

18 법 제9조 제1호 적용사례.

위 약관 조항의 경우도 공정위에 의해 불공정한 것으로 판단되었다.

5. 사업자의 원상회복의무나 손해배상의무 경감 조항[19]

계약의 해제·해지로 인한 사업자의 원상회복의무나 손해배상의무를 부당하게 경감하는 조항이자 법률의 규정에 의한 고객의 해제권 또는 해지권을 배제하거나 그 행사를 제한하는 것이라 할 수 있다.

[관련 약관조항의 예]

"등록후 어떠한 경우에도 환불되지 않음"

"입금후 등록신청이 없는 상태로 3개월 경과시에 환불요청하여도 인정 안됨"

"회사의 귀책사유로 계약해지시 기간만료일 10일이나 15일전에 반환신청의 경우에만 반환됨"

위 환불 제한조항도 그런 맥락에서 불공정성이 농후하다.

또한 아래 약관 조항은 사업자는 약관을 필요에 따라 변경할 수 있도록 한 것으로서, 이용고객이 동의하지 않아 계약이 해지될 경우에는 그에 따른 환급규정을 별도로 두고 있지 않으므로 불공정하다.

[관련 약관조항의 예]

"필요에 따라 변경할 수 6있으며 동의서에 동의하지 않으면 서비스는 중단됩니다"

6. 계약내용의 변경 관련 조항[20]

온라인게임 프로그램의 저작자는 컴퓨터프로그램보호법 제9조 내지 제11조의 규정에 의해 프로그램을 복제·개작·번역·배포·발행 및 전송할 권리를 가지며(동법 제8조), 프로그램은 특정한 기능을 수행하는데 그 의미가 있는 기능저작물이라 기술발달에 따라 끊임없이 개량되는 특성을 가지고 있다.

19 법 제9조 제4호 적용사례.

20 법 제10조 제1호 내지 제2호 적용사례.

[관련 약관조항의 예]

"게임내 각종 이벤트와 아이템 등 게임내용에 수정이 필요할시 회사가 임의로 변경할 수 있습니다"

따라서 개량은 프로그램 본질적 속성이라고 볼 수 있으므로, 게임사업자가 게임이라는 프로그램내의 각종 이벤트와 캐릭터 등의 게임내용 자체에 대한 변경권을 갖는 것은 프로그램 저작권의 속성상 정당한 것으로 볼 수 있다.

[관련 약관조항의 예]

"이용자의 계정은 게임의 기획이나 운영상 필요하다고 판단될 경우 당사에서 이용 정지 등의 조치를 취할 수 있습니다"

* 관련 참고조항

「회사는 새로운 게임 내용의 추가, 각종 버그 패치, 기타 게임 운영상 필요한 경우에 게임의 내용을 온라인 및 오프라인 업데이트를 통해 상시로 변경할 수 있습니다.」

한편 위의 조항은 소위 MMORPG(Massive Multiplayer Online Role Playing Game)라고 불리는 대규모 다중이용자 온라인 롤플레잉 게임의 이용약관에서 쉽게 발견되는 경우라 할 수 있다. 이용약관에는 흔히 새로운 게임내용의 추가·각종 버그 패치 등 게임운영상 필요한 경우에 게임의 내용을 상시로 변경할 수 있는 권한을 부여하는 조항들이 나타나고 있는데, 이에 더하여 게임의 기획이나 운영상의 필요로 사전고지도 없이 이용자들의 계정을 일방적으로 이용정지(정지기간도 불명확)시킬 수 있는 권한을 부여한 경우에는 상당한 이유없이 사업자가 이행하여야 할 급부를 일방적으로 중지할 수 있게 한 조항에 해당한다고 볼 여지가 크다.

반면에, 한국PC통신이 정보서비스이용약관 중에서 이용자가 게재한 내용물이 제3자의 명예손상, 공공질서 등에 위반한 경우 회사가 이용자에게 사전통지 없이 게시물을 삭제할 수 있도록 한 것은 제10조 2호에 위반하지 않는다는 대법원 판례도 있었다.[21]

21 대법원 1998. 2. 13. 선고 97다37210 판결.

7. 현금아이템거래 관련 조항[22]

온라인 게임과 관련해서 아이템 거래 중개 싸이트를 통해 아이템 현금거래가 활발하게 이루어지고 있다.[23] 이에 대하여 게임사들이 아이템 현금거래를 엄격하게 금지하는 규정을 약관에 속속 규정하여 오고 있다.

[관련 약관조항의 예]

"이용자는 다음 각 호에 해당하는 행위를 해서는 안 됩니다"

- 계정, 캐릭터(경험치), 아이템 등을 유상으로 매매하는 행위

아이템의 유상거래에 관한 약관조항에 대해서는 공정거래위원회가 2000년도에 이미 유효로 판단한 바 있었다. 하지만, 그 이후에도 이용자들로부터 끊임없이 심사청구 되어오고 있으며 현재도, 찬반양론이 대립하는 상황이다.

현재로선 아이템 현금거래에 관한 법률이 없으므로, 사적자치의 원칙에 따라 현금거래 허용 여부는 사업자들이 자체적으로 결정할 사항이며, 이를 무효로 판단할 만한 약관법 조항이 있다고 보기도 곤란한 측면이 있다. 특히나 현금거래 허용시 청소년 범죄 증가 등 사회적 문제가 발생할 가능성이 높다는 점 등을 고려할 때, 아이템 현금거래 금지조항을 불공정 조항으로 보기 어렵다고 본다.

VI. 쟁점 및 토의과제

- 전체 소비자문제 가운데 IT 소비자피해의 문제가 차지하는 비중
- IT법상 소비자법의 지위와 전개양상은 어떠한가?
- 소비자법의 관심 대상으로서 온라인게임 이용자 보호문제의 특징
- 온라인 게임 이용약관 불공정성의 원인은 무엇인가?

22 법 제11조 제3호 적용사례.

23 아이템 거래시장의 규모는 1조원 이상에 달할 것으로 추정되고 있다.

제3편

ICT 및 지적재산관계소송 실무

제1장 지적재산관계소송(知的財産關係訴訟)의 개관

제2장 인터넷과 상표법·저작권법 관련 소송

제3장 부정경쟁방지 및 영업비밀보호에 관한 법률 관련 소송

제4장 정보통신기술(ICT) 관련 소송

제1장

지적재산관계소송(知的財産關係訴訟)의 개관

Ⅰ. 개요

지적재산이란 발명, 고안, 식물의 신품종, 디자인, 저작물 기타 인간의 창조적활동에 의해 생겨난 것(즉 발명 또는 해명되어진 자연의 법칙 또는 현상으로서, 산업상이용가능성이 있는 것을 포함), 상표, 상호 기타 사업활동에 이용되는 상품 또는 서비스를 표시하는 것 및 영업비밀 기타 사업활동에 유용한 기술상 또는 영업상의 정보를 말한다.

지적재산권(intellectual property)이란 특허권, 실용신안권, 식물신품종육성자의 권리('육성자권'이라고도 함), 디자인권, 저작권, 상표권 기타 지적재산에 관하여 법령에 의해 정해진 권리 또는 법률상 보호할 가치 있는 권리를 말한다.

특허권을 비롯한 지적재산에 관한 소송(이하 '지적재산소송'이라 함)도 원칙적으로 다른 민사소송사건과 마찬가지로, 민사소송법에 의해 규율되는 절차(민사소송절차)에 따라서 심리된다. 지적재산소송에서 절차를 이해하기 위해서는 통상의 민사소송절차를 충분히 이해하는 것이 관건이다.

지적재산권이란 산업의 발달에 기여하는지 여부, 문화의 발전에 기여하는지 여부 등, 국가의 산업정책 혹은 문화정책적 관점에서부터 권리로서 보호되어야 하는 것이 결정되고, 권리의 성립요건, 권리의 내용 등이 법률에 의하여 결정되는 것이다. 한편 특허권, 실용신안권, 디자인권 및 상표권은 특허청이 보호하여야 하는 권리로서 요건을 구비하는 가 여부를 판단한 후, 특허청에서 등록됨으로써 비로소 권리가 발생하는 것이다. 이에 대하여 저작권은 저작이라는 행위만으로 권리가 발생한다.

이러한 점에서, 지적재산소송에는 지적재산권이 침해된 경우에 구제를 요구하기 위한 지적재산권침해소송 이외, 지적재산권의 출원과정에서 특허청의 심결등에 대한 불복신청소송인 심결취소소송등의 행정소송도 있다.

지적재산침해소송은 다른 민사소송사건과 비교하여, 몇가지 특징을 가지고 있으므로, 그 심리절차에 있어서도 민사소송법의 다양한 특칙이 구비되어 있다.

그래서, 이하에서는 먼저 지적재산권침해소송의 특색에 관하여 개관한 후, 주로 지적재산권침해소송에서 절차에 관하여, 통상의 민사소송절차와 다른 점에 초점을 두면서, 지적재산소송전반에 있어서 절차의 개요를 서술한다.[1]

Ⅱ. 지적재산권침해소송의 특색[2]

	지적재산권침해소송의 특색
1) 신속한 심리	지적재산권침해, 특히 특허권침해은 기업간의 비즈니스에 관한 소송인 것이 많다. 따라서 문제로 된 기술등의 혁신의 속도가 빠르고, 소송이 지연되면 기술이 진부화되어 권리보호가 충분히 되지 않는 것으로 되고 만다. 그래서 다른 민사소송과 대비하여 특히 신속한 심리가 요구된다.
2) 전문적 식견의 확보 필요성	특허권침해를 비롯한 지적재산권침해소송에서, 핵심적 쟁점을 파악하고 신속하고 충실한 심리를 행하여, 적정한 결론에 이르기 위해서는 소송에서 문제로 된 전문적기술을 정확하게 이해하는 것이 필요하다. 그렇기 때문에 심리절차에서도 전문적 식견을 확보하여 그것을 심리에 활용하기 위한 제도나 연구가 다양하게 편입되어 있다.
3) 입증수단의 확보와 영업비밀의 보호의 균형	지적재산권침해소송에서는 입증수단이 일방당사자에 편재되어 있는 것이 많다. 다른 한편으로 지적재산권침해소송의 다수는 기업간의 비즈니스분쟁이기 때문에, 제출되어야 할 증거에는 영업상 또는 기술상의 노하우(know-how)등의 영업비밀이 포함되어 있는 것이 많다. 게다가, 통상 당사자는 경업관계에 있다. 그 때문에 지적재산권의 보호관점에서, 특허법 등에 침해행위나 손해의 입증을 용이하게 하기 위하여 민사소송의 특칙이 규정되어 있다. 그렇지만 다른 한편으로 영업비밀이 공개법정에서 소송절차에 상정됨으로써 공개되면 영업비밀로서의 가치를 잃게 되고, 당사자들의 그 후의 활동에 지장을 초래하여, 다대한 손실을 줄 것이므로 그 보호를 도모할 필요가 있다. 그래서 지적재산권침해소송에서는 통상의 민사소송과 비교하여, 입증수단이 확보와 영업비밀의 보호와의 균형을 취하는 것이 요청되고, 그것을 위한 제도나 민사소송법의 특칙이 규정되어 있다.

1 飯村敏明·設樂隆一 編著,『知的財産關係訴訟: 3(リーガル·プログレッシブ·シリーズ)』, 青林書院, 2008, 3~4면.

2 飯村敏明·設樂隆一 編著, 전게서, 4~5면.

4) 국제성	오늘날처럼 경제가 국제화되고 기술등의 교류가 글로벌화 되면, 당사자가 외국기업이거나, 또는 국내만의 분쟁에 그치지 않고, 다른 국가에서도 동일한 기술내용의 특허에 관하여 다툼이 있거나 하는 일이 많다(예컨대 삼성-애플특허소송). 그 때문에 국제적인 협조가 필요로 하고 있다.

Ⅲ. 소의 제기 - 전속관할 문제[3]

우리 민사소송법에는 우선, (a) 지적재산권침해소송 특히, 침해금지청구소송은 원칙적으로 부작위의무의 이행을 명하는 것으로 소송목적의 값을 산출할 수 없는 재산권상의 소에 해당하므로, 원칙적으로 지방법원 및 지방법원 지원 합의부의 사물관할에 속한다. 다만 손해배상청구만을 구하는 본안소송이 제기된 경우 그 소송은 단독재판부의 사물관할에 속하는 경우도 있다(서울중앙지방법원은 지재사건전담단독재판부가 별개로 설치되어 있다). (b) 또한 토지관할 중 전속관할과 관련하여, 민사소송법 제24조는 지적재산권에 관한 소를 제기하는 경우 관할 법원 소재지를 관할하는 고등법원이 있는 곳의 지방법원에도 소를 제기할 수 있도록 하여 관할을 확대하고 있다. 규정의 취지상, '관할법원 소재지를 관할하는 고등법원이 있는 곳의 지방법원'이라 함은 각 고등법원과 행정구역상 소재지를 같이하는 서울중앙지방법원, 대전지방법원, 대구지방법원, 부산지방법원, 광주지방법원을 의미한다. 예컨대 서울고등법원 관할구역 내의 서울동부지방법원 등은 포함되지 아니한다. 서울중앙지방법원은 피고의 보통재판적이 서울고등법원의 관할 내에 속하는 경우 그 토지관할을 인정하고 있다.

한편, 침해금지가처분소송은 민사집행법 제303조에서 가처분사건은 '본안의 관할법원'(본안을 관할하고 있는 법원 또는 장차 본안소송이 제기되었을 때 이를 관할할 수 있는 법원) 또는 '다툼의 대상이 있는 곳의 관할하는 지방법원'(부작위의무를 이행하여야 할 채무자의 보통재판적 소재지 법원)이 관할하도록 규정하고 있다. 이는 전속관할을 규정한 것으로

3 박진수, "상표법 및 부정경쟁방지법 관련 가처분 소송의 실무상 제 문제", 『제49기 특별연수 「상표법 및 부정경쟁방지법」』, 대한변호사협회 변호사연수원, 2008, 66~68면.

해석하므로, 민사소송법 제31조에 따른 합의관할이나 응소관할은 인정되지 않는다. 그런데, 본안의 관할법원 내지 다툼의 대상이 있는 곳의 관할법원에 제기되지 아니한 경우, 원칙적으로 관할이 있다는 점을 소명하도록 보정명령을 발령하고, 보정에 불응하거나 보정에 응하였다고 하더라도 관할이 있음을 소명하지 못하면 이송결정을 하는 것이 실무이다. 다만, 보정을 명하면 소송대리인 및 채권자가 소송수행의 편의를 위해 침해금지 및 손해배상을 구하는 본안소송을 제기하고 소제기증명원을 제출하는 방법으로 관할을 창출하는 예가 적지 않다. 채권자의 소재지가 관할 내라면 손해배상소송에 대하여 토지관할이 있고, 가처분의 본안소송에 해당하는 침해금지사건이 손해배상소송과 객관적 병합형태로 소송이 제기된 이상 관련재판적이 인정되므로, 가처분사건의 관할도 인정된다.

2016.1.1.부터 특허 소송의 전문성 강화 및 신속해결을 위해 특허침해소송의 관할이 집중된다. 지금까지 특허침해소송은 전국 58개의 지방법원 및 지원에서 각각 관할해왔다. 이에 따라 법원의 전문성 축적 및 신속한 분쟁해결에 지장을 초래하고 특허권 보호에도 미흡하다는 문제 제기가 있었다. 이러한 문제점을 극복하기 위하여 개정특허법 및 개정민사소송법에 따라서 2016.1.1.부터는 특허권·실용신안권·디자인권·상표권·품종보호권에 관한 소송의 경우 1심 관할을 고등법원 소재지 지방법원의 전속관할로 바뀐다. 다만 서울중앙지법의 경우 전문성을 최대화하기 위해 전국관할이 인정된다. 즉, 종래 전국의 각 지방법원에서 담당하는 특허침해소송의 1심을 고등법원이 설치된 지역의 5개 지방법원이 담당하고, 항소심을 특허법원의 전속관할로 하는 내용의 민사소송법 및 법원조직법 개정안이 2015.11.경 국회 본회의를 통과하였고, 이들 개정안은 2016.1.1.부터 시행되었다. 이들 개정법은 종래 전국 58개 지방법원과 지원, 5개 고법과 18개 지법 항소부가 관할하고 있는 특허침해소송 1·2심에 대해 1심은 전국 각 고등법원 소재지 5개 지방법원(서울은 서울중앙지법)에서, 2심은 대전에 위치한 특허법원의 전속관할로 집중하는 내용을 담고 있다. 다만 1심의 경우 소송 당사자가 관할법원 이외에 서울중앙지법에 소송을 낼 수 있도록 서울중앙지법의 중복관할을 인정했다. 종래 특허침해사건의 1심은 전국 58개 지방법원 중 90% 이상이 서울중앙지방법원에서, 2심은 일반 고등법원 중 90% 이상 서울고등법원에서 담당하고 있었다.

다만, 심결취소소송 즉 심결에 대한 소 및 심판청구나 재심청구의 각하결정에 대한 소는 여전히 특허법원의 전속관할로 한다(특허법 제186조 제1항). 이러한 소는 심결 또는 결정의 등본을 송달 받은 날부터 30일 이내에 제기하여야 한다(특허법 제186조 제3항). 특허소송을 제기할 수 있는 자는 당사자, 참가인 또는 당해 심판이나 재심에 참가신청을 하였으나 그 신청이 거부된 자에 한한다(특허법 제186조 제2항). 거절결정불복의 심결 등과 같은 결정계 사건에 있어서는 특허청장이 피고가 되며, 특허무효심판의 심결 등과 같은 당사자계 사건에 있어서는 심판의 청구인 또는 피청구인이 피고가 된다(특허법 제187조). 특허법원의 판결에 대하여 불복하고자 하는 자는 대법원에 상고할 수 있다(특허법 제186조 제8항). 상고는 특허법원 판결 정본을 송달받은 날로부터 2주일(14일) 이내에 특허법원에 상고장을 제출하여야 한다. 특허법원의 심결 또는 결정의 취소판결이 확정되면 특허심판원은 그 사건을 다시 심리하여 심결 또는 결정을 하여야 한다(특허법 제189조 제2항).

Ⅳ. 지적재산권침해소송의 실제 - 〈특허침해소송〉을 중심으로

1. 서설

지적재산권 침해소송 중에도, 그 중심으로 되는 것이 특허권침해소송이다. 기업에 따라서는 그 보유한 특허권에 기하여 경쟁회사의 제품의 제조판매를 금지하거나 혹은 과거의 특허권침해에 관해서 손해배상을 구하는 특허권침해소송을 제기하는 것은, 기업의 지재전략의 최종수단으로서, 가장 중요한 행위이다. 이 특허권침해소송은 상대방으로 된 기업에 따라서도 자사(自社)의 제품의 제조판매가 금지되는지 여부가 재판에 의하여 결정되는 것이므로, 그 결과가 기업활동에 영향을 미치는 바는 지극히 심각하다. 따라서 재판소도 전문적 체제를 정비하면서, 할수 있는 한 신속하고 적정한 재판을 실현하는 것이 기대된다. 여기서는 지적재산권침해소송을 대표하는 특허권침해소송을 예로 들고, 그 실무의 개요를 절차적인 측면 및 실체법적인 측면에서 해설한다. 또 특허법의 규정은 실용신안법등에 준용하는 것이 많고, 또 특허법과 같은 취지의 규정이 상표법, 디자인법, 부정경쟁방지법 및 저작권법등에 규정되어 있는 것도 많기 때문에, 특허권 침해소송의 실무를 아는 것은, 다른 지적재산권침해소송의 실무를 아는데 참고로 될 수 있다(다만, 다음에서 서술한 사항 중에는 특허권침해소송 특유의 문제도 포함되어 있는 것은 주의를 요한다).[4]

2. 단계적 심리(침해론 및 손해론) - 2가지 스텝[5]

지적재산권침해소송에서 원고는 우선 심리대상으로서 자기가 가진 권리를 상대방이 침해하고 있는 태양을 구체적으로 주장입증할 것을 요한다. 특히 특허권침해소송은 자지가 가진 특허발명의 내용과 피고가 제조, 판매하고 있는 제품이나 제조방법을 비교대조하는 것으로써 권리침해의 유무를 판단하는 것이다.

우리 특허법에서는, "특허권은 설정등록에 의하여 그 효력이 발생한다"(특§87①)고 규정하고 있다. 특허법은 제94조 본문에서 "특허권자는 업으로서 그 특허발명을 실시할 권리를 독점한다"(적극적 효력)고 규정하고 있고, 제97조에서 "특허발명의 보호범위는 특허청구범위에서 기재된 사항에 의하여 정하여진다"고 규정하고 있다. 또 특허를 받고자 하는 자는 명세서, 필요한 도면, 요약서 등을 첨부한 특허출원서를 특허청장에게 제출하여야 한다(특§42①). 그리고 그 특허출원서 중 명세서에는 ① 발명의 명칭, ② 도면의 간단한 설명, ③ 발명의 상세한 설명, ④ 특허청구범위를 기재한다(특§42②). 이와 같이, 명세서의 중요 기능 중 하나는 특허권으로 보호받고자 하는 범위를 명확하게 특정하여 일반 공중에게 알리는 것이고, 특허발명의 보호범위는 보호를 받고자 하는 사항을 기재한 1이상의 청구항으로 된 특허청구범위에 의하여 정하는 것이 원칙이다(특§97, §42④본문). 그러므로, 제3자가 쉽게 당해 발명의 특허성을 판단하고 보호범위를 확인할 수 있도록 명세서의 특허청구범위는, ① 발명의 상세한 설명에 의하여 뒷받침될 것, ② 발명이 명확하게 간결하게 기재될 것을 요한다(특§42

4 飯村敏明·設樂隆一 編著, 전게서, 9~10면.

5 飯村敏明·設樂隆一 編著, 전게서, 10~11면 참조.

④1호 내지 2호).[6,7] 이처럼 특허법은 특허청구항이 그 특허로부터 영향을 받는 자에게 합리적인 지침을 충분히 제공할 수 있도록 명확하게 기재될 것을 요구하고 있다. 또, 발명의 상세한 설명에는 "① 그 발명이 속하는 기술 분야에서 통상의 지식을 가진 자가 그 발명을 쉽게 실시할 수 있도록 산업통상자원부령으로 정하는 기재방법에 따라 명확하고 상세하게 기재할 것, ② 그 발명의 배경이 되는 기술을 기재할 것"을 요한다(특§42③).

그래서 원고는 명세서의 기재 및 도면을 참작하면서, 특허청구의 범위의 기재에 기하여 특허발명의 기술적 범위에 관하여 주장하고, 대상제품·대상방법이 그 기술적 범위에 포함된 것을 주장한다. 그때, 특허청구범위(Claim)의 해석등이 문제된다.

또한, 이때 대상제품·대상방법의 특정이 문제로 되는 것이 많다. 이 대상제품·대상방법('비교대상제품'·'비교대상방법'이라 함)의 특정에 관한 논의를 '특정론(特定論)'이라 부른다.

이에 대하여, 피고의 항변으로서는 우선, 대상제품·대상방법이 특허발명의 기술적 범위에 포함되지 않았다는 것을 주장한다. 또, 주요 항변으로서 공지기술항변,[8] 자유실시기술항변,[9] 권리남용항변[10]이 있다. 기타 희소하지만, 시험 또는 연

6 특허법원 지적재산소송실무연구회, 『지적재산소송실무』, 박영사, 2006면, 119면. 단, 2007년 개정법에서는 특§42④3호 '발명의 구성에 없어서는 아니 되는 사항만으로 기재될 것'을 삭제하였다.

7 한편, 일본특허법 제70조 제1항은 '특허발명의 기술적 범위는 출원서에 첨부한 특허청구범위의 기재에 기하여 정하여야 한다.'고 규정하고, 동조 2항은, '출원서에 첨부한 명세서의 기재 및 도면을 고려하여, 특허청구범위에 기재된 용어의 의의를 해석하는 것으로 한다.'고 규정하고 있기 때문에, 특허발명의 기술적 범위는, 명세서의 기재 및 도면을 참작하면서, 특허청구의 범위{이하 'claim(클레임)'이라 함}의 기재에 기하여 정해진다.

8 대법원 1983.07.26. 선고 81후56 전원합의체 판결[권리범위확인]. "등록된 특허의 일부에 그 발명의 기술적 효과발생에 유기적으로 결합된 것이 아닌 공지사유가 포함되어 있는 경우 그 공지부분에까지 권리범위가 확장되는 것이 아닌 이상 그 등록된 특허발명의 전부가 출원 당시 공지공용의 것인 경우에도 특허무효의 심결의 유무에 관계없이 그 권리범위를 인정할 수 없다."

9 대법원 2004. 9. 23. 선고 2002다60610 판결. "어느 발명이 특허발명의 권리범위에 속하는지를 판단함에 있어서 특허발명과 대비되는 발명이 공지의 기술만으로 이루어지거나 그 기술분야에서 통상의 지식을 가진 자가 공지기술로부터 용이하게 실시할 수 있는 경우에는 특허발명과 대비할 필요도 없이 특허발명의 권리범위에 속하지 않게 된다."

10 대법원 2004.10.28. 선고 2000다69194 판결[손해배상(기)]. "특허의 무효심결이 확정되기 이전이라고 하더라도 특허권침해소송을 심리하는 법원은 특허에 무효사유가 있는 것이 명백한지 여부에 대하여 판단할 수 있고, 심리한 결과 당해 특허에 무효사유가 있는 것이 분명한 때에는 그 특허권에 기초한 금지와 손해배상 등의 청구는 특별한 사정이 없는 한 권리남용에 해당하여 허용되지 아니한다."

또, 대법원 2012.01.19. 선고 2010다95390 전원합의체 판결[특허권침해금지및손해배상(기)]에서는, "특허발명에 대한 무효심결이 확정되기 전이라고 하더라도 특허발명의 진보성이 부정되어 특허가 특허무효심판에 의하여 무효로 될 것임이 명백한 경우에는 특허권에 기초한 침해금지 또는 손해배상 등의 청구는 특별한 사정이 없는 한 권리남용에 해당하여 허용되지 아니한다고 보아야 하고, 특허권침해소송을 담당하는 법원으로서도 특허권자의 그러한 청구가 권리남용에 해당한다는 항변이 있는 경우 당부를 살피기 위한 전제로서 특허발명의 진보성 여부에 대하여 심리·판단할 수 있다."라고 판시하였다.

구 목적의 특허발명의 실시 항변(특§96①1호),[11] 법정실시권에 기한 항변(특§103)[12] 등이 있다.[13] 한편, 특허 무효의 항변의 인정여부와 관련하여 보면, 우리나라 특허법은 특허등록된 발명이 소정의 무효사유를 갖고 있는 경우 별도로 마련된 특허심판원에서의 심판절차를 통하여 그 등록을 무효로 하도록 규정하고 있다(특§132의2, §133). 그 결과 법원은 특허등록의 유무효에 대한 심사권한을 갖고 있지 아니하며, 따라서 법원은 가사 특허에 무효사유가 있는 경우에도 심판절차를 통하여 그 등록을 무효로 한다는 심결이 확정되지 아니한 이상 당해 특허가 유효한 것을 전제로 심리하여야 하는 것이 원칙이다.[14] 이와 같이 우리 특허법 아래에서는 법원이 특허 무효 여부에 대한 심사권한을 보유하지 못하는 것이 원칙이지만, 우리 법원은 특허침해 여부가 문제되는 민, 형사소송에서 특허 무효사유가 있는 발명에 대해 직접적으로 무효선언을 하는 대신, 당해 특허발명의 권리범위를 부인하거나 권리남용의 법리를 채용하는 방식으로 간접적으로 특허의 무효 여부에 대하여 심사권한을 행사하고 있다.[15]

이러한 침해의 유무에 관한 논의를 '침해론(侵害論)'이라 부른다(또, 특허발명의 클레임해석의 논의와 특정론을 아울러 기술적 범위에 속하는 가 여부의 '屬否의 論議'라 하며, 특허가 무효로 되는가 여부의 논의를 '無效論'이라 한다). 다음으로, 침해론에 있어서 침해로의 심증을 얻은 경우에는 손해에 관하여 심리를 개시한다. 침해론을 제1편으로 부른다면, 손해론은 침해소송의 제2편에 위치한다. 특허침해소송에서는 이러한 단계적 심리를 행함으로써, 특허권침해로 되지 않는 경우에 손해론에 관한 심리에 관한 시간과 노력을 생략하고, 심리의 신속화를 도모하고 있다.

11 일본특허법 제69조1항.

12 제103조(선사용에 의한 통상실시권) 특허출원시에 그 특허출원된 발명의 내용을 알지 못하고 그 발명을 하거나 그 발명을 한 자로부터 지득하여 국내에서 그 발명의 실시사업을 하거나 그 사업의 준비를 하고 있는 자는 그 실시 또는 준비를 하고 있는 발명 및 사업의 목적의 범위안에서 그 특허출원된 발명에 대한 특허권에 대하여 통상실시권을 가진다

13 한편, 일본에서는 원고가 가진 특허가 특허무효심판에 의하여 무효로 될 것으로 인정되는 때는 특허권자는, 상대방에 대하여 그 권리를 행사할 수 없다는 것을 주장할 수 있다(일본특허법 제104조의 제1항. 이른바 '무효의 항변').

14 대법원 1992. 6. 2. 자 91마540결정 등.

15 임보경, "지적재산권 침해소송에서의 주요 항변사유", 『2010년 전문분야 특별연수/82기 「지적재산권법」』, 대한변호사협회 변호사연수원, 2010, 152~153면.

3. 특허권침해소송의 모범사례(model case)[16]

1) 개요

이상의 소송절차 전체의 흐름에 관하여, 실무상 문제로 되는 쟁점에 관하여 설명을 추가하면서, 그 전형적인 예를 제시하면 이하와 같다. 다만, 이것은 신속하게 심리가 진행된 이상적인 예를 제시한 것이고, 실제로는 각 사실의 구체적 사정에 따라서 기일의 회수, 각 기일에서의 간격도 다른 것이다. 이하, 제1회 구두변론을 중심으로 살펴보면, 우선 원고가 소장을 진술하고, 피고가 답변서를 각각 진술하며, 원고는 특허공보 등의 기본적인 서증을 제출하는 것이 통례이다.

2) 소장 기재 청구취지 및 청구원인

소장에서는 청구의 취지와 청구의 원인을 기재한다.

1. 피고는 별지목록기재의 물건을 제조·판매를 하여서는 아니된다.
2. 피고는 그 점유하는 별지목록기재의 제품을 폐기하라.
3. 피고는 원고에게 금 100,000,000원 및 이에 대하여 2014. 1.1.부터 완제일까지 년5%의 비율에 의한 금원을 지급하라.
4. 소송비용은 피고의 부담으로 한다.
5. 제1항 내지 제3항은 가집행할 수 있다.

라는 재판을 구합니다.

또, 물건을 제조하는 방법의 발명의 경우에는 청구의 취지 제1항은 아래와 같다.

1. 피고는 별지목록기재 제조방법으로 별지목록기재의 제품을 제조·판매하여서는 아니된다.
   (피고는 별지목록기재 제조방법으로 별지목록기재의 제품을 판매하여서는 아니된다.)

(괄호의 부분은 이것을 필요로 한다는 견해와 불필요하다는 견해가 있다.)

3) 금지청구의 청구원인 요건사실

(①) 원고는 다음의 특허권을 가진다(특허번호, 발명의 명칭, 출원일 등을 기재한다. 이하, 본항에서 원고 발명을 '이 사건 특허발명' 이라 함).

16 飯村敏明·設樂隆一 編著, 전게서, 11~27면 참조.

(②) 피고는 별지목록기재의 제품(이하 '대상제품')을 제조판매하고 있다.

(③) 대상제품은 이 사건 특허발명의 기술적 범위에 속한다.

소장에서는 통상, 상기의 요건사실을 전제로 하여, 특허권의 특정과 피고가 제조판매하고 있는 대상제품·대상방법의 특정이 이루어지고, 이어서 대상제품·대상방법과 특허발명과 대비 즉, 대상제품·대상방법이 원고의 특허발명의 기술적 범위에 포함되었는 가 여부에 관한 원고의 주장이 기재된다. 이러한 대비적 주장은 통상, 당해 특허발명에 관한 특허청구의 범위(claim)을 그 기술요소 마다 분석하여, A, B C 등의 항목(구성요건)으로 나누어 기재한다(이것을 '구성요건의 분설 혹은 대비' 라 함). 그 뒤, 대상제품 등의 구조를 상기 구성요건의 내용에 대응시켜 설명하고, 대응하는 원고의 특허발명의 구성요건의 내용과, 대상제품 등의 구성의 내용과 비교하여, 대상제품 등이 원고의 특허발명의 각 구성요건을 각각 충족한다는 취지를 주장한다. 특허발명의 내용은 명세서를 읽어야 비로소 이해할 수 있기 때문에, 소장에서는 기본적인 서증인 특허공보가 반드시 첨부되어야 하지만, 소장에서 특허발명의 내용의 개요와 그 작용효과를 이해하기 쉽게 기재하기도 한다. 특허발명의 내용에 관해서의 재판관의 이해를 도와주는 것이고 바람직한 운용이라고 할 수 있다.

4) 손해배상청구의 청구원인의 요건사실

특허침해소송의 금지청구의 요건사실 즉, 위 (①) 내지 (③)에 다음의 것이 추가된다.

(④) 피고는 2010년 1월 1일부터 2013년 12월 31일까지 사이에, 대상제품을 합계 ○○○개 제조·판매하였으며, 그 매출액은 합계 ○○○○원이다.

(⑤) 〈ⅰ〉 원고가 이 사건 특허발명의 실시품인 △△△△(원고제품)을 제조·판매함으로써 얻을 수 있는 이득의 액은 금 ○○○○원이다(우리 특허법 제128조 제1항 및 제2항의 청구의 경우)

〈ⅱ〉 피고의 이익률은 ○%이고, 피고는 대상제품의 상기 제조판매행위에 따라서, 합계 ○○○○원의 이익을 얻었다(우리특허법 제128조 제3항의 경우, 다만 특허권자가 실시를 하고 있는 것도 주장할 필요가 있다).

〈ⅲ〉 이 사건 특허발명의 실시에 대하여 얻을 수 있는 실시료는 매출액의 ○%이다(우리 특허법 제128조 제4항의 경우).

민법과 특허법([시행 2015.1.1.], [법률 제12753호, 2014.6.11., 일부개정]) 의 손해배상액 산정의 비교[17]

청구근거조문	내용	손해배상액 산정
민법 제750조 (원칙형)	일실이익	침해행위가 없었다면 특허권자 등이 제조·판매할 수 있었을 수량×특허권자 등의 단위수량당 이익
특허법 제128조 제1항, 제2항 (※2001.2.3. 신설) (※구법 제128조 제1항)	일실이익 추정형[18]	(1항) 침해자의 양도수량×특허권자 등의 단위수량당 이익
		(2항) [(특허권자 등이 생산가능 물건의 수량 - 실제 판매 물건의 수량) - 침해행위 외의 사유로 판매할 수 없었던 수량]×단위수량당 이익, 을 제1항 손해액의 한도로 함. (=즉, 특허권자 등의 실시능력 초과 불가)
특허법 제128조 제3항 (※구법 제128조 제2항)	침해자이익 반환형	침해자가 침해행위로 얻었을 이익액의 손해액추정 (= 즉, 침해자의 제조·판매수량×침해자의 단위수량당 이익)
특허법 제128조 제4항 (※구법 제128조 제3항)	실시료 상당액형	특허발명의 실시에 대하여 통상적으로 받을 수 있는 금액
특허법 제128조 제5항 (※구법 제128조 제4항)	일실이익형	(1문)제4항에도 불구하고 손해액이 같은 항에 따른 금액을 초과하는 경우에는 그 초과액 (2문)침해한 자에게 고의 또는 중대한 과실이 없을 때에는 법원의 재량에 의한 손해배상액 감액 가능
특허법 제128조 제6항 (※2001.2.3. 신설) (※구법 제128조 제5항)	법원의 재량	손해 발생은 인정되나 그 손해액 증명하기 위하여 필요한 사실을 증명하는 것이 성질상 극히 곤란한 경우에는, 법원은 변론 전체의 취지와 증거조사의 결과에 기초하여 상당한 손해액을 인정 가능

또, 과실은 우리 특허법 제130조에 의하여 추정되기 때문에, 주장이 불필요하다. 손해배상청구를 행한 경우에는 상기와 같이, 손해액 및 그 근거를 기재한다(우리 특허법 제128조 제1항 내지 제4항의 추정규정 등을 이용하는 것이 많지만, 어떤 규정을 근거로 하는가를 명시한다). 다만, 실무상 신속한 심리를 구하기 위하여 애초부터 손해배상청구를 행하지 않고 금지청구만으로 그치는 사안도 있다. 또 손해배상청구가 이루어진 경우에도 침해론에 관해서 선행하여 심리하고, 침해가 성립한다는 심증을 얻은 후에 손해론으로 들어가기 때문에, 소장의 단계에서는 손해에 관하여서는 개괄적인 주장에 그치는 것이 많다.

17 권택수, "특허침해소송과 가처분", 『2010 전문분야 특별연수/제82기 「지적재산권법」』, 대한변호사협회 변호사연수원, 2010, 67면 참조. 특허법 제128조는 실용신안법 제46조, 상표법 제67조, 디자인보호법 제64조, 부정경쟁방지법 제14조의2에서 같은 취지로 수용되었다. 한편 저작권법의 경우 특허법 제128조 제3항 내지 제6항의 취지를 저작권법 제125조 제1항 내지 제3항과 제126조에서 규정하고 있다. 특허법 제128조 제1항 및 제2항은 저작권법에 명문으로 수용하지 않았으며, 이 점이 일본의 2003년 개정저작권법과 차이가 있다.

18 미국의 특허법 제284조에서는 일실이익(lost profit)의 배상을 구하는 특허권자가 주장·입증할 것을 요하는 사실로서, 'Panduit 사건'Panduit Corp. v Stahlin Bros. Fibre Works, Inc., 575 F.2d 1152, 1156 (6th Cir. 1978)의 제6순회항소법원의 'Panduit Test'가 시사한 4가지 요건(① 특허제품에 대한 수요, ② 비침해 대체품의 부존재, ③ 특허권자의 생산능력, ④ 일실이익의 수량화 가능성)이 자주 적용되고 있다. 이에 대해서는, 배대헌, 『특허권침해와 손해배상』, 세창출판사, 1997, 152~162면; 안원모,『특허권의 침해와 손해배상』, 세창출판사, 2005, 38~43면; 박성수, 『특허침해로 인한 손해배상액의 산

5) 피고의 실시형태로서 대상제품·대상방법의 특정

종전에는 원고가 피고의 실시형태인 대상제품의 구체적 구조 또는 대상방법의 구체적 수순을 원고의 특허발명의 각 구성요건에 대응시켜서, 문장 및 도면 등에 의하여 특정하여 별지목록에 기재하고, 이것을 소장의 별지로서 첨부한 뒤, 이것을 청구의 취지에서 제조판매의 금지의 대상제품·대상방법으로 하여 이용하였다. 또한 청구원인사실에 있어서 대비의 주장으로도 이용하였다. 그러나, 원고와 피고 사이에 피고의 실시형태로서 대상제품·대상방법의 특정(特定)에 관한 다툼이 생기고, 그 다툼이 계속되기 때문에 그것이 소송지연의 하나의 원인으로도 되고 있다.

우리의 소송실무를 좀 더 살펴보면, 적극적 권리범위확인심판이나 침해금지청구소송(침해금지가처분 포함)에서 특허권자는 침해자의 실시형태(권리범위확인심판에서는 확인대상발명)를 정확히 특정하지 못하는 경우가 많고, 나아가 특허권자나 그 소송대리인이 침해자의 실시형태를 특허침해에 해당하는 것처럼 보이게 하기 위해서 특허청구범위와 유사하게 표현하려다 보면 침해자의 실시형태를 사실과 다르게 왜곡하는 경우도 있다고 한다.[19]

또, 소송실무에서는 침해자의 실시형태가 잘못 특정되어 있다면 침해 여부 판단이 제대로 될 수 없을 뿐만 아니라, 침해자의 실시형태가 잘못 특정된 채로 심판이나 판결이 선고된다면 확정된 심결이 사실상 무의미하게 되거나 판결을 집행하지 못하는 결과가 되므로, 침해자의 실시형태 특정에 많은 주의를 기울여야 한다. 또 침해자의 실시형태를 특정하면서, 특허권자의 특허청구범위를 거의 그대로 반복하는 경우, 특허청구범위와 동일, 유사한 실시를 하여서는 아니된다고 하는 경우, 너무 간단히 설명하는 경우, 도면이나 사진으로만 특정하는 경우, 침해자가 생산하는 제품의 제품명과 모델명만으로 특정하는 경우가 종종 있는데, 이들은 모두 침해자의 실시형태를 제대로 특정하였다고 할 수 없다. 또 침해자의 실시형태가 잘못 특정되어 있을 경우 상대방이 그와 같이 실시하지 않다고 하면, 상대방이 위 특정된 대로 실시하고 있다는 것의 입증책임은 특허권자에게 있다. 만일 이를 제대로 증명하

정』, 경인문화사, 2007, 74~79면 각 참조.

19 최성준, "지적재산권 분쟁 실무에 있어서 몇 가지 쟁점", 『2010년 전문분야 특별연수/제82기 「지적재산권법」』, 대한변호사협회 변호사연수원, 2010, 214면.

지 못하면 심판부나 재판부가 침해자의 실시형태를 다시 특정하도록 보정을 명하기도 하고, 경우에 따라서는 침해자의 실시형태(확인대상발명)를 제대로 특정하지 못하였음을 이유로 심판청구나 소가 각하될 수 있다. 따라서 특허권자는 침해자 제품에 대한 철저한 자료 수집, 문서제출명령신청, 심문 또는 변론기일에서의 석명요구, 검증신청 등을 잘 활용하여야 한다. 다만, 문서제출명령신청, 석명요구, 검증신청에 대하여 상대방은 영업비밀임을 내세워 자신의 실시형태를 밝히지 않으려는 경우가 실무상 많다고 한다.[20]

한편 위와 같은 이유로 일본의 실무에서는, 현재 청구의 취지에서 금지의 대상제품·대상방법의 특정으로서, 물건의 발명에 관한 사안에서는 대상제품의 상품명 혹은 형식번호만을 기재하여 특정하고, 물건을 생산하는 방법의 발명에 관한 사안에서는 피고의 실시형태로서 대상제품의 사용 등의 금지를 구하는 경우에는 그 대상제품을 상품명 또는 형식번호에 의하여 특정하고, 청구원인사실은 종전과 같은 별지기재목록을 사용하여 대비의 주장을 하는 것이 많다고 한다. 이렇게 하면, 금지청구의 대상으로 되는 제품에 관해서는 상품명이나 형식명만으로 특정되기 때문에, 조기에 특정에 관한 다툼이 생기지 않게 되는 것이 대부분이라고 한다.[21]

6) 소송제기전 교섭과정의 반영

원·피고 사이에 소송제기전 교섭이 이루어진 경우에는, 그 경위가 기재되고 그 때에 원·피고 사이에 교환된 내용증명우편 등이 증거로서 제출되기도 한다. 이러한 기재는 법원이 조기에 쟁점을 파악하고, 화해의 가능성도 포함하여 이후의 심리계획을 세우기 위해서 유익한 것이다(또, 심리의 참고로 되기 때문에 법원은 소장을 수리후 제1회 변론기일 전에 원고에 대해서, 사전 교섭의 유무, 관련 사건의 유무, 화해의 의사, 기타 재판의 진행에 관한 희망 등에 관해서 조회한다).

7) 답변서의 기재

답변서에는 청구취지에 대한 답변과 청구원인에 대한 답변으로 구분하여 진술한

20 최성준, 전게논문, 215면.

21 飯村敏明·設樂隆一 編著, 전게서, 14면.

다. 또 상품명 등에서 특정된 대상제품의 제조판매 등에 관해서의 인부(認否)를 포함한 청구원인에 대한 인부(認否)가 이루어진다. 이와 함께 개괄적인 것이더라도 피고가 쟁점으로서 주장하는 바가 기재되는 것이 바람직하다.

8) 제1회 변론기일의 마무리와 이후 진행절차

이상에서 언급한 소장 및 답변서를 감안하여 제1회 변론기일에서, 법원은 원고에 대해서는 추가로 주장 및 입증방법에 대하여 묻고, 피고에 대하여 이후의 예정될 반론에 대해 확인을 거치는 것이 대부분이다.

제2회 변론기일 이후에는, 피고 쪽에서는 대상제품·대상방법을 별지기재목록에서 정확하게 특정하고, 이것이 원고의 특허발명의 기술적 범위에 속하지 않는 것에 관해서 종합하는 반론을 하는 경우가 많다. 또, 피고의 주요 항변으로서 공지기술항변, 자유실시기술항변, 권리남용항변이 주장되고, 희소한 경우이지만 시험 또는 연구 목적의 특허발명의 실시 항변(특§96①1호), 법정실시권에 기한 항변(특§103) 등이 주장되기도 하는 등, 종합하여 피고가 항변이 주장되는 사안이 대부분이다.

9) 중간판결의 활용 문제

법원은 침해로 심증을 얻은 경우 먼저 침해론에 관해서 중간판결을 행하는 것도 고려될 수 있다. 그렇지만, 중간판결을 하더라도 원고가 그 후 종국판결을 얻기까지 피고의 제조판매행위를 금지할 수 없기 때문에 그다지 실익은 없다(종국판결전에 금지를 실현하려면 원고는 금지가처분을 신청하여 법원이 이것에 관하여 결정을 하면 족하다). 다른 한편, 피고는 중간판결에 의하여 특허권침해라는 판단이 공개적으로 알려져, 실제거래 등에 지장을 가져오는 사태로 될 수 있다. 그럼에도 불구하고, 피고는 중간판결에 대하여 항소할 수 없기 때문에 제1심 판결이 이루어지기까지 불복신청할 수 없다는 불이익을 입는다. 그래서, 실무에서는 중간판결이 이루어지는 것이 극히 적은 실정이다.

10) 손해론의 심리절차

법원은 침해론에 관하여, 대상제품·대상방법은 원고의 특허권의 기술적 범위에 속하지 않는지 또는 원고의 특허권이 무효이라는 심증을 얻은 경우에는 손해론에 들어가지 않고, 변론을 종결하여 판결선고기일을 지정하는 것이 많다. 그렇지만, 사안에 따라서 화해권고를 행하는 것도 있다.

다른 한편, 법원이 침해론에서 원고의 특허권은 유효하고, 대상제품·대상방법은 원고의 특허발명의 기술적 범위에 속하는 것이라는 심증을 얻은 경우에는 그 취지의 심증을 당사자에게 제시한 뒤, 사안에 따라서 화해권고를 행하든가, 손해론에 들어간다(화해는 손해론의 심리와 병행하여 행하기도 한다).

손해배상청구에 관해서, 원고가 특허법 제128조 1항 및 제2항(원고이익)을 근거로 하는 경우는, 법원은 침해론의 심리중에서 원고에 대하여 손해론에 들어간 경우에는 바로 상세한 주장·입증할 수 있도록 준비하여 두도록 요청한다. 그러나, 특허법 제128조 3항(피고이익)을 근거로 하는 경우에는 피고측의 자료가 필요로 한다. 실무에서는 피고가 법원의 소송지휘에 따라서 임의로 침해품으로 된 대상제품의 매출액 등을 개시하거나, 피고의 회계서류 등을 제출하는 경우가 있고, 그러한 경우는 손해론의 심리도 신속하게 진행한다. 그러나, 원고가 상기 피고의 매출액을 다투거나, 피고제출의 증거의 신빙성을 다투는 경우가 있고, 피고가 임의로 개시 혹은 자료제출을 거절한 경우도 있다. 그러한 경우의 입증수단에 관해서는 후술하는 특허법 제132조 소정의 문서제출명령(서류제출명령)[22] 등의 절차를 활용한다.

V. 지적재산권침해소송의 심리의 특색에 관하여

1. 쟁점정리절차의 특색[23]

1) 변론준비절차의 적극적 활용

변론준비절차는 쟁점 및 증거의 정리를 행하기 위한 절차이고, 실무에서 변론준비절차를 이용하는 것이 많다. 이것은 특히 지적재산권침해소송에서 신속하고 적

22 특허법 제132조(서류의 제출) 법원은 특허권 또는 전용실시권의 침해에 관한 소송에 있어서 당사자의 신청에 의하여 타당사자에 대하여 당해 침해행위로 인한 손해의 계산을 하는 데에 필요한 서류의 제출을 명할 수 있다. 다만, 그 서류의 소지자가 그 서류의 제출을 거절할 정당한 이유가 있는 때에는 그러하지 아니한다.

23 飯村敏明·設樂隆一 編著, 전게서, 27~31면.

확한 판단을 하기 위해서는 법원이 심리의 빠른 단계에서부터 의문점 등을 당사자에게 질문하고, 필요한 주요한 주장입증을 촉구하거나, 법원과 당사자의 논의를 통하여 쟁점을 파악하는 것이 필요하다는 점, 그때 특히 전문적 기술적 사항에 관해서 도면이나 사진등을 이용하는 것도 많다는 점, 이때에 인용되는 당사자의 주장이나 증거 중에는, 당사자들의 영업비밀등 공개에 적당하지 않는 사항도 포함되는 것이 있는 것 등의 이유에 의한다고 생각된다.

변론준비절차에 들어가는 시기에 관해서 합의체로 심리하는 사건인 이상, 피고의 주장의 개요가 제시되고, 심리의 방향성이 보여진 단계인 것이 많지만, 빠르게는 2회기일에서부터 변론준비절차로 들어갈 수 있다. 통상의 민사소송사건에서는 변론준비절차에서 쟁점과 그것에 관한 당사자의 주장, 서증·검증물을 정리하고, 변론준비절차의 종결 시 그 후의 증거조사에 의해 증명해야할 사실을 확인하고, 증인심문의 계획을 세우며, 그 후의 구두변론기일에서 증인심문을 실시한 후(사안에 따라서는 증인심문의 결과를 밟아 당사자의 주장을 정리한 최종준비서면을 제출하는 등으로서) 변론을 종결하는 것이 많다. 그러나 특허권침해소송은 (후술하듯이 대체로) 증인심문을 요하는 것이 많지 않기 때문에, 변론준비절차를 종결하고 바로 구두변론기일을 지정하여 그대로 변론을 종결하는 것이 많으므로, 특허침해소송과 통상의 민사소송의 특징과 차이에 대해서 소송대리인은 숙지할 필요가 있다.

2) 기술설명회(프레젠테이션)의 활용

특허권침해소송이나 직무발명상당대가청구소송에서는 심리의 과정에서 주로 침해론 혹은 직무발명의 내용과 자사의 실시 내지 타사의 실시의 유무 등에 관해서, 원·피고가 각각의 주장을 요약하고, 구두로 설명하는 프레젠테이션의 기회를 두는 것이 많다. 이것을 기술설명회라고 부르지만, 최종 프레젠테이션이라고 부르기도 한다. 기술설명회는 특허발명이나 대상제품의 기술내용이 난해한 것인 경우 침해론의 중도에서 당사자가 순수하게 기술내용을 법관에게 이해시키기 쉽게 설명한다는 목적으로 개최된다. 한편, 심리의 최종단계에서 이루어지거나, 또 기술설명뿐만 아니라 주요한 쟁점에 관한 당사자의 주장의 요약도 포함되는 경우도 있다(실무에서는 이것에 관해서도 전통적으로 기술설명회라는 용어를 사용하는 것이 많지만 종전의 기술설명회와는 다른 것이므로, 여기서는 이하 '최종 프레젠테이션'이라 함). 최종 프레젠테이션은 법관과 협의 후, 각 당사자가 사전에 30분 내지 1시간 가지는 시간을 결정하고, 당해소송에서 문제로 되고 있는 기술내용 및 그것에 관한 주장 및 증거의 요점에 관해서 구두로 설명한다. 또한 구두에 의한 기술내용의 설명을 이해하기 쉽게 하기 때문에, 도면 내지 일러스트가 필수적인 것이지만, 현재는 프레젠테이션용의 소프트웨어(파워포인트 등)을 이용하여, 도면과 사진 혹은 동영상 및 설명문을 교차한 설명용 자료를 사전에 작성하고, 이것으로써 설명하는 것이 대부분이다(제조방법에 관한 특허의 경우에는, 공장에서 제조과정 등을 촬영한 동영상을 이용하는 것도 있다). 이러한 프레젠테이션용 자료는 기일의 수일전에 서증으로서 제출하고, 사전에 법관도 대충 보는 것이 많다. 최종 프레젠테이션을 효과적이고 원활하게 진행하고 또 그 결과를 소송기록상에 남기기 위해서, 같은 기일에서 프레젠테이션용 자료는 증거 혹은 같은 기일의 조서첨부자료로서 남기고, 소송자료로 되고 있다.

법원은 최종 프레젠테이션의 기일전에는 사전에 기록을 검토하고, 필요에 따라서 조사관의 보고를 받는 등을 한 뒤, 상당한 정도까지 심증을 형성하거나 혹은 심증을 형성한 뒤에 의문점이 남아 있는 경우에는 그것을 정리하여 같은 기일에 임하도록 하고 있고, 같은 기일에서는 당사자에 의한 설명을 들어면서, 필요에 따라서 발문하여 의문점을 해소함과 동시에, 사전 검토하여 얻은 중간적 심증이 올바른지 여부를 내부에서 확인 내지 수정하는 기회로 하고 있다.

한편, 기술설명회는 특허법원의 심결취소소송에서 원칙적으로 대부분의 케이스에서 이루어진다.

기술설명회를 위한 변론준비기일을 위해서 작성한 프레젠테이션용 자료는, 모두 이미 제출된 증거 및 준비서면에 기재된 것이지만 매우 우수한 준비서면과 서증의 요약이고, 여기서 이 기일이 가지는 중요한 의미가 있다. 난해한 사건에 이라면 어느 정도 법관이 그 사건의 심증을 적확하게 형성하기 위해서는 이러한 단기간에 사안의 모든 내용을 파악할 수 있는 우수한 요약자료도 필요하다고 생각된다(판결은 최종적으로는 이러한 프레젠테이션용 자료에서 인용되고 있다. 기록상 증거에 기하여 기재된 것은 당연하다). 당사자에 따라서 최종 프레젠테이션의 준비를 위한 부담은 반드시 가벼운 것은 아니라고 생각되지만, 같은 기일은 법관이 기록이 팽대하여 쟁점도 다기함에 걸치는 것이 많은 지적재산권침해소송에서 전문적 기술적 지식에 관해서 명확하게 이해하고, 쟁점에 관해서 적확한 심증을 형성하기 위한 중요한 기회로 되고 있고, 이후 복잡곤란한 기술이 얽힌 지재소송에서 활용된다고 사료된다.

2. 증거관계의 특색

1) 서증 등[24]

특허권침해소송에서는 특허공보, 공지기술에 관한 문헌등 이외, 입증에 실험이나 해석을 요하는 경우에 그 결과를 기재한 보고서(예를 들면, 반도체에 관한 특허가 문제로 되는 사안에서 대상제품의 회로를 해석한 것), 대상제품에 관한 도면이나 사진등이 제출된다. 또 제조방법에 관한 특허가 문제로 되는 사안에서는 제조과정을 촬영한 비디오테이프나 DVD 혹은 USB 등을 제출하기도 한다(도면, 사진, 테이프, DVD 혹은 USB는 준문서(準文書)로서 문서에 관한 민소법 등의 규정이 준용된다). 또한 저작권침해소송에 관해서 보면, 프로그램저작권의 침해소송에서는 프로그램(소스 프로그램 혹은 목적(object) 프로그램)을 인쇄한 서면이 증거로서 제출된다(소스 프로그램에 관해서는 영업비밀 등으로 제출되지 않는 것도 많다). 또 문예작품 내지는 미술작품의 복제·2차적저작물작성권(번안권 등) 침해소송에서는 당해 분야에서 과거의 작품이 다수 제출되거나, 다양한 서증·준문서가 제출된다. 나아가 부정경쟁방지법의 부정경쟁사건에서는 주지성 입증을 위하여 다수의 잡지 기타의 서적이 제출되거나, 영업비밀사건에서는 제3자의 열람을 제한할 필요가 있는 증거가 제출되는 것도 드물지 않다.

또한, 지재소송에 제출되는 서증 중에는 외국어로 기재된 것도 많다. 이들에 관해서는 번역문을 첨부하여야 한다. 다만, 당해 서증의 모든 것을 번역할 필요는 없고, 당사자가 조사를 구한 부분에 관하여 번역문을 첨부하면 좋다. 그 경우 서증의 어떤 부분에 관하여 조사를 구하고 번역문을 첨부하는 것을 명시하기 위해서, 서증의 당해부분에 하이라이트를 처리하여 제출하는 것이 통례이다. 또한, 비디오테이프나 DVD, USB 등을 제출하는 경우에는 당사자에게 당해 테이프나 DVD, USB에 특히 중요한 부분의 정지화면(사진)에 설명을 병기한 보고서등의 서면을 작성하

24 飯村敏明·設樂隆一 編著, 전게서, 31~32면.

여 제출하는 등, 보다 이해하기 쉽게 하기 위한 궁리가 이루어진다.

2) 검증[25]

지재소송에서 원고제품이나 침해제품으로 된 대상제품 그 자체가 검증물로서 제출되는 것이 많다. 이들은 검갑(檢甲)제1호증(원고제품·본건특허발명의 실시품)이든가, 검을(檢乙)제1호증(피고제품·형식명 ….) 으로서 제출하고, 그 취지, 구두변론조서와 일체로 된 증인 등이 목록에 기재된다. 이 증거로서의 검증물은 법관이 사진등으로 보는 것보다 실물로 보는 쪽이 이해하기 쉽기 때문에 제출되는 것이고, 법관이 증거로서 보관하고 기록과 일체의 것으로서, 항소되면 고등법원에 기록과 함께 보내진다.

또한, 피고 공장등에 고정된 기계의 일부로 떼어내는 것이 곤란한 물건, 너무 커다란 물건, 당사자가 실제로 사용하고 있는 물건 밖에 존재하지 않고 대체물이 없는 등의 사정에서 법원에 반입하여 보관하는 것이 곤란한 물건, 혹은 이들의 물건 자체가 작아서 육안으로 볼 수 있는 것이 곤란한 경우 등은 준문서로서 이들 물건의 도면이나 사진등이 제출되는 이외에 검증물로서 모형이 제출되는 것이 있다. 모형은 법관등이 실제로 보거나 다룰 수 있게 하기 위하여 그 물건 나아가서 쟁점으로 된 기술의 이해에 커다랗게 이바지 하는 것이지만, 상대방 당사자로부터 모형의 정확성에 관해서 의문이 노정되는 등으로서 하여 심리가 분규하는 경우도 있기 때문에 주의를 요한다.

또한, 제조방법의 특허등의 경우, 실제로 당해기술을 이용하여 제조하고 있는 피고공장등에 법관 및 당사자가 파견하여, 제조과정에서 검증하는 것도 고려되지만, 실무에서 이러한 검증을 하는 것은 희박하고(가사 법원등이 피고공장 등에 파견나가 제조과정등을 보는 경우도, 진행협의기일로서 사실상 보는 것에 그치는 것이 통례일 것이다), 대부분의 경우 갈음하여 (1) 기재한 비디오테이프등이 준문서로서 제출되고 있다.

3) 감정[26]

가) 전문기술에 관한 감정

특허권침해소송에서 대상제품·대상방법의 구성이 어떠한 것인가가 주된 쟁점으

25 飯村敏明·設樂隆一 編著, 전게서, 32면.

26 飯村敏明·設樂隆一 編著, 전게서, 33~35면 참조.

로 된 사건(특허청구범위의 해석에 관하여는 다툼이 없고, 대상제품·대상방법의 구성이 a이면 침해이고, b이면 침해로 되지 않는 거의 명백하고, 대상제품·대상방법의 구성이 a인가 b인가가 주된 쟁점으로 된 사건)에서는, 당사자쌍방으로부터 자기에게 유리한 실험결과가 제출되는 경우가 많고, 대상제품·대상방법의 구성에 관해서 공정한 판단을 구하기 위하여 감정의 신청이 되는 것이 있다.

그러나, 감정은 일반적으로 감정인의 선임등에 시간이 걸리고, 특히 최첨단의 기술분야에 관한 지재소송의 경우, 당해기술분야의 전문가는 각 당사자(의 상대방)밖에 존재하지 않는 것도 있어서, 적절한 감정인의 선정이 지극히 곤란하고, 소송지연을 초래하는 원인으로 될지도 모른다는 점, 전문위원, 조사관등 전문적 지식을 확보하기 위한 다른 제도가 정비되어 있는 것이 지적재산권관계소송에서는 (전문기술에 관한) 감정을 실시하는 것은 거의 없다. 또한 감정비용이 너무 과다하게 책정되어 이른바 배보다 배꼽이 더 큰 경우도 적지 않다.

나) 입법론 – 일본의 손해계산을 위한 감정제도(계산감정인 제도) 도입여부

지적재산권침해소송에서 손해액에 관해서 심리하는 경우, 그 기초로 되는 원고 내지 피고의 매상액이나 이익률 등에 관해서, 상대방 당사자가 다툼이 없는 경우라면 몰라도 그렇지 않는 경우 손해액의 입증에는 당사자의 회계서류이외 그 원본 자료인 납품서, 영수증등의 장부류의 조사·분석이 필요하지만, 이들 자료는 특히 침해행위가 이루어진 기간이 장기간에 걸친 경우등에는 팽대한 수로 높이 올라가고, 그 조사·분석에 시간을 요하며, 적확하게 조사·분석하기 위해서는 회계학적 등의 전문지식을 요하는 경우가 많다. 그래서, 손해액에 관해서는 적정·신속한 심리를 가능하게 하기 위해서 규정한 것이 일본특허법 제105조의2상의 손해계산을 위한 감정제도 이른바 '손해액 계산감정인 제도'이다.

당사자는 침해행위에 의한 손해의 계산을 하기 위해서 필요한 사항에 관해서 감정을 신청할 수 있고, 법원은 손해의 계산을 위한 감정을 명할 수 있다(일본특허법 제105조의2). 감정인으로는 통상 공인회계사가 선임되지만, 일본특허법 제102조1항(우리특허법 제128조1항) 본문의 '특허권자 또는 전용실시권자가 그 침해행위가 없다면 판매할 수 있었던 물건'이나 동항 단서의 '당해사정에 상당하는 수량에 따른 액'을 감정하는 경우에는 경제학자등을 선임하는 것도 고려된다.

계산감정에 요하는 기간은 사안에 따르지만, 지금까지의 실무의 예에 의하면, 대개 3개월정도이다. 법원은 법원에 보관하고 있는 계산감정인후보자명부로부터 사안, 후보자의 자격·전문분야, 과거의 경험등에 비추어 적절하다고 생각되는 자를 당해사건의 계산감정인의 후보자로 선임한다. 또 각당사자에게 그 자격, 성명, 소속사무소등을 전달하고, 당사자와 업무상의 관계가 있는 등 선임하기에 부적절한 사정은 없는 가 확인한 뒤, 당해사건의 계산감정에 임명한다. 임명 후는 계산감정인에게 감정에 필요한 자료(손해액에 관한 당사자의 주장 및 증거)를 검토하여 얻은 후, 사전에 변론준비기일 또는 진행협의에 계산감정인도 출석하여 계산감정인이 피고의 사무소등에 파견나가는 날짜, 그때 당사자가 준비해야 할 자료나 계산감정인에게 대한 설명(일본특허법 제105조의2)을 행할 자, 계산감정인이 피고사무소등에 동의한 장부서류등의 자료를 조사·검토한 뒤, 계산감정서를 작성하고, 법원에 제출하며, 법원은 이것을 각 당사자에게 교부한다. 그리고 실무에서는 차기 변론준비기일에서 필요가 있는 경우에는 계산감정인도 출석하여 두고, 구두로 감정서의 요지의 설명이나 감정서의 내용에 관한 당사자 또는 법원의 의문점등에 회답하여 두는 것이 다수 행해진다. 또한 당초 제출된 계산감정서에 이해하기 어려운 부분이 있어서, 당해 기일에서 당사자등의 질문과 회답등을 소송기록에 남길 필요가 있는 경우등, 재차, 계산감정인으로부터 보충감정서라는 형식으로 제출하여 두는 것도 있다(일본민소법 제215조의2에 정한 감정인질문의 형식을 채용하는 것도 가능하지만, 신속심리를 위하여 실무에서는 이러한 운영이 이루어진다).

지적재산권침해소송의 실무에서는 법원이 침해의 심증을 형성한 경우에는 화해에 의한 분쟁을 해결하는 것이 다수인 것도 있어서, 계산감정제도를 이용한 사례수는 그정도 많다고 할 수는 없으나, 이것을 활용하는 의의는 크다. 지재소송의 경우 경쟁관계에 있는 등의 이유로부터 손해론의 심리에서 피고가 장부류나 장표류를 원고에게 보여주는 것을 꺼리고 있어서 이들의 제출에 관해 소극적이거나, 제출된 장부서류등의 신용성등에 원고가 의문을 노정하거나, 심리가 지체되어 진행되지 않고 마는 것이 적지 않다. 법원으로부터 선임된 계산감정인은 피고의 사무소등에 나가서, 장부서류등의 자료를 직접 검토하고, 필요가 있으면, 피고의 경리당사자등에게 설명을 구하면 자료의 검토를 행할 수 있기 때문에(당사자에게는 설명의무가 부과되어 있어(일본특허법 제105조의2)), 공정하고 신뢰성 높은 결과를 얻는 것이 가능하게 된다. 이러한 계산감정제도를 이용함으로써, 원고는 피고로부터 제출된 자료의 신용성등에 관해서의 검토에 필요한 부담을 대폭적으로 경감하고, 손해의 내용이나 손해액에 요하는 심리기간을 단출할 수 있고, 한편 피고는 계산감정하면 피고의 장부서류등을 실제로 보아서 검토하는 것은 계산감정인(및 그 보조자)뿐이어서, 원고에게 장부류나 장표류등을 보여주지 않고 마친다(그 때문에 장부류등의 임의제출은 거부하지만, 계산감정이라면 협력하는 경우도 있다). 다만, 계산감정인은 형사사건에서 경찰이나 검찰과 같이 강제적으로 조사할 권한을 가지고 있는 것은 아니므로, 그 조사등에도 자체 한계가 있다는 것은 부정할 수 없고, 그 때문에 계산감정의 기초로 된 피고의 장부류나 설명에 대한 의문이 불식되지 않으며, 나아가서는 계산감정결과에도 의문이 노정된 사례[27]도 있지만, 그러한 것은 희소하고, 계산감정제도는 손해론에 관한 심리·판단의 적정·신속성을 지탱하는 것으로 되어 있다.[28]

일본 특허법 제105조2의 계산감정인제도는 일본민사소송법의 특칙으로서 당사자의 설명의무를 창설한 점에 그 중요한 의의가 존재한다고 평가되고 있다.[29] 본조가 창설된 이래 계산감정인제도가 활용된 사례는 판결에 이른 사안만이라도 10건을 초과하고 있다고 한다. 또 감정채용부터 감정서제출까지의 기간은 앞서보았듯이 원칙적으로 3개월이고 감정비용은 약 200만엔부터 300만엔이라 한다.[30] 이러한 일본의 계산감정인 제도의 도입여부에 대해서는, 우리 특허법은 계산감정인제도를 두고 있지 아니하나, 그 유용성에 비추어 우리나라에서도 재판장의 적절한 소송지휘에 의하여 감정을 명하는 방식 등으로 활용이 가능한 제도라고 본다면서 그 도입에 긍정적인 태도를 취하는 견해[31]가 있다. 또 다른 견해로서는 우리 특허법에서는 위와 같은 당사자의 설명의무를 규정하고 있는 조항이 없으므로 당사자로 하여금 설명의

27 東京地判平19·4·24(平成17(ワ)15327호, 同18(ワ)26540호, 最高裁홈페이지[富士필름사건].

28 또, 계산감정의 절차, 그때에 이용된 사고방식등에 관해서는 日本公認會計士協會編, 『知的財産紛争의 損害計算實務:「計算鑑定人매뉴얼」의 解說』(第一法規, 2004)에, 지금까지 실시된 계산감정이 실례등에 관해서는, 高部眞規子「計算鑑定人制度活用의 實務에 관하여」判タ1225호(2007) 51頁이하에 상세하므로 참조.

29 中山信弘·小泉直樹 編, 『新·注解 特許法[下巻]』, 靑林書院, 2011, 1867頁(相良由里子 집필부분).

30 中山信弘·小泉直樹 編, 前揭書, 1869頁.

31 권택수, 전게논문, 65~66면.

무를 과하는 등의 입법적인 보안조치가 필요하겠지만, 재판장의 적절한 소송지휘에 의하여 위 목적을 달성하는 것이 가능하다는 견해[32]도 있다.

4) 증인신문·본인신문[33]

지적재산권침해소송에서 침해·비침해, 무효, 손해 및 그 액의 심리·판단은 대부분 상기의 서증등을 가지고 행하는 것이 가능하고, 증인심문·본인심문이 실시되는 것은 거의 없다. 그러나, ① 모인출원인가 여부가 쟁점인 경우, ② 출원전 공연실시가 쟁점인 경우, ③ 선사용의 항변이 주장된 경우, ④ 실시허락계약의 효력이 쟁점인 경우, ⑤ 직무발명의 상당대가청구등의 경우에는, 증인심문등을 실시하는 것이 있다. 그 경우, 관련 서증이나 증인후보자등의 진술서를 사전에 제출하고, 심문의 요부, 심문해야할 사항을 검토하며, 심문해야할 자, 심문시간등의 계획을 세운 뒤에 심문을 실시해야 하는 것은 통상의 민사소송사건과 마찬가지이다.

Ⅵ. 심리의 충실과 영업비밀보호를 위한 방책

지적재산권침해소송에서는 한편으로 심리의 충실을 위하여 입증의 용이화를 도모하고, 다른 한편 영업비밀을 보호하는 방책으로서 문서제출명령에 관한 특칙, 비밀유지명령(비밀유지계약), 공개정지, 열람등의 제한이 있다. 또 지적재산권침해소송에서 '영업비밀'이란 부정경쟁방지법 제2조(정의) 소정의 '영업비밀', 즉 비밀로서 관리되고 있는 사업활동에 유용한 기술상 또는 경영상 정보로서 공연하게 알려지지 않는 것을 말한다.

1. 문서제출명령

지적재산권침해소송에서는 침해론의 심리에 제조방법의 특허가 쟁점으로 된 경우

32 안원모, 전게서, 380면.

33 飯村敏明·設樂隆一 編著, 전게서, 35~36면.

에 피고의 제조방법을 기재한 제조지도서나, 손해론의 심리에서 침해품인 대상제품의 매출 등을 기재한 회계장부등에 관해서 원고가 제출을 요구하여 문서제출명령의 신청을 하고, 이에 대하여 피고가 상기의 문서는 영업비밀을 기재한 것이라고 하여 그 제출을 거부하는 경우가 종종 있다. 특허권침해소송에서는 민소법의 규정이 적용되는 이외, 특허법에 민소법의 특칙이 규정되어 있기 때문에, 문서제출명령에 관한 민소법의 규정(민소법 제344조 이하)을 개관하면서 특허법의 규정(제132조)에 관하여 설명한다.

1) 민사소송법상 문서제출명령의 절차와 개요

우리 민소법은 문서의 제출을 구하는 당사자는 문서의 표시, 취지, 소지자, 증명해야할 사항, 문서의 제출의무의 원인을 명백히 하고, 문서제출명령의 신청을 하며, 법원은 이유가 있다고 인정되는 때는 제3자에 대하여 문서의 제출을 명하도록 하는 경우에는 그 제3자를 심문한 뒤에 문서의 소지자에게 대하여 그 제출을 명하도록 하고 있다(민소법 제344조 이하). 문서제출명령의 신청을 하는 당사자는 당해문서를 소지하지 않기 때문에 문서의 표시나 취지를 명백하게 하는 것이 현저히 곤란한 경우도 있고, 그러한 경우 신청을 하는 자는 문서의 소지자가 그 신청에 관련한 문서를 식별할 수 있는 사항을 명백히 하면 족하고, 법원에 대하여 문서의 소지자에게 상기의 사항을 명백하게 하는 것을 요구하는 신청을 하고, 법원은 문서제출명령의 신청에 이유가 없는 것이 명백한 경우를 제외하고, 문서의 소지자에 대하여 상기의 사항을 명백하게 한 것을 요구할 수 있다. 또한 상기의 문서의 제출의무의 원인으로는 민소법에 규정되어 있고, 상기 각호에 해당하는 경우에는 문서의 소지자는 그 제출을 거부할 수 없다.[34]

2) 특허법상 서류제출명령

특허법에서는 특허권 또는 전용실시권의 침해소송에서 침해행위의 입증을 위하

34 한편, 일본민소법의 경우, 동법 제220조4호 (가) 내지 (나)에 해당하는 지 여부를 판단하기 위하여 필요가 있다고 인정되는 때는 문서의 소지자에게 그 제시를 시킬 수 있다(이른바 인카메라〈InCamera〉 절차, 일본민소법 제223조6항). 또, 일본의 경우, 문서제출명령이 발령된 경우 당사자가 여기세 따르지 않는 때는 법원은 당해 문서의 기재에 관한 상대방의 주장을 진실하다고 인정할 수 있는 등의 불이익이 있고(일본민소법224조), 제3자가 문서제출명령에 따르지 않는 경우는 과태료에 처한다(일본민소법제225조). 이러한 페널티를 부과하는 것으로서 문서제출명령의 실효성이 확보되고, 심리의 충실이 도모되어 진다.

여 또는 손해의 계산을 하기 위하여 필요한 서류에 관해서 제출을 명할 수 있게 되어 있고, 당사자의 신청에 기하여 법원이 제출을 명하는 점에 관해서는 민소법과 마찬가지이다(특허법 제132조).[35] 즉, 특허법 제132조에 의하면, 특허권 또는 전용실시권의 침해에 관한 소송에서의 당사자 쌍방 누구든지 그것을 신청할 수 있다. 민사소송법은 제3자 소지의 서류에 대해서도 문서제출명령을 신청할 수 있지만, 특허법 제132조는 당사자 쌍방에 대해서만 신청을 인정하고 있으므로, 제3자 소지의 서류에 대해서는 민소법 규정의 근거로 신청하여야 한다. 또한 상법 제 32조의 상업장부에 대한 제출명령은 법원의 직권으로도 할 수 있지만, 특허법 제132조에 의한 신청은 당사자 쌍방만이고 법원의 직권으로는 할 수 없다. 특허법 제132조에 의한 신청권자는 권리자에 한하지 않고, 당사자 쌍방에게 신청권이 인정된다. 따라서 손해배상을 구하는 권리자로서는 침해자의 양도수량, 판매단가, 원재료비 등을 상대방이 소지하는 문서에 의하여 입증하는 수단이 인정된 것이고, 또한 일방의 신청권자인 침해자로서도 권리자의 실손해를 입증하여 특허법 제128조 제2항에 의한 추정의 복멸을 주장하는 경우 등에 본 규정을 이용하는 것이 가능하다.[36]

특허법 제132조는 민사소송법 제344조의 특칙이므로, 문서제출명령에 관한 일반규정인 민사소송법 제345조 이하의 규정은 그대로 특허법 제132조에 의한 문서제출명령의 경우도 적용된다. 그러므로 특허법 제132조에 의한 문서제출신청에는 문서의 표시, 문서의 취지, 문서를 가진 사람, 증명할 사실, 문서를 제출해야 하는 의무의 원인을 명확히 할 필요가 있다.[37]

본 규정에 의한 제출대상인 문서의 범위는 손해배상청구의 주장 기간 내의 계산에 필요한 부분 및 그 부분의 비교, 대조 등에 필요한 기간의 문서에 한정된다. 따라서 당해 당사자가 주장하는 손해의 계산기간 외의 부분에 대해서는 제출을 명할 수 없고, 그와 같은 신청은 각하되어야 한다.[38] 또, 특허법 제132조에 의하여 제출의무를 부담하는 문서는 당해 침해로 주장되는 대상물건에 의한 손해의 계산을 위하여 필요

35 한편, 일본의 경우, 인카메라 절차시 법원은 당사자 등의 의견을 듣고 필요가 있다고 인정되는 때는 당해서류를 당사자등에게도 개시할 수 있게 되어 있는 점은 문서제출명령의 절차에 관한 일본민소법의 규정과 다르다(일본특허법 제105조3항).

36 안원모, 전게서, 351면.

37 안원모, 전게서, 352면.

38 안원모, 전게서, 360~361면.

한 문서이다. 그 이외의 제품에 관하여 제출의무를 부담하는 것은 아니다. 제출대상인 문서의 종류로서는, 매출액을 알 수 있는 서류[39](판매수량 및 판매단가), 원가를 알 수 있는 자료[40](매입수량, 매입단가, 원재료비, 일반관리비, 기타 경비 등), 이익률을 나타내는 서류, 그러한 서류의 신빙성을 담보하기 위한 서류[41](보조자료)가 제출명령의 대상으로 된다.[42] 한편, 민사소송법 제347조 제2항에서는 문서제출의 신청이 문서의 일부에 대하여만 이유 있다고 인정되는 때에는 그 부분만의 제출을 명하도록 규정하고 있다.[43]

2. 제출거부사유로서 영업비밀 등 정당한 이유

민사소송법에 의하면 당사자가 소송에서 인용한 문서와 사법상의 인도·열람청구권이 있는 문서는 소지인이(입증책임을지지 않는 경우라도) 영업비밀과 관련된 문서라는 이유로 그 제출을 거부하지 못한다(제344조 제1항 1호, 2호). 그러나 이익문서 또는 법률관계문서로서 영업비밀과 관련된 문서의 소지인은 당해 문서가 영업비밀관련 문서임을 이유로 그 제출을 거부할 수 있다(같은 항 제3호, 제315조 제1항 제2호). 그리고 이익문서 또는 법률관계문서와 관련하여 영업비밀을 거부사유로 하는 경우, 증언거부에 관한 민사소송법 제316조 이하의 규정을 유추적용하여 그 자로 하여금 거부의 이유를 소명하도록 하고(제316조), 법원은 그 당부에 대하여 당사자를 심문하여 재판하게 되는데(제317조 제1항), 이 과정에서 문서가 담고 있는 영업비밀은 상대방에게 누설되지 않을 수 없게 된다. 민사소송법은 이러한 경우를 대비하여 재판당사자를 배제한 채 법원만이 문서의 비밀내용을 알 수 있게 하는 비공개심리절차(In Camera절차)를 마련해 놓고 있다(법제347조 제4항 후단).[44] 즉, 2002년 전면 개정된 민사소송법에서는 문서제출명령신청의 상대방이 그 문서가 영업비밀 등에 속하는 것이라고 주장하면, 법원이 그 문서를 비공개적으로 심리하여 문서제출의무의 존부를 판단하는

39 매출원장, 외상매출대장(거래처별원장), 납품전표사본, 청구명세서, 수령서, 출고전표 등이 있다.

40 매입원장, 외상매입대장(매입처별원장), 납품서철, 손익계산서 및 부속명세서 등이 있다.

41 총계정원장, 확정신고서 및 그 첨부서류의 사본 등이 있다.

42 안원모, 전게서, 362면.

43 안원모, 전게서, 361면.

44 권택수, 전게논문, 제65면.

절차를 마련한 것이다.

한편 특허법 제132조 단서에서도 '서류의 소지자가 그 서류의 제출을 거절할 정당한 이유가 있는 때에는 그러하지 아니하다.'고 규정하고 있다. 따라서 서류제출을 거절할 정당한 이유가 있는 때에는 서류제출명령의 신청은 각하된다. 가령 제출명령이 발하여져도 민소법 제349조(문서불제출의 효과)의 적용은 없게 되어 불제출의 효과는 생기지 않는다. 여기서 제출을 거절할 '정당한 이유'의 대표적 예로서는 영업비밀의 보호가 거론된다. '상당한 이유'가 있으면 당해 서면에서 그것을 주장하여 소명하여야 하며, '정당한 이유'의 존재에 관한 입증책임은 문서의 소지자에게 있다.[45] 다만, 특허법 제132조의 대상으로 되는 장부류는 수치의 정합성을 확인하기 위하여 전체수치와의 비교, 대조 작업이 필수적인 것이므로, 이와 같은 문서의 성질상, 제출을 거절할 '정당한 이유'가 인정될 여지는 극히 적다는 견해가 있다.[46] 영업비밀을 포함하는 문서가 소송에 제출된 경우, 그 제시를 받은 상대방 당사자는 지득한 영업비밀을 소송수행 외의 목적으로 무단으로 사용하여서는 아니될 사법상의 의무를 부담하며, 이를 어긴 경우에는 민법상 불법행위가 성립할 것이며, 경쟁자인 경우에는 부정경쟁방지법상 영업비밀침행위에 해당할 여지가 많을 것이다.[47]

한편 일본의 경우,[48] 일본민사소송법에서는 문서의 제출을 거부할 수 있는 사유에 대해서 일본민소법 제220조 각호에 규정하고 있다. 그중에서도 영업비밀에 관한 것은 「의사, … 변호사, 공증인 …이 직무상 지득한 사실에 묵비해야 하는 것」 또는 「기술 또는 직업이 비밀에 관한 사항」으로 「묵비의 의무가 면제되어 있지 않는 것」이라고 한다(일본민소법 220조4호(다), 197조1항2호·3호). 여기서 말하는 '기술 또는 직업의 비밀'이란 그 사항이 공개되면, 당해기술이 가지는 사회적 가치가 하락하고, 이것에 의한 활동이 곤란하게 되는 것 또는 당해직업에 심각한 영향을 주고, 이후 그 수행이 곤란하게 되는 것을 말한다.[49] 무엇인가 기술이나 직업상의 정보가 기재되어 있

45 안원모, 전게서, 364면.

46 안원모, 전게서, 365~366면.

47 안원모, 전게서, 367면.

48 飯村敏明·設樂隆一 編著, 전게서, 46~47면.

49 最決平12·3·10 民集54卷3号1073頁.

으면 바로 상기와 같은 비밀에 해당하는 것은 아니고, 당해 정보의 종류·성질, 문서의 제출에 의하여 소지자가 입게 될 불이익의 구체적 내용을 심리 판단해야 한다.[50] 이것은 일본의 부정경쟁방지법상의 영업비밀과 완전히 중복하는 것은 아니지만, 영업비밀은 상기 일본민사소송법에 규정한 제출거부사유에 해당하는 경우가 많다고 사료된다. 그러나, 영업비밀이라면 항상 상기 민사소송법에 규정한 제출거부사유에 해당하고 문서제출을 거부할 수 있다면 지적재산권의 보호가 곤란하게 된다. 그 때문에 일본특허법은 제출거부사유를 '그 제출을 거부하는 것에 정당한 이유'라고 정하여(일본특허법 제105조1항단서), 영업비밀이라는 것만을 가지고 상기사유에 해당한다고 하여 제출을 거부할 수 없다고 해석되고 있다.[51] 상기 '정당한 이유'가 있는가 여부는 당해서류에 기재되어 있는 정보의 성질이나 비밀성의 정도를 고려하면서, 개시함으로써 서류의 소지인이 받게 될 불이익과 서류가 제출되지 않음으로써 신청인이 입게 될 불이익을 비교형량하여 판단한다.[52]

한편, 일본의 경우 상기의 제출거부사유에 해당하지 않는다고 하여 문서제출명령을 발하는 경우이더라도, 불필요한 정보까지 개시하는 것을 막기 위한 궁리를 하고 있다. 예를들면, 문서의 일부에 손해의 심리에 필요한 매상액등 이외의 영업비밀이 포함되어 있는 경우에는, 그 부분을 검게 처리하는 등의 방법으로, 당해부분을 제외하고 제출을 명하는 것도 할 수 있게 되어 있다(일본민소법223조1항제2문)[53] 또한, 문서제출명령을 발하는 때, 피고의 영업비밀이 불필요하게 개시되는 것을 회피하기 위하여, 법원의 소송지휘에 의하여 제출되어진 문서의 열람권부여 방법을 결정한 사례도 있다.[54]

일본은 2004년(平成16년) 법률제120호에 의한 특허법개정에서, 비밀유지명령의 제도가 신설되었으므로, 서류에 기재된 영업비밀에 관해서 개시한 후에도 비밀성을 유지하는 것이 가능하게 되었다. 그 개정시 제출된 서류의 범위를 넓게 하기 위하여

50 高橋宏志『重點講義民事訴訟法(下)[補訂版]』(有斐閣, 2006) 151頁.

51 高部眞規子「知的財産權訴訟에서 祕密保護手續의 現狀과 課題(特集 새로운 時代의 民事訴訟法 新時代의 民事手續法)」ジュリ1317号(2006) 187頁 참조.

52 工業所有權審議會「特許法等의 改正에 關한 答申」1998년12월14일.

53 最決平13·2·22 判時1742号89頁.

54 東京地判平9·7·22 判タ961号277頁.

일본특허법 제105조1항 단서의 '정당한 이유'에 영업비밀을 포함하지 않는 것을 명문화해야 한다는 의견도 있었던 것에 대하여, 비밀유지명령이나 공개정지등의 영업비밀의 보호수단을 확충함으로써, 영업비밀을 포함하는 서류가 제출되기 쉽게 되었기 때문에, '정당한 이유'의 문언을 개정하지 않는 것으로 하였다. 이러한 경위에 비추어, 서류의 제출을 거부하는 '정당한 이유'에 해당하는 경우는 상당히 좁게 되었고, 결과로서 제출되는 서류의 범위가 크게 확대되었다.[55]

3. 입법론 - 미국의 증거개시(Discovery) 제도

미국의 특허침해소송의 특징적 제도로서 배심제도, 3배까지의 손해배상액 증액제도 및 증거개시제도가 있다. 증거개시제도는 변론기일 전 단계(pre-trial)의 절차 중 가장 비중이 높은 것으로, 그 기본적인 목적은 기일에 대비하여 필요한 증거를 수집·확보하는 것이다. 즉, 소송 일방은 자신의 청구나 항변을 뒷받침하는 데 필요한 사항에 관하여 상대방에게 답변을 요구할 수 있다. 문헌·서류·물품의 존부·내용·상태·보관자·소재나 관련 증인의 신원이나 소재 등 상대방이 가지는 증거의 개시는 물론, 문서의 원본이나 물품의 열람, 복제물의 교부 등을 요구할 수 있으며, 직접 상대방을 방문하여 필요한 조사를 할 수도 있고, 상대방은 그에 응할 의무가 있다.[56] 특히 특허침해소송에서 손해액산정을 위하여 개시가 요구되는 자료로서는 피고가 침해를 통하여 얻은 금전상의 이익과 특허권자의 손해를 평가할 수 있는 자료, 특허에 관하여 사용권 설정계약이 맺어진 경우 필요한 경비와 협상조건, 침해물품이 시장에서 판매되고 있는 규모·가격·상업적 성공여부·판매를 통하여 얻은 수익의 규모·특허물품의 시장가격 책정에 있어 특허기술이 차지하는 비중, 침해물품과 특허기술을 사용하지 않는 경쟁물품의 시장에서의 경쟁력, 침해가 없었다면 특허권자가 얻었을 이익을 평가할 수 있는 자료 등이 있다.[57] 다만, 증거개시제도에 있어서 수비특권(privilege)이 인정되는 자료는 증거개시로부터 제외되는데, 그 인정

55 高部眞規子, 前揭論文 주53), 192頁 참조.

56 안원모, 전게서, 367면.

57 안원모, 전게서, 367~368면.

여부는 법원의 판사의 재량으로 결정된다. 수비특권(privilege)의 대표적 예로서는 ① 변호사와 의뢰인 사이의 법적 판단에 관한 커뮤니케이션에 대하여 적용되는 변호사·의뢰인 비닉특권(Attorney-Client Privilege), ② 소송에 관하여 변호사에 의하여 또는 변호사의 지시에 따라서 작성된 서면 등에 적용되는 변호사 작성물 비닉특권(Attorney Work Product Privilege)이 있다.[58]

Ⅶ. 화해·조정에 관하여

1. 화해·조정의 이점

원고에게 유리한 판단이 예상되어진 사례에서 화해에 의해 해결한 경우, 원고는 ① 조기에 원고가 구하는 해결에 가까운 내용의 해결을 할 수 있는 점(가사 제1심에서 승소판결을 얻더라도 상대방으로부터 항소되어져 최종적 해결은 늦어지고, 항소심에서 제1심판결이 번복될 위험도 있다), ② 피고도 합의한 뒤의 해결이기 때문에 피고에 의한 임의적 이행의 가능성이 매우 높아지고, 금지판결에서 얻게 되는 제조, 판매의 중지와의 해결 이외의 방법(장래의 설계변경 등)에 관해서도 결정하는 것이 가능하고, ③ 무효심판청구를 하지 않는다는 약속에 의해 원고의 권리의 불안정을 해결할 수 있는 등 장점이 있다. 한편 피고에게는 ① 패소판결이 나옴으로써 영업상의 불이익을 회피할 수 있고, ② 손해배상등의 조건에 관해서도 판결보다 유리한 해결이 가능하게 되는 등 장점이 있다.

또한 원고에게 불리한 판단이 예상되는 경우, 원고에게는 불이익한 판결에 의한 영업상의 불이익을 회피할 수 있고, 사안에 따라서는 피고의 무효심판청구를 취하하게 하여, 권리의 존속을 도모할 수 있는 장점이 있고, 피고에게는 피고제품에 대한 권리행사가 이루어지지 않는 것을 확보하면서, 조기에 사건을 해결하고, 소송의 장기화에 따른 소송비용의 부담을 경감할 수 있다.

지적재산권침해소송의 경우 예컨대, 스마트폰을 둘러싼 삼성과 애플 소송과 같

58 안원모, 전게서, 368면.

이, 원고와 피고와 사이에 당해소송의 대상으로 되는 것 이외에도 또 다른 다툼이 있을 수 있다. 최근 경제의 국제화, 기술 등의 교류의 글로벌화에 의하여 동일한 기술내용의 특허나 관련기술에 관해서, 해외에서도 소송 등의 분쟁으로 되는 것도 많다. 화해의 경우에는 이들의 관련한 분쟁도 포함한 총합적인 해결이 도모되는 것도 있다. 다만, 화해의 부작용으로서는 스마트폰을 둘러싼 삼성과 애플의 특허침해소송과 같이, 한 나라에서 화해가 결렬되거나 일방에게 유리한 판결이 내려지면, 다른 나라에서도 화해의 성립을 어렵게 하는 경우도 있어 양날의 칼로서 작용도 한다고 생각된다. 예컨대 삼성과 애플의 특허침해소송에서 미국의 ITC가 애플의 특허침해와 관련하여 금지청구를 기각하자, 2004년 2월 현재 국내의 삼성과 애플의 특허침해소송의 항소심에서 진행중인 화해시도가 체결직전까지 갔다가 한순간에 결렬되었다고 전해진다.

한편 일본의 경우 지재소송은 그 다수는 기업간의 분쟁인바, 화해에 의한 해결에는 상기와 같은 이점이 있고, 경제적 합리성에 적합한 경우가 많기 때문에, 적극적으로 화해가 시도되고 있고, 화해율도 높다고 한다(예를 들면, 東京地裁知財部의 2004(平成16년)도의 이미 종료한 사건(既済事件) 중 화해로 종료한 것의 비율은 47.7%이다).[59]

2. 화해·조정의 방법 등

화해를 가능하게 하기 위해서는 위와 같은 화해의 장점, 경제적 합리성을 당사자가 충분히 이해하는 것이 필요하다. 그 때문에 지재소송에서는 법원이 쟁점에 관한 심증을 상당정도 얻어서 그것을 보이면서 당사자에게 화해의 방침, 장점 등을 설명하고, 화해를 시도하는 것이 많다. 법원의 심증을 보이면서 화해를 시도하는 것은 화해의 공정 및 투명성을 확보하고, 당사자에 대하여 법원의 판단(화해가 성립하지 않는 경우에 이루어진 판결의 내용)을 예측하고, 화해안의 구체적인 검토, 의사결정을 용이하게 하는 것과 동시에, 화해가 성립하지 않고 판결에 이르는 경우에도 판결로 납득하여 상소를 단념하게 하거나, 혹은 상소심에서의 화해의 참고로 되는 등

59 市川正巳 「東京地裁에 있어서 知財訴訟의 現狀과 分析(知的財産權訴訟의 動向과 課題 知財高裁 1주년)」金版1236号[增版](2006), 17頁 참조.

의 의의가 있다. 따라서 지재소송에서 화해를 시도하는 기회는 쟁점에 관한 법원의 심증을 얻은 단계, 예를들면 특허권침해소송에서 침해론의 종료단계라든가, 변론종결전후가 많다. 법원이 화해의 기초로 된 심증 내지 법원의 화해안을 보인 경우, 구두로 보이는 것도 있지만, 서면으로 보이는 것도 있다(직무발명의 상당대가청구소송에서는 서면을 보이는 것이 많다.[60])

Ⅷ. 지적재산침해소송의 가처분에 관하여

1. 금지가처분

지적재산권의 침해에 대하여 특허권자등의 권리자는 본안소송을 제기하는 이외, 긴급하게 구제를 구하는 경우 침해행위의 금지를 구하는 가처분신청을 하는 것이 많다. 지적재산권과 관련한 '임시의 지위를 정하기 위한 가처분'[61]은 특허권, 상표권 등을 계쟁물로 하는 가처분의 경우와 달리, 가처분결정의 발령을 두고 당사자들 사이에 이해관계가 첨예하게 대립되어 가처분 심리단계에서 본안소송을 방불케 하는 공격·방어가 이루어지고 있는 것이 현실이다. 우리 민사집행법 제304조에서는 '임시의 지위를 정하기 위한 가처분의 재판에는 변론기일 또는 채무자가 참석할 수 있는 심문기일을 열어야 한다.'고 규정하고 있어, 실무상 심문절차를 거치지 아니하고 가처분결정을 발령하는 예는 거의 없다. 또한 심리에 있어서 변론절차에 관한 규정이 상당수 준용되고 있고, 그 심리과정이 본안소송과 본질적으로 다르다고 하기는 어렵다고 한다.[62]

우리 특허법 제126조 제1항에서는 특허권자 또는 전용실시권자는 자기의 권리를 침해한 자 또는 침해할 우려가 있는 자에 대하여 그 침해의 금지 또는 예방을 청

60 그 예로서, 東京高和解平 17·1·11 判時1879号141頁[청색발광다이오드소송의 항소심의 화해권고서].

61 임시의 지위를 정하는 가처분은 당사자 간에 현재 다툼이 있는 권리 또는 법률관계가 존재하고, 그에 대한 확정판결이 있기 까지 현상의 진행을 그대로 방치한다면 권리자가 현저한 손해를 입거나 급박한 위험에 처하는 등 소송의 목적을 달성하기 어려운 경우에 그로 인한 위험을 방지하기 위하여 잠정적으로 권리 또는 법률관계에 관하여 임시의 지위를 정하는 보전처분이다.

62 박진수, 전게논문, 63면.

구할 수 있다고 규정하고 있고, 같은 취지로 상표법 제65조와 부정경쟁방지법 제10조 역시 권리침해에 대한 금지청구권 및 예방청구권을 명문으로 규정하고 있다. 따라서 권리침해가 인정된다면 원칙적을 부작위를 명하는 임시의 지위를 정하기 위한 가처분결정을 발령할 피보전권리가 있다고 해석되므로, 적어도 법리상 본안소송과 다른 해석론에 기하여 권리침해를 인정하고 있지 않다. 요컨대, 특허법, 상표법 및 부정경쟁방지법 관련 임시지위를 정하기 위한 가처분 사건에서는 그 본안소송에서의 제 문제와 본질적으로 다르지 않다는 것이 실무이다.

민사집행법 제300조 제2항은 임시의 지위를 정하기 위한 가처분은 "현저한 손해를 피하거나 급박한 위험을 막기 위하여, 또는 그 밖의 필요한 이유가 있을 경우에 하여야 한다"고 규정하고 있다.[63] 보전의 필요성과 관련하여 고려할 사항[64]으로는, ① 당사자들의 사정(가처분신청의 인용여부에 따른 당사자 쌍방의 이해득실관계-채권자측 사정 및 채무자측 사정), ② 본안소송에 있서 장래 승패의 예상, ③ 공공복리, ④ 채무자의 태도, ⑤ 채무자의 지위 등 개별사건에서의 제반사항등이 제시되고 있다.[65] 생각건대 실무상으로는 본안의 승패여부 즉 침해가 되는지 여부가 보전의 필요성과 관련하여 고려할 사항의 핵심이라 할 것이다.

2. 가처분의 내용

가처분의 주문은 기본적으로 "채무자는 별지도면 및 설명서 기재의 제품을 제조, 사용, 판매·양도, 대여 또는 수입하여서는 아니된다."는 취지의 부작위를 명하는 가처분의 형태를 갖게 된다. 특허권 등의 침해금지가처분은 상대방에게 주는 피해가 크므로 가처분은 필요 최소한에 그쳐야 한다. 따라서 채무자가 생산하는 제품에서 채권자의 특허권을 침해하는 부분을 분리하여 제거할 수 있다면, 그러한 제품의 제조 등을 전면적으로 금지하는 가처분을 명하기보다는 침해가 되는 부분을 제거하거

63 일본의 경우도, 금지가처분은 임시지위를 정하는 가처분이고 잠정적인 것이라고는 말하며, 신청인에게 만족적 지위를 부여하는 것이므로 '채권자에게 발생하는 현저한 손해 또는 급박한 위험을 피하기 위한 것을 필요로 하는 경우'(일본민사보전법23조2항)에 한하여 인정되고 있다.

64 대법원 2007. 6. 4. 자 2006마907 결정.

65 박진수, 전게논문, 73면.

나 삭제하지 않으면 제조 등을 할 수 없다는 취지의 가처분신청을 하여야 한다.[66]

또, 법원은 신청목적을 이루는 데 필요한 처분을 직권으로 정하고, 그 구체적인 방법으로 보관인을 명할 수 있으므로(민사집행법 제305조), 침해의 결과에 대하여 이를 배제하기 위하여 점유배제 및 집행관 보관의 가처분을 명할 수 있다. 또 특허권자 또는 전용실시권자가 침해행위를 조성한 물건(물건을 생산하는 방법의 발명인 경우에는 침해행위로 생긴 물건을 포함한다)의 폐기, 침해행위에 제공된 설비의 제거 기타 침해의 예방에 필요한 행위를 청구할 수 있다(특허법 제126조 제2항). 다만 실무상 가처분절차에서는 통상 점유를 해제하여 집행관에게 보관하는 것만으로도 그 목적을 달성할 수 있으므로, 이러한 집행관 보관형 가처분이 가능한 경우에는 침해행위를 조성하는 물건의 폐기나 설비의 제거까지 명하는 형태의 가처분은 뒤에 채무자가 본안소송에서 승소하더라도 그 회복이 불가능하다는 점에서 강하게 그 필요성이 요청되지 않는 한 허용되지 않는다.[67]

3. 가처분사건의 한계와 유의점

침해금지가처분에서도 대상물건의 특정, 당해특허발명의 기술적 범위와 그 포함여부, 당해특허권의 무효 등, 본안소송에서 침해소송과 마찬가지의 쟁점이 문제로 된다.[68]

그러나, 가처분절차에서 입증절차는 신속성의 관점에서 소명하면 족하고(일본민사보전법 13조2항), 소명은 즉시 조사할 수 있는 증거에 의하여야 한다(일본민소법188조). 따라서 본안소송이라면 가능한 문서(서류) 제출명령등을 이용할 수 없고, 영업비밀 등에 관한 사안의 경우, 채권자는 피보전권리 및 보전의 필요성의 소명이 곤란하게 되고, 그 결과 신청이 각하될 위험성도 있다. 가처분이라고 말해도 신청이 각하되면 채권자의 사업활동에 불이익한 영향이 미치는 것은 충분할 수 있다.

한편, 침해금지가처분은 본안판결이 확정하기까지의 잠정적인 것이라고는 말해도, 금지청구에 간해서 승소판결을 얻은 것과 마찬가지의 상태를 현출하고, 이른바

66 권택수, 전게논문, 104면.

67 권택수, 전게논문, 105면.

68 한편, 일본의 경우 가처분에서 무효의 항변(日特제104조의3)에 관해서는 무효이유가 존재함이 명백한 것이 소명되지 않더라도, 무효이유가 존재할 개연성이 높은 것이 소명되면 가처분신청을 각하될 것이라 본다.

집행정지가 인정되는 것은 용이하지 않다. 그 때문에 침해금지가처분을 이용하는 취지의 결정이 이루어지면, 채무자는 여기에 따르고 그 사업활동을 현저하게 제한되어, 그 기업생명에도 관계하는 것도 있을 수 있다. 그 때문에 가처분이라고는 말해도 그 심리는 신중하여야 한다('가처분의 본안화' 등이라고 말해진다).

따라서, 채권자로서는 수중에 가지고 있는 자료등에 비추어, 가처분으로 예측되는 결과, 그것에 의한 장점, 단점을 충분히 고려한 뒤에, 가처분신청을 해야 하는가 여부, 가처분을 신청하더라도 어떤 채무자제품등을 대상으로 하는가 등 쟁점을 엮어야 하는가 여부에 관해서 검토하고, 가처분신청 및 가처분절차에서의 대응을 해야 한다. 다른 한편 채무자로서는 타인의 특허권 등을 침해할 가능성이 있는 상품을 제조, 판매함에 있어서는 자기의 행위의 정당성에 관하여, 사전에 법적인 관점에서 검토를 하고, 가사 법적분쟁에 이른 때는 정당성을 제시할 근거 내지 자료를 신속하게 제시할 수 있도록 준비를 해 두어야 한다.[69]

4. 본안소송과 관계

지재소송에서는 위에서 언급한 이유에서, 채권자 내지 채무자의 준비에 시간을 요하고, 수회심리가 행해지는 것도 있으므로, 가처분 신청에서와 동시 또는 그 심리중에 본안소송도 제기하는 것이 종종 있다. 그 경우 법원은 가처분과 본안과를 병행하여 심리한 뒤, 가처분신청에 관해서 심증을 얻게 된 경우(그 경우, 본안의 침해론에 관해서 심증을 얻게되는 것이 많다고 사료된다) 침해라는 심증을 얻게 된 경우에는 가처분결정을 하고, 비침해라는 심증을 얻게 된 경우에는 가처분 취하를 촉구하든가 아니면 각하결정을 내리는 것으로 한다.

5. 조정·화해

또 어떤 경우에는 가처분사건에서도 심증을 개시하여 화해를 시도하는 것도 있다. 보전절차에서도 본안소송의 소송물에 관한 조정·화해가 가능하며 화해권고결

69 東京地決平11·9·20 判時1696号76頁 참조.

정 및 강제조정에 관한 규정도 준용된다는 것이 현재 실무의 입장이다. 그러나 임시의 지위를 정하기 위한 가처분에 있어서는 채권자가 현저한 손해나 급박한 위험을 피하기 위하여 신청을 제기하는 것이므로, 양측에서 법정 외에서 조정·화해를 위한 접촉을 시도하여 어느 정도의 의견 접견을 이룬 후 조정 문안 작성을 위한 기일 지정을 요구하는 경우 등에 한하여 조정기일을 지정하는 경우가 대부분이며, 재판부는 당사자들에게 조정, 화해를 적극 권유하는 예가 드리 많지는 않다고 한다.[70]

IX. 심결취소소송의 심리의 특색 - 〈특허심판〉을 중심으로

1. 심결취소소송

법원조직법 제28조의4의 규정에 따라 특허법원의 전속관할로 되어 있는 소송(특허법 제186조 제1항, 실용신안법 제56조, 디자인보호법 제75조 및 상표법 제86조 제2항이 정하는 제1심 사건과 다른 법률 예컨대 종자산업법 제105조 제1항에 의하여 특허법원의 관할에 속하는 사건)을 협의의 특허소송이라 하는바, 특히 특허법 제186조 제1항 등의 심결취소소송이 특히 문제된다.[71] 즉, 심결취소소송이란 특허심판원의 심판의 심결을 받은 자가 불복이 있을 때에는 그 심결이나 결정이 법령에 위반된 것을 이유로 하는 경우에 한하여 심결 또는 결정등본을 받은 날로부터 30일 이내에 특허법원에 그의 취소를 구하는 것을 말한다.[72] 1994년 7월 14일 임시국회에서 법원조직법과 특허법을 개정하여 특허청 내 항고심판소를 폐지하고, 1998년 3월 1일부터 고등법원급의 특허법원을 설치하였다.[73] 이로써 구특허법에서의 당사자계 심판은 특허청 심판소→항고심판

70 박진수, 전게논문, 79면.

71 특허법원 지적재산소송실무연구회, 전게서, 3면. 일본의 경우, 심결취소소송에 관해서는 東京高裁(그 特別支部인 知財高裁)의 전속관할로 되어 있고(특허법 제178조1항, 실용신안법47조1항, 의장법59조1항, 상표법 63조1항), 知財高裁가 제1심으로 된다(飯村敏明·設樂隆一 編著, 전게서, 60~61면).

72 윤선희, 『지적재산권법[9정판]』, 세창출판사, 2007, 158면. 일본의 경우, 특허권등에 관한 심결취소소송은 ① 특허권, 실용신안권, 디자인권, 상표권에 관한 심결의 취소를 구하는 소송 및 ② 심판 또는 재심의 청구서의 각하의 결정의 취소를 구하는 소송을 말한다(일본특허법 제178조1항, 실용신안법 제47조1항, 의장법59조1항, 상표법63조1항).

73 1994년 법원조직법과 특허법 등의 개정에 의하여 특허법원을 설치함과 동시에 특허청 내의 심판소와 항고심판소를 통합한 특허심판원을 설치하는 등 특허쟁송에 관한 제도가 정비되었다.

소→대법원이고, 결정계 심판은 특허청 항고심판소→대법원 이었으나, 신법에서는 당사자계, 결정계 구별없이 특허심판소→특허법원→대법원으로 체계가 바뀌었다.[74] 이러한 체계는 형식상 종래의 항고심판소의 기능을 특허법원이 대체한 것으로 보이지만, 실제로는 종래와 같은 심판소 또는 항고심판소와 법원 사이의 직접적인 심급적 연결관계가 모두 단절되고, 종래 2심제의 행정소송과 같이 특허심판원의 행정처분(심결 또는 결정)에 대한 취소소송의 구조로 되었다.[75]

심결취소소송에는 취소의 대상이 된 심결의 종류에 따라서 ① 심사관의 특허거절결정에 대한 심판(특허법 제62조), 특허취소결정에 대한 심판(특허법 제74조 제3항), 정정심판(특허법 제136조)의 심결 등에 취소소송과 같이 특허청장을 피고로 하는 결정계 심결취소소송과, ② 특허무효·특허권의 존속기간의 연장등록의 무효·권리범위확인·정정무효·통상실시권허여의 심판(특허법 제133조 내지 135조, 제137조, 제138조)의 심결 등에 대한 취소소송과 같이 특허권자 또는 이해관계인을 피고로 한 당사자계 심결취소소송이 있다.[76]

심결취소소송은 기본적으로 행정소송의 일종으로 보는 것이 통설·판례의 입장이다. 심결취소소송 중 특허청장을 피고로 하는 결정계 사건은 행정소송법 제3조 제1호 소정의 항고소송이라는 데 다툼이 없다. 그러나 특허권자 또는 이해관계인을 상대로 하는 당사자계사건에 대해서는 학설[77]은 대립하고 있다. 다만 판례는 당사자계 사건에 관하여도 심결은 행정처분에 해당하므로 그에 대한 불복의 소송인 심결취소소송은 항고소송이라고 판시하여 모두 항고소송으로 보고 있다(대법원 2005. 7. 28. 선고 2003후922 판결).[78]

이하, 실무상 가장 많은 특허권에 관한 심결취소소송을 염두에 두고 그 절차의 특색에 관하여 서술한다.

74 윤선희, 전게서, 158면.

75 정상조·박성수 공편, 『특허법 주해 II』, 박영사, 2010, 714면(김철환 집필부분).

76 특허법원 지적재산소송실무연구회, 전게서, 3~4면.

77 학설은 결정계 사건과 마찬가지로 항고소송이라는 견해, 당사자소송에 속한다고 보는 견해 및 항고소송의 실질을 가지는 형식적 당사자소송이라는 견해(다수설)가 대립한다.

78 특허법원 지적재산소송실무연구회, 전게서, 4면.

2. 특허권에 관한 심결취소소송의 절차의 특색

실질적으로는 특허심판원의 심결이 제1심으로서의 기능을 하고 특허법원의 심결취소송이 그에 대한 항소심으로서의 성질을 가진다는 점은 부인할 수 없다. 그렇지만, 소송법적으로는 특허심판원과 특허법원 사이에 아무런 심급적 연결관계가 없으므로, 당사자가 심결에 대하여 불복의 소를 제기하면 특허법원은 속심으로서 사건기록을 송부받아 심리를 하는 것이 아니라, 제1심으로서 소장 및 관련 증거 등 소송자료를 모두 새로 제출받아야 한다. 즉 특허심판원의 심판절차와 특허법원의 심결취소소송절차는 엄격하게 분리되었다.[79]

심결취소소송은 행정소송으로서의 법률적 성질을 가지면서도, 특허법원이 관할하는 사건 중 특허청의 제1차적 처분을 직접 대상으로 하는 "심판청구서나 재심청구서의 각하결정에 대한 소"를 제외한 심결취소소송은 일반 행정소송과는 달리, 특허청의 제1차적 처분 그 자체를 직접적인 대상으로 하는 것이 아니라 제2차적 처분인 특허심판원의 심결을 대상으로 한다는 점에서 행정소송과는 다른 특수성을 가지고 있다. 즉 특허법 제186조 제6항은 심결취소소송 가운데 심판을 청구할 수 있는 사항에 관한 소는 심결에 대한 것이 아니면 이르 제기할 수 없다고 규정하고 있기 때문에, 특허청의 거절결정에 대하여 곧바로 특허법원에 그 취소를 구하는 소송을 제기할 수 없다. 또 특허청의 특허등록의 특허등록의 결정에 대하여도 곧바로 그 취소를 구하는 소송을 제기할 수 없으며, 반드시 특허심판원에 의한 심판절차를 거쳐야만 한다.[80]

원고적격과 관련하여, 특허법 제186조 제2항은 심결취소소송의 원고가 될 수 있는 자를 당사자, 참가인 또는 당해 심판이나 재심에 참가신청을 하였으나 그 신청이 거부된 자로 한정하고 있다. 또 피고적격과 관련해서는 결정계심판에서는 특허청장을 피고로 하여야 하고, 당사자계심판에서는 청구인 또는 피청구인을 피고로 하여야 한다(특허법 제187조).

특허법원에서의 심결 등 취소소송절차에는 변리사법 제8조의 규정에 의하여 변

79 정상조·박성수 공편, 전게서, 715면(김철환 집필부분).

80 정상조·박성수 공편, 전게서, 717면(김철환 집필부분).

호사 외에 변리사도 소송대리권이 부여되어 있다. 심결취소소송은 특허법원의 전속관할이므로 특허법원에 소를 제기하여야 하고 만약 다른 법원에 소장이 접수되었을 경우에는 특허법원으로 이송하여야 한다.

특허법원 판결에서 취소의 기본이 된 이유는 그 사건에 대하여 특허심판원을 기속한다(특허법 제189조3항). 즉 심결취소소송에서 그 청구가 이유가 있으며, 판결로써 당해 심결 또는 결정을 취소하여야 하고(특허법 제189조1항), 심판관은 다시 심리하여 심결 또는 결정하여야 한다(특허법 제189조2항). 특허법원의 판결에 불복이 있을 때에는 대법원에 상고할 수 있다(특허법 제186조). 상고제기는 특허법원의 판결서가 송달된 날로부터 2주일내에 원심법원인 특허법원에 상고장을 제출하여야 한다(민소법 제425조, 396조, 397조).

[연구 쟁점]

1. 특허침해소송에서 피고의 실시형태로서 대상제품·대상방법의 특정에 다툼이 생기는 원인은 무엇이며, 이것을 극복하기 위한 방안은 무엇인가?

2. 특허침해소송에서 중간판결의 활용이 극히 적은 실정에 대해 그 원인은 무엇이며, 중간판결을 활용하면 어떠한 문제점을 해결할 수 있는가?

3. 지적재산권 침해소송에서 본안소송은 시일도 많이 걸리고 손해액에 관한 입증이 쉽지 않다는 문제가 분쟁당사자로부터 계속하여 제기되고 있다. 특히 특허침해소송에서 특허침해로 인한 특허권자의 손해배상액을 현실화 하는 방안은 무엇인가?

제2장

인터넷과 상표법·저작권법 관련 소송

Ⅰ. 들어가며

인터넷은 2000년이후부터 각종기술이 진보함에 따라서 급속하게 보급되었다. 이것에 수반하여, 다양한 분야에서, 지금까지는 볼 수 없었던 문제가 생기고 있고, 지적재산권의 분야도 예외는 아니다. 대표적인 것이 도메인이름, 메타태그, 키워드검색광고 및 링크와 프레이밍을 둘러싼 법적문제가 대두된다. 여기서는 그러한 사례를 중심으로 상표권침해와 부정경쟁방지법 위반 여부 및 저작권침해 여부를 중심으로 그 연구대상을 살펴본다. 본 연구의 대상으로 되는 부분이 인터넷의 발달에 따라서 그 논의가 축적되었음에도 불구하고 여전히 그 논의가 충분히 재검토를 기다리고 있음도 부인할 수 없는 점도 있음을 지적한다.

Ⅱ. 도메인이름과 법적문제

1. 개요

종전, 인터넷과 상표권과의 관계에서, 보다 논의가 된 것은 도메인이름과 상표권침해의 문제이다.[1] 즉, 인터넷이라는 새로운 가상공간의 출현으로 도메인이름이라는 새로운 자원이 발생하였고, IP주소와는 달리 도메인이름은 문자적 특성을 가지고 있어서 기존의 상표법과 부정경쟁방지법 등의 표지법과 충돌하는 문제가 발생하

1 도메인이름과 상표권침해의 문제에 관해서는, 松尾和子=佐藤恵太 編著『ドメインネーム紛争』(弘文堂, 2001)을 비롯하여 이미 다수의 문헌을 참조할 수 있다.

였다. 도메인이름은 신청에 의해 등록되지만, 상표권의 유무·유사여부에 불구하고, 먼저 신청이 있으면 등록된다. 그 때문에, 등록상표와 같은 도메인이름을 제3자가 제멋대로 취득한 사태가 다수 발생했다.

현재, 도메인이름 등록의 분쟁해결의 주된 수단으로서는, 도메인이름분쟁처리절차에 의한 해결[2] 및 상표법과 부정경쟁방지법에 기한 재판상의 청구에 의한 해결이 고려될 수 있다.

우선, 도메인이름분쟁처리절차에 의한 해결의 방법이지만, 1999년 8월에, ICANN(Internet Corporation for Assigned Names and Numbers)이 채택한, '통일도메인분쟁처리방침(UDRP)'에 의하면, ① 등록자의 도메인이름이 신청인이 권리를 가진 상표와 동일 또는 혼동을 일으킬 정도로 유사하고, ② 등록자가 그 도메인이름에 관해서 권리 또는 정당한 이익을 가지지 않으며, ③ 등록자의 도메인이름이 부정한 목적을 가지고 등록 및 사용되는 것이 분쟁처리절차의 대상으로 되는 요건으로 된다. 그리고, 등록자의 도메인이름등록의 말소 혹은 신청인으로의 이전을 인정하는 취지의 분쟁처리 패널의 재정(裁定)은, 도메인이름등록기관에 통지하여, 실시된다. 다만, 이 분쟁처리절차는 법원에서의 분쟁해결의 길을 닫는 것은 아니고, 절차의 개시전 또는 개시후에 분쟁당사자중 누구라도 법원에 제소할 수 있게 되어 있다.

상표법과의 관계에서는 등록상표와 동일 혹은 유사의 도메인이름을 등록상표의 지정상품·서비스와 동일·유사의 상품·서비스에 사용하는 행위이라면, 상표권침해로 될 수 있지만, 도메인이름의 사용이 상표적 사용, 즉 자타(상품)식별기능을 가지는 태양의 사용이 아니라면 침해는 부정된다. 위와 같이 상표법적으로는 도메인이름이 위와 같이 상표적 사용이었는지 여부와 지정상품 등과의 동일 내지 유사성 여부의 판단이 주된 쟁점이 된다.

즉, 상표법 제66조는 타인의 등록상표와 동일·유사한 상표를 그 등록상표이 지정상품과 동일·유사한 상품에 사용하는 행위를 상표권침해행위로 규정하고 있다. 따라서 상표권침해소송에서 도메인이름의 상표권침해의 요건을 요약하면, ① 문제

2 우리나라의 경우 법원이외의 분쟁조정절차는 인터넷주소자원에 관한 법률과 동 시행령에 근거를 둔 인터넷주소분쟁조정위원회(www.idrc.or.kr)에서 맡고 있다. 한편, 일본에서는 JPNIC(Japan Network Information Center; 사단법인 일본네트워크·인포메이션·센터)가, UDRP를 기초로 'JP 도메인 이름 분쟁처리방침(JP-DRP)'를 책정하고, JP-DRP의 분쟁처리기관인 일본지적재산중재센터에서 분쟁처리가 이루어지고 있다.

의 표장이 등록상표나 서비스표와 동일 또는 유사할 것, ② 문제의 표장이 등록상표의 지정상품이나 서비스와 동일 또는 유사한 상품에 사용되었을 것, ③ 문제의 표장이 출처표시로서 즉 상표적으로 사용되었을 것, ④ 상품의 출처에 관한 오인·혼동이 발생할 우려가 있을 것 등이다.[3]

한편 부정경쟁방지법상으로는 표장의 국내의 주지성획득여부 및 혼동여부가 문제될 것이다. 애초 도메인이름의 등록만으로 사용되지 않는 경우에는 상표권침해라고는 될 수 없기 때문에 문제이었다.

국내법상으로는 사이버스쿼팅행위를 규제하기 위하여 2004년 개정부정경쟁방지법[4]에서 제2조 1호 '아'목에서 부정경쟁행위의 하나의 유형으로서 신설하였다. 즉 국내에 널리 인식된 타인의 성명, 상호, 상표 등에 관한 도메인이름 선점행위를 규제하고 있다. 또한, 2004년 인터넷주소자원에 관한 법률(이하 '인주법'이라 약함)이 제정되면서, 일반적인 사이버스쿼팅 금지규정을 두고 있다. 다만 자유로운 도메인이름의 등록과 이전을 위축시킬 수 있다는 지적에 따라서 과태료 제정안은 삭제된 채 수정의결되었다. 한편 개정인주법(법률 제09782호 2009. 6. 9. 일부개정, 2009. 9. 10.부터 시행)에서는 구제수단을 규정한 제12조를 개정하여, 부당한 목적의 도메인이름 선점행위에 대하여 등록·보유·사용금지 뿐만아니라, 정당한 권원이 있는 자는 사이버스쿼터에 대하여 등록말소 또는 등록이전을 청구할 수 있다고 규정함으로써, 인주법의 제정당시와 달리 등록이전청구권까지 규정하기에 이르렀다. 또, 그 적용범위가 ccTLD 뿐만 아니라 대한민국에서 등록·보유 또는 사용하고 있는 도메인이름까지 확대되었다. 이 개정법은 등록말소 또는 등록이전을 청구할 수 있다고 규정함으로써, 부정경쟁방지법과 상표법에서 등록말소청구권만 인정되는 것과 비교된다. 이와 같이 등록이전청구권까지 규정되었으므로 정당한 권원에 대하여 더욱 엄격하고 신중하게 판단되어야 한다는 실무계의 지적이 있다. 한편 인주법 제18조의2(판단기준)를 두고, 동

3 최성준, "도메인이름의 법적 문제점", 남효순·정상조 편저『인터넷과 법률 II』, 법문사, 2005, 562~566면.

4 한편, 일본의 경우에도 2001년(平成13년)에 일본 부정경쟁방지법이 개정되어, 2조1항12호가 신설되었다(평성13년법률제81호). 동호는 ① 부정한 이익을 얻을 목적 또는 타인에게 손해를 가할 목적(図利加害目的)으로, ② 타인의 특정상품등 표시와 동일 또는 유사한 도메인이름을 사용하는 권리를, ③ '취득', '보유'하거나 또는 그 도메이이름을 '사용'하는 행위를 부정경쟁행위로 정하고 있다. 도메인이름의 '취득'도 부정경쟁행위로 한 것에서 도메인이름을 등록하는 행위는 사용하지 않더라도 부정경쟁행위로 될 수 있다. 또한 '보유'도 부정경쟁행위이기 때문에 취득시에 도리가해목적이 없더라도 나중에 도리가해목적을 가지게 되면 부정경쟁행위에 해당한다.

조 제1항에서는 권리(상표권, 부경법상 권리, 성명권, 상호권 등) 침해행위가 있으면 부정한 목적으로 인정하고, 나아가 동조 제2항에서는 등록자의 정당한 권원을 항변으로 인정함으로써 상표권자 등과 도메인이름 등록자 사이의 조화를 꾀하고 있다.

2. 판례의 태도

1) 상표권침해여부와 관련하여[5]

〈인정례〉: ① chanel.co.kr 사건(서울고등법원 2000.11.15. 선고 99나61196 판결)
② FIRSTCALL.CO.KR 사건(서울지법 2002.10.18.선고 2001가합63075 판결)
③ dongbusteel.co.kr 사건(서울지법 2001.3.23.선고 2000가합86835 판결)
④ morinaga.co.kr 사건(서울지법 2004.1.1. 선고 2003가합24685 판결)
⑤ himart.co.kr 사건(서울지법 2000.11.14. 선고 2000고단5178 판결)
⑥ jjang0u.co.kr 사건(대법원 2007.10.11. 선고 2007다11958 판결)

〈부정례〉: ① GRAMMY.CO.KR 사건(서울고등법원 2001.7.4.자 2000라452결정)[6]
② rolls-royce.co.kr 사건(대법원 2004.2.13. 선고 2001다57790 판결)[7]
③ viagra.co.kr 사건(대법원 2004.5.14. 선고 2002다13782 판결)[8]
④ himart.co.kr 사건(서울지법 2000.11.17. 선고 99가합88101 판결)[9]
⑤ kodak.co.kr 사건(서울지법 2001.11.9. 선고 2001가합5123 판결)[10]
⑥ legokorea.co.kr사건(서울지법 2000.11.10. 선고 2000가합31286 판결)[11]
⑦ jjang0u.co.kr 사건(대법원 2007.10.11. 선고 2007다11958 판결) [12]

5 최성준, 전게논문 주)85, 566~566면.

6 도메인이름을 등록만 하고 웹사이트는 개설하지 아니한 경우이다.

7 등록한 도메인이름으로 웹사이트는 개설하였지만, 타인의 등록상표·서비스표의 지정상품·지정서비스업과는 무관하게 비영리적으로 운영한 경우이다.

8 타인의 등록상표·서비스표의 지정상품·서비스업과 도메인이름의 웹사이트에서의 상품 또는 영업이 유사하다고 볼 수 없는 경우이다. 이 viagra.co.kr 사건의 2심(항소심)인 서울고등법원 2001. 12. 11. 선고 99나66719 판결도 같은 취지이었다. 다만 1심인 서울지방법원 동부지원 1999. 11. 18. 선고 99가합8863판결은 상표권침해 뿐만 아니라 부정경쟁행위의 성립도 인정하지 않았다.

9 타인의 상호를 도메인이름으로 등록·사용하였을 뿐 제품에 대하여는 제조업자들의 상표를 그대로 표시하고 광고, 판매하는 경우이다. himart.co.kr 사건의 형사판결(서울지법 2000.11.14. 선고 2000고단5178 판결)과 달리 판단하였다.

10 웹사이트가 상품을 홍보하는 내용만으로 이루어진 경우이다.

11 웹사이트에서 판매하는 상품이 상표권자가 제조·판매한 경우이다.

12 영문도메인 "jjang0u"와 달리, 한글도메인 "짱공유"에 대해서는 기술적 표장이라는 이유로 상표권침해를 부정하였다.

2) 부정경쟁방지법 위반여부와 관련하여[13]

〈인정례〉[14]: ① chanel.co.kr 사건(서울고등법원 2000.11.15. 선고 99나61196 판결)

② viagra.co.kr 사건(서울고등법원 2001.12.11. 선고 99나66719 판결)[15]

③ mastercard.co.kr(서울지법 2000.9.8.선고2000가합6471 판결)

〈부정례〉: ① jooyeontech.com(인천지법 2000.6.16.선고2000가합1637 판결)[16]

② rolls-royce.co.kr 사건(대법원 2004.2.13. 선고 2001다57790 판결)[17]

③ fedex.co.kr 사건(서울지법 2000.12.8.선고2000가합37185 판결)[18]

Ⅲ. 메타태그의 사용과 상표권 침해

1. 서설

메타태그(meta-tag)란 홈페이지의 내용을 기술한 HTML 코드이다. 데이터를 어떻게 화면표시를 하는가를 지시하는 데이터를 써 넣은 소스코드에 웹상의 내용을 지시하는 부분이 있고, 그것을 메타태그라 하는데, 웹페이지상에서는 볼 수는 없다.[19]

메타태그상의 상표는, 소스코드를 보는 작업(우 클릭)을 하지 않으면 볼 수 없기 때문에, 상표권침해로 되는가 여부가 문제된다. 미국, 영국, 독일에서는 상표권침해를 구성한다는 판결이 있었다. 또, 일본에서는 학설의 다툼이 있었고 또 최근에는

13 최성준, 전게논문 주)85, 576~604면.

14 부정경쟁방지법 제2조 제1호 (가)목 상품주체혼동행위 또는 (나)목 영업주체혼동행위에 의한 부정경쟁행위에 해당한다고 판시한 사례이다.

15 항소심에서는 부경법 제2조 1호 (가)목의 상품주체혼동행위 및 (나)목의 영업주체혼동행위를 인정하였지만, 대법원 2004.5.14. 선고 2002다13782 판결에서는 이를 인정하지 않았다. 다만, 동호 (다)목의 저명상표희석행위에 의한 부정경쟁행위에 해당한다고 판시하였다.

16 도메인이름을 등록만 하고 웹사이트는 개설하지 않아서 혼동을 일으킬 위험이 없다고 판단하면서, 상품주체 또는 영업주체 혼동에 의한 부정경쟁행위에 해당하지 않는다고 판시한 사례이다.

17 도메인이름의 웹사이트가 비영리적이어서 혼동을 일으킬 위험이 없다고 판단하면서, 상품주체 또는 영업주체 혼동에 의한 부정경쟁행위에 해당하지 않는다고 판시한 사례이다.

18 도메인이름의 웹사이트에서 취급하는 상품이나 영업이 국내에 주지된 타인의 상표, 서비스표 등의 지정상품이나 지정서비스업과 전혀 달라서 혼동을 일으킬 위험이 없다고 판단하여, 상품주체 또는 영업주체 혼동에 의한 부정경쟁행위에 해당하지 않는다고 판시한 사례이다.

19 佐藤恵太, 「インターネット利用に特有の諸技術と知的財産法」ジュリスト1182号(2000年) 47頁.

일본하급심법원에서 메타태그상에도 상표권침해가 성립한다는 판결이 내려져 일본의 실무계에서 주목받고 있다.

2. 미국에서의 메타태그와 상표권침해문제

통상, 상표권침해인가 여부의 판단은 가상세계(cyber space), 현실세계에 불구하고, 소비자가 상품의 출처를 오인할 우려가 있다는 것이 핵심포인트이다. 그러나, 제3자의 상표를 무단으로 스스로의 메타태그에 사용하는 행위에 관하여는 통상의 상표권침해의 법칙으로는 잘 대응할 수 없다. 왜냐하면, 인터넷의 검색엔진으로 특정의 상품이나 서비스를 탐색하기 위하여, 해당하는 웹사이트를 검색하는 이용자는 어떤 웹사이트를 방문하고 있는지, 어떤 웹사이트에 목적으로 하는 상품이 있는가를 알고 있어서, 상표권침해를 하고 있는 다른 사람과 착각하는 것은 우선 없기 때문이다.

그래서, 메타태그에 의한 상표권침해에 관한 재판례를 이미 다수 가지고 있는 미국에서는 현실세계에서 '최초(관심) 혼동(Initial Interest Confusion)'의 법리[20]를 근거로 하여, 타인의 상표를 메타태그에 사용하는 것이 상표권의 침해로서 인식되는 경우가 있다고 생각한다.

'최초(관심) 혼동(Initial Interest Confusion)'의 법리란, 어떤 특정의 상품을 구하는 소비자가 유사한 브랜드이름을 사용하는 경쟁상대의 상품에 이끌려서, 당초 구하려고 한 상품과 다른 브랜드인 것으로 생각이 들었다 하더라도 그대로 그 경쟁상대의 상품에 머무르고 마는 경우를 말한다. 그리고, 최종적으로는 혼동이 해소되었다 하더라도 최초의 단계로 소비자를 이끌어서 혼동을 야기하는 것으로서 생긴 손해의 구제를 제공한다는 사고이다.

이 법리는 등록상표인 Pegasus 로고(등록제699691호)를 심볼마크로 하는 Mobile Oil Corp.가 Pegasus Petroleum 社의 회사명인 'Pegasus'가 자사의 Pegasus 상표(마크)와 혼동하고, 소비자가 Pegasus Petroleum 社가 Mobile Oil Corp.의 관련회사가 아닌가 하고 오해한다 라고 하여 제기한 소송[21] 중의 판단기준으로 되었다. 연방

20 The Lanham Act (15 U.S.C. §1125(d)(1)(B)(ⅰ)(Ⅴ)).

21 Mobile Oil Corp. v. Pegasus Petroleum Corp., 818 F.2d 254(2d Cir. 1987).

제2순회항소법원은 석유업계에서 거액의 거래를 행한 양사를 고객이 혼동할 가능성은 낮지만, Pegasus Petroleum 社가 Mobile Oil Corp.의 good will(타인의 상표의 업무상의 신용력)을 부정이용하고, 소비자의 '최초(관심) 혼동(Initial Interest Confusion)'을 야기하고 있어, 그것은 상표권침해라고 말하기에 충분하다고 판시하였다.

가상세계(cyber space)에서 '최초(관심) 혼동(Initial Interest Confusion)'은 이용자의 인터넷 서핑의 행방을 이용자가 생각하지 못한 쪽으로 유도하고, 조작하기 때문에 무단으로 경쟁상대의 상표를 사용하여 그것으로써 상표권자의 good will(타인의 상표의 업무상의 신용력)에 편승하는 행위로부터 생긴다.

미국에서는 이 법리를 근거로 하여, 타인의 등록상표를 무단으로 메타태그로 사용하는 행위가 상표권침해에 해당한다고 하는 것이 현재 주류적인 사고방식이다. 또 '최초(관심) 혼동(Initial Interest Confusion)'의 법리에 의하여 판단하기 위해서, 메타태그의 시인성(視認性)에 관해서는 문제로 되지 않는다.

미국에서 메타태그의 사용에 의한 상표권침해에 관해서 어떠한 사건이 어떤 판단을 하였는지에 대해서는 아래와 같은 리딩케이스에서 살펴볼 수 있다.

1) Playboy v. Terri Welles 사건[22]

전 Playmate의 Terri Welles(이하 'Terri'라 함)가 자기가 경영하는 웹사이트와 메타태그에 키워드로 하여 "playmate"나 "playboy" 등 Playboy Enterprises(이하 'Playboy'라함)가 상표권을 소유하는 등록상표를 사용하였다. 이에 대하여 Playboy 社는 상표권의 침해 및 상표권의 희석화이어서, 소비자에게 Terri의 홈페이지가 Playboy의 홈페이지인것처럼 오해를 주고 있다고 소를 제기하였다. 이에 대하여 법원은 Terri社가 그들 등록상표를 자기를 표현하는 수단으로 'fair use'[23]의 범위내에서 적절하게 사용하고 있다고 하여 상표권침해로는 되지 않는다고 판시하였다.

이것은 미국에서 메타태그에 타인의 등록상표를 사용하는 것이 상표권침해는 아니라고 한 최초의 판례이고, 리딩케이스가 되었다. 그러나, 주의하여야 하는 것은

22 Playboy Enterprises, Inc. v. Terri Welles. 7 F. Supp. 2d 1098 (S.D. Ca., February 27, 1998), aff'd. in part, reversed in part, 162 F.3d 1169 (9th Cir., Feb. 1, 2002).

23 The Lanham Act (15 U.S.C. §1115(b)(4)).

이 사건에서는 Terri가 악의를 가지고 Playboy의 등록상표를 사용하는 것은 아니라는 점이다. 또한 실제로 Playmate인 것에 차이는 없고, 자신에 관해서 설명하는 내용으로서 거짓은 없다는 사실이다. 그들 사실의 존재에 따라서 'fair use'이라는 판단이 내려진 것이고, 모든 메타태그와 상표권침해의 소송을 해결하는 수단으로서 활용할 수 있는 사례로 까지는 말할 수 없을 것이다.

2) Brookfield Communications, Inc. v. West Coast Entertainment Corporation 사건[24]

이 사건은 대여용비디오의 큰 체인점인 West Coast Entertainment Corp.(이하 'West Coast'라 함)이 엔터테인먼트업계의 정보발신 인터넷서비스제공자(ISP)인 Brookfield Communications, Inc.(이하 'Brookfield'라 함)의 등록상표인 'MovieBuff'를 키워드 메타태그(keyword meta-tag)로서 사용한 것에 관하여 상표권침해등을 이유로 소를 제기하였다. Brookfield社는 소프트웨어를 인터넷 판매하기 위하여 홈페이지를 작성하고, 'moviebuff.com'을 도메인이름으로 등록하려고 하였는데, 당해 도메인이름은 이미 West Coast社가 등록하였던 것이 판명되었다. 이에 Brookfield社는 위 도메인이름 대신 'moviebuffonline.com'을 도메인이름으로 등록하고, 소프트웨어 판매를 하였다. 그 후 Brookfield社는 West Coast社에 대하여 상표권의 침해 및 부정경쟁행위로서 'moviebuff.com'의 도메인이름 및 메타태그의 사용에 관한 금지청구를 한 것이다.

미국에서는 상표권자를 주장하기 위해서는 상표의 등록인 것을 증명하는 것에 족하지 않고, 실제로 상대보다 먼저 상품이나 서비스의 유통에서 사용하고 있는 것을 증명하여야 한다. Brookfield社는 소프트웨어 'MovieBuff'를 1993년부터 판매하였지만, West Coast社는 'moviebuff.com'의 도메인이름을 등록하였지만 1996년까지 사용하지는 않았다. 또한 침해의 증명으로는 상표(mark)의 유사성만이 아니라, 어떠한 상품·서비스를 판매하고 있는 가가 중요한 판단요소로 되었지만, West Coast社는 'moviebuff.com'에서 비디오의 대여만이 아니라 'MovieBuff'에 유사한 엔터테인먼트 데이터베이스기능을 포함하였던 것이다. 따라서 소비자에게

24 Brookfield Communications, Inc. v. West Coast Entertainment Corporation 174 F.3d 1036 (9th Cir. 1999).

Brookfield社가 판매하는 소프트웨어 'MovieBuff'가 West Coast社가 제공하는 서비스에 의하여 대신하는 듯한 오해를 줄 가능성이 있었기 때문에, 법원은 West Coast社에 대하여 도메인이름 'moviebuff.com'의 사용금지를 한 것이다.

Brookfield社의 또 한가지의 요구는 'MovieBuff' 또는 'moviebuff.com'의 메타태그의 사용금지이었다. 앞에서 본대로, West Coast社는 'moviebuff.com'을 도메인이름으로 사용할 수 없게 되었다. 따라서 메타태그의 사용에 관해서는 West Coast社 'westcoastvideo.com'의 도메인이름으로 운영하고 있는 웹사이트에 'MovieBuff' 또는 'moviebuff.com'를 메타태그로 사용하는 것이 상표권침해에 해당하는지 여부가 초점이었다.

법원은 소비자가 인터넷의 검색엔진으로 'MovieBuff'으로 입력하면 검색결과의 리스트에는 West Coast, Brookfield가 함께 나타난다. 따라서 애초 'MovieBuff'라는 소프트웨어를 구하려는 소비자는 망설이지 않고 더듬어 도착할 수 있었다. West Coast社는 도메인이름은 'westcoastvideo.com'이고 만인이 소비자가 그 페이지에 갔다 하더라도 그 톱페이지에는 West Coast 자신의 브랜드이름이 표시되어 있으므로 Brookfield과 혼동할 우려가 있다고 하기는 어렵다. 그렇지만 그렇게 말하더라도 West Coast가 'moviebuff.com'을 메타태그로 사용하는 것은 '최초(관심) 혼동(Initial Interest Confusion)'을 야기할 우려가 있고, 상표권침해라고 판단하였다.

결국 최종적으로 실제의 판매행위에 이르지 않았다고 하더라도 Brookfield가 구축한 신용력(goodwill)을 부당하게 이용하고, 'MovieBuff'를 구하는 소비자의 최초의 관심을 야기하여, 관심의 전환을 촉진하는 것은, 상표권침해에 충분히 해당한다고 판단하였다. 물론 전술한 Playboy 사건과 같이 fair use가 인정되면, West Coast도 'MovieBuff' 또는 'moviebuff.com'을 메타태그에 사용할 수 있을 것이다. 예를 들면 Brookfield의 상품을 인용하기 위한 상표의 사용이라면 상관없는 것이다. 그러나 이번에는 그러한 것은 아니고 West Coast 자신의 상품을 설명하기 위하여 사용하였으므로, fair use의 범위에 해당하지는 않는다. 따라서 '최초(관심) 혼동(Initial Interest Confusion)'의 법리에 기하여 상표권침해라고 말할 수 있다고 한다.

요컨대, 이 판례에서 법원은 피고가 원고의 상표에 유사한 표장을 메타태그로 사용하는 것은 "initial interest confusion"을 발생하는 것이고, 실제의 판매가 혼동의 결과로서 이루어지는 것은 아니라고 하더라도 침해로 된다고 판단하였다. 이 사건 판결에서는 어떤 특정한 상품을 구하는 소비자가 혼동에 의하여 경쟁상대의 유사상품에 이끌려서 그대로 유사상품에 머무르고 만 경우, 최종적으로 혼동이 해소되었다고 하더라도, '최초로 소비자를 이끌리게 한 혼동'을 일으킨 점은 타인이 구축한 업무상 신용을 부정 이용하는 것이므로, 그 손해를 배상해야 한다, 라는 사고방식을 채용하고 있다. 이러한 사고방식에 의하면, 메타태그의 시인성(視認性)은 문제로 되지 않는 것으로 된다.

이 사건 판결은 Playboy사건이후 메타태그판례로서 가장 주목받은 사건이었다. 이 사건은 연방순회항소법원에서 처음으로 메타태그에 의한 타인의 등록상표의 사용이 상표권침해이라고 판단되었던 획기적인 판결이다.

3. 일본에서의 메타태그와 상표권침해문제

한편, 위에서 살펴보았듯이 인터넷시대에 대응할 수 있도록, 일본은 상표의 사용의 정의를 상표법 제2조3항8호를 포함하여 2002년(平成14년) 상표법 개정에서 대폭적으로 개정하였지만, 입법담당자의 해설서[25]에는 메타태그에 상표를 넣는 행위도 관념상은 상표를 부착하는 행위에 해당하지만, 시각적으로 상표의 출처표시기능을 나타내지 않는 경우에는 상표로서의 사용으로부터 배제되는 것이 많다고 생각된다는 함축성 있는 기재로 되어 있고, 어느쪽인가 하면, 부정적이었다.

일본의 학설을 보면, 화면상에는 표시되지 않지만, 검색엔진 중에는 메타태그를 검색대상으로 하는 것이 있고, 검색빈도가 높다고 생각되는 타사의 등록상표를 자사의 웹사이트의 메타태그에 써 넣으면, 인터넷 이용자가 당해등록상표를 검색할 때, 자사의 웹사이트가 검색리스트에 나타나게 되어, 나아가서는 가시성(visibility/可視性/視認性)이 없어서 상표적 사용에 해당하지 않는다는 것을 이유로 부정하는 설,[26] 인터넷 이용자가 메타태그를 인지할 수 있는 수단이 있다는 점, 검색엔진을 통

25 特許廳總務部總務課制度改正審議會室編『平成14年改正産業財産權法の解說』(發明協會, 2002年) 53頁 및 54頁.

26 青江秀史·茶園成樹, 「インターネットと知的財産法」高橋和之=松井茂記 編『インターネットと法[第3版]』(有斐閣, 2004) 285~286頁. 이 설은 메타태그가 화면상에 표시되지 않는 것이므로, 메타태그의 사용은 상표적사용 내지 상품등표시의 사용이라고 하기 어렵고 한다(같은 논문 285면).

하여 인지(視認)하고 있다고 평가할 수 있는 것 등을 이유로 긍정하는 설[27] 등이 있다.[28] 이러한 학설의 차이는 결국 메타태그의 가시성(可視性) 내지 시인성(視認性) 대한 인식이라는 전제조건의 차이라는 관점에 서 있다는 점을 유의해야 한다는 점이다.

한편, 일본의 판례는, 메타태그의 기재가 상표권침해에 해당한다는 취지로 판단한 것으로서, [중고차의 110번사건(中古車の110番事件)] 大阪地裁判決[29]이 있다. 사실관계의 개요를 살펴보면, 원고는 등록상표 'くるま(中古車)の110番'을 37류 '자동차의 수리 또는 정비'등에 관해서 소유하고 있다. 한편 피고는 메타태그에 「〈meta name="description" content="クルマの110番. 수입, 배기가스, 등록, 차검사, 부품·액세서리-판매등, 차에 관한 모든 것을 귀사에 상담해 드립니다"〉」(피고표시)라고 기재하였다.

법원(大阪地裁)은 메타태그상의 'クルマの110番'의 표시(피고표장)은 등록상표 'くるま(中古車)の110番'에 유사하고, 이러한 유사한 상표를 차검사등의 서비스내용과 함께 표시하였기 때문에 상표법 제2조3항8호(상표의 사용의 정의)에 규정한 '서비스에 관한 광고…를 내용으로 하는 정보에 표장을 부착하여 전자적 방법으로써 제공하는 행위'에 해당하여, 상표권침해를 구성한다고 판시하였다.

즉, [중고차의 110번사건(中古車の110番事件)] 大阪地裁判決은 메타태그의 사용이 상표적 사용에 해당하는 가 여부가 쟁점이었다. 사업자가 개설한 웹사이트의 페이지의 표시는 서비스에 관한 광고라고 할 수 있으므로, 인터넷의 검색사이트에서 표시된 당해 페이지의 설명도 그 서비스에 관한 광고이고, 이것이 표시되었듯이 메타태그를 기재한 것은 서비스에 관한 광고를 내용으로 하는 정보를 전자적 방법으로써 제공하는 행위에 해당하고, 상표로서의 사용이라고 판시한 것이다. 또한, 피고가 피고의 웹사이트에는 어디에도 원고의 등록상표의 표시가 없고, 출처식별기능을 해

27 土肥一史, 「ネットワーク社會と商標」(特集Ⅰ IT社會における知的財産權の展開 特許法等改正の概要)」ジュリスト1227号(2002年) 30頁. 土肥一史는 視認性을 파악하는 방법이 조금 독자적인 면이 있다. 즉, 같은 논문 26頁에 의하면, 土肥教授에 의하면, 메타태그의 경우 '소스코드를 읽으면 시인할 수 있다'(keyword태그를 상정하고 있다고 생각된다), '검색자가 입력한 키워드와 일치하는 형태로 시인할 수 있다'고 서술하고 있다.

28 일본 판례와 학설의 상세는, 青木博通, 『知的財産権としてのブランドとデザイン』 (有斐閣、2007年) 173~174頁.

29 大阪地裁判決 平成17年12月8日 大阪地裁平成16年 (ワ) 第12032号(判時1934号109頁·判タ1212号 275頁) 〔クルマの110番事件〕. 이 판결은 결론으로서 메타태그에 있어서 상표의 사용을 상표법상의 사용이라고 판단하였다. 즉 MSN 웹사이트 검색상의 검색결과로서 description태그의 내용이 표시된 것을 기초로 시인성이 있다고 인정하면서 상표적 사용이라고 설시하였다.

치는 것은 아니라는 취지의 주장한 것에 대하여, 오오사카지방법원(大阪地裁)은 '인터넷의 검색사이트에서 페이지의 설명문의 내용과, 그것에서 링크된 페이지의 내용이 전혀 다른 것인 경우에는 몰라도, 페이지의 설명문에 존재하는 표장이, 링크된 페이지에 표시되지 않았다고 하더라도, 그것만으로 출처식별기능이 해치지 않는다고 할 수 없다'라고 하여, 피고의 주장을 배척하였다.

이 [중고차의 110번사건(中古車の110番事件)]판결에 관해서는 부정적 평가와 긍정적 평가가 일본내에서도 갈린다. 우선 부정적 평가는, 당해 메타태그가 웹사이트의 설명문을 포함한 'description meta-tag'이어서, 상기 판시대로 검색사이트에 표시된 웹사이트의 설명문과 그 메타태그의 기술내용이 동일한 것이므로, 웹사이트에 관련한 키워드로 이루어진 'keyword meta-tag'에 관해서 판단한 것은 아니고, 메타태그의 사용이 바로 상표권침해에 해당한다고는 단언할 수 없다고 지적하는 견해가 있다.[30] 한편, 이와 달리, [중고차의 110번사건(中古車の110番事件)]판결에 관해서 긍정적 평가를 내리는 견해는, 검색엔진에서 'クルマの110番'(중고차의 110번)을 검색하면, 피고의 사이트가 검색되고, 피고표장 및 피고표시가 검색엔진의 사이트에 시인할 수 형태로 표시되었으므로, 상품의 출처혼동이 생기는 것은 명백하므로, 이 판결은 타당한 판결이라고 말할 수 있다고 한다.[31]

요컨대, 일본의 판례와 이에 대한 학설의 평가를 살펴보면, 종래부터 부정설도 유력하게 제창되었는바, 메타태그의 사용과 상표권침해의 문제에 관해서는 좀더 논의의 집적을 기다릴 필요가 있는 상황이라고 보여진다. 다만, [중고차의 110번사건(中古車の110番事件)] 大阪地裁判決은 메타태그에 있어서 상표의 사용여부가 문제된 사안에서 메타태그의 기재가 상표권침해에 해당한다는 취지로 판단한 것으로서, 최초의 상표권침해에 관한 일본 판결이라는 점과 향후 그런 의미에서 일본의 실무에 영향력이 있는 판결이라는 점에 의의가 있다.

30 酒井順子 「メタタグの使用と商標權侵害」パテント60卷3号(2007年) 21頁(http://www.jpaa.or.jp/activity/publication/patent/patent-library/patent-lib/200703/jpaapatent200703_021-025.pdf)

31 青木博通,『知的財産権としてのブランドとデザイン』(有斐閣,2007年) 174頁.

Ⅳ. 키워드검색광고와 상표권침해

1. 키워드 검색광고의 의의와 문제점[32]

키워드검색광고란 인터넷 이용자가 포털사이트에 특정단어를 검색하면 포털의 검색결과에 키워드 구입자의 회사 및 제품을 노출시키는 형태의 광고를 의미한다. 즉, 검색 광고의 하나인 키워드 광고는 광고주가 인터넷 포털 업체로부터 특정 키워드를 구매하거나 이러한 키워드와 관련된 인터넷 공간을 구매하여, 이용자가 해당 키워드를 검색한 경우 검색결과화면에 광고주의 사이트가 표시되거나 광고주를 홍보하는 내용의 배너광고가 게재되도록 하는 온라인 마케팅 기법입니다. 예를 들면 인터넷 이용자가 포털사이트에 '자동차'라는 단어를 입력하면, '자동차'의 키워드를 구입한 자동차판매회사·자동차보험회사·자동차수리회사·중고자동차회사 등이 노출되는 것을 말한다. 또, 네티즌이 '이사'와 관련된 키워드를 검색하면 화면에 '포장이사', '이삿짐센터' 등 이사와 관련된 광고가 나오는데, 특정 제품이나 관심을 가진 사람에게만 광고가 노출된다는 점에서 불특정 다수를 상대로 하는 기존의 일반적인 배너(banner) 광고와는 차이가 있다.

그런데 상표권자 아닌 B가 (저명한) 상표권자 A의 상표 또는 서비스표로 사용되는 특정단어를 포털로부터 구매하여, 인터넷 이용자가 그 특정단어를 검색하면 상표권자 아닌 B의 홈페이지 링크 또는 제품·서비스가 검색되는 결과를 야기시키는 경우, B의 이러한 고의적인 특정단어 키워드 이용행위가 A의 상표권을 침해하는 것이라 할 수 있는가가 문제된다. 이하에서는 상표권자 아닌 자가 그 상호나 상표에 해당하는 키워드에 대한 광고권을 구입하여 검색결과에 자신의 배너광고가 연계되도록 하거나(trademark-keyword banner, TKB 기법), 타인이 무단으로 특히 저명한 타인의 상표를 이용하여 키워드검색광고를 함으로써 자신의 업체를 드러내고 수익을 올리는 형태에 대한 분쟁이 발생하였을 때, 상표권침해에 해당하는 지 여부에 대하여 살펴본다.

32 최성준, "지적재산권 분쟁 실무에 있어서 몇가지 쟁점", 『2010년 전문분야 특별연수/제82기 지적재산권법』, 대한변호사협회 변호사연수원, 2010, 268~269면 참조.

2. 키워드 광고의 법적 쟁점

키워드광고와 관련된 주된 법적쟁점은 첫째, 상표적 사용 여부, 둘째, 혼동가능성의 인정 여부라 할 수 있다.

우선 상표권자의 상표를 키워드로 구입하여 검색결과화면에 배너광고를 하는 것이 상표적 사용인지에 대해서는, 상품의 출처 표시 기능을 위하여 식별표지로서 사용한 것이 아니라 인터넷 사이트를 구성하는 내부적 알고리즘으로만 사용한 것이고, 광고주가 타인의 상표를 사용하고 있다는 점이 이용자에게 드러나는 것도 아니라는 점 등을 들어 부정하는 견해와, 광고주가 자신의 상품에 관한 광고를 소비자들에게 인식시키기 위하여 타인의 상표를 이용한 것은 사실이므로 상표적 사용에 해당한다는 견해가 대립되어 있습니다.

다음으로 혼동가능성에 대해서는 소비자들이 배너광고의 광고주가 상표권자와 관계가 있어나 후원관계에 있는 것으로 오인·혼동할 우려는 있으나 직접 클릭하여 광고주의 웹사이트를 방문하는 순간 혼동이 해소되므로 구매시점에는 혼동가능성을 인정하기 어렵다는 견해와 최초 흥미 혼동 이론을 도입하여 구매자의 최초 흥미를 자신에게 전환하도록 유인하는 행위 자체만으로도 거래의 성립여부와 관계없이 상표권 침해가 성립한다는 견해가 대립한다.

3. 외국 판결의 경우

1) 레스큐컴(Rescuecom) vs. 구글(Google) 사건[33]

미국 제2연방항소법원 산하 뉴욕 연방지방법원은 검색엔진은 상표를 검색어로 판매하는 경위가 상표의 '사용'이 아니라고 하는 판결들을 선고하여 왔다. 이 판례들은 "외부에 드러나지 않는 방식의 내부적 사용", "Google의 검색어 판매는 사용자에게 보이지 않는다."는 이유를 들어 상표의 사용을 부정하여 왔다. 그러나 제2연방항소법원 이외 법원에서는 검색엔진의 검색어 광고 판매가 상표의 사용에 해당한

33 Rescuecom Corp. v. Google Inc. 562 F.3d 123 (2nd Cir. 2009),

다는 취지의 판례가 주류이었다.[34]

그러던 중 제2순회연방항소법원은 2009. 4.에 이르러 레스큐컴(Rescuecom) vs. 구글(Google) 사건 판결에서 1심 판결을 파기하였다. 즉, Google이 AdWords 프로그램을 통하여 상표인 검색어를 광고를 위해 판매하는 것은 상표의 '상업적 사용(use in commerce)'에 해당한다고 판시하여 결국 다른 지역의 법원들과 같은 입장을 취하게 된 것으로 보인다. 다만, 제2순회연방항소법원은 혼동가능성(likelihood of confusion)을 불인정함으로써 결국 상표권침해는 인정하지 않았다. 이러한 판시는 그동안 상표의 소프트웨어 내부적 사용 또는 소비자에게 인식되지 않는 사용은 Lanham Act에서 요구하고 있는 상업적 사용이 아니라는 1-800 Contacts 판례에 의지하고 있던 하급심을 당황하게 할 것임이 분명하다.[35]

나아가, 2012년 4월경 미국 제4연방항소법원도 로제타스톤(Rosetta Stone) vs 구글(Google) 사건에서 구글이 자신의 애드워즈(AdWords)를 통하여 로제타스톤 상표를 검색어로 판매하는 것은 상표권 침해에 해당한다고 판시하였다.

2) 구글(Google France) vs. 루이비통(Louis Vuittion) 사건[36]

유럽사법재판소(European Court of Justice, ECJ) 2010. 3. 23. 판결은 유럽연합 상표법 지침 제5조는 상표권침해를 위해서는 상표가 '거래의 과정에서 사용'될 것을 요구하고 있는바, Google이 검색어로서 상표를 판매하고 서버에 이를 저장하며 그에 기반을 두어 광고를 표시하는 것은 거래의 과정에서의 사용이 아니라고 판시하였다.[37] 상표를 사용할 수 있는 기술적 환경을 만들고 그 서비스로 인하여

34 그동안 미국 법원의 태도를 개략적으로 좀 더 살펴보면, 우선 Playboy Entertainment가 Netscape를 상대로 한 소송에서 법원은 키워드광고의 연방상표법 위반을 인정한 바 있다. 또, 보험회사인 GEICO가 Google 및 Overture를 상대로 제기한 소송에서 항소심 법원은 혼동가능성이 인정되지 않는다고 판단한 1심 판단을 파기한 바 있다. 또한 American Blind and Wallpaper와 Google간의 소송에서 2007. 4. 샌프란시스코 지방법원은 상표권침해를 인정하였다. 반면 Rescuecom Corp.가 Google을 상대로 한 소송 및 약사인 Merck가 자신의 약제인 'Zocor'의 키워드를 구매한 Mediplan Health Consulting을 상대로 한 소송에서, 각 법원은 상표적 사용이 아니라는 이유로 상표권 침해를 부정하였었다. 이와 같이 키워드광고에 대해 가장 많은 소송이 진행되어온 미국에서조차 2009. 4.경 〈Rescuecom〉 판결에 이르기 전까지는 법원의 입장이 통일되어 있지 않아 상반된 판결이 공존하고 있는 상황이었다.

35 백강진, "인터넷에서의 상표사용과 상표권 침해", 제7회 인터넷&정보보호 세미나 인터넷상의 상표권 침해와 도메인이름에 대한 정당한 권리자의 범위 고찰, 23~26면.

36 Google France SARL v. Louis Vuitton Malletier SA, 2010 ECJ. EUR-Lex LEXIS 119 (Mar. 23, 2010). Joined Cases C-236/08, C-237/08 and C-238/08.

37 이 사건의 경위를 보면, 2003. 8. 6. Louis Vuitton은 키워드 판매 및 광고로 인해 상표권이 침해되었다고 주장하며

대가를 지급받는 것만으로 그 서비스가 상표 자체를 사용하는 것은 아니라는 이유에서이다.

즉, 2010년 3월 유럽사법재판소(ECJ)는 구글(Google France) vs. 루이비통(Louis Vuittion) 사건에서, 루이비통(Louis Vuittion)이라는 특정단어를 키워드로 구매하여 광고한 광고업주에 대하여 상표권 침해가 될 수 있다고 판시하였으나, 광고주의 책임과는 별도로 구글(Google)이 유명상표를 키워드로서 자신의 시스템에 저장해놓고 이용자가 키워드를 검색할 때에 자동적으로 광고주의 광고가 게재되도록 한 것은 상표적 사용이 아니라고 하여, 상표권 침해를 부정하였다.

위 판결은 미국의 레스큐컴 판결과는 정반대의 판시를 하고 있다. 이에 따라 구글은 유럽에서는 상표를 검색어에 포함시키는 방향으로 정책을 전환한 반면, 미국에서는 이를 제외하는 상반된 정책을 펴고 있는 것으로 보인다.[38]

4. 우리나라의 경우 = 대법원 2012.5.24. 선고 2010후3073 판결[권리범위확인(상)][39]

Google의 프랑스 자회사를 상대로 소송을 제기하였는데, 이에 대하여 프랑스 파리 지방법원은 2005. 2. 4.자로 Louis Vuitton의 청구를 인용하였으며, 위 1심 판결은 항소심 판결에서도 그대로 유지되었다. 이어 제기된 상고심에서 프랑스의 상급법원 Cour de Cassation은 위 사건과 관련된 법률적 쟁점, 특히 키워드광고가 상표적 사용에 해당하는지, 그리고 상표권자가 희석화 조항에 근거하여 키워드광고의 사용을 금지할 수 있는지 여부에 대한 법률해석을 의뢰하고자 위 사건을 유럽사법재판소(European Court of Justice, ECJ)에 이관하였는데, 이에 대하여 ECJ 재판부의 본 판결에 앞서 Advocate General(일종의 법무감)인 Poiares Maduro가 2009. 9. 22.자로 의견서(Opinion)를 제출하였다. 위 의견서에서 Advocate General은, 상표권자의 상표를 키워드로 하여 입력하였을 경우 상표권자와 무관한 업체의 사이트가 검색결과로 현출되거나 AdWords라는 광고란에 상표권자와 무관한 광고주의 광고가 게재되는 경우가 상표권 침해에 해당하는지 여부와 관련하여, 상표권 침해가 성립되지 않는다는 의견을 피력하였다. 나아가 위 Advocate General은, 상표권자의 키워드를 사용한 구글의 검색결과 및 광고 게재가 혼동가능성을 요건으로 하지 않는 상표 희석화의 경우에 해당하는지 여부에 대하여도 검토하였는데, 이와 관련하여서는 대부분의 검색결과나 게재된 광고가 인터넷 유저들에게 일정한 정보에의 접근 및 정보의 유통 기능을 하고 있다는 점을 고려할 때 내용 중립적(content-neutral)인 검색결과 등이 희석화 조항이 보호하고자 하는 상표의 기능을 훼손하는 것으로 볼 수는 없다고 하였다. 이와 같이 Advocate General은 구글의 키워드광고가 상표권침해에 해당하지 않는다는 의견을 개진하였다. 이에, ECJ 재판부의 판결도 Advocate General의 의견과 동일하게 나온 것이다. 위 사건에 관한 ECJ의 판단은 유럽 각국 상표법의 근간이 되는 유럽공동체이사회 Directive 89/104의 해석에 관련된 것이라는 점에서 키워드광고의 상표권 침해 여부에 관한 유럽 각국의 입장을 통일하는 계기가 될 것으로 예견된다. 나아가 위 ECJ의 판결은 유럽 뿐만 아니라 확실한 법리가 정립되지 아니한 다른 지역에 있어서도 키워드광고의 위법성에 대한 각국 법원의 실무례에 큰 영향을 미칠 것임은 물론, 메타태그, 팝업 광고 등 인터넷 매체를 이용한 마케팅 홍보 방식에도 큰 파장을 불러올 것으로 예상된다.

38 백강진, 전게논문, 31~33면.

39 대법원 2012.5.24. 선고 2010후3073 판결[권리범위확인(상)]. 이 사건은, 확인대상표장 "VSP 엔티씨"가 갑 주식회사의 등록상표 "VSP"의 권리범위에 속하지 아니한다는 이유로 확인대상표장 사용자 을이 소극적 권리범위확인심판을 청구한 사안에서, "VSP"는 관련 상품들의 거래계에서 '순간정전보상장치(Voltage Sag Protector)'의 영문약어로 통용되고 있음을 알 수 있으므로, 위 표장의 "VSP" 부분은 사용상품들과의 관계에서 그 효능이나 용도를 표시하는 것으로서 식별력이 미약하여 요부가 될 수 없고, 식별력이 있어 그 요부를 이루는 "엔티씨" 부분은 등록상표 "VSP"와 외관, 호칭 및 관념에서

이 사건은, 인터넷 검색결과 화면에 스폰서링크로 표시되는 확인대상표장 "VSP 엔티씨"가 甲 주식회사의 등록상표 "VSP"의 권리범위에 속하지 아니한다는 이유로 확인대상표장 사용자 乙이 소극적 권리범위확인심판을 청구한 사안이다.

그 주요판시사항을 보면, 이하와 같다.

우선 인터넷 포털사이트 운영자로부터 특정 단어나 문구(이하 '키워드'라 한다)의 이용권을 구입하여 일반 인터넷 사용자가 그 단어나 문구를 검색창에 입력하면 검색결과 화면에 그 키워드 구입자의 홈페이지로 이동할 수 있는 스폰서링크나 홈페이지 주소 등이 나타나는 경우에, 그 검색결과 화면에 나타난 표장이 자타상품의 출처표시를 위하여 사용된 것으로 볼 수 있다면, 이는 상표권의 권리범위확인심판의 전제가 되는 '상표로서의 사용'에 해당한다 할 것이다. 그리고 상표로서의 사용의 일종인 상품의 '광고'에는 신문, 잡지, 카탈로그, 간판, TV 등 뿐 아니라 인터넷 검색결과 화면을 통하여 일반소비자에게 상품에 관한 정보를 시각적으로 알리는 것도 포함된다고 할 것이다.

위 표장이 표시된 인터넷 키워드 검색결과 화면의 내용과 을이 운영하는 회사 홈페이지로 연결되는 전체적인 화면 구조 등을 살펴보면, 인터넷 키워드 검색결과 화면은 위 표장을 붙여 상품에 관한 정보를 일반 소비자에게 시각적으로 알림으로써 광고한 것으로 보기에 충분하므로, 을이 인터넷 키워드 검색결과 화면에 위 표장을 표시하여 한 광고행위는 구 상표법(2011. 12. 2. 법률 제11113호로 개정되기 전의 것) 제2조 제1항 제6호 (다)목이 정한 '상품에 관한 광고에 상표를 표시하고 전시하는 행위'에 해당하고, 위 표장은 자타상품의 출처를 표시하는 상표로 사용되었다고 할 것인데도, 위 표장이 인터넷 사용자들을 회사 홈페이지로 유인하는 일반적인 '스폰서링크'로서 기능할 뿐 자타상품의 출처를 표시하는 상표로 사용된 것은 아니라고 보아 등록상표의 권리범위에 속하지 않는다고 본 원심판결에 법리오해의 위법이 있다.

뚜렷한 차이가 있어 등록상표와 위 표장을 동일·유사한 상품에 사용하더라도 일반 수요자나 거래자로 하여금 상품출처에 관하여 오인·혼동을 일으키게 할 염려가 없으므로, 위 표장은 등록상표와 유사하지 않아 그 권리범위에 속하지 아니한다고 본 원심판단을 수긍한 사례이다.

V. 링크(Link)와 프레이밍(Framing)의 저작권법 위반 문제[40]

1. 링크(Link)와 프레이밍(Framing)의 개념[41]

링크(Link)란 인터넷상에서 문서 내지는 그 밖의 정보들을 서로 연결하여 주는 것을 말한다. 링크의 종류에는 다음과 같은 것들이 있다. 우선, 단순링크(surface link)는 링크하는 웹사이트(source site)에서 링크되는 웹사이트(linked site)의 홈페이지(초기화면)로 연결하는 방식이다. 또, 직접링크(내부링크, 심층링크, direct link, deep link)는 링크하는 웹사이트에서 링크되는 웹사이트의 홈페이지로 연결하는 것이 아니라, 그보다 한단계 아래 또는 여러 단계 아래의 내부페이지 또는 부속페이지로 연결하는 방식으로 이 경우 이용자는 링크되는 웹사이트의 홈페이지를 건너 뛰어 내부페이지에 연결되므로 링크되는 웹사이트 운영자의 기재사항을 알 수 없게 된다. 또, 인라인 링크(inline link)[42]란 링크하는 웹사이트의 운영자가 링크되는 웹사이트의 내용물을 자동적으로 자신의 웹사이트에 실행되도록 하는 방식으로서, 링크되는 웹사이트의 정보가 마치 링크하는 웹사이트의 내용인 것처럼 표시되고, 주로 이미지 이용과 관련하여 많이 이용되기 때문에 '이미지 링크'라고 부르기도 한다.

단순링크나 직접링크의 경우, 링크하는 웹사이트에서 다른 웹사이트의 내용을 함축적으로 표시하는 간단한 어구나 제목을 클릭하면, 링크에 표시된 웹사이트의 주소에 있는 서버컴퓨터로 하여금 위 웹사이트의 파일을 이용자의 컴퓨터로 전송하여 달라는 요청을 하고, 그러한 이용자의 요청에 따라서 위 웹사이트의 서버컴퓨터가 웹사이트 파일을 전송해서 이용자 컴퓨터의 일시적 기억장치(RAM)에 기억되면서 동시에 이용자의 컴퓨터의 화면에 나타나는 과정으로 이루어진다.

프레이밍(Framing)이란, 링크하는 웹사이트를 브라우징 프레임과 타겟 프레임으로 나누어, 브라우징 프레임에는 자신의 웹사이트의 디자인과 메뉴, 배너광고 등

40 이해완, "Browsing, Caching, Linking & Framing", 남효순·정상조 편저『인터넷과 법률II』, 법문사, 2005, 712~724면.

41 최성준, 전게논문 주)112, 299~300면.

42 인라인링크의 경우 프레이밍의 경우와는 달리 인터넷이용자들이 이미지화일의 제공자를 알기 어렵게 되어 있고 이미지가 웹페이지의 일부인 것처럼 구성되어 있어서 2차적저작물작성권 침해의 가능성이 있다는 견해도 있다(최성준, 전게논문 주)114, 301면).

이 그대로 유지되어 보여지게 하고, 타겟 프레임에는 링크되는 웹사이트의 정보가 표시되도록 하는 방식이다. 프레이밍은 다른 웹사이트의 광고나 로고를 삭제하고 자신의 광고를 올려 놓을 수 있을 뿐만 아니라 다른 웹사이트의 내용을 수정할 수도 있다. 그리고 링크되는 웹사이트의 주소를 표시하지 않고, 링크하는 웹사이트의 주소를 그대로 나타남에 따라서 이용자가 프레이밍된 것을 인식하지 못하여 프레이밍에 의하여 나타난 링크되는 웹사이트의 내용을 링크하는 사이트의 운영자의 것으로 오인할 수 있다.

링크와 프레이밍의 경우 상표권침해와 부정경쟁방지법위반여부가 역시 문제되지만,[43] 여기서는 저작권 침해여부의 논점에 관해서만 다루기로 한다.

2. 저작권 침해여부와 판례의 태도

1) 링크의 경우

대법원 2009.11.26. 선고 2008다77405 판결[손해배상(기)]에서는 인터넷 링크 중 이른바 '심층링크' 내지 '직접링크'를 하는 행위가 구 저작권법에 정한 복제 및 전송에 해당하는지 여부가 문제된 사안인데, 여기서 대법원은 "구 저작권법(2006. 12. 28. 법률 제8101호로 전부 개정되기 전의 것) 제2조 제14호는 그 법률에서 '복제'라 함은 인쇄·사진·복사·녹음·녹화 그 밖의 방법에 의하여 유형물에 고정하거나 유형물로 다시 제작하는 것을 말하며, 같은 조 제9호의2는 '전송'이란 일반공중이 개별적으로 선택한 시간과 장소에서 수신하거나 이용할 수 있도록 저작물을 무선 또는 유선통신의 방법에 의하여 송신하거나 이용에 제공하는 것을 말한다고 규정하고 있다. 그런데 인터넷에서 이용자들이 접속하고자 하는 웹페이지로의 이동을 쉽게 해주는 기술을 의미하는 인터넷 링크 가운데 이른바 심층링크(deep link) 또는 직접링크(direct link)는 웹사이트의 서버에 저장된 저작물의 인터넷 주소(URL)와 하이퍼텍스트 태그(tag) 정보를 복사하여 이용자가 이를 자신의 블로그 게시물 등에 붙여두고 여기를 클릭함으로써 위 웹사이트 서버에 저장된 저작물을 직접 보거나 들을 수 있게 하는 것으로서, 인터넷에서 링크하고자 하는 저작물의 웹 위치 정보 내지 경로를 나타

43 최성준, 전게논문 주)112, 302~303면 참조.

낸 것에 불과하다. 따라서 이는 구 저작권법 제2조 제14호에 규정된 "유형물에 고정하거나 유형물로 다시 제작하는 것"에 해당하지 아니하고, 또한 저작물의 전송의뢰를 하는 지시 또는 의뢰의 준비행위로 볼 수 있을지언정 같은 조 제9호의2에 규정된 "송신하거나 이용에 제공하는 것"에 해당하지도 아니한다. 그러므로 위 심층링크 내지 직접링크를 하는 행위는 구 저작권법이 규정하는 복제 및 전송에 해당하지 않는다."고 판시하면서, 이른바 '심층링크' 내지 '직접링크'를 하는 행위가 구 저작권법에 정한 복제 및 전송에 해당에 소극적인 태도를 취하였다.

또, 대법원 2010.03.11. 선고 2009다4343 판결[손해배상(지)]은 썸네일 이미지(thumbnail image)와 관련한 인터넷서비스제공자(ISP)의 법적책임과 관련하여, 링크방식에 의한 외부이미지 제공 부분이 인터넷 링크를 하는 행위가 구 저작권법에 정한 복제, 전송 및 전에 해당하는지 여부가 문제된 사안에서, 법원은 "이른바 인터넷 링크(Internet link)는 인터넷에서 링크하고자 하는 웹페이지나, 웹사이트 등의 서버에 저장된 개개의 저작물 등의 웹 위치 정보 내지 경로를 나타낸 것에 불과하여, 비록 인터넷 이용자가 링크 부분을 클릭함으로써 링크된 웹페이지나 개개의 저작물에 직접 연결한다 하더라도, 이는 구 저작권법 제2조 제14호에 규정된 '유형물에 고정하거나 유형물로 다시 제작하는 것'에 해당하지 아니하고, 또한 저작물의 전송의뢰를 하는 지시 또는 의뢰의 준비행위로 볼 수 있을지언정 같은 조 제9의2호에 규정된 '송신하거나 이용에 제공하는 것'에 해당하지 아니함은 물론, 같은 법 제19조에서 말하는 '유형물을 진열하거나 게시하는 것'에도 해당하지 아니한다. 그러므로 위와 같은 링크를 하는 행위는 구 저작권법이 규정하는 복제, 전송 및 전시에 해당하지 않는다고 할 것이다 (대법원 2009. 11. 26. 선고 2008다77405 판결 등 참조). 원심판결 이유에 의하면, 원심은 그 채택 증거들에 의하여 판시와 같은 사실을 인정한 다음, 온라인서비스제공자로서 인터넷 포털사이트인 원심 판시 피고 웹사이트를 개설·운영하고 있는 피고가 그 웹사이트에서, '웹이미지'라는 분류를 통해 검색되는 그 판시의 원고의 사진작품 또는 그 복제물인 외부이미지(이하 이미지 또는 그 전자파일을 '이미지'라고만 한다) 63점에 관하여, 인터넷 이용자가 그 썸네일 이미지(thumbnail image)를 선택(click)하면 피고 웹사이트의 화면 창(window)을 상·하단으로 나눈 다음, 상단에는 검색 결과에 해당하는 썸네일 이미지 목록 등을, 하단에는 인터넷 이용자가 선택한 썸네일 이미지의 원래 이미지가 저장된 인터넷 주소에 연결(link)하여 원래의 웹페이지의 모습을 각 보여 주는 방식으로 이미지 검색 서비스를 제공하였다는 사유만으로는 원고의 복제권, 전송권 및 전시권을 침해한 것으로 볼 수 없다고 판단하였는바, 위 법리와 기록에 비추어 살펴보면 위와 같은 원심판단은 정당한 것으로 수긍할 수 있다."고 판시함으로써, 저작권(복제권, 전송권 및 전시권) 침해를 부정하였다.

2) 프레이밍의 경우

프레이밍은 링크하는 웹사이트의 윤곽과 광고 속에서 링크하는 웹사이트의 정보를 볼 수 있게 되므로, 링크와는 달리 타인의 저작물에 원하지 않는 윤곽을 만들기 때문에 저작물의 동일성을 깨뜨리는 것은 아닌가 하는 문제가 제기된다.

새로운 윤곽을 붙이거나 기존의 윤곽을 없앰으로써 저작물의 이미지나 느낌이 바뀌었다고 볼만한 예외적인 경우에 한하여 동일성유지권침해가 될 수 있겠지만, 윤곽만의 추가나 삭제만으로 저작물 자체의 동일성을 침해하거나 저작물 자체의 변형이라고 볼 수 없는 한 동일성유지권이나 2차적저작물작성권의 침해는 문제되지 아니한다는 견해도 있다.[44] 이에 대하여 프레이밍 링크의 기법을 교묘하게 사용함으로써 링크된 저작물을 마치 자신이 직접 작성한 것처럼 보이게 하는 경우에는 성명표시권의 침해로 볼 수 있는 여지는 있을 것이라는 견해도 있다.[45]

한편, 영리적인 사이트의 운영자가 프레이밍 링크의 기법에 의하여 상대방 사이트의 콘텐츠를 자신의 사이트에 포함된 정보인 것처럼 제공함으로써 결과적으로 자사의 광고수입을 높이고 그만큼 상대방에게는 광고수입 감소 등의 피해를 안겨준 것으로 인정될 경우에는 불법행위가 인정될 수 있다는 견해[46]가 있다. 아래의 전자지도사건이 여기에 해당한다.

서울지방법원 2001. 12. 7. 선고 2000가합54607 판결[전자지도 사건]에서 법원은

44 최성준, 전게논문 주)112, 301~302면.

45 이해완, 전게논문, 720면.

46 이해완, 전게논문, 720~721면. 이 견해는 프레임 링크의 경우에 대해서는 아직 그 법적 성격이 이론적으로 명확하게 규명되지 않은 상태이고, 경우에 따라서 저작인격권치해를 볼 수 있거나 아니면 적어도 불법행위 또는 부당이득이 성립할 가능성이 있으므로 타깃 사이트 운영자 등의 허락없이 위와 같은 형태의 링크를 다는 것은 삼가야 할 것이라고 한다.

"전자지도 개발업체인 A가 개발, 제작한 이 사건 전자지도는 저작권법상의 편집저작물에 해당하고, A와 전자지도 공급계약을 맺고 지도검색서비스를 운영하던 B는 무단으로 협력업체인 C에게 전자지도를 포함한 지도검색서비스 일체를 그의 인터넷 홈페이지에 프레임 링크하는 것을 허락함으로써, 결국 이 사건 공급계약위반행위를 한 것으로 판단하였다. 또한 C가 A의 허락 없이 자신의 인터넷 홈페이지에 이 사건 전자지도를 포함한 B의 지도검색서비스 일체를 프레임 링크한 행위는 A의 저작권에 기한 정당한 이익을 침해하고 이로 인하여 이익을 얻는 위법한 행위에 해당한다고 판단하였다. 한편 프레임링크가 정보검색상의 편의와 효율성증대를 위해 보편적으로 일어나는 행위라고 하는 B의 주장을 배척하고, 저작권자의 허락없는 프레임 링크행위는 실질적으로 저작권을 침해하는 것과 마찬가지의 위법행위로 볼 수 있다고 판시하였다."라고 판시하면서 원고승소판결을 내렸다.

[연구 쟁점]

1. 도메인이름이 자타상품의 출처를 표시하는 상표로 사용되었다고 판단할 수 있는 기준은 무엇인가?
2. 메타태그(meta-tag)의 사용에 의한 상표권침해여부의 판단기준과 그 이론적 근거는 무엇인가?
3. 타인의 저명한 상표를 이용하여 무단으로 자신의 키워드검색광고를 함으로써 수익을 올리고 있는 경우 상표권침해에 해당하는지 여부에 대하여 그 이론적 근거는 무엇인가?
4. 인터넷 링크(link)가 저작권법에 정한 복제 및 전송에 해당하는지 여부에 대하여 그 판단기준은 무엇인가?

제3장

부정경쟁방지 및 영업비밀보호에 관한 법률 관련 소송

Ⅰ. 부정경쟁방지법 관련 소송실무[1]

1. 서론

우리나라의 부정경쟁방지 및 영업비밀보호에 관한 법률(이하 '부정경쟁방지법'이라 함)은, 상표권이나 디자인권이라는 독점적·배타적 권리를 부여하는 권리부여방식의 상표법과 디자인보호법(구 의장법)과 달리, 부정경쟁행위를 개별적 구체적으로 검토하여 금지조치를 취함으로써 공정한 경업질서를 유지한다는 구성의 행위규제방식을 취하는 점에 특색이 있다. 이와 같이 행위규제방식에 의하여 부정경쟁방지법과 달리, 상표법상 입체상표제도는 등록상표권으로서 입체적 형상에 권리를 부여함으로써 보호하려는 점에서, 그 권리 보호형식에 차이가 있다.[2] 비교법적으로, 권리부여방식으로 모방금지권 성격의 미등록디자인을 보호하는 입법례로서, 영국의 미등록디자인권과 유럽공동체디자인규칙상 미등록공동체디자인권이 있다.

특히 상표와 관련하여, 이에 부합하는 규정이 부정경쟁방지법 제2조 제1호 '가'목(상품주체혼동행위) 및 '나'목(영업주체혼동행위)이다. 이러한 상품주체혼동행위와 영업주체혼동행위는 이른바 passing-off 또는 palming off라고 불리어지는 유형의 전형적인 부정경쟁행위라고 말해진다.[3] 이와 같은 부정경쟁방지법 제2조 제1호 '가'목 및 '나'목에 의한 상품형태 보호의 특징은, ① 상품형태 자체의 가치를 보호하는 것

1 이 글은, 차상육, "응용미술의 저작권법상 보호에 관한 연구", 한양대학교대학원 법학박사학위논문, 2010.2, 292~324면을 그대로 발췌하되 수정·축소하여 기술한 것임.

2 윤선희, 『상표법』, 법문사, 2007, 31~32면.

3 송영식·이상정·황종환, 『지적소유권법 제9판(하)』,육법사, 2005, 417면.

이 아니라, 상품형태가 출처표시기능을 하는 경우, 즉 식별력을 갖는 경우 그러한 식별력을 가진 상품의 형태를 보호하는 것이라는 점, ② 상품형태 모방행위를 부정경쟁행위로 규제하는 목적이 우수한 디자인을 개발한 노력을 보호하기 위한 것이라기보다는, 디자인을 모방함으로 인하여 상품출처의 혼동을 일으킬 가능성을 방지하는 데에 있다.[4] 즉, 상품의 용기 또는 포장의 형태도 그 본래의 기능을 넘어 그 형상, 모양 등이 특정인의 상품출처를 나타내는 표지로서 식별력을 갖게 된 경우에는 상표등록여부와 상관없이 다른 요건의 충족을 전제로 일응 부정경쟁방지법상의 보호대상으로 될 수 있는 것이다.[5]

한편, 우리나라는 미등록디자인을 보호하기 위하여 2004. 1. 20. 부정경쟁방지법 개정시에 제2조 제1호 '자'목을 신설하여, 부정경쟁행위의 한 유형을 추가하였다. 그 입법이유는 상품형태의 모방행위를 금지하는 이유가 비용이나 노력을 투자한 개발자의 이익을 보호하려는 것이다. 즉, 종래 부정경쟁방지법 제2조 1호 '가'목 및 '나'목에 보호함에 있어서 요구되는 요건으로서, 상품의 형태가 상품표지에 해당하여야 하고, 또 "주지성"을 획득할 필요가 있으며, 더 나아가 이러한 요건을 입증하는 것은 매우 어려운 점으로 고려하여,[6] 상품형태모방금지조항의 신설이 주지성이 인정되지 않는 상품의 형태에 대해서도 보호가능하게 되었다는 데 큰 의미가 있다.[7]

요컨대 부정경쟁방지법 제2조 제1호 '가'목과 '나'목은 혼동방지를 위한 소비자보호와 표지보유자의 재산적 가치를 보호하기 위한 규정이므로 상표법과 그 이념을 같이하는 의미에서 상표법의 보충적 규정이라 할 수 있고, 同法 제2조 제1호 '자'목은 타인의 상품형태 모방행위는 출처의 혼동방지보다는 상품형태 개발자의 이익을

4 황보영, "부정경쟁방지법상 상품형태의 보호", 『素潭 金明信 先生華甲記念論文集 知的財産權의 現在와 未來』, 한국산업재산권법학회, 법문사, 2004, 344면.

5 김원오, "입체상표의 등록 및 보호요건에 관한 소고 -상품의 형상이나 포장 형태의 입체표장을 중심으로 -", 『산업재산권(제11호)』, 사단법인한국산업재산권법학회, 2002.5, 192면.

6 종래 다수의 판례에서 이와 같은 '주지성' 요건의 획득에 대하여 입증을 다하지 못하여 부정경쟁방지법 제2조 제1호 '가' 목 및 '나'목으로 보호를 받지 못하였다. 예컨대, 대법원 2001. 2. 23. 선고 98다63474 판결, 대법원 2001. 10. 12. 선고 2001다44925 판결, 대법원 1996. 11. 27.자 96마365 결정, 대법원 1997. 4. 24.자 96마675 결정 및 대법원 1994. 12. 2: 94도1947 판결(형사), 대법원 1996. 11. 26. 선고 96도2295 판결(형사), 등.

7 박성호, "부정경쟁방지법에 의한 상품형태의 보호", 『산업재산권(제23호)』, 사단법인 한국산업재산권법학회, 2007. 8, 579면.

보호하기 위한 규정이므로, 디자인보호법의 보충적 규정이라 할 수 있다.[8]

우리 부정경쟁방지법은 부정경쟁행위를 열거하고 있고(2조1호 '가'목~'자'목), 그 민사적 구제방법으로서 금지 또는 예방 청구권을 두어 '영업상 이익이 침해되거나 침해될 우려가 있는 자'에 인정하고 있으며(4조), 타인의 영업상 이익을 침해하여 손해를 입힌 자는 그 손해를 배상할 책임을 진다(5조).

동법(同法)에 의하여 부정경쟁으로서 열거되는 행위 중 응용미술의 보호에 관한 것은 상품주체 또는 영업주체 혼동행위(2조1호 '가'목, '나'목), 저명상표희석행위((同호 '다'목) 및 상품형태모방행위(同호 '자'목)이다. 특히 상품형태의 모방행위(dead copy)에 대하여는 2004. 1. 20. 법률 제7095호 (2004. 7. 20. 시행)로 제2조 1호 '자'목을 신설하여 상품형태를 모방하여 양도 등 하는 행위를 규제하고 있다. 상품의 시제품 제작 등 상품의 형태가 갖추어진 날로부터 3년 동안 그리고 실질적으로 동일한 모방행위를 금지하고 있는 점에서 응용미술 보호와 관련하여 새로이 주목받고 있으며 또 그 역할이 기대되고 있다.

한편 형사적 구제방법으로서는, 부정경쟁행위를 한 자에게는 형사벌을 부과하고 있으나(제18조·19조), 다만, 상품형태모방행위(同호 '자'목)는 형사벌 규정이 없다.

2. 혼동야기행위의 규제 - 상품주체혼동행위와 영업주체혼동행위

1) 상품주체혼동행위(제2조1호 '가'목)

가) 법규정

"국내에 널리 인식된 타인의 성명, 상호, 상표, 상품의 용기 포장 그 밖에 타인의 상품임을 표시한 표지와 동일하거나 유사한 것을 사용하거나 이러한 것을 사용한 상품을 판매, 반포 또는 수입 수출하여 타인의 상품과 혼동하게 하는 행위"를 부정경쟁행위의 하나로서 규정하고 있다.

따라서, 위 규정을 적용하기 위해서는, ① 용기나 포장의 특정한 형상과 모양이 계속적, 배타적으로 사용하거나 지속적인 선전광고를 통하여 특정 출처의 상품을

8 안원모, "디자인에 대한 부정경쟁방지법적 보호문제", 『상표법 및 부정경쟁방지법』, 대한변호사협회 변호사연수원, 2008, 115면.

연상하게 이를 정도의 상표지 해당성을 갖추어야 하고(상품표지해당성), ② 그 표지가 상품표지로서 국내에 널리 인식되어 있어야 하며(주지성), ③ 이러한 상품표지와 동일·유사한 표지를 사용함으로써(동일·유사성), ④ 타인의 상품과 혼동을 일으킬 가능성이 있어야 한다(혼동가능성).[9]

나) 판례

기본적으로 판례의 태도는,[10] 상품의 형태에 관하여, "상품의 형태는 디자인권이나 특허권 등에 의하여 보호되지 않는 한 원칙적으로 이를 모방하여 제작하는 것이 허용되며, 다만 예외적으로 어떤 상품의 형태가 2차적으로 상품출처표시기능을 획득하고 나아가 주지성까지 획득하는 경우에는" 상품표시해당성을 긍정하고 있다. 또, 판례는,[11] 상품의 포장용기 및 디자인에 관하여는, "일반적으로 상품의 포장용기 및 디자인은 상품의 출처를 표시하는 기능을 가진 것은 아니고, 다만 상표부분을 포함하여 어떤 포장용기에 표시되어 있는 문양, 색상 또는 도안 등이 상품에 독특한 개성을 부여하는 수단으로 사용되고, 그것이 장기간 계속적, 독점적, 배타적으로 사용되거나 지속적인 선전광고 등에 의하여 그 색상, 도안 등이 갖는 차별적 특징이 거래자 또는 수요자에게 특정한 품질을 가지는 특정 출처의 상품임을 연상시킬 정도로 현저하게 개별화되고 우월적 지위를 획득할 정도에 이른 경우에만" 상품표시해당성을 긍정하고 있다.

[긍정한 사례]

판례상, 상품의 포장·용기의 형태와 관련하여 부정경쟁방지법 제2조 제1호 '가'목(상품주체혼동행위)로서 긍정한 재판례로서는, 다음과 같다.; ① 이 사건 카스용기의 전면에 있는 문자, 도형, 색채 등이 결합한 구성은 일체로서 구 부정경쟁방지법 제2조 제1항 (가)목에 정한 '타인의 상품임을 표시한 표지'에 해당한다고 봄이 상당하고, 또 국내에 널리 알려진 상품표지에 해당한다고 판시한 사례,[12] ② 이 사건 과

9 황보영, 전게논문, 336면~344면 및 안원모, 전게논문, 117면~118면 참조.

10 대법원 2007.7.13. 선고 2006도1157 판결[공2007.8.15.(280),1330]. 같은 취지로는, 대법원 2005.2.17. 선고 2004도7967 판결, 대법원 2003.11.27. 선고 2001다83890 판결 및 대법원 2001.10.12. 선고 2001다44925 판결 등이 있다.

11 대법원 2006.4.13. 선고 2003도7827 판결[미간행].

12 대법원 2004. 11. 11. 선고 2002다18152 판결('CASS' 맥주 용기 사건).

일문양(체리, 사과, 배, 복숭아 등의 과일문양)은 국내에 널리 알려져 있는 신청인의 '포모나' 도자기 그릇 세트의 출처를 표시하는 표지에 해당한다고 판시한 사례,[13] ③ 피해자의 포장용기의 문자, 도형 등의 구성은 부정경쟁방지법 제2조 제1항 (가)목 소정의 '타인의 상품임을 표시하는 표지'에 해당된다고판시한 후, 식품포장용 랩(WRAP) 상품인 "새론 그린랩(GREEN WRAP)"의 상품표지가 동종상품인 "크린랩(CLEAN WRAP)"의 상품표지와 유사하고 혼동을 일으킨다는 이유로 구 부정경쟁방지법에 위반된다고 한 사례,[14] ④ 상품주체혼동행위에 있어서 '혼동'의 개념에는 (…) '광의의 혼동'도 포함되는데, ㈜해태유업이 오인, 혼동 가능성이 큰 용기를 '생성과즙 산딸기 우유'에 사용하는 것은, 적어도 ㈜빙그레 제품과 ㈜해태유업 제품 사이에 어떤 특수한 관계가 있는 것으로 오인, 혼동을 야기함으로써 ㈜빙그레 용기의 저명성에 편승하여 수요자를 유인할 가능성이 크다고 할 것이어서 ㈜해태유업의 행위는 역시 부정경쟁방지법상의 상품주체혼동행위에 해당한다고 판시한 사례,[15] ⑤ 신청인의 포장용기가 갖는 일체로서의 도안, 색상, 문자 등의 구성에 다른 상품과 구별되는 개성적인 특징이 있다고 하여 표지성의 요건을 충족하고, 나아가 이러한 구성이 상품표지로서 국내에 널리 인식되어 있어 주지성의 요건을 충족한 것이라고 한 후, 피신청인의 제품은 신청인의 제품과 출처에 혼동을 가져올 수 있다는 이유로 피신청인 이러한 제품을 제조·판매하는 행위는 부정경쟁행위에 해당하는 것이라고 판시한 사례,[16] ⑥ 이 사건 완구와 같은 유아용 완구 분야에서 동물들을 소재로 삼아 가족관계를 구현한 제품이 흔하기는 하지만, 이 사건 완구에 있어서, 테를 위로 접어 올린 형태의 동그란 모자를 쓰고 있으면서 배 부분과 직각을 이루는 머리 부분,

13 대법원 2002. 2. 8. 선고 2000다67839 판결('포모나' 도자기 그릇 세트 사건); 이 사건 판례평석으로서는, 양영준, "상품의 형태·모양이 구 부정경쟁방지및영업비밀보호에관한법률상의 '타인의 상품을 표시한 표지'에 해당하기 위한 요건", 『정보법판례(I)』, 한국정보법학회, 박영사, 2006, 194~200면 참조.

14 대법원 2001. 4. 10. 선고 98도2250 판결(크린랩 사건); 이 사안의 판결례는 피고인이 사용하는 비교대상제품의 부착된 상표가 피해자의 상표('크린랩' 또는 'CLEAN WRAP'의 문자부분)와 별개이라 하더라도, 그 상표 자체가 유사한 경우에는 혼동가능성이 있다고 판시한 점에서, 별개의 상표가 부착된 경우 그 혼동가능성을 부정한 다른 판결례(대법원 1997. 4. 24.자 96마675 결정(축구공 도안 사건) 및 대법원 2001. 2. 23. 선고 98다63474 판결(조립식 완구 포장용기 사건))와 사이에 차이점을 발견할 수 있다.

15 서울중앙지방법원 2005. 10. 12.자 2005카합2553 결정(바나나맛우유용기 사건).

16 서울서부지방법원 2004. 4. 12.자 2003카합2068 결정(자일리톨껌 사건); 신청인 롯데제과(주)는 자일리톨껌의 포장 또는 용기의 기본색을 초록색으로 하고 초록색의 중앙부분을 수평으로 가로질러 백색 띠를 표시하였으며, 그 백색 바탕 위에 초록색 'XYLITOL'이라는 문자를 헬베티카(Helvetika) 서체로 표시하여 왔다. 이에 관한 판례평석으로서는, 안기순, "상품의 용기나 포장이 타인의 상품임을 표시한 표지에 해당하는지 여부", 『정보법 판례백선(I)』, 한국정보법학회, 박영사, 2006, 277~288면.

다소 커다랗게 형성한 눈과 약간 튀어나온 상태로 다물고 있는 입 부분, 둥그런 형태의 바퀴 4개를 외부로 돌출하여 형성한 다리 부분, 다각형을 방사상으로 배치하여 등 무늬를 표현하면서 바퀴가 있는 쪽을 바퀴의 형태에 맞추어 곡선으로 처리한 등딱지 부분 등이 조합되어 큰 거북의 형태를 이루고 있고, 그와 닮은꼴로 작은 거북의 형태가 구성되어 있는 점은 국내에서 유통되는 완구상품에 통상 있는 형태라거나 그 완구의 성질 내지 기능에서 유래하는 필연적인 형태라고 볼 수 없으며, 여기에다가 원심도 인정하고 있는 바와 같이 원고가 직원 모집 신문광고 등에 이 사건 완구의 형태를 배경 그림으로 표시한 적이 있고, 이 사건 완구는 한국 인더스트리얼 디자이너 협회가 1985.부터 1992.까지 나온 국산품 중에서 선정한 '좋은 디자인 상품'의 하나에 포함된 사실을 아울러 고려하면, 이 사건 완구의 형태에는 다른 완구제품과 구별되는 특이성이 있다고 할 수 있으며, 또 장기간 계속적·독점적·배타적으로 사용됨으로써 피고가 거북 완구를 제조·판매한 1999. 10. 무렵 이미 국내의 거래자나 일반 수요자에게 특정 출처의 상품임을 연상시킬 정도로 현저하게 개별화되기에 이르렀다고 볼 여지가 크다고 할 것이므로, 원심이 이 사건 완구의 형태의 상품표지성을 부인한 것은 부정경쟁방지법 제2조1호 (가)목 소정의 상품표지성에 관한 법리의 오해가 있으므로 파기환송한 사례[17] 등이다.

[부정한 사례]

상품의 포장·용기의 형태와 관련하여 부정경쟁방지법 제2조 제1호 '가'목(상품주체혼동행위)로서 부정한 재판례로서 다음과 같은 것이 있다.; ① 이 사건 센트클럽의 종이리필 방향제가 국내에서 처음 개발된 제품이고 시장에서 독보적 지위를 차지하고 있다는 사정은 위 "SCENT CLUB"이란 상품표지나 "센트클럽"이란 업체명(상호)의 주지성을 인정할 근거는 될지언정 그와 같은 사정만으로 위 종이리필 방향제의 형태 자체가 상품출처표시성 및 주지성을 획득하였다고 할 수 없으므로, 위 센트클럽의 종이리필 방향제는 부정경쟁방지법상 '기타 타인의 상품임을 표시하는 표지'에 해당한다고 할 수 없다고 판시한 사례,[18] ② Roberta Di Camerino 상표부분을

17 대법원 2003. 11. 27. 선고 2001다83890 판결('노래하는 거북이' 장난감 사건)

18 대법원 2007.7.13. 선고 2006도1157 판결(종이리필 방향제 사건).

포함하여 자동차용 제품에서의 포장 용기나, 적색, 청색, 남색 등 삼색을 사용한 그 바탕 색상, 도안 등 전체 디자인이 장기간 계속적, 독점적, 배타적으로 사용되거나 지속적인 선전광고 등에 의하여 국내에서 일반 수요자들에게 특정한 품질을 가지는 Roberta Di Camerino 상표의 자동차용 제품임을 연상시킬 정도로 개별화되고 우월한 지위를 획득하여 그 주지성이 있다고 볼 수 없다고 판시한 사례,[19] ③ 피해자의 등록상표인 '보디가드'나 '제임스딘'이 아닌, 이들 상표가 표시된 상품포장용기가 피해회사의 상품표지로서 국내에 널리 인식되었다고 보기는 어렵다고 판시한 사례,[20] ④ 진공청소기의 납작한 원통형 내지 밥통형 모양의 전체적인 형태와 그 본체에서 더스트 콘테이너(dust container)를 분리한 후의 고깔 형태의 속모양이 채권자의 상품임을 표시하는 표지로서 국내에 널리 인식되어 있다고 인정하기 어렵다고 판시한 사례,[21] ⑤ 신청인의 각 포장용기 즉 '성시리즈'상품과 '경찰시리즈'상품 등 이 사건 조립식완구의 포장용기의 형태나 구조 및 크기, 또는 포장용기에 그려진 그림의 소재와 형상 및 색상, 배경의 모양과 색상 등이 거래자 또는 수요자에게 특정한 품질을 가지는 특정 출처의 상품임을 연상시킬 정도로 개별화된 차별적 특징에 해당하고 나아가 그러한 차별적 특징이 거래자들이나 수요자들에게 널리 인식된 것이라고 쉽사리 단정하기 어려우므로, 이 사건 조립식완구의 포장용기가 상품표지에 해당하지 아니하고 주지성도 없고, 또한 피신청인들이 사용한 각 상품의 포장용기와 비교해 보더라도, (…) 그 포장용기에 표시된 상호, 상표, 상품명등에 의해 쉽게 그 출처가 구별될 수 있어, (…) 각 포장용기의 형태나 구조, 또는 포장용기에 그려진 그림이나 배경색상 등에 의하여 상품 출처 혼동을 일으킬 가능성도 있다고는 보기 어렵다고 판시한 사례,[22] ⑥ 신청인이 생산하는 이 사건 토너 카트리지가 수요자들에게 상품의 출처표시로서 개별화되어진 것으로 인식될 정도로 주지성을 획득하였음을 인정할 수 없다고 판시한 사례,[23] ⑦ 신청인측(신청인은 정리회사 주식회사 낫소의 관리인이

19 대법원 2006.4.13. 선고 2003도7827 판결(자동차용 제품의 포장용기 및 디자인 사건).

20 대법원 2001. 9. 14. 선고 99도691 판결('보디가드나 제임스딘'이 표시된 상품포장용기 사건).

21 대법원 2001. 10. 12. 선고 2001다44925 판결(진공청소기 사건).

22 대법원 2001. 2. 23. 선고 98다63674 판결('레고'조립식 완구 포장용기 사건); 이 사건에 관한 평석으로는, 윤태석, "상품용기·포장이 상품주체혼동에 해당하는 경우", 『재판과 판례(12집)』, 대구판례연구회, 2004.1, 557~574면 참조.

23 대법원 1996. 11. 27.자 96마365 결정(토너 카트리지 사건).

다)이 축구공의 표면에 사용한 이 사건 도안이 신청인측의 상품표지로서 수요자 또는 거래자 사이에 널리 인식되어 있다고 보기 어려울 뿐만 아니라, 피신청인은 이 사건 고안과 동일한 도안을 사용하여 제조한 축구공에 자신의 고유상표를 별도로 부착하여 판매하고 있고, 신청인측 역시 그가 제조·판매하는 축구공에 자신의 고유상표를 별도로 부착하고 있으므로, 수요자 또는 거래자가 피신청인이 제조한 축구공을 신청인측이 제조한 축구공으로 혼동할 우려도 없다는 이유로 (…) 신청인측의 부정경쟁방지법에 기한 주장을 배척한 사례,[24] ⑧ 신청인측의 병(Ballentine 17년산)의 모양은 몸통은 원통모양으로 하단부분이 약간 좁고 병목은 중간부분이 볼록한 녹색인데, 이러한 병모양의 술병은 양주의 용기로 흔히 사용되고, 양주병의 색깔도 대부분 투명하거나 녹색 또는 갈색이 사용되면, 신청인측의 12년산, 17년산, 21년산, 30년산 등 시리즈의 각 병모양에 일관성이 없어 상품표지성을 인정할 수 없다고 판시한 사례[25] 등이 있다.

다) 상품주체혼동행위 규정의 적용상 한계

본 규정의 장점으로는 보호기간의 제한이 없는 점에서 디자인을 장기간 보호가 능하다는 점이다. 그러나, 이 규정은 용기나 포장이 출처표시로서의 기능을 하는 경우에 혼동유발행위를 규제하기 위한 상표법적 성격을 갖는 규정이므로 그 적용대상으로 되는 경우는 매우 제한적이라 할 수 있다. 용기나 포장이 상품표지로서 기능하기 위해서는 장기간의 사용과 노력이 필요하고, 주지성 획득에도 역시 장기간이 소요될 수밖에 없으므로 제품수명이 짧은 상품의 경우에는 이 규정을 적용 받기 어려운 것이 현실이다. 또, 제품 시판 후 단기간내 이루어지는 모방행위에 대한 대처가 불가능하다는 한계가 있다고 지적되어 왔다.[26]

2) 영업주체혼동행위(제2조1호 '나'목)

가) 법규정

"국내에 널리 인식된 타인의 성명, 상호, 표장, 그 밖에 타인의 영업임을 표시하

24 대법원 1997. 4. 24.자 96마675 결정(축구공 도안 사건).

25 서울지방법원 2001. 11. 5.자 2001카합1971 사건(발렌타인 양주병 사건).

26 안원모, 전게논문, 121면.

는 표지와 동일하거나 유사한 것을 사용하여 타인의 영업상의 시설 또는 활동과 혼동하게 하는 행위"를 부정경쟁행위의 하나로서 규정하고 있다.

영업표지성[27]과 관련하여, 여기서 규정한 성명, 상호, 표장은 영업표지의 예시에 불과하며, 기업표나 영업표장등 그것이 영업을 나타내는 표지인 이상 모두 이에 포함된다고 해석되며, 또, 주지성,[28] 동일유사성, 혼동가능성에 관한 의미내용이나 그 정도 등에 관해서는, 상품주체혼동행위(법 제2조1호 '가'목)와 같다고 해석된다.[29]

나) 판례

일본의 판례로서, 점포의 간판의 디자인이 타인의 영업임을 표시하는 표지로서, 그 영업표시성이 인정된 사례가 있다. 여기서는 천연의 소나무 잎모양의 게(松葉蟹)의 형상을 무늬로 한 커다란 움직이는 간판이 영업표시로서의 식별성을 가진다고 판시하였다.[30] 일본의 부정경쟁방지법 제2조1항1호에서는, 수요자간에 널리 인식되어진 타인의 '상품등표시'를 사용하거나, 그것을 사용한 상품을 양도 등 하는 것으로써, 타인의 상품이나 영업과의 혼동야기행위를 부정경행행위의 한 유형으로 규정하고 있다. 이 규정은 1993년(平成5年) 개정에 의하여 본호에서 상품주체혼동행위와 영업주체혼동행위를 혼동야기행위로서 일체화하여 규정한 것이다.[31]

3. 저명상표희석행위(제2조1호 '다'목)

1) 법규정

"가목 또는 나목의 혼동하게 하는 행위 외에 비상업적 사용 등 대통령령으로 정하는 정당한 사유없이 국내에 널리 인식된 타인의 성명, 상호, 상표, 상품의 용기

27 대법원 1999. 12. 24. 선고 99도3815 판결(종로학원 사건); 이 사건 '종로학원'의 표지성을 인정하였다. 이 사건의 판례평석으로서는, 조정욱, "부정경쟁방지법이 보호하는 영업표지와 부정경쟁행위의 범위", 『상사판례연구(5권)』, 401면 이하 참조.; 안기순, 전게논문, 281면 주)5 참조

28 대법원 2008. 2. 29. 선고 2006다22043 판결(원숭이학교 사건); 원숭이공연사업을 표시하는 영업표지인 "원숭이학교"가 침해행위 당시 국내에서 주지성을 획득하였다고 볼 수 없다고 판시하였다.

29 송영식·이상정·황종환, 전게서(하), 425면.

30 大阪地判昭62年5月27日 無体集19巻2号174頁[かに看板 事件]; 大瀬戸豪志, "不正競争防止法上の意匠·デザインの保護", 小谷悅司/小松陽一郎 編『意匠·デザイシの法律相談』, 青林書院, 2006, 176頁.

31 차상욱, "응용미술(디자인)의 법적보호- 한국과 일본의 디자인보호법과 의장법, 부정경쟁방지법 및 저작권법의 비교를 중심으로-", 日本特許廳委託平成19年度産業財産権研究推進事業報告書, 財團法人 知的財産研究所, 2009.3, 49면.

포장, 그 밖에 타인의 상품 또는 영업임을 표시한 표지와 동일하거나 유사한 것을 사용하거나 이러한 것을 사용한 상품을 판매 반포 또는 수입 수출하여 타인의 표지의 식별력이나 명성을 손상하는 행위"를 부정경쟁행위의 하나로서 규정하고 있다.

위와 같이, 우리 부정경쟁방지법은 2001년 2월 3일 개정법은 유명상표의 혼동외에 비상업적 사용 등 정당한 사유없이 유명상표의 식별력이나 명성을 부당한 방법으로 손상시키는 것은 부정경쟁행위의 유형에 포함시켰다. 아울러 본법 제5조와 제6조에서는 이러한 행위는 소비자에게 직접적인 손해를 가져오는 다른 부정경쟁행위와 다르므로 고의가 있는 경우에만 손해배상과 신용회복의 책임을 묻도록 규정하고 있다.[32] 제4조의 금지청구권에 관해서는 상품주체혼동행위('가'목) 및 영업주체혼동행위('나'목)과 차이는 없다.[33] '저명상표 희석행위'[34]를 규정한 부정경쟁방지법 제2조 제1호 '다'목의 특색은, 위 조항이 타인의 저명한 상품표지와 유사한 표지를 사용하여 그 표지를 사용하여 그 표지의 식별력이나 명예를 손상하는 행위를 부정경쟁행위의 한 유형으로 규정한 것이므로, 유사한 표지의 사용에 의한 혼동이 없는 경우에도 부정경쟁행위가 인정될 수 있는 데에 있고, 이것이 동조 제1호 '가'목 및 '나'목과 다른 점이라 할 것이다.

2) 판례

긍정례[35]로서, 국내에 주지저명한 표지인 "티파니(TIFFANY)"와 동일·유사한 표지 "하이티파니(HiTIFFANY)"를 무단 사용하여 명품브랜드점 분양사업을 하는 것은

32 송영식·이상정·황종환, 전게서(하), 427면.

33 경과규정으로는, 부칙〈6421호, 2001. 2. 3.〉 제2항(벌칙적용에 관한 특례)에서, 제2조 제1호 '다'목의 개정규정에 의한 부정경쟁행위를 한 자에 대하여는 2001년 12월 31일까지는 제18조 제3항의 규정에도 불구하고 동조동항을 적용하지 아니한다고 규정하고 있다. 제18조 제3항은 제2조 제1호('아'목과 '자'목은 제외한다)에 따른 부정경쟁행위를 한 자에 해당하는 자는 징역 또는 3천만원 이하의 벌금에 처한다고 규정되어 있다(동조동항 제1호).

34 혼동의 위험이 전혀 없다고 하더라도 저명상표를 비유사상품에 자유롭게 사용할 수 있게 하면 著名商標主가 막대한 비용과 노력을 들여 쌓아올린 당해 상표의 신용, 고객흡인력 등이 각종의 상품에 분산 사용되고 그로 인하여 저명상표의 이미지, 광고선전력, 고객흡인력 등이 다른 상품에 흡수되어 희박하게 되어 버린다. 이를 상표의 희석화현상(稀釋化現象)이라 한다.(송영식·이상정·황종환, 전게서(하), 428면).

35 일본의 경우, 부정경쟁방지법 제2조1항2호의 '저명표시모용행위'를 인정한 판례로서는 다음과 같다.; (a) 「セイロガン糖衣A」事件에서는, 「セイロガン糖衣A」의 문자를 디자인화한 표시에 관하여, 그 고유의 디자인과 多年에 걸쳐 사용이 더불어 저명성이 인정되었다(大阪地判平11·3·11 判タ1023号257頁.). 또, (b) 「アリナビック」事件에서는, 「アリナミンA25」의 문자 및 물고기비늘(鱗)마크의 도형등을 결합하여 디자인화 한 표시에 관하여, 다액의 비용을 투자하여 이루어진 광고중에서 시각적으로 그 표시가 보일 수 있도록 행한 것에 의하여 그 저명성이 인정되었다(大阪地判平11·9·16 判タ1044号246頁).

부정경쟁방지및영업비밀보호에관한법률 제2조 제1호 (가)목·(나)목·(다)목 소정의 부정경쟁행위에 해당한다고 본 사례가 있다.[36]

부정례로서, 장의버스 외부에 표시된 색채 및 모양이 그 자체로서 곧바로 영업표지로서 저명의 정도에 이르렀다고 할 수 없음은 물론, 주지의 정도에 이르렀다고 할 수도 없어, 부정경쟁방지 및 영업비밀보호에 관한 법률 제2조 제1호 (다)목에 정한 '국내에 널리 인식된 타인의 영업표지'에 해당하지 않는다고 본 사례가 있다.[37]

4. 상품형태모방행위(제2조1호 '자'목)

1) 서(序)

한국은 미등록디자인을 보호하기 위하여 2004. 1. 20. 개정 부정경쟁방지법(법률 제7095호)에서 제2조 제1호 '자'목을 두어 부정경쟁행위의 한 유형으로 신설하였다. 이 규정의 입법이유에 대하여, 2003. 11. 7. 자 국회에 제출된 정부제출안의 검토보고서[38]의 Ⅲ. 2. 새로운 부정경쟁행위 신설(안 제2조제1호)에서는, '상품형태의 모방은 소비자의 오인 및 혼동을 가져올 뿐만 아니라 상품개발자에게는 막대한 정신적·경제적 손해를 주고, 모방자는 상품개발자의 선행투자와 시행착오 등을 통한 노력과 비용에 무임승차하게 됨에 따라 개성있는 상품의 개발, 시장 개척의 의욕이 저해되고 건전한 거래질서 형성을 저해하고 있다'고 지적하고, '현행 의장법(현 디자인보호법

36 서울중앙지방법원 2003. 8. 8. 자 2003카합1488결정('티파니' 사건); 판시요지를 보면, 신청인의 이 사건 표지가 자신의 상품 및 영업표지로서 국내를 비롯해 전세계적으로 널리 알려져 있는 사실, 피신청인이 지하 1층에 귀금속매장, 지상 1, 2층에 준보석, 잡화, 액세서리 매장, 지상 5, 6, 7층에 명품브랜드점을 입점시킬 예정으로 쇼핑몰 분양사업을 추진하면서 이 사건 표지와 관념, 칭호, 외관상으로 동일·유사한 이 사건 침해표지를 사용하여 수요자들로 하여금 신청인의 사업 내지 이 사건 표지와 상당한 연관성이 있다고 인식하게 하는 방법으로 대대적으로 광고하고 있는 사실 등을 종합해 보면, 설령 피신청인의 주장대로 신청인의 취급 상품이 고가라는 등의 이유로 소비자들이 그 출처 혼동을 겪게 될 가능성이 없다고 인정한다 하더라도 이 사건 침해표지의 사용으로 인하여 저명상표와의 상당한 연관성을 인식하게 하거나 저명상표의 독특하고 단일한 출처표시로서의 힘 또는 그러한 독특성이나 단일성에서부터 발현되는 고객흡인력이나 판매력의 감소를 초래할 가능성이 있음을 충분히 짐작할 수 있으므로, 이 사건 침해표지를 사용하여 피신청인이 위와 같은 내용의 분양사업을 추진하는 행위는 이 사건 표지의 식별력을 손상하게 하는 행위에 해당한다 할 것이라고 판시하였다. 한편, 이 사건에 관한 판례평석으로는, 조영호, "부정경쟁방지및영업비밀보호에관한법률 2조 1호 (다)목 소정의 부정경행위", 『정보법 판례백선(Ⅰ)』, 한국정보법학회, 박영사, 2006, 371~381면 참조.

37 대법원 2006.1.26. 선고 2004도651 판결(장의버스 디자인 사례).; 판시요지를 보면, 이 사건 디자인이 그 사용으로 인하여 일반수요자나 거래자에게 특정 출처의 영업임을 연상시킬 정도로 현저하게 개별화되고 우월적인 지위를 획득할 정도에 이르렀다고 할 수 없으므로, 이 사건 디자 인은 피해자의 영업표지로서 저명의 정도에 이르렀다고 할 수 없음은 물론 주지의 정도에 이르렀다고 할 수도 없으므로, 부정경쟁방지법 제2조 제1호 (다)목 소정의 '국내에 널리 인식되어 있는 타인의 영업표지'에 해당한다고 볼 수 없다는 취지로 판시하였다.

38 대한민국 국회 홈페이지의 국회정보시스템-의안정보시스템(http://search.assembly.go.kr/bill/) 참조.

의 전신인 구 의장법을 의미함), 부정경쟁방지법 등에 의한 권리보호는 권리등록 혹은 권리침해에 대한 주지성 획득에 장시간이 필요하여 제대로 보호되지 못하고 있는 실정이므로, 공정한 상거래 질서확립을 위하여 형태모방을 부정경쟁행위의 한 유형으로 독립하여 보호하는 조항을 신설하는 것이 필요하다'고 밝히고 있다. 즉, 타인의 노력과 시간을 투자하여 이룩한 성과에 무임승차하는 행위를 금지하는데 상품형태 모방행위의 근본적인 입법목적이 있다할 것이며, 혼동방지의 목적은 주로 부정경쟁방지법 제2조 제1호 '가'목에서 달성하고 있다.

이 상품형태모방금지 규정의 특징은 상품형태의 모방행위를 금지함으로써 비용이나 노력을 투자한 개발자의 이익을 보호하려는 것이다. 또, 이 조항의 신설은 '주지성'이 인정되지 않는 상품의 형태에 대해서도 보호가능 한 점에 의미가 있다. 종래 제2조 1호 '가'목 및 '나'목에 대한 판례을 보면, 상품의 형태가 상품표지에 해당하여야 하고, 또 "주지성"을 획득할 필요가 있는데, 실무상 이러한 요건을 입증하는 것은 매우 어려웠던 점을 보완한 것이다.

2) 법규정

"타인이 제작한 상품의 형태(형상·모양·색채·광택 또는 이들을 결합한 것을 말하며, 시제품 또는 상품소개서상의 형태를 포함한다. 이하 같다)를 모방한 상품을 양도·대여 또는 이를 위한 전시를 하거나 수입·수출하는 행위. 다만, 다음의 어느 하나에 해당하는 행위는 제외한다.

(1) 상품의 시제품 제작 등 상품의 형태가 갖추어진 날로부터 3년이 지난 상품의 형태를 모방한 상품을 양도·대여 또는 이를 위한 전시를 하거나 수입·수출하는 행위.

(2) 타인이 제작한 상품과 동종의 상품(동종의 상품이 없는 경우에는 그 상품과 기능 및 효용이 동일하거나 유사한 상품을 말한다)이 통상적으로 가지는 형태를 모방한 상품을 양도·대여 또는 이를 위한 전시를 하거나 수입·수출하는 행위."

3) 청구주체성 문제

우리 부정경쟁방지법 제2조 1호 '자'목에서 상품형태의 모방행위에 대항 청구주체에 대하여 구체적으로 명시하고 있지는 않다. 다만 제4조 제1항에서 금지청구권을 행사할 수 있는 자로서, "부정경쟁행위로 자신의 영업상의 이익이 침해되거나 침해될 우려가 있는 자"라고 규정하고 있고, 제5조에서 손해배상청구에 대한 배상의무자로서, "고의 또는 과실에 의한 부정경쟁행위로 타인의 영업상 이익을 침해하여 손해를 입힌 자"라고 규정하고 있다. 제4조와 제5조로부터 우리 부정경쟁방지법 제2조 1호 '자'목상의 청구주체를 해석하면, 자신의 "영업상이익이 침해되거나 침해될 우려가 있는 자"라 할 수 있다.

판례[39]에 의하면, "원고가 부정경쟁행위에 대한 금지 및 손해배상을 청구할 수 있는 자인지 살피건대, 부정경쟁방지법 제2조 제1호 '자'목의 '타인'이란 상품의 형태를 창작한 자가 아니라 상품화를 위하여 투자하거나 모험을 감수한 자라 할 것이고, 독점적 수입판매권자의 경우 판매망의 개척과 확보를 위한 노력을 한 결과 보호되어야 할 영업상의 이익이 있으므로 ① 선행자가 상품화하였다는 점, ② 선행자로부터 독점판매권을 수여받았다는 점을 입증하면 본 조항의 청구주체가 된다고 볼 것인바,"라고 판시한 뒤, (…) "독점판매업자인 원고는 상품형태의 독점에 관하여 강한 이해관계를 가진 자라 할 것이어서 상품형태 모방에 의 한 부정경쟁행위의 금지 및 손해배상청구를 할 수 있는 적격이 있다고 할 것"이라고 설시하였다.[40]

4) 보호대상

여기서 말하는 '상품'의 개념에 대해서는, 기본적으로 부정경쟁방지법 제2조 1호 '가'목, '나'목 등에서 말하는 상품과 다를 바가 없으므로, 유체물이고 독립하여 거래의 대상이 되는 것을 말한다는 견해가 있다.[41] 따라서 당연히 서비스와 같은 無形의 것은 포함되지 않다고 하며, 또, 유체물인 이상 업자가 처음부터 판매목적으로 건축하는 주택 등과 같은 부동산도 포함되며, 또 상품이라면 내국인의 상품과 외국인의

39 서울남부지방법원 2007. 2. 8. 선고 2006가합6288 판결.; 법원은 이 사건에서 결론적으로 금지청구 및 손해배상 청구를 인용하였다. 이 사건은 항소되었고, 원고와 피고사이에 손해배상금을 조정(감액)하는 내용으로 화해(和解)가 이루어졌다. 독점적 판매권자에게도 일정한 요건의 입증을 전제로 청구주체성을 인정한 점에 이 사건 판결의 의의가 있다.

40 결론적으로, 상품형태모방금지의 청구주체성과 관련하여 독점적 판매권자 내지 독점적 수입배급업자도 선행자의 상품화요건과 선행자로부터 독점판매권 내지 독점적 수입배급권을 수여받았음을 입증하는 것을 요건으로 청구적격성을 인정하는 적극설이 타당하며, 이런 의미에서 판례의 태도가 합리적이라고 판단된다.

41 박성호, 전게논문, 587면, 및 같은 취지로는, 안원모, "디자인에 대한 부정경쟁방지법적 보호문제", 『상표법 및 부정경쟁방지법』, 대한변호사협회 변호사연수원, 2008, 126면.

상품인 것을 묻지 않는다.[42]

상품의 '형태'란 상품의 구체적 형태를 말하는 것이므로, 상품의 아이디어나 상품의 형태에 관한 추상적인 특징은, 여기서 말하는 상품의 '형태'에 해당하지 않는다.[43]

동 조항의 보호가능한 상품의 형태에 관하여 디자인보호법 요건인 신규성, 창작비용이성, 나아가 타인의 상품형태에 창작성 요건을 요구하는 지 여부에 관하여 우리나라의 통설적 견해는 위와 같은 요건을 모두 필요로 하지 않는다는 부정적인 견해[44]가 다수의 견해라 할 것이다. 생각건대, 우리나라의 부정경쟁방지법 제2조 제1호 '자'목의 규정의 입법취지는 디자인보호법과 저작권법과 달리 상품형태에 표현된 창작적 가치를 보호하는 것이 아니라, 상품형태에 시간과 노력 및 자본을 투하한 선행자의 시장선행이익을 보호하는 데 있으므로, 창작성 요건을 요하지 않는다는 견해는 타당하다고 생각한다. 즉, 부정경쟁방지법 제2조 제1호 '자'목은 디자인 창작자를 보호하는 것이 아니라 투자자를 보호하는 것이기 때문이다.

상품의 내부구조 등 외관상 보이지 않는 부분도 상품형태로 인정할 것인지 여부에 관하여, 본 조항은 상품의 형태면에서의 모방을 문제로 삼는 것이므로 상품의 내부구조도 그것이 외부적으로 드러나지 않는 한 상품형태로 인정하기 어렵다 할 것이고, 다만 법문상으로 상품소개서상의 형태도 상품의 형태에 포함시키고 있으므로, 내부구조가 상품소개서에 소개되어 있는 경우에는 상품의 내부구조가 외부적으로 드러난 것이므로 상품의 형태에 포함시키도 무방할 것이라고 하는 견해가 있다.[45] 한편, 일본의 경우는 2005년(平成17년) 6월 29일 법률 제75호로 부정경쟁방지법을 일부개정하여, 제2조 4항에서 "이 법률에서 '상품의 형태'란 수요자가 통상의 용법에 따라 사용할 때에 知覺에 의해 인식할 수 있는 <u>상품의 외부 및 내부의</u> 형상 또는 그 형상에 결합한 모양, 색채, 광택 및 질감을 말한다"고 규정하였다. 이는 죄형법정주의와 관련하여 상품의 내부형태의 포함여부와 관련하여 기존에 판례와 학설의 대립이 심각하였던 것에 대한 반성과 법규정상의 불명확한 부분을 입법적으로 보완한 것이다.

42 박성호, 전게논문, 587~588면.

43 박성호, 전게논문, 588면, 및 안원모, 전게논문, 125면.

44 박성호, 전게논문, 588면, 및 황보영, 전게논문, 347면 및 안원모, 전게논문, 127면.

45 안원모, 전게논문, 128~129면.

5) 모방(模倣)

여기서 규정하는 '모방'이란 이미 존재하는 타인의 선행 상품의 형태를 흉내 내어 당해 상품의 선행 상품의 형태와 동일하거나 실질적으로 동일한 형태의 상품을 만드는 것을 의미한다. 따라서 이러한 모방은 상품의 형태가 동일하거나 실질적으로 동일하다는 객관적 요건 뿐 아니라, 타인의 상품의 형태를 알고 이것에 의거하여 자기 상품의 형태를 결정하였다는 주관적 요건도 필요하게 된다.[46]

모방의 정도와 관련하여, 직접적 이용과 예속적 모방(slavish imitation;노예적 모방)으로 그 유형을 구분하기도 한다. 즉, 직접적 이용이란 타인의 상품형태를 그대로 모방하는 경우 즉, 완전 복제의 경우를 말하고, 예속적 모방이란 타인의 상품형태에 약간의 변경을 가하여 예속적으로 모방하는 경우이다.[47]

학설로서는, 우리 부정경쟁방지법상 상품형태 모방행위에서 사용하는 모방의 정도는 '데드 카피(dead copy)', 즉 '완전한 모방'을 의미하는 것이라는 것이 학설[48]과 본 조항에서의 모방의 개념에는 타인의 상품형태를 완전히 그대로 베낀 경우(직접적 이용) 뿐만 아니라, 약간의 변경을 가한 경우 즉, 예속적 모방(slavish imitation)도 포함되는 것으로 해석된다는 견해[49]가 있다. 또, 원칙상 타인의 상품의 형태를 그대로 완전히 모방한 경우에 한하여 성립하지만, 다소 개변이 되어져 있는 것 같다고 하더라도 전혀 비용이 들어가지 아니한 무의미한 개변이 명백한 경우에는 여기에 포함된다는 견해가 있다.[50]

하급심판례[51]로서는, 피고가 미국으로부터 수입하여 국내에 판매한 가방이 원고('Louis Vuitton' 제품을 제조 판매하는 프랑스 회사)의 가방과 그 색채(원고 가방은 미색, 피고 가방은 붉은 색) 및 재질(원고 가방은 가죽, 피고 가방은 주로 폴리프로필렌계 합성섬유)에 있어서 서로 다르나, 잠금장치 부분이 유사하고 또, 덮개 및 본체의 각 테두리 부분을

46 박성호, 전게논문, 599~600면, 같은 취지, 안원모, 전게논문, 129~130면.

47 이상정, 전게서, 120~121면 및 안원모, 전게논문, 130면.

48 박성호, 전게논문, 599면.

49 안원모, 전게논문, 130면.

50 이상정, "산업디자인의 법적 보호에 관한 연구-보호방법을 중심으로-", 서울대학교 박사학위논문, 1995, 75면 및 유영선, "우리나라 법에 의한 산업디자인의 보호 및 한계", 『사법논집 제41집』, 2005, 678면.

51 서울중앙지방법원 2005. 2. 3. 선고 2004가합72056 판결.

일정한 간격의 징으로 장식한 점, 바닥의 네 귀퉁이에 철제 장식을 부착한 점, 정면 좌·우측에 띠와 버클로 잠금장치를 한 점, 양 손잡이를 묶는 띠를 두고 있는 점 및 정면 하단부에 작은 주머니를 부착한 점 등에서 동일하고, 전체적으로 그 외관을 비교하여 보더라도 그 모양 및 형상이 유사하다고 할 것이고, 이 사건 등록상표는 원형, 하트 모양의 곡선 등 다양한 도형이 합쳐진 복잡한 형태여서 이를 그대로 모방하지 않고는 이 사건 등록상표와 동일 또는 유사한 표자을 사용하게 되리라고 보이지 않는 점, 피고 가방이 수입된 시점이 이 사건 가방이 출시된 때 이후인 점 등을 보태어 보면, 피고 가방은 원고 가방의 형태를 모방한 상품이라고 할 것이다고 판시하였다.

생각건대, 상품형태를 100% 완전히 베끼는 경우는 그리 흔하지 않은 경우이고, 완전모방의 경우에만 본 조항이 적용된다고 한다면 본 조항의 적용여지는 거의 없어지게 되므로, 본 조항의 실효성과 거래계의 현실을 감안할 때 완전모방의 경우뿐만 아니라 약간의 변경을 가한 경우에도 실질적 동일이라고 평가할 수 있는 정도이면 본 조항의 모방 개념에 포함시켜야 할 것이라고 한다. 위 하급심 판례도 완전모방 뿐만 아니라 약간의 변경을 가한 경우에도 본호의 보호대상에 포함된다는 견해를 취하고 있다고 생각된다.[52]

6) 적용제외(소극적 요건)

가) 상품형태가 갖추어진 날부터 3년이 경과한 상품

부정경쟁방지법 제2조 1호 '자'목 단서는 "상품의 시제품 제작 등 상품의 형태가 갖추어진 날로부터 3년이 경과된 상품의 형태를 모방한 상품을 양도·대여 또는 이를 위한 전시를 하거나 수입·수출하는 행위"를 보호대상에서 제외한다고 규정한다.

이와 같이, 3년간 보호기간을 둔 취지는 선행자의 성과를 후발자가 모방함으로써 발생하는 경쟁상의 불공정을 방지하고 선행자의 거래상의 이익을 확보하기 위한 것이다.[53] 따라서 3년의 기간은 선행자의 투자회수의 기간을 고려한 것이라고 한

52 같은 취지로는 유영선, 전게논문, 677면 주)64 참조.

53 大阪辯護士會 知的財産法實務研究會 編, 『不正競爭防止法におけて商品形態の模倣』, 別冊NBL(No. 68), 商事法研究會, 2002, 21頁.

다.[54] 즉, 이와 같이 3년간의 단기간의 보호기간을 둔 이유는, 디자인보호법과의 관계상 완화된 요건의 보호를 장기간으로 할 수 없고, 반면 단기간만 보호하더라도 디자인 개발에 들인 투자를 충분히 회수하여 선행이익을 충분히 누릴 수 있다고 판단된다는 것이다.[55]

한편, 단기 3년의 보호기간에 대한 입법태도에 비판적 견해는, 상품형태 완성 후 3년만으로 그 보호기간을 제한하는 것은 상품형태 보호조항을 유명무실한 것으로 만들어 버릴 가능성이 매우 많은 것이므로 보호기간의 연장이 필요하다고 주장한다. 이 견해는 다른 지적재산권의 보호기간이나 소송에 소요되는 기간 등을 고려하여 볼 때 5년 정도로 하는 것이 적당하다고 주장한다.[56]

보호기간의 기산일을 최초로 판매한 날이 아닌 상품의 시제품 제작 등 상품의 형태가 갖추어진 날로 한 이유에 대해서는, 상품을 실제로 시장에서 판매하고 있지 않아도 구체적·물리적인 형태를 띤 시제품이 완성된 단계라면 상품화를 위한 자본투자는 거의 완료되어 영업상 이익의 침해가 인정되는 단계이므로 당해 형태를 모방행위로부터 보호할 필요성이 있다고 보았기 때문이라는 견해가 있다.[57]

일본은 1993년 부정경쟁방지법 제2조 제1항 3호에서, 상품형태모방금지조항의 보호기간 기산일을 '최초 판매된 날로부터 기산하여 3년'으로 규정하고 있었다. 다만 일본의 2005년(平成17年) 부정경쟁방지법은 제19조 제1항 5호에서 그 보호기간 기산점을 '일본 국내에서 최초 판매된 날로부터 기산하여 3년'으로 개정하였다. 법개정 이전에는 학설의 대립이 있었다. 즉, ① 일본 국내에서 최초로 판매된 시점부터 3년이라는 견해(發賣地國內限定說)[58]와 ② 최초로 판매된 날이란 외국과 국내를 묻지 않고 국외를 포함한다는 기안자(起案者)의 견해(發賣地國外包含說)가 있었다.[59]

요컨대, 상품의 시제품 제작 등 상품의 형태가 갖추어진 날은 우리나라 안에서 그러한 상품형태가 갖추어진 날을 보호기간의 종료의 기산점으로 삼아야 할 것으로

54 박성호, 전게논문, 608면.

55 황보영, 전게논문, 348면.

56 안원모, 전게논문, 134~135면.

57 박성호, 전게논문, 608~609면.

58 田村善之, 前揭書, 311~312頁 및 澁谷達紀, 前揭論文, 384~385頁.

59 通商産業省知的財産政策室 監修,『逐條解說 不正競爭防止法』, 有斐閣, 1994, 40頁 注)8 및 44頁.

생각한다. 국외에 있어서 발매일로부터 보호의 종기를 기산하면, 그 후 국내에서 상품이 발매되고, 모방의 위험이 높아진 시점이후의 모방금지기간은 당연하게 짧아지고, 경우에 따라서는 영(0)으로 수축될 수도 있다.

나) 동종의 상품이 통상적으로 갖는 형태

'동종의 상품이 통상적으로 갖는 형태'라는 요건은 부정경쟁방지법 제2조 1호 '자'목의 소극적 요건이다. 우리나라의 부정경쟁방지법 제2조 제1호 '자'목에서는 "동종의 상품이 통상적으로 갖는 형태(동종의 상품이 없는 경우에는 그 상품과 기능 및 효용이 동일 또는 유사한 상품을 말한다)"라고 괄호형태로 그 적용제외대상을 규정하고 있다. 일본의 1993년(평성5년) 개정부정경쟁방지법 제2조 1항 제3호와 입법태도와 거의 같다. 일본은 현행 2005년(평성17년) 개정 부정경쟁방지법 제2조 1항 3호에서 그 보호대상에 대하여 "타인의 상품형태(당해 상품의 기능을 확보하기 위한 불가결한 형태를 제외한다)"라고 정하여 괄호형식으로 적용제외대상인 상품형태를 규정하고 있다.

부정경쟁방지법 제2조 1호 '자'목의 보호대상에서 당해 상품과 동종의 상품이 통상적으로 갖는 형태가 제외되는 이유는 지나치게 경쟁을 제한하는 결과를 방지하고, 별다른 노력의 투하가 없는 경우에는 보호가치가 없으므로 그 보호를 제한하자는 것이며, 또 다른 기존의 지적재산권제도가 창작적 요소를 요구하는 점과 어느정도의 균형성도 고려하자는 것이다. 이를 상세히 풀어서 설명하면 첫째, 모방의 대상과 경쟁관계에 있는 동종의 상품이라면 통상적으로 갖는 진부한 상품형태는 그 개발·상품화에 특별한 노력과 자금이 투하되지 않는 것이 일반적이다. 오히려 이러한 진부한 형태를 특정인에게 독점시키면 동종의 상품 간에 자유롭고 발전적인 경쟁을 저해하는 것이 된다.[60] 둘째, 동종의 상품이 통상적으로 갖는 형태는 그 상품의 기능 및 효용을 달성하기 위해 불가피하게 채용하지 않으면 안 되는 상품형태인 경우가 보통일 것이고, 이러한 종류의 형태를 특정인에게 독점시키는 것은 상품의 형태가 아니라 동일한 기능 및 효용을 갖는 그러한 종류의 상품 그 자체의 독점을 초래하게 되므로 부정경쟁방지법의 취지 그 자체에도 반하게 된다.[61] 셋째, 특허권, 실용

60 박성호, 전게논문, 606면 및 안원모, 전게논문, 137면 및 황보영, 전게논문, 349면. 또, 일본의 경우 大阪辯護士會 知的財産法實務研究會 編, 前揭書, 19~20頁 및 125~127頁 도 같은 취지이다.

61 박성호, 전게논문, 606면 및 안원모, 전게논문, 137면. 또 일본의 경우, 東京地判平成9年3月7日 判時1613号134頁(ピアス孔用保護具 事件)도 같은 취지이다.

신안권, 디자인권, 저작권 등의 보호에 있어서는 정도의 차이는 있지만, 모두 창작성을 요건으로 하는바, 본 조항의 타인의 상품형태를 보호함에 있어서는 그러한 창작적 요소를 전혀 고려함이 없이 필요이상으로 모방의 범위를 확장하는 것은 지적창작 보호법의 한계를 일탈한 것이라고 한다. 따라서, 본 조항의 보호대상인 타인의 상품에 해당하기 위하여는 '市場價値 있는 商品形態'로 적용의 한계를 정하여야 하고, 그러한 적용상의 한계를 정하기 위하여 마련한 것이 본 조항의 단서의 취지라고 한다. 여기서 시장가치 있는 상품형태란 창작성의 정도까지 이른 것은 아니지만, 적어도 기존의 상품에서는 볼 수 없었던 '경쟁상의 특이성' 또는 '경쟁상의 의미 있는 형태'를 갖춘 상품형태를 의미한다고 한다.[62]

통상적으로 갖는 형태란, ① 당해 상품의 진부한 형태, 즉 '몰개성적 형태'와 ② 상품의 형태와 상품의 기능이 일체 불가분이 되어 있는 경우, 즉 '기능적 형태(또는 기술적 형태)' 또는 '경쟁상 불가피적 형태'가 이에 해당한다[63]고 할 것이다.[64] 몰개성적 형태(진부한 형태)란 동종의 상품분야에서 일반적으로 채택되는 형태로 당해 상품의 형태로서 어떠한 특징도 발견할 수 없는 경우를 말한다. 단지 동종의 선행상품 중에 유사한 형태가 있다는 것만으로는 부족하고 동종의 상품이라면 일반적으로 갖는 형태를 가리킨다. 몰개성적 형태를 보호의 대상에서 제외하는 것은 그러한 상품형태는 통상적으로 특별한 노력이나 자금을 투자하지 않고도 용이하게 채택할 수 있는 것이므로 모방으로부터 보호할 가치가 없기 때문이다.[65]

Ⅱ. 영업비밀 침해소송의 실무[66]

62 안원모, 전게논문, 137~138면. 또, 일본의 경우는, 松村信夫, "不正競爭防止法2條1項3号の「同種商品が通常有する形態」の意義", 牛木理一先生古稀記念『意匠法及び周辺法の現代的課題』, 發明協會, 2005, 699頁.

63 小野昌延 編著, 前揭書(上), 463~464頁(泉克幸 執筆部分) 참조.

64 박성호, 전게논문, 606면 및 안원모, 전게논문, 140면.

65 안원모, 전게논문, 140면.

66 이 글은, 차상욱, "영업비밀의 보호: 부정경쟁방지법 및 영업비밀에 관한 법률 제2조 제3호 '라'목을 중심으로", 『산업재산권』통권제23호, 한국산업재산권법학회, 2007.8, pp56~80면 중, 그 일부분(91~107면)을 부분적으로 수정하여 기술한 것임.

1. 서설

우리나라의 영업비밀보호와 관련하여서는, 입법례상으로 1961년 제정된 부정경쟁방지법은 영업비밀을 포함하고 있지 않았으나, 우루과이라운드(UR)[67]가 1986년 9월 우루과이에서 첫 회합이 열린 이래 1993년 채택한 WTO/TRIPs(무역관련지적재산권)협정에서는 제39조에서 미공개정보의 보호(protection of undisclosed information)조항를 규정하기에 이르렀다. 이러한 WTO/TRIPs협정체결과정을 지켜보던 정부는 1991년 12월 31일 부정경쟁방지법을 개정하여 영업비밀 보호제도를 도입하였다.[68] 또, 1998년 반도체기술의 대만 유출사건을 계기로,[69] 1998년 그 법명을 부정경쟁방지및영업비밀보호에관한법률(이하 '부정경쟁방지법'이라 함)로 변경하고, 특허법등과 같은 손해액추정규정을 두었으며, 영업비밀 해외 유출자에 대하여는 가중처벌하는 등의 개정을 통하여 영업비밀의 보호를 강화하는 방향으로 나아갔다. 그럼에도 불구하고, 반도체등 첨단기술이 국외로 유출되는 사례가 증가하는 추세에 있자,[70] 정부는 보다 더 영업비밀보호의 실효성을 위하여 경영상 정보에 까지 형사처벌 및 보호대상을 확대하고, 친고죄를 폐지하는 등 영업비밀침해행위에 대한 형사벌칙을 강화하는 취지의 법개정(2004. 1. 20. 법률제7095호)을 하여 2004년 7월 21일부터 시행하고 있다.

67 관세 및 무역에 관한 일반 협정(GATT;General Agreement on Tariffs and Trade)의 제8차 다자간 무역협상인 우루과이라운드(UR;Uruguay Round of Multinational Trade Negotiation)협정은 1986년 9월 우루과이에서 첫 회합이 열린 이래 여러 차례의 협상을 거쳐 1993년 12월에 타결되고, 1995년부터 발효됨으로써, 그 결실로 세계무역기구(WTO:World Trade Organization)가 1995년 1월 1일 출범하였다.

68 이와 같이 영업비밀 보호 문제가 UR협상의 지적재산권분야의 교섭항목으로 되고 그 타결이 임박해지자, 이에 대응하여 일본도 부정경쟁방지법의 平成2年 개정으로 영업비밀의 규정을 신설하였으며, 2003년 개정시에는 형사제제규정을 두어 보완하기에 이르렀다(이러한 입법경위에 대한 상세는, 渋谷達紀, 「知的財産權法講義Ⅲ(不正競爭防止法·獨占禁止法上の私人による差止請求制度·商標法·半導體集積回路配置法」, 有斐閣,(2005. 1.), p99-100 참조).

69 대법원 1999. 3. 12. 선고 98도4704 판결 참조. 이 사건은 삼성전자의 반도체회사의 연구원으로 근무하던 자들이 1998년 2월 KSTC라는 유령업체를 통해 삼성전자의 첨단반도체기술관련 비밀자료를 대만소재 NTC업체에 유출한 사건이다. 이 사건을 계기로 1998년 국회사무처 법제예산처에서 작성한 "(가칭)산업스파이방지법의 제정에 관한 연구"에서 부정경쟁방지법화에서의 영업비밀 보호의 문제점을 지적하고, 산업스파이방지법의 구체적인 내용을 제시하기도 하였다. 한편, 이 사건에서는 영업비밀침해혐의자들 중 2명만 실형이 내려지고, 1명은 무죄, 나머지 16명은 집행유예가 선고되었는데, 우리나라 첨단기술의 유출과 그 예상되는 피해 추정액에 비해 가벼운 처벌이라는 논란이 일었다.

70 국정원의 산업기밀보호센터는 국내 첨단산업기술 유출시도의 적발사례에 관해, 2003년 이후 2006년 12말 까지 총 92건을 들고 있는데, 그 현황으로는 2003년에 6건에 불과하던 것이, 2004년에는 26건, 2005년 29건, 2006년에는 31건이 발생하였다고 한다(이에 대하여는,「산업기술유출방지및보호에관한법률에 대한 논의」, 한국산업재산권법학회등이 2007. 5. 21. 주최한 세미나자료, p8 참조).

최근에는 국가간의 산업스파이관련 사건이 문제가 되고 빈번이 발생하자, 2004년 국내의 보안의식확산 및 제도적 기반 구축 등의 내용을 중심으로 하는 산업기술유출방지및보호지원에 관한 法律案이 발의되었고, 위 법률안은 보호지원에 관한 부분이 수정된 후, 2006년 9월 29일 국회 본회의를 통과한 후, 2006년 10월 27일 산업기술유출방지및보호에관한법률(법률 제8062호; 이하 '산업기술유출방지법'이라 함)이라는 법명으로 제정되었고, 2007년 4월 28일 시행되기에 이르렀다.[71]

구체적인 영업비밀침해유형과 관련하여, 계약관계 등에 의하여 영업비밀을 비밀로서 유지하여야 할 의무가 있는 자가 영업비밀보유자를 상대로 영업비밀을 침해하는 경우가 대다수인 것으로 파악된다.[72] 특히 영업비밀유지의무자가 퇴직한 경우는 노동법, 헌법등과 관련하여 영업비밀보유자와 종업원 및 경쟁업자의 이익의 보호에 균형된 시각에 따른 해석이 요구된다. 왜냐하면, 영업비밀의 보호가 미약할 때는 교묘한 산업스파이나 기술인력의 부당한 스카웃이 성행하여 영업비밀보유자의 투자회수기회를 박탈할 것이고, 그와 반대로 영업비밀의 보호가 지나치게 강력하게 되면 부당한 경쟁제한을 초래하여 경쟁업자의 영업의 자유가 제한되거나 종업원의 직업선택의 자유가 침해되어 오히려 산업발전에 악영향을 미치게 되므로, 이는 부정경쟁방지법이 법정책상 목표와 상반되어 바람직하지 않은 결과가 되기 때문이다.[73]

2. 영업비밀의 의의·보호요건과 법적성격

1) 영업비밀의 의의

부정경쟁방지법 제2조 제2호의 규정에서의 "영업비밀"이라 함은 공연히 알려져 있지 아니하고(비공지성), 독립된 경제적 가치를 가지는 것으로서(경제성), 상당한 노력에 의하여 비밀로 유지된(비밀관리성), 생산방법·판매방법 기타 영업활동에 유용한

71 산업기술유출방지법의 자세한 내용에 대하여는, 홍영서, "산업기술의 유출규제에 관한 법적고찰-부정경쟁방지및영업비밀보호에관한법률과 산업기술유출방지및보호에관한법률을 중심으로-", 한양대학교 대학원 석사학위논문, 2007.2. 참조

72 국정원 '산업기밀보호센터'의 통계자료에 의하면, 2003년부터 2006년까지 총 92건의 기술유출 적발현황에 의하면, 주로 전·현직 직원(79건, 86%)에 의한 생계형 기술유출이 대부분이고, 기술유출의 유형은 연구원매수(71건), 공동연구(4건), 위장합작(4건), 해킹에 의한 유출(2건), 기타(7건)이라고 밝히고 있다(이에 대하여,「산업기술유출방지및보호에관한법률에 대한 논의」, 한국산업재산권법학회등이 2007. 5. 21. 주최한 세미나자료, p8-10 참조).

73 정상조,「지적재산권법」, 홍문사, 2004, p607 참조.

기술상 또는 경영상의 정보(유용성)를 말한다(대법원 2004. 9. 23. 선고 2002다60610 판결 및 대법원 2003. 7. 16.자 2002마4380 결정 참조).

대법원은, 영업비밀에 해당되는지 여부의 판단과 관련하여, "사용자가 주장하는 영업비밀이 영업비밀로서의 요건을 갖추었는지와 영업비밀로서 특정이 되었는지 등을 판단함에 있어서는, 사용자가 주장하는 영업비밀 자체의 내용뿐만 아니라 근로자의 근무기간, 담당업무, 직책, 영업비밀에의 접근 가능성, 전직한 회사에서 담당하는 업무의 내용과 성격, 사용자와 근로자가 전직한 회사와의 관계 등 여러 사정을 종합적으로 고려하여야 할 것이다."고 판시한 바 있으며(대법원 2003. 7. 16. 자 2002마4380 결정), 또한 "영업비밀의 보유자인 회사가 직원들에게 비밀유지의 의무를 부과하는 등 기술정보를 엄격하게 관리하는 이상, 역설계가 가능하고 그에 의하여 기술정보의 획득이 가능하더라도, 그러한 사정만으로 그 기술정보를 영업비밀로 보는 데에 지장이 있다고 볼 수 없다."고 판시하고 있다(대법원 1999. 3. 12. 선고 98도4704 판결).

일본의 부정경쟁방지법은 제2조 제4항에서, 「이 법률에서 '영업비밀'이란, 비밀로서 관리되고 있는 생산방법, 판매방법 기타의 사업활동에 유용한 기술상 또는 영업상의 정보이고, 공연하게 알려져 있지 않은 것을 말한다.」라고 규정하고 있으며, 이 요건을 ① '祕密管理', ② '有用性', ③ '非公知性'으로 나누어 논하는 방법이 일반적이라고(通産省知的財産政策室監修·逐條解說不正競爭防止法46頁等) 한다.[74] 우리 부정경쟁방지법상 영업비밀의 의의와 비교하면, 영업비밀이 독립적 경제적 가치를 가치고 있어야 하는 점과 구별된다.

한편, 산업기술유출방지법상의 "산업기술"은 부정경쟁방지법상의 "영업비밀"과는 달리 비공지성, 경제성, 비밀관리성, 유용성을 명문상 성립요건으로서 규정하고 있지 아니한데, 이는 지금까지 기술유출사건 발생시 "영업비밀"의 성립요건인 비공지성, 경제성, 비밀관리성, 유용성에 대한 엄격한 판단으로 부정경쟁방지법상의 처벌이 쉽지 않았기 때문이다. 이에 산업기술유출방지법은 비공지성, 경제성, 비밀관리성, 유용성을 정의규정에서 삭제하고 보다 추상적인 규정을 통하여 산업기술유출

74 富岡英次, "營業祕密の保護", 「知的財産關係訴訟法 – 新·裁判實務大系 4(牧野利秋·飯村敏明 編)」, 青林書院(2006. 3.), p474-475.

을 포괄적으로 규제토록 하였다.[75] 이와 같이 산업기술유출방지법상 "산업기술"은 비공지성, 비밀관리성, 경제적 유용성을 엄격하게 요구하는 개념이 아닌 점에서, 부정경쟁방지법상의 "영업비밀"보다 넓은 개념으로 파악하여 보호되고 있다 할 것이다.

2) 영업비밀의 보호요건

영업비밀로서 보호받으려면, 부정경쟁방지법 제2조 제2호의 정의규정상 도출되는 것으로서 비공지성(비밀성), 경제성(독립적 경제적 가치성), 비밀관리성, 유용성 등 4가지 요건이 필요하다(서울고등법원 1998. 10. 29. 선고 98나35947판결).[76]

가) 비공지성(비밀성)

어떤 정보가 영업비밀로서 보호받기 위해서는 당해 기술 등이 공연히 알려진 것이 아니어야 한다. 대법원은 '공연히 알려지 않지 아니하고'의 의미에 대하여, "그 정보가 간행물 등의 매체에 실리는 등 불특정 다수인에게 알려져 있지 않기 때문에 보유자를 통하지 아니하고는 그 정보를 통상 입수할 수 없는 것을 말하고, 보유자가 비밀로서 관리하고 있다고 하더라도 당해 정보의 내용이 이미 일반적으로 알려져 있을 때에는 영업비밀이라고 할 수 없다."고 판시하고 있다(대법원 2004. 9. 23. 선고 2002다60610 판결).

한편, 영업비밀은 절대적인 비밀을 뜻하는 것이 아니고 일부 또는 일정범위의 사람들이 알고 있다고 하더라도 비밀로서 유지되고 있으면 영업비밀에 해당될 수 있으므로(서울고등법원 1996. 2. 29. 선고 95나14420 판결), 영업비밀의 비공지성은 상대적인 개념이라 할 것이다.

비공지성에 대한 판단시점은 금지청구소송에서는 사실심 변론종결시점이며(구두

75 산업기술유출방지법의 제정과정을 보면, 최초법률안에서는 "영업비밀"의 개념정의를 차용하여, 비공지성, 경제성, 비밀관리성, 유용성을 산업기술의 개념요소로 하였는데, 포괄적인 기술유출규제를 목적으로 하는 동법의 취지상, 수정안에서는 이러한 개념정의를 삭제하고 보다 추상적인 정의규정을 두고 있다.

76 이에 대하여, 영업비밀의 개념요소로서 4가지는, 공연히 알려져 있지 않으면서(비공지성), 독립된 경제적 가치를 지니며(경제성), 상당한 노력에 의하여 비밀로 유지된(비밀유지성), 생산방법·판매방법 기타 영업활동에 유용한 기술상 또는 경영상의 정보(정보성)을 들고 있는 견해가 있다(정호열, 「부정경쟁방지법론」, 三知院, 1993. p245-246). 이 견해는 나아가, "각 요건들은 서로 밀접한 관계에 서는 것이고, 우리 법의 법문이 일본의 그것과 차이가 있다고 하여 경제성 이외에 유용성의 요건을 반드시 별도로 파악하여야 할 내용적인 차이가 있는 것으로 생각되지 아니한다. 그리하여 비공지성, 비밀유지성, 경제성의 세 요건으로 파악하되, 다만 정보성 즉, 경영상 혹은 기술상의 정보일 것을 별도의 요건으로 다룬다는 점"이 다른 견해와 특이하다고 한다. 한편, 영업비밀의 4가지 개념요소 중 경제성과 유용성 양자의 판단은 분리되어 이루어질 수 없으며, 분리하여 판단하는 것은 별 실익이 없는바 '경제적 유용성'이라 하여 함께 판단하는 견해가 있다(윤선희, 전게서, p561).

변론종결시에 비공지성이 없어지면 사실상 금지의 실익이 없게 된다), 또 손해배상청구소송에서는 영업비밀침해행위가 행해진 시점이라 할 것이다. 비공지성의 입증책임은 영업비밀 보유자에 있다.

나) 경제성(독립적 경제적 가치성)

영업비밀은 비밀소유자의 의사만으로 부족하고 비밀로 소유 관리할 정당한 이익 즉 경제적 가치를 가지고 있어야 한다. 즉, 독립적 경제적 가치성("independent economic value")이 있어야 한다. 경제성의 결과로서 영업비밀은 그 보유자에 의해 양도되거나 라이센스의 대상이 될 수 있다. 이 경제성요건은 미국 통일영업비밀법(UTSA; Uniform Trade Secrets Act 1979) 제1조 제4항 제1호, 제2호의 개념규정에서 유래된 것으로 볼 수 있다.[77]

여기서 '독립적 경제적 가치'의 의미가 무엇인가에 대하여는, 법 규정의 문언형식상으로는 영업비밀 그 자체가 경제거래의 대상이 되는 독립적 가치가 있어야 한다는 것을 말한다고 해석될 여지가 있다. 이에 대하여, ① 영업비밀의 보호요건으로서 독립적 경제적 가치는 원칙적으로 비밀성으로부터 유래하는 것으로 그 공개 또는 사용에 의하여 경제적 가치를 얻을 수 있는 자에게 일반적으로 알려져 있지 않고 또 정당한 수단에 의해서는 쉽게 알 수 없기 때문에 현실적이건 잠재적이건 경제적 가치를 가지게 되며, 법률상 정당한 이익을 가져야 한다는 의미이며, 정보 그 자체가 경제거래의 대상이 되는 독자적·금전적 값어치를 가져야 한다는 의미는 아니라는 견해[78]가 있다. 이에 대하여, ② 이와 같은 해석은 동조에서 규정한 '생산방법·판매방법 기타 영업활동에 유용한 기술상 또는 경영상 정보'라는 문구의 해석(유용성)과 실질적으로 구별하기가 어렵고 또한 양자의 법문 사이에서도 구별하여 명문화해야 할 이유도 찾기가 어려우므로, 일본의 부정경쟁방지법처럼 이 문구를 삭제하는

77 同旨, 정호열, 전게서, P253. 한편, UTSA 제1조 제4항은, 「"영업비밀(information)"은 공식(formulas),패턴(patterns), 편집물(compilations), 프로그램(program), 도안(devices), 방법(methods), 기술 또는 공정(techniques or processes)을 포함하는 다음과 같은 정보를 의미한다. 〈1〉 그 개시 또는 사용에 의해 경제적 가치를 얻을 수 있는 자에게 일반적으로 알려져 있지 않고 그리고 정당한 수단에 의해서는 쉽게 알아볼 수 없기 때문에, 현실적이건 잠재적이건 독립된 경제적 가치를 가진 것(신규성, 경제성)〈2〉 어떤 상황에서 그 비밀을 유지하기에 합리적 노력의 대상인 것(비밀유지성)」으로 규정하고 있다(황의창·황광연 공저, 전게서, p430 참조).

78 송영식·이상정·황종환 공저, 「지적소유권법(하)(제9판)」, 육법사, 2005, p459-460. 同旨, 황의창·황광연 공저, 전게서, p252-255 참조.

것이 타당하며 '유용성' 요건을 통하여 충분히 한정해석하면 된다는 견해[79]도 있다.

생각건대, 후자의 견해는 입법론으로는 별론으로 하더라도, 현행법상 명문의 규정을 무시하는 것으로 해석론으로서 받아들이기 어렵다. 더구나 부정경쟁방지법은 이러한 영업비밀침해행위를 처음부터 형사처벌의 대상으로 하고 있으므로, 죄형법정주의 원칙상 엄격해석해야 법적 안정성을 유지할 수 있다고 본다. 또, 입법자의 의도면에서 보더라도, 굳이 우리보다 앞서 개정된 일본부정경쟁방지법과 달리 우리의 부정경쟁방지법에서는 독립적 경제적 가치성이라는 경제성을 보호요건으로 명기하였고, 당시 일본 부정경쟁방지법이 영업비밀침해행위에 대하여 형사처벌 규정이 없었다는 점에 비추어, 입법자의 의도는 영업비밀침해에 따른 형사처벌을 염두에 두고 그 보호요건으로서 엄격한 해석을 바라고 있었다 할 것이다. 다만, '독립적 경제적 가치'의 문언형식에 너무 치중하여 영업비밀 그 자체가 경제거래의 대상이 되는 독립적 가치가 있어야 한다고 엄격하게 해석하면 영업비밀침해행위의 태양이 다양화하는 현 추세에 비추어 영업비밀보호의 실효성에 의문이 생길 수도 있다. 따라서 죄형법정주의의 구성요건명확성 원칙과 영업비밀보호의 실효성의 조화된 관점에서 보면, 전자의 견해에 따르더라도 무방하다고 본다.

법원은, 필기구 제조업체(모나미)의 잉크제조 관련 기술정보가 부정경쟁방지법 소정의 영업비밀에 해당한다고 한 사례(대법원 1996. 12. 23. 선고 96다16605 판결)에서, "필기구 제조업체에 있어서 잉크제조의 원료가 되는 10여 가지의 화학약품의 종류, 제품 및 색깔에 따른 약품들의 조성비율과 조성방법에 관한 기술정보는 가장 중요한 경영요소 중의 하나로서, 그 기술정보가 짧게는 2년, 길게는 32년의 시간과 많은 인적, 물적 시설을 투입하여 연구·개발한 것이고, 생산 제품 중의 90% 이상의 제품에 사용하는 것으로서 실질적으로 그 기술정보 보유업체의 영업의 핵심적 요소로서 독립한 경제적 가치가 있으며"라고 판시하면서, 경제성(독립적 경제적 가치성)을 영업비밀의 보호요건의 하나로서 판단하고 있다.

다) 비밀관리성

영업비밀은 상당한 노력에 의하여 비밀로서 유지되어야 하는 데 이를 비밀관리성이라 한다. 어느 정보가 영업비밀에 해당하기 위해서는 먼저 그 보유자가 비밀이

79 현대호, "영업비밀의 보호요건과 구제수단에 관한 법제연구", 「법조(2005 통권587호)」, 법조협회, 2005, p188.

라고 생각하는 주관적 인식만으로는 충분하지 않다. 그 정보가 당해 기업의 종업원이나 외부 제3자가 인식할 수 있을 정도로 비밀로 관리되는 상태가 객관적으로 유지되어야 한다.[80] 즉, 管理意思와 管理勞力을 필요로 한다.[81] 이 요건은 영업비밀 요건 중 재판에서 그 유무가 쟁점으로 가장 많이 다투어 지는 것이라 할 것이다.

비밀관리성 유무의 판단기준[82]으로 우선, ① 관리주체의 제한성이 있어야 한다. 즉, 당해 정보에 접근할 수 있는 자를 제한하고 있어야 하며(예컨대, 일정직급이상의 자만이 당해 정보에 접근할 수 있도록 되어 있는 경우, 컴퓨터내 자기정보나 데이터베이스에 접근함에 있어 패스워드가 설정되어 있는 경우 등), 또 ② 관리방법의 적절성이 있어야 한다. 즉, 비밀로서 관리되고 있다라고 하기 위해서는, 누구라도 우선, 비밀로 해야 할 정보가 특정되어 있지 아니하면 아니된다. 또, 비밀정보 보관장소의 출입금지, 비밀자료 보관방법의 지정, 그 파기방법의 지정, 비밀취급자의 지정, 守祕義務(당해 정보에 접근한 자에게 당해 정보를 권한없이 사용하거나 공개해서는 아니된다는 의무)의 부과 등, 경우에 따라서 적절한 방법에 의해 비밀을 관리할 필요가 있다. 관리방법이 不正行爲者와 관계에서 적절함을 缺한 때에는, 영업비밀의 부정취득등의 행위는 부정경쟁으로 되지 않는다. 또한 ③ 관리의 인식가능성이 있어야 한다. 즉, 당해 정보에 접근한 자에게 당해 정보가 영업비밀인 것을 알 수 있도록 하고 있는 경우(예컨대 서류에 대외비 도장을 찍는다든가, 특정장소에 보관하고 있는 경우)등이라 할 것이다.[83] 이러한 기준은 개개의 사례에서, 영업정보 자체가 본래 가지는 비밀성, 기업규모, 종업원수등에 의하여 개별 구체적으로 위 기준의 충족유무를 인정해야 할 것이고, 단지 컴퓨터내의 자기정보로서 파일을 어디에 보관하고 있는 가라는 개별적 사정만으로는 인정되기 어렵다 할 것이다.

이러한 비밀관리의 유무의 판단과 관련하여 일본의 판례(大阪地判平成11년9월14일 判例集未登載)는, "비밀로서 관리되고 있다고 할 수 있기 위해서는, 당해정보의 보유자에게 비밀로 관리하는 의사가 있고, 당해정보에 관해서 대외적으로 누출되지 않

80 윤선희, 전게서, p552.

81 송영식·이상정·황종환, 전게서, p460.

82 渋谷達紀, 전게서, p107-108 참조.

83 송영식·이상정·황종환, 전게서, p460 참조.

기 위해 객관적으로 인식할 수 있을 정도의 관리가 되어지고 있을 필요가 있다."고 판시한 바 있다. 동판결은 종업원이 일반적으로 公認會計士法, 稅理士法의 규정에 의해 守祕義務를 지고 있고, 그 결과 동기업의 관리하는 정보가 '법률상 守祕義務가 부과되어진 정보인 것으로서도 보유자가 현실로 비밀로서 관리하고 있지 않으면, 당해정보는 비밀관리성이 없다는 사안이다.[84]

라) 유용성

영업비밀로서 보호받기 위해서는 법적 보호 가치가 있는 객관적·사회적 의의와 필요성이 있어야 하고, 그런 의미에서 생산활동, 판매활동, 연구개발 등의 영업활동에 구체적으로 도움을 주는 유용한 정보이어야 한다. 이러한 경제적 유용성의 판단기준은 영업비밀 보유자의 주관적 판단만으로 결정되는 것이 아니라, 영업비밀을 보호하는 목적에 비추어 사회일반의 객관적 입장에서 객관적으로 판단하여야 한다. 즉, 객관적 유용성이 인정될 필요가 있다.[85]

유용성이 있는 영업비밀은 이익의 향상에 이바지하는 적극적 정보를 전형으로 하지만, 경비의 절감 혹은 손실발생의 방지에 도움이 되는 실패한 실험 데이터 등의 소극적 정보도 그 유용성이 인정된다. 예컨대, 제조 노하우, 실험데이터, 연구 리포트, 고객명부 등 현재 또는 장래의 경제활동에 도움이 되는 정보이며, 실패한 연구결과와 같이 부정적결과가 나온 소위 네거티브 인포메이션(negative information)도 구체적인 연구활동에서 향후에도 참조 가능한 유익한 자료이기 때문에 유용성을 가진다고 할 수 있다.

생산방법·판매방법 기타 영업활동은 정당한 것임을 요하고 공서양속에 반해서는 아니된다. 즉, 사회적 상당성이 있어야 한다.[86] 이러한 해석은 명문의 규정으로 된 것은 아니지만, 민법의 일반원칙으로 돌아가면 당연한 것이다.[87] 따라서, 유해물질의 사용, 사기행위, 결함상품(缺陷商品), 사회의 안전을 위협하는 사고 혹은 관계자

84 富岡英次, 전게논문, p475.

85 송영식·이상정·황종환, 전게서, p461.

86 윤선희, 전게서, p552.

87 일본의 학자는, 이와 같이 영업활동이 공서양속에 반하지 않아야 한다는 것임을 요하는 해석론의 배경으로, 사회적으로 문제가 있는 기업정보인 노동조건 관련사항을 종업원이 내부고발에 의해 공연하게 하여도 위법은 아니라는 노동법의 해석(京都地峯山支部判昭和46·3·10 判タ263号329頁)에 있다고 한다(渋谷達紀, 전게서, p105-106 참조).

의 태만, 위법한 사업계획, 이중장부등에 관한 정보는 정당한 영업활동에 따른 유용한 정보가 아니기 때문에, 부정경쟁방지법상의 영업비밀로는 적당하지 않다. 기업의 탈세방법이나 공해물질 비밀방류방법 등 반사회적 정보도 마찬가지다. 또한, 경영자의 개인적 스캔들도 기업의 비밀정보이지만, 기업의 영업활동에 유용한 정보가 아니므로, 부정경쟁방지법상 보호대상인 영업비밀이라 할 수 없다.

技術上 情報란, 기술적 know-how, 설계도, 실험데이터, 상품의 성분, 컴퓨터프로그램 등을 말하고, 營業上 情報란, 고객정보, 受注書, 採算檢討報告書, 견적서, 판매매뉴얼, 상품의 원가등를 말한다.[88]

어떤 특정한 매체에 고정되어 있지 아니한 아이디어나 고안도 영업비밀로서 보호적격을 가질 수 있는지가 문제되는데, 원칙상 영업비밀은 영업비밀의 그 존재형태(유형물 혹은 무형물)와 무관하게 보호될 수 있다할 것이다.[89] 따라서, 일정한 매체를 통해 유형화되지 아니한 아이디어 그 자체가 영업비밀로서의 보호요건을 구비하면 보호대상이 되므로, 신상품의 구상이나 광고문안에 관한 아이디어와 같이 독창적이고 구체적이며 유용한 아이디어 역시 영업비밀로서 보호된다할 것이다.[90]

한편, 산업기술유출방지법상 "산업기술"은 명문규정상 유용성을 요건으로 규정하고 있지 않지만, 동법 제2조 각목의 규정을 보면, "영업비밀"의 "유용성"보다 높은 차원의 유용성을 요구하는 개념으로 생각된다. 즉 "산업기술"은 당해 기술을 보유함으로써 보유하지 않는 경쟁자에 비하여 가지는 경제적 우위에 더 나아가 국가차원에서 경쟁력을 갖는 중요한 기술들만을 지칭하는 것으로 보아야 할 것이다.[91]

88 渋谷達紀, 전게서, p104.

89 정상조, 전게서, p611-612 참조.

90 서울고등법원 1998. 7. 7. 선고 97나15229 판결(이 사안은 아이디어와 관련하여 맥주용기에 온도감응장치를 장착하여 병속에 든 맥주에 맛이 가장 좋은 상태를 병에 부착된 표시로서 한 눈에 알아볼 수 있도록 하는 기술적 사항과 이를 이용한 광고를 하여 소비자의 호기심을 이용하여 우선적 충동구매를 일으킨다는 마케팅전략을 합한 구체적인 상품판매전략에 관한 영업비밀인 원고의 아이디어를 피고 회사가 원고의 사용승낙을 받지 아니한 채 침해하였다는 이유로 피고 회사에 대하여 그 침해행위의 중지, 제조물의 폐기 및 침해로 인한 손해배상금의 지급을 구한 것이다. 법원은 이에대하여, 원고의 위 아이디어의 기술적 사항은 이미 일본국 특허청에서 공개된 고안으로 비밀성이 없어 영업비밀에 해당하지 아니하고, 위 마케팅전략 역시 일본, 캐나다, 미국, 멕시코 등의 맥주나 음료회사에서 사용된 것으로서 국외에서 이미 공개나 사용됨으로써 위 아이디어의 경제적가치를 얻을 수 있는 자에게 알려져 있는 상태에 있어 영업비밀에 해당하지 않는다고 판시하였다).

91 同旨, 홍영서, 전게논문, p107(다만, 이 논문에서는 영업비밀의 보호요건으로 경제성과 유용성을 경제적 유용성이라고 하나로 묶어서 판단하고 있다. 같은 논문 p60-61 참조).

3) 영업비밀의 법적성격

가) 영업비밀의 권리성여부

영업비밀보호와 관련하여, 우리나라는 부정경쟁방지법 및 산업기술유출방지법, 외국인투자촉진법, 독점규제및공정거래에관한법률, 대외무역법, 기술개발촉진법등 관련법률 모두를 살펴보아도, 영업비밀을 권리로서 규정하고 있지는 아니하고 있다. 따라서 특허권 등과 같은 독점배타적인 권리라 할 수 없으며(미국에서는 판례나 주에 따라 그 권리성을 인정하는 경우도 있다[92]), 영업비밀보유자가 영업비밀을 상당한 노력에 의하여 비밀로 유지함을 전제로 하여 부정한 수단에 의한 침해행위를 규제함으로써 얻어지는 법률상의 이익으로 봄으로써, 경쟁법적으로 접근하고 있다할 것이다. 이러한 점에서 특히, 영업비밀보유자와 침해자 사이의 법익균형에 의한 해석론적 접근방법이 중시되고 있다.

나) 특허법등 다른 지적재산권법과 관계(부정경쟁방지법 제15조 제1항의 규정의 의미)

우리 부정경쟁방지법 제15조 제1항의 규정은 "特許法·實用新案法·意匠法 또는 商標法에 第2條 내지 第6條 및 제18조제3항의 規定과 다른 規定이 있는 경우에는 그 法에 의한다."고 규정하고 있다. 그러나, 특허권, 상표권의 행사가 외형을 갖추고 있으나, 실질은 그 남용적 행사가 되어 도저히 산업재산권법에 따른 정당한 권리행사라고 볼 수 없는 경우에는 본조의 적용은 배제되고, 부정경쟁방지법이 적용된다고 할 것이다.[93] 왜냐하면, 특허권 등 산업재산권이 등록의 형식적인 요건의 충족만으로는 그 권리로서 제대로 보호함에 부족하고, 나아가 그 등록의 실질에 부합하는 정당한 권리 즉, 보호받을 수 있는 가치가 있는 것이어야 하기 때문이다. 따라서, 부정경쟁방지법 제15조 제1항의 규정의 의미를 문언적으로만 보아 다른 산업재산권법의 보충적으로 적용한다고 해석해서는 아니되며, 실질적으로 해석해야 부정경쟁방지법상의 목적인 공정한 경쟁질서가 담보된다 할 것이다. 따라서 부정경쟁방지

92 황의창·황광연, 전게서, p195 참조.

93 같은 취지로는, 대법원 2007. 1. 25. 선고 2005다67223 판결(진한커피 상표 사건), 대법원 2006. 2. 24.자 2004마101결정(KGB 상표 사건), 대법원 2004. 11. 11. 선고 2002다18152 판결(카스 상표 사건), 대법원 2001. 4. 10. 선고 2000다4487 사건(헬로우키티 상표 사건), 대법원 2000. 5. 2. 선고 98다49192 판결(비제바노 상표 사건), 대법원 1993. 1. 19. 선고 92도2054 판결(사임당가구 상표 사건)등이 있다. 한편, 이와 같은 판례의 태도에 대해서, 대법원 2000. 5. 2. 선고 98다49192 판결(비제바노 상표 사건)을 평석하면서, 부정경쟁방지법 제15조의 해석은, 상표법등이 부정경쟁방지법과의 관계상 특별법의 지위에 있으므로, 부정경쟁방지법의 보충적 규정에 비추어 문리해석상 부당하고 주장하는 견해가 있다(정상조, "상표법과 부정경쟁방지법의 조화", 「민사판례연구(제25권)」, 박영사, 2003, p477-519 참조).

법 제15조 제1항과 관련한 해석은 엄격해야 할 것이다.[94]

3. 부정경쟁방지법상 영업비밀 침해행위의 유형

1) 영업비밀보유자의 관리를 떠난 태양에 의한 분류

부정경쟁방지법은 제2조 제3호 '가'목 내지 '바'목에서 영업비밀 침해행위의 유형을 6가지로 한정적으로 열거하여 규정하고 있으며, 이는 다시 영업비밀의 부정취득과 관련한 침해행위(부정취득행위)와 비밀유지의무자의 부정공개와 관련된 침해행위(비밀유지의무위반행위) 두가지로 구분할 수 있다.[95] 이러한 영업비밀침해행위의 유형의 분류는 영업비밀이 그 보유자의 관리를 떠난 태양을 기준으로 나눈 것이라 할 것이다. 즉, ① 영업비밀의 보유자의 의사에 반하여 영업비밀이 그 관리를 떠난 경우로서, 영업비밀의 보유자로부터 영업비밀의 취득자체가 부정함을 전제로 하는 경우이고, 절취, 기망, 협박 기타 부정한 수단으로 취득된 영업비밀과 관련하므로, 「不正取得型」이라고 말할 수 있다(동조 제3호 '가'목 내지 '다'목). 또, ② 영업비밀의 보유자로부터의 영업비밀 취득자체는 정당하지만, 그렇게 취득한 영업비밀의 제3자에 대한 공개가, 영업비밀의 보유자와의 관계에서 부정한 경우로서, 「不正公開型」이라 말할 수 있다(동조 제3호 '라'목 내지 '바'목).[96]

2) 부정경쟁행위자별 침해행위에 따른 분류

한편, 부정경쟁행위자별로 각 부정경쟁의 유형을 분류하면, 영업비밀보유자로부터 직접 영업비밀을 취득한 자, 즉 '第3取得者'의 행위(부정취득형의 경우 '취득행위'

94 윤선희, 전게서, p527-528 참조.

95 윤선희, 「지적재산권법(8정판)」, 세창출판사, 2006, p556-561, 및 특허청 편, 「영업비밀보호 가이드북」, 특허청, 2004, p25-34 참조.

96 예를 들면, 소위 산업스파이등에 관련된 문제는 전자의 부정취득형으로, 비밀유지계약의 비밀유지의무(守秘義務)위반에 관련한 문제는 후자의 부정공개형에 해당한다. 그러나, 산업스파이를 경쟁사에 취입시켜 노동자로 근무시키면서 경쟁사의 영업비밀을 빼내오는 경우는 양자의 경합이 이루어지므로, 이와 같은 두가지 분류는 사건마다 구체적으로 살펴보아야 한다(이러한 산업스파이를 다룬 독일 판례로서, "Betriebsspionge(1973. 3. 16. BGH Urt. V.) GRUR 1973, 484"사건이 있다. 이 사건은 자동차부품을 벤츠사에 납품하고 있는 원고가 벤츠사에 납품하지 못하고 있는 경쟁사인 피고를 상대로, 피고가 원고의 자동차부품제조방법을 탐지하기 위하여 탐정사무소를 통하여 노동자로 위장취업시킨 스파이에 대하여, 그 스파이활동금지, 탐지행위금지 및 기술설비에 대한 수집활동의 금지를 법원에 청구한 사건이며, 법원은 원고의 주장을 인용하였다. 이 사건의 상세한 내용은, "황의창·황광연 공저, 「부정경쟁방지 및 영업비밀보호법(4정판)」, 세창출판사, 2006, p384 참조).

자체 및 취득한 영업비밀의 '사용', '공개' 행위로서 '가'목, 부정공개형의 경우 '사용', '공개'로서 '라'목)와, 이러한 영업비밀보유자로부터 직접 취득한 자로부터 다시 전득한 자, 즉, '轉得者'의 행위(부정취득형의 경우는 '나'목, '다'목이며, 또 부정공개형의 경우 '마'목, '바'목)로 나눌 수 있다.

또, 후자의 전득자의 행위는, ① 전득한 때에 부정취득행위 혹은 부정공개행위가 개입된 사실을 알거나 중대한 과실로 알지 못하고 취득·사용·공개하는 경우('나'목, '마'목)와, ② 전득할 때에는 그러한 영업비밀인 것을 알지 못했지만(선의취득후), 그 후 경고를 받는 등으로 부정취득행위 혹은 부정공개행위가 개입된 사실을 알거나 중대한 과실로 알지 못하고 사용·공개한 경우('다'목, '바'목)가 있다.

[연구 쟁점]

1. 최근 2014년 1월 31일 부터 시행된 부정경쟁방지법에서는 보충적·일반조항인 제2조 제1호 (차)목을 신설하였다. 즉 "그 밖에 타인의 상당한 투자나 노력으로 만들어진 성과 등을 공정한 상거래 관행이나 경쟁질서에 반하는 방법으로 자신의 영업을 위하여 무단으로 사용함으로써 타인의 경제적 이익을 침해하는 행위"를 부정경쟁행위로 규정하고 있다. 이 일반조항의 유용성과 문제점은 무엇이며, 민법 제750조 이하의 일반불법행위 규정과의 관계는 무엇인가?(참고 판례: 서울중앙지방법원 2015. 10. 30. 선고 2014가합567553 판결 및 서울서부지법 2014.7.24. 선고 2013가합32048 판결 참조)

2. 부정경쟁방지법 제2조 제1호 (자)목에 따른 부정경쟁행위 즉 상품형태모방행위를 한 자에 대해서 형사벌을 신설하는 규정을 도입하는 입법론은 타당한가?

3. 사용자와 종업원 사이에 종업원의 퇴직 후, 비밀유지약정(祕密維持約定) 혹은 경업금지약정(競業禁止約定) 내지 전직금지약정(轉職禁止約定)을 체결한 경우 그 유효성에 대한 판단기준은 무엇인가?

제4장

정보통신기술(ICT) 관련 소송 -정보통신망법 위반 여부 관련 사례 중심-

Ⅰ. 오픈마켓운영자의 법적책임[1]

1. 서설

온라인이나 모바일에서는 명예나 프라이버시 등 인격권 뿐만 아니라, 지적재산권(예컨대저작권, 상표권, 특허권 등)과 퍼블리시티권 등의 침해를 이유로 온라인서비스 제공자 내지 모바일 오픈마켓운영자에게 책임을 묻는 문제가 제기되고 있다.[2]

최근 매일경제 2013. 8. 26.자 기사 등[3]에 의하면, 장동건, 김남길, 배용준, 소녀시대 등 연예인 59명이 지난 6월 서울중앙지법에 옥션·G마켓을 운영하는 ㈜이베이코리아와 11번가를 운영하는 ㈜SK플래닛을 상대로 각각 11억 8000만원과 5억 9000만원을 요구하는 손해배상 청구소송을 제기하면서, 이들은 오픈마켓에 등록돼 있는 판매자들이 자신들의 이름을 무단 사용해 '퍼블리시티권'(Right of Publicity)을 침해하고 있음에도 오픈마켓 측이 방조하고 있음을 이유로 소송을 제기했다고 알려졌다.

오픈마켓에서 통신판매업자들이 위조상품을 거래하여 타인의 상표권을 침해하거나 부정경쟁방지법상 부정경쟁행위(혼동초래행위)를 행한 경우, 오픈마켓서

1 이 글은 차상육, "상표권침해를 둘러싼 오픈마켓운영자의 법적 책임", 『ICT 기술의 발전과 경제 관련 법제의 쟁점』(2013. 11. 1.), 한국경제법학회 추계 공동학술대회에서의 발표논문의 일부분을 수정·보완한 것임.

2 온라인 시장에서 불법적인 방법으로 저작물이 유통될 뿐만 아니라, 위조 상품의 거래가 활발하게 이루어짐으로써, 유명 상표의 상표권자들은 직접침해자인 판매자 뿐만 아니라 온라인서비스 제공자를 상대로 한 상표권 침해소송을 제기하고 있다. 그런데 각국의 저작권법과 마찬가지로 우리의 저작권법에서는 디지털 정보의 원활한 소통을 보장하면서도 저작권자의 권익을 보호하기 위한 방편으로 일정한 경우 온라인서비스 제공자의 책임을 제한하는 면책 규정을 두고 있으나(저작권법 제102조 내지 제104조), 상표법에 관해서는 아무런 규정이 없는 실정이다.

3 매일경제 인터넷 기사 참조 (http://star.mk.co.kr/new/view.php?mc=ST&no=765380 &year=2013 및 http://fashion.mk.co.kr/view.php?no=768764&year=2013등).

비스제공자(오픈마켓운영자)의 책임여부가 문제된다. 즉, 오픈마켓에서 위조상품(counterfeit)의 거래가 이루어짐에 따라서 상표권침해분쟁이 발생하고 있는데, 유명브랜드의 제조업자들이 유명브랜드 상품의 위조상품이 오픈마켓에서 유통으로 인한 상표권 침해나 부정경쟁행위로 인하여 상당한 피해를 입고 있다고 주장하면서, 판매자 뿐만 아니라 오픈마켓서비스제공자(오픈마켓운영자)들을 상대로 소송을 제기한 경우, 오픈마켓운영자의 법적책임 여부가 문제된다.[4]

온라인상 상표권 침해에 대한 온라인서비스제공자의 책임론의 핵심은 저작권법 분야에서와 마찬가지로 이용자들의 직접적인 상표권 침해행위가 있다는 것을 전제로, 이에 대하여 온라인서비스제공자가 어떠한 법리에 따라 간접적인 책임을 부담하는 지 여부이다.[5]

2. 최근 대법원 결정의 내용

1) 대법원 결정(대법원 2012. 12. 4. 자 2010마817 결정)의 내용

가) 사건의 개요[6]

아디다스사는 G마켓에서 유통되는 상품들 중 상표를 위조한 것으로 보이는 5417개의 상품목록을 이베이코리아에 통보하면서 그 상품들에 대한 판매중단조치를 취할 것과 판매자들의 등록계정 삭제를 요구하고 아디다스사의 상표를 사용한 상품이 자신들의 사전 허락 없이 판매목적으로 게시 또는 검색하지 않도록 적극적인 조치를 취해줄 것을 요구했다.

이에 이베이코리아는 "상표권자가 위조품으로 특정해 신고한 상품에 대해서는 판매중단 조치를 취하고 있다"며 자신들에게 상표권침해 방지를 위한 포괄적 의무가 없다고 주장하자 아디다스사는 가처분신청을 냈다. 그러나 이 사건의 제1심(서울

4 김병일, "오픈마켓 서비스와 상표권 침해",『산업재산권 제33호』, 한국산업재산권법학회, 2010.12, 82면.

5 박영규, "상표권 침해에 대한 온라인서비스 제공자의 법적 책임", 『비교사법 제18권 제1호(통권 제52호)』, 한국비교사법학회, 2011.3, 273면.

6 대법원 2012. 12. 4. 자 2010마817 결정에서는 (주)아디다스 코리아가 "G마켓에서 아디다스 상표가 사용된 상품이 판매되거나 전시되는 것을 중단시켜 달라"며 온라인 쇼핑몰 G마켓 운영회사인 (주)이베이코리아를 상대로 낸 상표권침해금지 가처분 신청의 재항고심에서 그 신청을 기각한 원심을 확정했다. 이 사건은 기존의 오픈마켓운영자의 법적지위와 그 책임범위와 관련한 하급심의 대립을 정리하고 오픈마켓운영자의 법적책임의 판단기준을 제시한 점에서 그 시사점이 적지 않지만, 그에 포함된 문제점도 발견된다.

중앙지법 2009. 9. 9.자 2009카합653 결정)과 2심(서울고등법원 2010. 5. 10.자 2009라1941 결정)이 받아들이지 않자, 대법원에 재항고했다.

나) 결정의 요지

대법원은, "정보통신망 이용촉진 및 정보보호 등에 관한 법률(이하 '정보통신망법'이라 함)에서 유통을 금지한 '사생활 침해 또는 명예훼손 등 타인의 권리를 침해하는 정보'에는 상표권을 침해하는 정보는 포함되지 않는다고 해석하는 것이 합리적"이라고 판시하였다. 또, "채무자(정보통신서비스제공자)에게 조리상 일정한 범위 내에서 상표권 침해행위를 방지해야 할 의무가 있음은 별론으로 하고 법률상 상표권침해행위를 적극적으로 방지해야 할 작위의무가 있음을 전제로 한 방조책임은 인정할 수 없다고 판단한 원심은 정당하다"고 판시하였다. 또 재판부는 "온라인쇼핑몰 운영자가 판매자로서 직접 소비자들에게 상품을 판매하는 형태가 아니라 거래가 이뤄질 수 있는 전자거래 시스템을 제공하고 구체적 거래에는 관여하지 않는 이른바 오픈마켓(Open market)에 타인의 상표권을 침해하는 상품판매정보가 게시되고 그 전자거래 시스템을 통해 판매자와 구매자 사이에 이러한 상품에 대한 거래가 이뤄진다고 하더라도 그런 사정만으로 곧바로 운영자에게 상표권 침해 게시물에 대한 불법행위책임을 지울 수는 없다"고 설시하였다.

그러나 재판부는 "오픈마켓 운영자가 제공하는 인터넷 게시공간에 게시된 상표권침해 게시물의 불법성이 명백하고, 오픈마켓 운영자가 이 같은 게시물이 게시된 사정을 구체적으로 인식했음이 외관상 명백히 드러났으며 기술적, 경제적으로 그 게시물에 대한 관리·통제가 가능한 때에는 오픈마켓 운영자에게 해당 상품을 판매할 수 없도록 하는 등 적절한 조치를 취할 것이 요구된다"고 판시하였다.

즉, 대법원은 "이 사건에서 원심이, 정보통신망법 제44조 제2항이 채무자와 같은 정보통신서비스제공자에게 상표권 침해행위를 적극적으로 방지하여야 할 작위의무를 부과하고 있는 것으로 볼 수는 없고, 달리 채무자에게 그와 같은 작위의무가 있음을 인정할 법률상 근거가 없으므로, 채무자에게 조리상 일정한 범위 내에서의 작위의무가 있음은 별론으로 하고 법률상 상표권 침해행위를 적극적으로 방지하여야 할 작위의무가 있음을 전제로 한 방조책임은 인정되지 아니한다고 판단한 것은 정당하고, 거기에 정보통신망법의 해석에 관한 법리오해 등의 잘못이 없다"고 판시하고, 또, "원심결정 이유에 의하면, 원심은, 오픈마켓 운영자인 채무자가 판매회원약관에서 판매회원에게 이 사건 쇼핑몰에서 상표권 침해상품을 판매하지 아니할 의무를 부과하고 있고, 지적재산권 침해 또는 부정판매자를 배제하기 위한 장치로 권리침해신고제도, 상표보호프로그램(Brand Protection Program, BPP)을 시행하고 있으며, 그 밖에도 판매자관리프로그램(Gmarket Sales Manager, GSM)상 경고 또는 계도공지문 게시, 이상거래 블랙리스트에 대한 상시감시(모니터링) 제도까지 운영하고 있는 점 등에 비추어, 이 사건 쇼핑몰에서 이 사건 상표권을 침해하거나 침해할 개연성이 있는 상품이 판매되고 있다는 사정만으로 채무자가 고의 또는 과실로 개별적·구체적 사후방지 의무를 게을리하였다고 보기 어렵고, 채무자가 채권자들의 상표권 내지 전용사용권을 침해하는 것으로 의심되는 상품판매정보를 직접 게시한 판매자 신원정보 및 판매정보를 채권자들에게 제공하여야 할 의무가 있다고 볼 수도 없으므로, 채무자가 그의 의무를 위반하여 그 판매자의 불법행위에 도움을 주었다는 채권자들의 주장은 이유 없다고 판단하였다. 원심결정 이유를 앞서 본 법리와 기록에 비추어 살펴보면, 원심의 위와 같은 판단은 정당하고, 거기에 방조책임에 관한 법리오해 등의 잘못이 없다."고 판시하며, 채권자(재항고인)인 아디다스 악티엔게젤샤프트 외 1인의 채무자(상대방) ㈜이베이코리아에 대한 재항고를 기각하였다.

2) 대법원결정에 이르기 전까지 하급심의 진행 경과

상표권 침해행위를 방지하여야 할 오픈마켓운영자의 법률상 작위의무가 존재하는지의 여부와 관련하여, 이른바 '히노끼 사건'[7]에서 하급심은 정보통신망법 제44조 제1항에 의한 '타인의 권리를 침해하는 정보'에는 타인의 상표권 등 지적재산권을 침해하는 정보도 포함됨을 전제로, 오픈마켓 운영자는 자신이 관리·운영하는 인터넷사이트에 타인의 상표권을 침해하는 판매정보가 유통되지 않도록 노력하여야 할 법적 의무가 있다고 판시하였다.

이에 대하여, 이른바 'Adidas 사건'[8]에서 하급심은 정보통신망법 제44조 제1항

7 서울중앙지방법원 2009. 2. 10.자 2008카합3997 결정[가처분이의].

8 서울고등법원 2010. 5. 10.자 2009라1941 결정[상표권침해금지가처분].

소정의 "타인의 권리"에 상표권과 같은 재산적 권리는 포함되지 않고, 따라서 동법 제44조 제2항에 의해 정보통신서비스제공자가 상표권 침해행위를 적극적으로 방지하여야 할 작위의무를 부담하지 않는다고 판시하였다.

한편, 이러한 대립에 대하여, 통신판매중개업자에게 정보통신망법 제44조가 적용될 수 있는지 여부와 관련하여, 동법의 전체적 성격은 공법이지만 해당 규정은 사법적 성격의 규정인 이상, 적어도 현재 한국의 성문법상으로는 이들 규정이 온라인서비스 제공자의 책임요건에 관한 특별법이라고 할 수 있어 그 적용을 부정할 이유는 없다는 주장[9]이 있다.

3. 대법원 결정의 비판적 검토

1) 오픈마켓운영자의 지위를 둘러싼 법적 쟁점의 정리

오픈마켓운영자의 법적책임을 둘러싸고 그 쟁점을 요약하면, 부작위에 의한 방조책임이 성립하기 위해서 필요한 작위의무의 발생근거에 관하여 법률상 작위의무가 존재하는지 여부와 관련하여 정보통신망 이용촉진 및 정보보호 등에 관한 법률(이하 '정보통신망법'이라고 한다) 제44조 제1항의 해석이 문제된다. 가사 법률상 작위의무가 존재하지 않는다면 조리상 작위의무가 존재하는지 여부, 만약 존재한다면 그 구체적인 작위의무의 내용과 관련하여 오픈마켓운영자에게 추상적·일반적 주의의무를 부과할 것인지, 그렇지 않으면 개별적·구체적 주의의무만 부과할 것인지 여부가 문제된다. 그리고, 각각의 주의의무의 내용은 무엇이며 그 범위는 어디까지인지도 문제된다 할 것이다.

2) 대법원 결정의 비판적 검토 – 결론에 갈음하여

요컨대, 판매자 등 제3자의 상표권침해에 관한 오픈마켓운영자의 과실에 의한 방조책임의 성립여부와 관련하여, 오픈마켓운영자는 정보통신망법 제44조 제1항 및 제2항에 의한 법률상 작위의무 및 조리상 작위의무가 있다고 보아야할 것이다. 나아가 법률상 또는 작위상 작위의무의 구체적 내용과 관련해서는, 일반적·포괄적

9 박준석,『인터넷 서비스제공자의 책임』, 박영사, 2006, 61면; 김병일, 전게논문, 99면; 박영규, 전게논문, 301면.

(추상적) 주의의무는 존재하지 않는다 하더라도, 구체적·개별적 주의의무는 존재한다고 봄이 타당하다고 사료된다. 다만, '아디다스 사건' 대법원 결정과 달리 구체적·개별적 주의의무의 내용을 너무 한정해석하는 것은 상표권자에게 지나치게 불리하여 형평을 잃은 해석으로 비판의 여지가 있다고 본다.

한편, '아디다스 사건'의 대법원 결정은 그 판시내용을 전체적으로 볼 때, 오픈마켓운영자가 상표권 침해 게시물에 대한 불법행위 책임을 지는 것은 원칙상 부정하였고, 다만 예외적으로 일정한 구체적·개별적 주의의무를 불이행한 경우에야 비로소 과실에 의한 방조책임을 인정하는 듯한 판시를 한 점에서는 다소간 의문이 없지 않다.

왜냐하면, 대법원의 개별적·구체적 주의의무 조차 원칙상 부정하고 엄격한 요건 아래서만 인정하는 태도는, 향후 정보통신의 빠른 발전속도에 비추어 볼 때, 오픈마켓운영자뿐만 아니라 모바일 오픈마켓운영자, 옥션사업자, 블로거서비스의 제공자, 동영상 등 파일공유서비스사업자, SNS제공사업자, 커뮤니티서비스제공자등을 포함한 정보통신서비스제공자를 모두 포괄할 수 있는 법리로 발전하는 데에는 한계가 없지 않기 때문이다.

이와 관련하여 최근, 일본의 지적재산고등재판소의 판례 중, 츄파춥스 사건(chupa chups 事件)[10]에서는 오픈마켓운영자의 상표권침해를 원칙적으로 인정하는 취지의 판결이 내려진바 시사성이 적지 않다고 사료된다.

즉, 츄파춥스 사건(chupa chups 事件)의 개요를 보면, 인터넷 통신판매사이트 '樂天市場'에서, 판매업자의 출품 상품이 상표권을 침해하고 있는 경우, 사이트운영자의 라쿠텐(樂天)측에게도 법적책임을 물을 수 있는지 여부가 다투어진 소송의 항소심인 바, 일본 지적재산고등재판소는 '상표권침해를 알고서 합리적 기간내에 인터넷사이트로부터 삭제하지 않으면, 상표권자는 운영자에 금지청구를 할 수 있다'라는 판단을 내리면서, 개별적·구체적 주의의무의 내용에 대해서 비교적 단순한 지침에 의거하였다. 다만, 라쿠텐(樂天)이 소장을 송달받은지 8일후까지 상품을 삭제하였다고, 상표권자의 손해배상청구등을 기각하였다.

10 東京地判平成22年8月31日 (平成21年 (ワ) 第33872号) 判時2127号87頁、知財高判平成24年2月14日 (平成22年 (ネ) 第10076号) 判時2161号86頁[チュッパチャプス事件]. (http://www.courts.go.jp/hanrei/pdf/20120216101709.pdf)

또, 知財高判平成24年2月14日判時2161号86頁의 판결내용에 의하면, 인터넷쇼핑몰의 판매자에 의하여 판매(사업)자의 웹페이지에 전시된 상품이 제3자의 상표권을 침해한 경우, 일정한 요건을 충족하는 경우에는 인터넷쇼핑몰운영자(오픈마켓운영자)가 상표권침해의 책임을 부담하는 것을 일반론으로서 인정하였다고 평가받고 있다(다만, 결론에서는 인터넷쇼핑몰운영자의 상표권침해에 대한 책임을 부정하였음).

위와 같은 일본의 최근의 판례의 경향은, 인터넷쇼핑몰(오픈마켓)에서 판매(사업)자가 출품·이용하는, 인터넷쇼핑몰운영자, 옥션사업자, 블로거서비스의 제공자, 동영상공유서비스사업자, SNS제공사업자, 커뮤니티서비스제공자등도, 일정한 요건(예컨대 상표권침해를 알고서 합리적인 기간내에 웹사이트로부터 상품을 삭제하지 않은 등)을 충족하는 때에는 상표권침해의 책임을 부담할 가능성이 있다는 것을 시사한 것이라고 평가될 수 있다.

한편, 유럽과 미국의 경우를 살펴보면 그 시사하는 바는 적지 않다. 단일 사업자인 eBay는 그 사이트내의 위조상품 판매행위에 대하여, 미국에서는 제2순회항소법원 Tiffany v. eBay 사건(2010년 4월1일 판결)에서는 제1심과 같은 이유로 승소하는 등 관련 소송에서 일관되게 승소하였다. 이에 반하여, 유럽의 경우 우선 프랑스에서는, 2008년 이래 트로아 지방법원 Hermes v. eBay 사건(2008년6월4일 판결), 파리상사법원 Louis Vuitton v. eBay 사건(2008년6월30일 판결)에서 저명상표권자 Hermes, Louis Vuitton 상표에 관한 사건에서 모두 패소하였다. 또, 영국고등법원 L'Oreal v. eBay 사건(2009년5월22일 판결)에서 승소하였다. 그러나, 독일에서는 독일연방통상법원 Rolex v. eBay 사건(2007년 4월 19일 판결)과 한자고등법원 Stokke v. eBay 사건(2008년7월24일 판결)에서 모두 패소하였다. 즉, 유럽의 경우 각 나라별로 eBay의 사이트내의 위조상품 판매행위에 대하여 동일한 행위임에도 불구하고 각기 다른 평가가 내려진 것이다.

추가로 여기서 오픈마켓서비스제공자에게 상표권침해에 대하여 엄격한 우리나라의 판례와 같은 태도를 취하는 미국의 경우를 좀더 살펴본다. 미국의 경우 제2순회항소법원 Tiffany v. eBay 사건(2010년 4월1일 판결)[11]에서는, eBay社에 의한 직접적 상표권침해(direct trademark infringement)에 관해서는 침해품을 소유 또는 판

11 Tiffany (NJ) Inc. v. eBay, Inc.,. 600 F.3d 93 (2d Cir. 2010).

매하고 있는 것은 아니기 때문에 성립을 부정하고, 기여적 상표권침해(contributory trademark infringement)에 관해서도, 「a service provider must have more than a general knowledge or reason to know that its service is being used to sell counterfeit goods. Some contemporary knowledge of which particular listings are infringing or will in the future is necessary.」로 한 바, eBay社에게는 현실 또는 장래의 침해의 인식이 없다고 하여, 책임을 부정하였다. 이 판결은 현재 미국의 규범적 판결로 되어 있다. 기타의 판결을 보더라도 침해의 인식을 문제로 한다.

요컨대, 미국에서는 원칙적으로 법에 규정된 의무만 이행하면 면책을 받을 수 있음에 반하여, 유럽에서는 그 면책여부는 개별 사안마다 법원의 귀책사유의 여부의 존재에 따라서 그 상표권침해여부를 판단한다는 점에 차이가 있다. 나아가 각국의 책임기준의 판단방법을 보면, 법원에 의한 판단은 다양하지만, 유럽연합과 프랑스, 독일, 영국에서 공통하는 인식은 인터넷서비스제공자가 인터넷의 옥션사이트나 쇼핑몰과 같은 오픈마켓서비스운영자에서 침해되는 상표의 직접적 이용주체로서 파악하지는 않는다는 점이다. 한편, 상표권침해와 인과관계에 관한 판단이 다르기 때문에 각국마다 인터넷서비스제공자에게 부과된 책임과 의무의 정도도 다를 가능성이 있었다고 보여진다. 한가지 분명한 점은 모든 나라에서의 판결에서는 오픈마켓서비스운영자의 옥션사이트나 쇼핑몰에서 표장을 표시하는 것에 대하여는 상표법상 상표의 사용에 해당한다고 보는 것이 공통된 인식이라는 점이다.

Ⅱ. 인터넷 포털광고 방해 사건[12]

1. 사안의 개요

갑 회사가 인터넷 사이트를 이용한 광고시스템 프로그램을 인터넷 사용자들에게 제공하여 이를 설치한 인터넷 사용자들이 을 회사가 운영하는 인터넷 포털사이트를

12 대법원 2010.8.25. 자 2008마1541 결정[가처분이의][공2010하,1855].

방문하면 그 화면에 을 회사가 제공하는 광고 대신 갑 회사의 광고가 대체 혹은 삽입된 형태로 나타나게 한 사안이다. 신청인 회사는 국내 최대의 인터넷 포털사이트 '네이버(www.naver.com)'를 운영하는 회사로서 광고주들로부터 위 포털사이트에 배너광고를 유치하고 우선순위 검색결과 도출서비스를 제공하는 등의 방법으로 광고수익을 얻고 있다.

피신청인은 인터넷 사이트를 이용한 광고시스템인 별지 2 목록 기재 프로그램(이하 '이 사건 프로그램'이라고 한다)을 개발하여 이를 배포하고 있는 회사로서 자신이 운영하는 인터넷 사이트인 'www.uplink.co.kr'를 통하여 인터넷 사용자들에게 이 사건 프로그램을 다운로드 받을 수 있도록 하고 있다. 피신청인은 인터넷 사이트를 이용한 광고시스템인 아래의 이 사건 프로그램(Uplink 서비스)을 개발하여 자신이 운영하는 인터넷 사이트를 통하여 인터넷 사용자들에게 이 사건 프로그램을 다운로드 받을 수 있도록 하였다. 피신청인은 광고주를 모집하여 이 사건 프로그램을 이용한 광고를 유치하고, 회원으로 가입한 기업 및 개인들을 '배포파트너'로 정하여 위 '배포파트너'로 하여금 이 사건 프로그램을 그들의 쇼핑몰, 커뮤니티, 이메일 등을 통하여 인터넷상에 배포하게 하고 이에 따라 발생하는 수익의 일부를 '배포파트너'에게 지급하였다. 이 사건 프로그램은 피신청인의 인터넷 사이트에서 회원가입 여부와 상관없이 다운로드 받을 수 있는바, 이 사건 프로그램(프로그램의 파일명은 'MyAD.exe'이다.)을 다운로드 받아 실행하면, 별지 3 기재 내용과 같은 안내문이 나타나고, '다음' 버튼을 선택하면 소프트웨어 사용권 계약 약관의 내용이 나타나며 이에 동의하면 3가지 구성 프로그램에 대한 안내문이 순차로 나타난다. 위 3개의 단위 프로그램에 대하여 각 동의 여부를 선택하면 삭제 방법의 안내문이 나타난 후 최종적으로 설치화면에서 사용자가 설치를 선택할 수 있게 된다. 한편, 사용자가 이 사건 프로그램을 이용한 서비스를 일시적으로 원하지 않을 경우에는 개별 광고 및 콘텐츠 위에 표시된 'X' 또는 'CLOSE' 버튼을 눌러서 해당 광고 및 콘텐츠를 화면에서 사라지게 하여 원래의 광고 등을 보이게 할 수 있고, 이 사건 프로그램 전체의 영구 삭제를 원할 경우에는 '제어판'의 '프로그램 추가/삭제' 등 메뉴에서 이를 삭제할 수 있다.

이 사건 프로그램은 이를 자신의 컴퓨터에 설치한 인터넷 사용자가 인터넷상의 특정사이트(주로 포털사이트)를 방문하였을 때 피신청인이 제공하는 광고를 인터넷 사용자의 컴퓨터에 직접 나타내 보이도록 하는 것을 목적으로 하고 있다.

인터넷 사용자의 컴퓨터에 설치된 이 사건 프로그램은, 신청인의 인터넷 사이트의 여백을 스스로 찾아내어 피신청인이 선택한 배너광고를 노출하는 방식(이하 '삽입광고방식'이라 한다), 신청인이 제공하고 있는 광고란에 피신청인이 선택한 배너광고를 덮어쓰는 방식(이하 '대체광고방식'이라 한다) 또는 신청인 인터넷 사이트의 검색창 하단과 신청인이 제공하는 키워드광고 사이에 피신청인이 제공하는 키워드광고를 삽입하는 방식(이하 '키워드광고방식'이라 한다)으로 각 동작한다.

피신청인이 이 사건 프로그램을 이용하여 제공하는 배너광고에는 "본 콘텐츠는 인터넷채널이십일에서 제공한 것입니다."라는 문구가 하단에 표시되어 있고, 키워드광고에는 검색창 아래와 신청인이 제공하는 키워드광고 사이에 박스 형태로 구획된 공간을 만들고 그 공간 내에 광고의 내용을 표시한 다음 광고내용의 오른쪽과 아래쪽에 "Uplink search는 인터넷채널이십일에서 제공합니다."라는 문구를 표시함으로써 각 광고의 출처가 피신청인임을 표시하고 있다.

신청인은 정보통신망 이용촉진 및 정보보호 등에 관한 법률(이하 '정보통신망법'이라 함) 제48조 제2항 위반,[13] 저작물의 동일성유지권 또는 컴퓨터프로그램의 동일성유지권 침해,[14] 부정경쟁행위,[15] 업무방해의 불법행위[16]에 해당한다고 주장하면서 이 사건 프로그램을 이용한 광고행위의 금지를 구하였다.

13 서울고등법원 2008.09.23. 자 2008라618 결정[가처분이의]에서, 신청인은 우선 이 사건 프로그램이 정보통신망 이용촉진 및 정보보호 등에 관한 법률(이하 '정보통신망법'이라 한다) 제48조 제2항에 정한 '악성프로그램'에 해당한다고 주장하였다.

14 서울고등법원 2008.09.23. 자 2008라618 결정[가처분이의]에서, 신청인은, (1) 피신청인이 신청인의 저작물인 신청인 인터넷 사이트의 화면표시를 이 사건 프로그램에 의하여 함부로 변경, 수정하는 것은 신청인의 저작인격권을 침해하는 것이고, 광고를 위하여 신청인의 인터넷 사이트를 사용하는 것은 저작재산권 침해에 해당하며, (2) 이 사건 프로그램, 그중에서도 특히 '키워드광고방식' 부분은 신청인 인터넷 사이트로부터 HTML(hypertext markup language, 인터넷 홈페이지의 하이퍼텍스트 문서를 만들기 위해 사용되는 기본 언어) 파일을 다운로드 받은 다음 그 내용과 구성을 신청인의 광고용 HTML 파일을 이용하여 변경하는 것으로서 신청인 컴퓨터프로그램의 동일성유지권을 침해하는 것이라고 주장하였다.

15 서울고등법원 2008.09.23. 자 2008라618 결정[가처분이의]에서, 신청인은, 신청인의 인터넷 사이트가 신청인을 지칭하는 고유한 영업표지로 국내에 널리 알려져 있는데, 피신청인이 신청인의 인터넷 사이트에서 마치 신청인이 제공하는 광고서비스인 것처럼 광고를 함으로써 부정경쟁방지및영업비밀보호에관한법률(이하 '부정경쟁방지법'이라고만 한다.) 제2조 제1호 (가), (다)목에 정한 바와 같이 신청인의 영업과 혼동을 불러일으키거나 신청인 표지의 식별력 또는 명성을 손상케 하고 있다고 주장하였다.

16 서울고등법원 2008.09.23. 자 2008라618 결정[가처분이의]에서, 신청인은, 피신청인의 행위가 부정경쟁방지법 제2조에 한정적으로 열거되어 있는 부정경쟁행위 중 하나에 해당되지 않는다 하더라도, 그것이 타인의 권리 침해 또는 그에 상응하는 보호할만한 가치 있는 법익의 침해에 해당하거나 또는 상도덕이나 관습에 반하는 정도가 공서양속 위반에까지 이를 정도로 불공정하여 위법성이 인정되고 그로 인한 신청인의 업무방해 및 손해가 인정된다면, 일반법으로서 민법의 불법행위 규정을 적용할 수 있다 할 것이라고 주장하였다.

2. 결정의 요지

경쟁자가 상당한 노력과 투자에 의하여 구축한 성과물을 상도덕이나 공정한 경쟁질서에 반하여 자신의 영업을 위하여 무단으로 이용함으로써 경쟁자의 노력과 투자에 편승하여 부당하게 이익을 얻고 경쟁자의 법률상 보호할 가치가 있는 이익을 침해하는 행위는 부정한 경쟁행위로서 민법상 불법행위에 해당하는바, 위와 같은 무단이용 상태가 계속되어 금전배상을 명하는 것만으로는 피해자 구제의 실효성을 기대하기 어렵고 무단이용의 금지로 인하여 보호되는 피해자의 이익과 그로 인한 가해자의 불이익을 비교·교량할 때 피해자의 이익이 더 큰 경우에는 그 행위의 금지 또는 예방을 청구할 수 있다.

갑 회사의 위와 같은 광고행위는 위 인터넷 포털사이트가 가지는 신용과 고객흡인력을 무단으로 이용하는 셈이 될 뿐만 아니라 을 회사의 영업을 방해하면서 을 회사가 얻어야 할 광고영업의 이익을 무단으로 가로채는 부정한 경쟁행위로서 민법상 불법행위에 해당하고, 한편 갑 회사의 위와 같은 광고행위가 일회적인 것이 아니라 계속적으로 반복되며, 갑 회사에게 금전배상을 명하는 것만으로는 을 회사 구제의 실효성을 기대하기 어렵고, 갑 회사의 위와 같은 광고행위를 금지함으로써 보호되는 을 회사의 이익이 그로 인한 갑 회사의 영업의 자유에 대한 손실보다 더 크므로, 을 회사는 갑 회사에 대하여 위 인터넷 포털사이트에 접속한 인터넷 사용자들의 모니터에서 위 프로그램을 이용한 광고행위를 하는 것의 금지 또는 예방을 청구할 피보전권리와 보전의 필요성이 소명되었다고 본 원심결정이 정당하다.

3. 결정의 주요 내용

1) 컴퓨터프로그램저작권침해 주장에 대하여

채권자가 그의 컴퓨터프로그램저작물로서 동일성유지권을 침해당하였다고 주장하는 HTML(Hypertext Markup Language, 인터넷 홈페이지의 하이퍼텍스트 문서를 만들기 위해 사용되는 기본 언어) 코드에는, 검색결과를 표시한 텍스트 부분과 이를 화면에 표시하기 위한 일반적인 HTML 태그 정도가 포함되어 있을 뿐 저작권으로 보호할 만한 창작적인 표현까지 포함되어 있다는 점을 소명할 자료가 없고, 나아가 채권자가 사용자의 컴퓨터로 보낸 HTML 파일은 그 내용이 화면에 나타나기 위하여 일시적으로 램(Random Access Memory)상으로 복제되게 되는데, 이때 이 사건 프로그램에 의한 채무자의 HTML 코드 역시 램에 올라오면서 채권자의 HTML 코드 자체에는 영향을 미치지 않은 채 이와 별도로 존재할 여지가 있는 반면, 그것이 채권자의 HTML 코드에 삽입되어 채권자의 HTML 코드 자체를 변경시킨다는 점은 이를 소명할 자료가 부족하므로, 채무자의 이 사건 프로그램에 의한 광고행위로 인해 채권자의 HTML 코드에 대한 동일성유지권이 침해되었다고 할 수 없다. 원심의 이 부분에 관한 이유설시에 다소 부적절한 점은 있으나, 채권자의 컴퓨터프로그램저작물에 대한 동일성유지권이 침해되지 않았다고 한 결론에 있어서는 정당하므로 결정에 영향을 미친 잘못이 없다.

2) 정보통신망법 위반의 점에 대하여

원심결정 이유에 의하면, 원심은, 정보통신망 이용촉진 및 정보보호 등에 관한 법률(이하 '정보통신망법'이라 한다) 제48조 제2항은 "누구든지 정당한 사유 없이 정보통신시스템, 데이터 또는 프로그램 등을 훼손·멸실·변경·위조 또는 그 운용을 방해할 수 있는 프로그램(악성프로그램)을 전달 또는 유포하여서는 아니 된다"고 규정하고 있는데, 이 사건 프로그램은 인터넷 사용자의 명시적 동의에 따라 해당 사용자의 컴퓨터에 설치되어 그 컴퓨터 내에서만 실행되는 점, 이 사건 프로그램이 실행된다 하더라도 채무자의 광고가 나타나는 해당 사이트의 콘텐츠 자체에는 아무런 변경을 일으키지 아니하며 해당 사이트의 운영에도 아무런 영향을 미치지 아니하는 점, 이 사건 프로그램의 사용을 원하지 아니하는 사용자는 이를 일시적 또는 영구적으로 삭제할 수 있는 점 등 기록상 소명되는 제반 사정에 비추어 보면, 이 사건 프로그램이 정당한 사유 없이 채권자의 정보통신시스템, 데이터 또는 프로그램 등을 훼손·멸실·변경·위조 또는 그 운용을 방해하는 악성프로그램이라고 단정하기 어렵다고 판단하였다. 기록에 비추어 살펴보면, 원심의 위와 같은 판단은 정당한 것으로 수긍이 가고 거기에 정보통신망법 제48조 제2항 소정의 악성프로그램에 관한 법리오해의 잘못이 없다.

3) 불법행위 해당여부

원심이 적법하게 인정한 사실들에 의하면, 채권자는 장기간 동안 상당한 노력과 투자에 의하여 정보검색, 커뮤니티, 오락 등의 다양한 서비스를 제공하는 국내 최대의 인터넷 포털사이트인 '네이버'(그 도메인 이름은 www.naver.com이고, 이하 '네이버'라 한다)를 구축하여 인터넷 사용자들로 하여금 위 서비스 이용 등을 위하여 네이버를 방문하도록 하고, 이와 같이 확보한 방문객에게 배너광고를 노출시키거나 우선순위 검색결과 도출서비스를 제공하는 방법 등으로 광고영업을 해 오고 있음을 알 수 있는바, 채권자의 네이버를 통한 이러한 광고영업의 이익은 법률상 보호할 가치가 있는 이익이라 할 것이다.

또한 원심이 적법하게 인정한 사실들에 의하면, 채무자가 제공한 원심 판시 이 사건 프로그램을 설치한 인터넷 사용자들이 네이버를 방문하면 그 화면에 채권자의 광고 대신 같은 크기의 채무자의 배너광고가 나타나거나(이른바 '대체광고 방식'), 화면의 여백에 채무자의 배너광고가 나타나거나(이른바 '여백광고 방식'), 검색창에 키워드를 입력하면 검색결과 화면의 최상단에 위치한 검색창과 채권자의 키워드광고 사이에 채무자의 키워드광고가 나타나는(이른바 '키워드삽입광고 방식') 등으로, 채무자의 광고가 대체 혹은 삽입된 형태로 나타남을 알 수 있다.

그런데 채무자의 이러한 광고는 위와 같이 인터넷 사용자들이 네이버에서 제공하는 서비스 등을 이용하기 위하여 네이버를 방문할 때 나타나는 것이므로, 이는 결국 네이버가 가지는 신용과 고객흡인력을 무단으로 이용하는 셈이 된다. 뿐만 아니라 그 광고방식도 채권자가 제공하는 광고를 모두 사라지게 하거나(대체광고 방식) 채권자가 제공하는 검색결과의 순위를 뒤로 밀리게 하는(키워드삽입광고 방식) 등의 방법을 사용함으로써 채권자의 영업을 방해하면서 채권자가 얻어야 할 광고영업의 이익을 무단으로 가로채는 것이다.

채무자의 위와 같은 광고행위는 인터넷을 이용한 광고영업 분야에서 서로 경쟁자의 관계에 있는 채권자가 상당한 노력과 투자에 의하여 구축한 네이버를 상도덕이나 공정한 경쟁질서에 반하여 자신의 영업을 위하여 무단으로 이용함으로써, 채권자의 노력과 투자에 편승하여 부당하게 이익을 얻는 한편, 앞서 본 바와 같이 법률상 보호할 가치가 있는 이익인 네이버를 통한 채권자의 광고영업 이익을 침해하는 부정한 경쟁행위로서 민법상 불법행위에 해당한다고 할 것이다.

한편 원심이 적법하게 인정한 사실들에 의하면, 채무자의 위와 같은 광고행위가 일회적인 것이 아니라 이 사건 프로그램을 설치한 인터넷 사용자들이 네이버에 접속할 때마다 계속적으로 반복되는 것임을 알 수 있다. 나아가 이 사건 프로그램에 의한 광고행위의 성질상 채권자가 인터넷 사용자들의 이 사건 프로그램의 설치현황 및 그로 인한 네이버에서의 채무자의 광고현황 등을 일일이 파악하여 대응하기가 매우 곤란할 것으로 보이는 점과 채무자의 광고내용에 따라서는 채권자의 신용, 명성 등 무형적인 가치까지도 손상시킬 수 있을 것으로 보이는 점 등을 고려할 때 채무자에게 금전배상을 명하는 것만으로는 채권자 구제의 실효성을 기대하기 어렵다고 할 것이다. 나아가 채무자의 이 사건 프로그램에 의한 네이버에서의 광고행위를 그대로 방치하는 경우 결국 네이버에서의 광고영업을 그 수익모델로 삼고 있는 채권자 회사의 존립 자체를 위협할 수 있다는 점에서 채무자의 위와 같은 광고행위를 금지함으로써 보호되는 채권자의 이익이 그로 인한 채무자의 영업의 자유에 대한 손실보다 더 크다고 할 것이다. 따라서 채권자는 채무자에 대하여, 네이버에 접속한 인터넷 사용자들의 모니터에서 이 사건 프로그램을 이용한 광고행위를 하는 것의 금지 또는 예방을 청구할 수 있다고 봄이 상당하다.

4) 부정경쟁행위 해당여부

가) 서울고등법원 2008. 9. 23.자 2008라618 결정 – '부정경쟁행위 해당하지 않음'

부정경쟁방지법 제2조 제1호 (나)목은 '국내에 널리 인식된 타인의 성명, 상호, 표장 기타 타인의 영업임을 표시하는 표지와 동일 또는 유사한 것을 사용하여 타인의 영업상의 시설 또는 활동과 혼동을 일으키게 하는 행위(영업주체 혼동행위)'를, 같은 (다)목은 '(가)목 또는 (나)목의 규정에 의한 혼동을 하게 하는 행위 외에 비상업적 사용 등 대통령령이 정하는 정당한 사유 없이 국내에 널리 인식된 타인의 성명·상호·상표·상품의 용기·포장 그 밖에 타인의 상품 또는 영업임을 표시한 표지와 동일하거나 이와 유사한 것을 사용하거나 이러한 것을 사용한 상품을 판매·반포 또는 수입·수출하여 타인의 표지의 식별력이나 명성을 손상하게 하는 행위(식별력 손상행위)'를 각 부정경쟁행위로 규정하고 있다.

위 각 부정경쟁행위는 모두 행위자가 타인의 영업임을 표시하는 표지와 동일 또는 유사한 것을 '사용'할 것을 그 요건으로 하고 있고, 그 사용의 형태에 대해서는 특별한 제한을 두고 있지는 아니하다. 그러나 타인의 영업표지를 부정하게 자신의 영업에 사용하여 출처의 혼동을 가져오는 부정경쟁행위를 방지하기 위한 부정경쟁방지법의 목적에 비추어 볼 때 타인의 영업표지를 '사용'한다고 하기 위해서는 적어도 타인의 영업표지를 행위자 자신의 영업의 출처를 나타내는 방법으로는 사용하여야 한다고 볼 것이다.

그런데 피신청인이 이 사건 프로그램을 이용하여 제공하는 이 사건 광고에는 그 광고 내에 "본 콘텐츠는 인터넷채널이십일에서 제공한 것입니다."라는 문구가 기재되어 있어 출처를 명시하고 있고, 이 사건 프로그램을 설치하기 위해서는 사용자가 이 사건 프로그램을 자신의 선택에 따라 다운로드 받아야 하며, 설치 시에는 이 사건 프로그램의 제공자 및 작동 원리에 대한 안내가 이루어진 후 이 사건 광고의 설치에 대한 사용자의 3단계에 걸친 개별적 동의가 필요하게 되어있는 사실은 앞서 인정한 바와 같다.

그리고 신청인의 인터넷 홈페이지 전체를 신청인의 영업표지라고 볼 수는 없고, 홈페이지의 명칭인 "NAVER" 및 그 외 홈페이지의 색채, 모양 등 다른 구성요소 중에서 자체 식별력을 획득한 것이 있는 경우에 한하여 이를 영업표지라 할 수 있을 것인데, 이 사건 광고가 신청인의 위와 같은 영업표지와 동시에 사용자의 컴퓨터 화면에 나타남에 따라 위 영업표지의 신용이나 고객흡인력에 편승하여 부당한 이익을 얻거나 위 영업표지의 식별력이나 명성을 손상하게 할 가능성이 있다고 하더라도, 피신청인이 자신의 영업의 출처를 명시하여 그 출처혼동의 가능성을 일단 제거하고 있는 이상 이를 부정경쟁방지법에서 말하는 타인의 영업표지를 '사용'하였다고 볼 수는 없다 할 것이다(특히 부정경쟁방지법 제18조가 위 각 조항에 따른 부정경쟁행위를 형사처벌하도록 정하고 있는 점에 비추어 보면, 위 '사용'의 개념을 자신의 영업표지와 타인의 영업표지를 함께 나타나게 하는 경우까지 포함하는 방법으로 확장하여 해석할 수는 없다). 따라서 신청인의 이 부분 주장 역시 이유 없다.

나) 대법원 2010. 9. 30. 선고 2009도12238 판결[형사사건][17]– '부정경쟁행위 해당함'

구 부정경쟁방지 및 영업비밀보호에 관한 법률(2007. 12. 21. 법률 제8767호로 개정되기 전의 것) 제2조 제1호 (나)목이 규정하고 있는 부정경쟁행위는 등록 여부와 관계없이 사실상 국내에 널리 인식된 타인의 성명·상호·표장 기타 타인의 영업임을 표시하는 표지와 동일하거나 이와 유사한 것을 사용하여 타인의 영업상의 시설 또는 활동과 혼동을 하게 하는 일체의 행위를 의미한다. 따라서 여기서 영업표지를 사용하는 방법 및 형태 등에는 특별한 제한이 없으므로, 인터넷 웹페이지상의 팝업광고 행위가 팝업창 자체의 출처표시 유무, 웹페이지 내에서의 팝업창의 형태 및 구성, 웹페이지의 운영목적과 내용, 팝업창의 출현 과정과 방식 등에 비추어 웹페이지상에 표시된 국내에 널리 인식된 타인의 영업표지를 그 팝업광고의 출처표시로 사용한 것으로 인식되고 이로써 팝업광고의 영업 활동이 타인의 광고영업 활동인 것처럼 혼동하게 하는 경우에는 위 법조에서 정한 부정경쟁행위에 해당한다.

갑 회사는 국내 최대의 인터넷 포털사이트인 '네이버'를 운영하면서 배너광고를 게재하거나 우선순위 검색결과 도출서비스를 제공하는 방법 등으로 광고영업을 해 오고 있었는데, 피고인들이 불특정 다수의 인터넷 이용자들에게 '업링크솔루션'이라는 프로그램을 배포하여 이 프로그램이 설치된 컴퓨터로 위 네이버에 접속할 경우 네이버 화면에 갑 회사의 광고 대신 피고인들의 광고가 대체 혹은 삽입된 형태로 나타나게 한 사안에서, 피고인들의 위 광고가 그 둘레에 별도의 테두리가 없는 이른바 레이어 팝업(Layer Pop-up)의 형태로 나타나고, 피고인들의 광고 자체에는 그 출처가 전혀 표시되지 아니하였으며, 피고인들의 광고가 이용자의 동의에 의해 위 프로그램이 설치된 컴퓨터 화면에만 나타날지라도 반드시 그 설치자한테만 노출되지는 않을 것으로 보일 뿐만 아니라, 피고인들의 광고가 네이버 화면에 흡착되고 일체화된 형태로 나타난 이상 위 프로그램의 설치 당사자도 피고인들의 광고를 갑 회사가 제공한 광고와 구분하여 인식하기가 쉽지 않아 보이는 점 등에 비추어, 위 광고행위는 구 부정경쟁방지 및 영업비밀보호에 관한 법률(2007. 12. 21. 법률 제8767호로

17 최성준, "지적재산권 분쟁 실무에 있어서 몇 가지 쟁점", 『2010년 전문분야 특별연수/제82기 「지적재산권법」』, 대한변호사협회 변호사연수원, 2010, 265~267면. 이 형사판결에 대해서, 최초의 관심혼동 등 '혼동'개념의 과도한 확장(제9연방항소법원)이 일어나고 있는 미국의 특수한 환경에서, 그 반발로 미국의 일부 법원(제2연방항소법원)과 학설에 의해 전개된 바 있는 이른바 '사용이론'의 우리나라에서의 과도한 적용을 배제한 의미가 있다고 하면서 판결의 의미를 설명하고 있다(같은 논문, 267면).

개정되기 전의 것) 제2조 제1호 (나)목이 규정한 부정경쟁행위에 해당함에도, 이와 달리 본 원심판단에 법리오해의 위법이 있다.

4. 이 판결의 의의

불법행위의 효과로서 원상회복청구를 할 수 없다는 이유로 가처분까지 허용되지 아니한다고 할 수 없고, 임시의 지위를 정하기 위한 가처분에 있어서는 다툼이 있고 민사소송에 의하여 보호를 받을 수 있는 권리관계의 존재가 있으면 그 권리관계의 종류를 묻지 아니하고 피보전권리로 할 수 있다. 따라서 위 결정은 신청인의 영업을 보호가치 있는 권리로 보아 불법행위의 성립을 인정한 후, 그 권리관계에 관하여 일회적인 불법행위와는 달리 계속, 반복적으로 침해가 이루어지고 사후의 금전적 배상만으로는 피해를 완전히 회복하기 어려울 것으로 예상되는 점 등을 이유로 보전의 필요성을 인정하였다.[18]

법에 명문의 규정이 없는 "불법행위에 기한 금지청구권"을 인정할 수 있는지에 관해서, 현재 다수설은 불법행위에 대한 일반적인 구제수단으로 금지청구권을 해석상 도출할 필요는 없고, 허용해서는 아니된다는 것이고, 대법원이 명문의 규정이 없음에도 침해금지청구권을 인정하여 주는 경우에는 대세적인 권리로 보는 인격권, 환경권의 침해에 대한 것일 뿐이다. 다만, 학설 중, 사안에 따라서 불법행위에 기한 금지청구권을 인정하여야 한다는 견해도 주장되고 있다.[19]

이 사건은 종래 대법원이 대세적인 권리로 보는 인격권, 환경권의 침해에 대하여만 명문의 규정이 없음에도 침해금지청구권을 인정하여 주었으나, 더 나아가 불법행위의 효과로서 원상회복청구를 할 수 없다는 이유로 가처분까지 허용되지 아니한다고 할 수 없다는 취지로 판시한 최초의 판결이라는 점에서 그 의의가 있다.

18 백강진, "인터넷 포털을 대상으로 한 대체광고 등 서비스의 적법성 여부", 『LAW & TECHNOLOGY』, 2008.11, 97면 이하 참조.

19 이숙연, "지적재산권법 체계하에서의 불법행위법의 역할", 『LAW & TECHNOLOGY』, 2010.3, 135면 이하 참조.

Ⅲ. 빅데이터(Big Data)와 프라이버시 보호 등 문제[20]

1. 들어가며

최근, 빅데이터의 비즈니스에 따른 독점적 정보권력의 출현 가능성과 이에 대한 심각한 프라이버시보호체계의 흠결을 초래한데 따른 개인의 정체성의 위기상황이 예견되는 사건이 또 발생하였다. 그 예견은 2014년 1월에야 비로소 확인된 약 1억건에 달하는 신용카드회사(KB국민카드, NH농협카드, 롯데카드)의 금융관련 개인정보 유출사건에서 비로소 현실화된 느낌이다. 여기서 누출 개인정보는 다양하다. 위 신용카드사(KB국민카드, 롯데카드, NH농협카드 등)의 개인정보 유출 사태로 전화금융사기(보이스피싱)와 문자결제사기(스미싱) 등 2차 피해의 우려마저 퍼지고 있다. 이런 가운데 미래창조과학부 산하 한국인터넷진흥원(KISA)은 2차 피해를 최소화하기 위한 대국민 주의사항과 대처요령을 질의응답(Q&A) 형식으로 정리해서 2014년 1월 발표하기도 했다.[21]

이하에서는, 새로운 빅데이터 환경에서 초래되는 프라이버시의 보호문제의 흠결과 그에 따른 새로운 법적 논점을 점검한다. 또 최근의 유럽과 미국 사이에 계속되는 빅데이터를 둘러싼 가치와 철학의 충돌문제를 짚어보고, 국내의 프라이버시를 둘러싼 법적·제도적 보호에 관련하여 그 시사점을 찾아보고 바람직한 정책적 방향을 모색하고자 한다.

2. 빅데이터의 개념과 관련 쟁점

1) 빅데이터의 개념

빅데이터(Big Data)란 현재의 관리 및 분석 체계로는 감당하기 어려운 정도의 대

20 이 글은 차상육, “빅데이터(Big Data) 환경과 프라이버시의 보호”, 『IT와 법연구』제8집, 경북대학교 IT와 법 연구소, (2014.2)에 게재된 논문 중 일부분을 수정·보완한 것임.

21 연합뉴스 2014년 1월 28일자 기사. 출처: http://www.yonhapnews.co.kr/bulletin/ 2014/01/28/0200000000AKR2014 0128210900017.HTML?input=1179m

용량 데이터를 의미하는 것으로 정의되고 있다.[22] 다만, 현재까지 빅데이터의 정의 그 자체는 정해진 것이 없고, 빅데이터는 글자 그대로 대량의 데이터를 의미한다.[23] 다만, 빅데이터는 데이터의 양(volume)에서는 대용량(high volume)을, 데이터의 종류(variety)에 관해서는 비정형성(high variety)을, 데이터의 속도(velocity)와 관련해서는 빠른 속도(high velocity)를 구비하는 것을 그 기술적 특징으로 한다. 이러한 빅데이터를 이용하여 관련 사업에 활용하려는 시도의 차원에서 필요한 개념으로써 이용되고 있다.

빅데이터의 정의에 대해서, 해외주요기관이나 해외연구들에서도 그 정의는 다양하고 국내에서도 해외 및 주요 연구에 기반해 빅데이터 개념을 제시하고 있을 뿐이다.[24] 다만, 빅데이터에 대한 정의 자체는 명백히 정해진 것이 없다. 그 개념 자체에서 볼 수 있듯이 대량의 데이터를 의미하는 것만은 분명하다. 일례로서, Andrew McAfee & Erik Brynjolfsson에 따르면, 3가지 종류의 'v', 즉 데이터의 양(volume), 데이터의 종류(variety), 데이터의 속도(velocity)를 구비하면서 이 데이터를 이용하여 사업에 활용한다는 시도의 개념으로 이용되고 있다고 한다.[25] 국내의 연구에 의하면, 대체로 정형 및 비정형 데이터를 포괄하는 데이터의 규모에 초첨을 맞춘 좁은 의미의 빅데이터의 정의를 사용하는 부류와 데이터 처리방식과 관련기술까지 포함하는 넓은 의미의 정의를 사용하는 부류로 나누어 볼 수 있다.[26]

요컨대 빅데이터(Big Data)란 양(volume), 속도(velocity), 다양성(variety), 복잡성(complexity) 등의 특징을 가지며, 단순 데이터와 함께 정형 데이터(structured data), 반정형 데이터(semi-structured data) 및 비정형 데이터(unstructured data)의 수집, 관리, 분석, 시각화, 활용 등을 포함하는 개념이라고 정의[27]해도 좋을 듯하다.

22 이창범, "개인정보보호법제 관점에서 본 빅데이터의 활용과 보호방안", 단국법학 제37권 제1호, 단국대학교법학연구소, 2013, 509면.

23 McKinsey Global Institute, Big Data: The next frontier for innovation, competition, and productivity, McKinsey & Company, 2011.6, p.1.

24 장병열/김영돈, "빅데이터 기반 융합 서비스 창출 주요 정책 및 시사점", 『과학기술정책』제23권 제3호(통권 제192호), 과학기술정책연구원, 2013.9, 5~6면.

25 Andrew McAfee & Erik Brynjolfsson, Big Data: The Management Revolution, HARV. BUS. REV. (2012), pp.4~5.

26 장병열/김영돈, 전게논문, 6면.

27 장병열/김영돈, 전게논문, 4면 및 오길영, "빅데이터 환경과 개인정보의 보호방안-정보주체의 관점에서 바라본 비판적

2) 빅데이터의 비즈니스화에 따른 프라이버시 침해 사례

선행연구[28]에서 밝혀진 바, 빅데이터 환경에서의 프라이버시가 쟁점이 되는 사례를 살펴보면, ① 쿠키정보를 활용한 온라인 맞춤광고 사례, ② 구매정보를 활용한 고객 신분·성향 분석 사례, ③ SNS 및 위치정보를 활용한 맞춤형 광고 사례, ④ 검색정보를 활용한 독감 트랜드 서비스 사례, ⑤ 모바일 이용자 정보를 활용한 광고 플랫폼 등 사례, ⑥ 빅데이터를 이용한 비즈니스 운영시스템 개선 사례, ⑦ 의료 데이터를 활용한 질병 예측 사례, ⑧ 범죄DB를 이용한 범죄감시시스템 구축 사례, ⑨ 제3자 쿠키차단기능 무력화 논쟁(쿠키 게이트) 사례 등이라 하겠다. 위 사례 중 ③ 및 ⑧ 과 관련하여, 개인의 위치정보와 프라이버시의 보호관계를 살펴보면, 개인의 위치정보는 개인이 존재하는 공간에 대한 정보로 이를 종합적으로 분석하면 어떤 특정인에 대한 일거수 일투족을 파악할 수 있는 주요한 사적 영역의 개인정보에 해당한다. 특히 핸드폰, 스마트폰 등 휴대용 통신장비가 보편화되어 있는 현대사회에서 개인의 위치정보의 노출 가능성은 그 어느 때보다 높지만 이것을 기존의 프라이버시보호의 법리를 적용하여 보호하는 것에 여러 가지 한계가 있다.[29]

요컨대, 빅데이터의 비즈니스화에 따른 프라이버시 침해 사례를 대략 유형화하면, 개인정보가 악용된 사례, 제3의 사업자에게 노출된 사례, 불특정다수의 일반인에게 노출된 사례, 특정의 일반인에게 노출된 사례 등으로 나눌 수 있는데, 이러한 사례들은 개인정보보호법의 준법성, 프라이버시 침해가능성이라는 관점에 비추어 보면, 개인정보의 노출 및 악용되어진 사례가 확인되었고, 그 악용례로서는 3가지 사례가 두드러졌는데, ① 우선, 미국「Netflix」사례[30]는 익명화한 데이터로부터 분석에 의하여 개인을 식별하는 재특정의 위험성이 문제된 사례이고, ② 또, 미국의 「Carrier IQ」사례[31]는 개인정보가 노출 및 악용된 전형적 사례이며, ③ 또, 일본의

검토를 중심으로-",「2013년도 제2차 건국대학교 법학연구소 국제학술대회 '개인정보보호와 이용자 권리'」(2013.10.10. 자료집), 176면.

28 이창범, 전게논문, 513~517면.

29 정하명, "스마트폰의 위치정보와 프라이버시보호-미국에서의 논의를 중심으로-",『공법학연구』 제14권 제2호, 한국비교공법학회, 2013.5, 80면.

30 출처: http://www.securityfocus.com/news/11497

31 출처: http://lifehacker.com/5863895/carrier-iq-how-the-widespread-rootkit-can-track -everything-on-your-phone-and-how-to-remove-it?tag=privacy 및 http://www.xda- developers.com/ android/the-rootkit-

「AppLog」事例[32]는 개인정보가 제3자의 사업자에게 노출된 사례라 할 수 있다. 결국 이러한 사례들은 개인정보보호의 개인정보에는 해당하지 않지만, 이용자의 수용성의 관점에서 프라이버시의 우려가 해소되지 않는 점이 문제로 되어 관련 사업이 정지된 사례라 할 수 있다.

3) 프라이버시와 개인정보의 구별 문제

위와 같이 빅데이터 비즈니스에서 프라이버시의 침해가 문제화된 사례를 참조하면, 개인정보보호법을 준수하고 있으면 확실하게 프라이버시침해를 방지할 수 있는 것은 아니다. 개인정보보호법 제2조에서는, "개인정보"란 살아 있는 개인에 관한 정보로서 당해 정보에 포함된 성명, 주민등록번호 및 영상 등을 통하여 개인을 알아볼 수 있는 정보(해당정보만으로는 특정 개인을 알아볼 수 없더라도 다른 정보와 쉽게 결합하여 알아볼 수 있는 것을 포함)를 말한다고 정의하고 있다. 즉, 특정한 개인을 식별할 수 있는 것과 다른 정보와 용이하게 대조할 수 있고, 그것으로써 특정의 개인을 식별할 수 있는 것으로 되는 것을 포함하는 것으로 정의하고 있다. 나아가 정보통신망 이용촉진 및 정보보호 등에 관한 법률(이하 '정보통신망법')에서는 '개인정보란 생존하는 개인에 관한 정보로서 성명, 주민등록번호 등에 의하여 특정한 개인을 알아볼 수 있는 부호·문자·음성·음향 및 영상 등의 정보(해당정보만으로는 특정 개인을 알아볼 수 없어도 다른 정보와 쉽게 결합하여 알아볼 수 있는 경우에는 그 정보를 포함)'라고 정의하고 있다. 한편으로, 프라이버시에 관해서는 개인정보관련 법령상에 그 정의는 없다. 앞에서 언급한 문제 사례 중, 일본 사례에서 AppLog가 수집한 데이터는 개인데이터는 아니지만, 반드시 개인정보보호법상의 개인정보에 해당하는 것은 아니라고 생각되고, 데이터의 수집방법이나 취급방법이 프라이버시를 침해하고 있는 것으로 된 예라고 말할 수 있다. 결국, 개인정보와 프라이버시에 관한 정보는 중복하는 부분도 있지만, 반드시 양자는 일치하지는 않고, 빅데이터 비즈니스를 안전하고 안심하게 추진하기 위해서는 개인정보보호에 추가하여 프라이버시보호에 배려하는 것이 불가결하다.

한편 개인정보보호를 둘러싼 개인정보보호법과 정보통신망법 등 관련법제에서

of-all-evil-ciq/

32 관련 기사 출처: http://www.itmedia.co.jp/news/articles/1204/02/news076.html

규정한 '개인정보보호권'과 종래 헌법적 가치인 '프라이버시권'의 보호는 깊게 연관되어 있다.[33] 양자의 연관성에 대해서 한 견해는, OECD 가이드라인과 EU 데이터보호지침을 살펴보면 개인정보와 프라이버시는 범주가 다르고, 개인정보가 프라이버시를 포함하는 더욱 넓은 개념이며, 개인정보보호권은 프라이버시침해의 개연성이 있는 개인정보만을 적용된다고 주장한다.[34] 이 견해는 프라이버시권은 개인정보보호권의 본질적인 내용이 되며, 개인정보보호권은 프라이버시권을 보호하는 절차적 규점 내지 적극적인 보호규범이 된다고 한다.[35] 즉, 개인정보보호권은 전통적인 프라이버시권의 침해가 발생할지 모르는 상황에서 그러한 가능성을 차단하기 위해 필요한 이상의 절차적 의무를 부과하고 있다는 것이다. 따라서 개인정보가 은밀한 상태로 보관만 된다면 제3자에게 유출된다고 하더라도 프라이버시 침해로 인정되지 않고 불특정다수에의 공개가 있어야만 비로소 침해가 인정되지만 개인정보보호규점은 그 정보가 유출될 경우 곧바로 규범의 위반이 인정된다는 논리이다.

위 견해와 같이 '프라이버시'와 개인정보보호법상 보호대상인 '개인정보'를 구별하자는 주장과 대비하여, 이와 다른 견해[36]는, 빅데이터 환경의 도래를 이유로 하여 개인정보의 개념을 축소하거나 그 보호수준을 낮추고자 하는 담론(이른바 '수정담론') 은 우리나라 이외에서는 찾아보기 힘들다고 비판한다. 종래 우리나라의 개인정보의 개념설정이 다른 나라의 입법례에 비해 턱없이 요상한 바도 없다고 한다. 수정담론의 입장은 현행 개인정보보호법의 개념설정이 너무 광범위하여 큰 문제라는 주장에서 있다. 이러한 수정담론에 대해 비판적 견해는 결국 위와 같이 개인정보를 곧바로 프라이버시로 취급하는 논리가 오류라는 전제에서 논의를 진행하는 수정담론의 발상은 그리 타당하지 못하다는 것이다.

생각건대, 개인정보보호법상 개인정보의 개념은 개념규정 자체가 문제가 아니라 동 규정의 해석을 통하여 해결해야 할 문제라 할 것이다.[37] 수정담론이 제시하는 개

33 박경신, "사생활의 비밀의 절차적 보호규범으로서의 개인정보보호법리-개인정보보호법 및 위치정보보호법의 해석 및 적용의 헌법적 한계-", 『공법연구』 제40집 제1호, 한국공법학회, 2011.10, 133면.

34 박경신, 전게논문, 140면.

35 박경신, 전게논문, 148면 이하.

36 오길영, 전게논문, 185면.

37 同旨, 오길영, 전게논문, 185면.

념규정과 관련한 제문제들은 빅데이터의 특성을 반영하면서도 동시에 우리나라의 프라이버시정책에 정합성을 가진 해석을 통하여 해결할 것이며, 이와 달리 섣불리 개인정보보호법상 개인정보에 대한 개념규정의 축소를 통하여 해결할 사항은 아니라 할 것이다. 이러한 수정담론의 시도는 프라이버시 보호의 차원에서 보면 본격적인 개인정보의 상품화를 전제로 하고 있는 점에서 박근혜 정부의 정책기조와 일맥상통하고 있다고 볼 수 있다. 그러나 개인정보의 개념의 재설정은 단순히 그 분류나 범위를 재획정하는 문제가 아니라 개인정보의 상품화 내지 프라이버시의 상업화를 어느 수준에서 수용할 것인가 하는 대단히 철학적 가치를 포함하고 있고 향후에도 법정책적인 논제로써 민감한 분야라는 견해[38]에 필자는 동의한다.

또한 국제적 동향을 살펴보면, EU 데이터보호규정안(2012) 제4조 1항 및 2항은 종래의 EU 데이터보호지침(1995)에 비하여 개인정보의 개념을 더욱 확장하여 '개인에 관한 모든 정보'라고 규정하고 있다. 또한 EU 데이터보호규정안(2012) 제1항에서는 '프로파일링 거부권'을 마련하고 있다. 즉 개인적 특성의 평가, 개인에 관한 분석 또는 예측을 위한 기준의 적용을 받지 않을 권리를 보장하고 있다. 나아가 미국 오바마 정부가 마련한 '소비자 프라이버시 권리장전(Consumer Privacy Bill of Rights, CPBR)'[39]에서는 일종의 '프라이버시 보호 기대권'을 정보주체에게 부여하고 있다.[40] 이러한 외국의 사례에 비추어 볼 때, 빅데이터 시대에 즈음하여 개인식별정보만을 보호의 대상으로 하자거나 비식별정보에 대한 보호수준을 축소하자는 수정담론은 국제적 동향에 거스르는 주장이라 할 것이다.[41]

38 오길영, 전게논문, 181면.

39 The White House, *Consumer Data Privacy in a Networked World: A Framework for Protecting Privacy and Promoting Innovation in the Global Digital Economy*, 23 Fed. 2012.(출처: http://www.whitehouse.gov/sites/default/files/privacy-final.pdf)(2014. 1. 26 접속).

40 이창범, 전게논문, 531~532면. 한편 2012년 2월 23일 오바마 행정부는 2010년 발표한 상무부 소속 인터넷정책 태스트포스의 그린페이퍼(Green Paper)를 기초로 '온라인 프라이버시 프레임워크'를 발표하였는 데, 이 프레임워크의 핵심이 바로 '소비자 프라이버시 권리장전(Consumer Privacy Bill of Rights, CPBR)'이다. '소비자 프라이버시 권리장전'의 7대 원칙을 보면, ① 개인정보 수집·이용과정에서 정보주체의 선택권, 동의철회권 등을 보장하는 개인정보 자기 통제권(Individual Control), ② 처리항목, 처리이유, 처리목적, 이용방법, 보존·삭제 시기, 제3자 제공목적 등을 공개하도록 하는 투명성 원칙(Tranparancy), ③ 목적외 이용·제공금지(Respect for Contect), ④ 프라이버시 영향평가, 기술적 조치의 유지·관리 등 정보보안(Security), ⑤ 열람요구권, 정정요구권 등의 보장 및 정확성 원칙(Access and Accuracy), ⑥ 최소수집·보유 원칙, 파기·삭제 의무(Focused Collection), ⑦ 기업내부의 자체평가, 독립적 감사, 임직원교육, 수령자에 대한 감독, 소비자 피해구제 등 책임준수(Accountability)등이다. 다만, 미국의 소비자 프라이버시 권리장전은 여전히 옵트아웃(OPT-OUT)을 허용하고 있어 사생활 보호보다는 빅데이터의 활용에 더 무게를 두고 있다.

41 同旨, 오길영, 전게논문, 183면.

3. 빅데이터를 둘러싼 최근의 국제적 동향

	개요
1. 2013년 데이터 보호 프라이버시 커미셔너 국제회의	- 2013년 9월 23일부터 26일에 걸쳐 폴란드 바르샤바에서는 약 70개국 500명이 참가한 프라이버시에 관한 최대의 회의인 '제35회 데이터보호 프라이버시 커미셔너 국제회의'가 개최되었다. - 이 회의에서는 각국의 프라이버시 커미셔너가 출석하여 프라이버시의 국제적인 문제를 토의하고, 또 결의를 채택하였다.
2. 2012년 EU 데이터보호규정안	- EU는 1995년 제정된 EU 데이터보호지침(the EU's 1995 Data Protection Directive (95/46/EC))[42]을 전문 개정하여, 이를 대체 할 수 있는 새로운 데이터 보호 규정에 대한 제안을 발표했다. 즉, 2012년 1월 25일 EU 데이터보호규정안(the EU's Proposed General Data Protection Regulation)[43]이 유럽연합집행위원회(The European Commission)에 의하여 공표된 것이다. - 2012년 1월 EU 데이터보호규정안에서는 빅데이터의 활용과 사생활 보호를 비교적 균형있게 조화시키고 있다고 평가된다. 빅데이터의 활용이 가능하도록 통계처리, 과학연구, 역사기술 등의 목적을 위한 개인정보처리에 대하여 폭넓은 예외를 인정하고 있다. 또, 이에 대응한 사생활 보호 장치로서는, ① 명시적 동의(opt-un) 원칙의 채택 즉, 엄격한 옵트인 제도의 도입, ② 프라이버시 바이 디자인(Privacy by design[44]) 즉, 사생활친화적 설계, ③ 설정 프라이버시(Privacy by Default), 즉 개인정보 공개 설정 제한, ④ 프로파일링(profiling)에 대한 거부권, ⑤ 다이렉트 마케팅(direct marketing) 구분고지 의무, ⑥ 잊혀질 권리(Right to be forgortten), ⑦ 개인정보보호 영향평가(PIA), ⑧ 통계목적 등을 위한 개인정보처리 등을 규정하고 있다.[45]
3. 미국의 '소비자 프라이버시 권리장전'	- 2012년 2월에는 오마바대통령은 '소비자 프라이버시 권리장전(Consumer Privacy Bill of Rights, CPBR)'을 서명하면서, '추적금지(Do-Not-Tract)'의 틀을 명기하여 이에 관련한 법안을 제출하였다.[46] - 또한 미국 캘리포니아주(州)에서는 2013년 9월 18세 미만의 미성년자에 대해서 온라인 프로파일링을 제한하는 규정을 두고 또 미성년자 자신이 투고한 내용 또는 정보의 인터넷 웹사이트로부터의 삭제요청에 응할 의무를 규정한 법개정을 하였다.[47]
4. 일본의 '행정 절차에서 특정한 개인을 식별하기 위한 번호의 이용 등에 관한 법률(番號法)'	- 일본은 2013년 5월 번호법(番號法)이 제정되었다. - 동법에서는 전국민에게 개인을 식별하기 위한 개인번호가 부여되고, 개인번호를 포함한 개인정보(특정개인정보)의 적절한 취급을 확보하기 위하여 특정개인정보보호위원회가 설치되는 것이 규정되었다. - 동법에서는 법률시행후 1년을 목표로 특정개인정보이외의 개인정보에 관해서도 특정개인정보위원회의 감시대상에 포함하는 것을 검토하는 것이 제시되었다.

42 Proposal for a REGULATION OF THE EUROPEAN PARLIAMENT AND OF THE COUNCIL on the protection of individuals with regard to the processing of personal data and on the free movement of such data (General Data Protection Regulation).

43 http://eur-lex.europa.eu/LexUriServ/LexUriServ.do?uri=COM:2012:0011:FIN:EN:PDF

44 이창범, 전게논문, 525면에서는 프라이버시 바이 디자인(Privacy by design)을 '설계 프라이버시'라고 명하고 있다.

45 이창범, 전게논문, 524~528면.

46 The White House, *Consumer Data Privacy in a Networked World: A Framework for Protecting Privacy and Promoting Innovation in the Global Digital Economy*, 23 Fed. 2012.(출처: http://www.whitehouse.gov/sites/default/files/privacy-final.pdf)(2014. 1. 26 접속).

47 Senate Bill No.568(Cal) Ch 336 SB568 Approved by Governor on Sep. 23(2013).

4. 빅데이터 환경을 둘러싼 철학과 가치의 충돌

폭발적인 양의 빅데이터가 순식간에 국경을 초월하여 이동하는 시대에 즈음하여, 이러한 빅데이터 환경에 따른 프라이버시나 개인정보의 위협에 맞서는 태도는 특히 대서양 양안을 마주보고 있는 유럽과 미국에서 현격한 차이를 보이고 있다. 즉, ① 유럽과 미국 사이의 프라이버시를 둘러싼 충돌양상 중, '존엄(dignity)'과 '자유(liberty)'의 이념적 대립이 있고, ② 이러한 이념적 대립은 SWIFT협정[48] 사건[49]과 PNR 사건[50]을 통해 드러났으며,[51] ③ 최근 이른바 '잊혀질 권리'(Right to be forgortten)에 대해서도 양자의 충돌현황은 현격히 시각 차이가 있다.

프라이버시에 대한 문화 내지 사회규범의 배경에 있는 프라이버시권에 관한 기본적인 철학의 차이를 지적할 수 있다.[52] James Q. Whitman 교수에 의하면, 대서양 양측(즉, 미국과 유럽)에는 2가지 다른 프라이버시 문화가 있다고 한다.[53] 그 두가지는 존엄이라는 측면으로서의 프라이버시(privacy as an aspect of dignity)와 자유의

48 김용훈, "국제적 수준에서의 기본권의 제한과 보호-프라이버시권을 중심으로-", 『한양법학』제24권 제3집(통권제43집), 한양법학회, 2013.8, 35면. 같은 논문 36면 주41)에 의하면, 최초 유럽의회에 의하여 승인 거부된 협정을 'The SWIFT-I협정' 이라고 하고, 이후 재협상을 통하여 2010년 체결된 협정을 'The SWIFT-II 협정'라고 명명한다.

49 이 협정을 통하여 미국은 지정된 유럽연합 내 정보제공자에게 유럽연합이나 그 회원국을 거치지 않고 직접 접근할 수 있으며, 관련 절차 요건을 충족한 정보에 대해 미국이 요구하는 경우 미국 뿐만 아니라 유럽연합 내에서도 미국법에 규정된 대로 그 요구는 법적 구속력을 가지도록 예정되어 있었다. 즉, 미국이 직접적으로 유럽연합내 영역에 자신의 관할권을 행사할 수 있게 되었다. 이런 점에 입각하여 유럽의 인권단체들은 이른바 스위프트협정(SWIFT Agreement)이 개인의 프라이버시를 심각하게 침해할 수 있다는 이유로 비난의 강도를 높이고 있고, 실제로 유럽공동체는 미국 당국의 금융데이터의 이전요구에 대해 사전에 사법적으로 판단할 수 있는 권한을 보유하고 있지 않을 뿐만 아니라 이 협정이 매우 포괄적으로 테러리즘을 규정하고 있어서 협정의 남용 우려를 무시할 수 없다고 한다.

50 유럽연합에 의한 프라이버시권 보호는 유럽연합 사법재판소에 의하여 전개되고 있다. 유럽연합사법재판소는 미국 국토안보부(the Department of Homeland Security)가 여객기승객에 대한 데이터취급지침을 포함한 유럽위원회의 결의 등이 충분성 요건을 정한 EU 데이터보호지침(Directive 95/46/EC)에 위반하였다는 이유로 이른바 PNR협정(the EU-USA Passenger Name Record Agreement)에 대해서 2006년 9월 30일 이후의 효력을 인정하지 않는다는 취지의 판결을 내렸다. 그 경위를 살펴보면, 2001. 9.11.테러이후 미국은 유럽연합과 사이에 본국의 영토로 진입하는 모든 항공기로 하여금 이륙 즉시 탑승객의 개인정보를 미국 세관당국에게 제공하도록 하는 협정, 이른바 PNR협정(the EU-USA Passenger Name Record Agreement)을 체결하였다. 이 협정에 따라서 만일 당해 사항을 이행하지 않을 경우 항공사는 개인정보가 적절하게 전달되지 않은 승객 1인당 5,000달러를 벌금으로 내야한다. 이 판결에 의하여 여객기의 승객데이터의 제공금지가 내려졌으므로, EU역내를 이륙한 여객기가 미국에 착륙을 거부당할 수조차 있게 되었다. 이러한 긴박한 상황아래에서 미국 국토보안부 장관과 EU이사회의장 사이의 교섭으로, 2007년경 프라이버시 보호를 둘러싼 잠정적 협정이 발효되었다.

51 요컨대, 이른바 스위프트협정(SWIFT Agreement)과 마찬가지로, 이른바 PNR협정(the EU-USA Passenger Name Record Agreement)을 둘러싸고 벌어진 분쟁과 유럽과 미국 사이의 프라이버시를 둘러싼 충돌은 반복되고 있고 여전히 현재 진행형인 문제라 할 수 있다.

52 James Q. Whitman, *The Two Western Cultures of Privacy: Dignity versus Liberty*, 113 YALE L. J. 1151(2004).

53 James Q. Whitman, *op.cit.*, p.1160.

측면으로서의 프라이버시(privacy as an aspect of liberty)를 말한다. 즉, 대륙형 유럽의 프라이버시 보호는 '존경과 인격적 존엄(respect and personal dignity)'의 권리 보호가 그 핵심이고, 미국형 프라이버시 보호는 특히 자신의 집에서 정부에 의한 개입으로부터의 자유로울 권리로서 고전적 형태를 말한다.[54]

유럽에서는 '잊혀질 권리'(the right to be forgotten) 또는 난처한 개인정보의 확산으로부터 인간의 '존중'을 보장한다는 철학이 존재하는 점에서 유럽에서는 잊혀질 권리에 대하여 각국마다 입법으로 적극적으로 수용하고 있는 태도를 보이고 있다.

이에 반하여 미국에서는 '자유'로운 정보의 유통을 칭찬하면서 오히려 부주의한 정보삭제에 의한 위축효과를 싫어한다는 철학이 존재하는 점에서 잊혀질 권리의 입법화에 소극적인 태도를 보이고 있다. 이런 점에서 볼 때 유럽과 미국은 잊혀질 권리를 둘러싼 철학적 차이로 인하여 결국 프라이버시를 이루는 근간이 되는 철학에 차이가 있음을 재확인할 수 있다 할 것이다.

빅데이터시대에 주목되고 있는 '잊혀질 권리(the right to be forgotten)'를 둘러싸고 미국과 유럽의 태도는 선명하게 차이가 있다. '미국인은 유명하고 싶지만, 프랑스인은 잊혀지고 싶어 한다'[55]는 말과 같이, 인터넷상에서의 명예에 대한 의식과 문화가 유럽과 미국은 확연히 다르다. 미국에서는 표현의 자유가 두텁게 보호되고, 미국인에 따라서는 인터넷상에서의 난처한 개인정보만을 삭제한다고 하는 기도는 '검열'로 인식되기도 한다. 그로 인하여 미국에서는 인터넷상에서 자유로운 정보유통에의 장애가 될 수 있는 '잊혀질 권리(the right to be forgotten)'에는 적대적이라 할 수 있다. 이에 반하여, '잊혀질 권리(the right to be forgotten)'의 발상지인 프랑스[56]에서는 인간이 인간으로서 존재하기 위하여, 그리고 인간이기 때문에 그 '잊혀진다'는 것이 자유, 소유, 안전 및 억압에의 저항의 구성요소로서 존중되어야 한다는 것이다.

54 Id. at 1161.

55 Jeffery Rosen, *The Deciders: The Future of Privacy and Free Speech in the Age of Facebook and Google*, 80 FORDAM L. REV. 1525, 1533(2012).

56 박정훈, "잊혀질 권리와 표현의 자유, 그리고 정보프라이버시", 『공법학연구』제14권 제2호, 한국비교공법학회, 2013.5, 573면 참조. 즉, "잊혀질 권리"는 연원적으로 프랑스법상 "망각권"(a right to oblivion: le droit à l'oubli), 즉 유죄범죄로 확정된 자가 일단 형기를 마치고 나면 유죄의 확정사실에 대한 출판에 이의를 제기할 수 있는 권리에서 기원한다. 프랑스법상 망각권은 범죄자의 재활을 위해 인정된 권리이다.

이와 같은 대서양 양안의 철학과 가치의 차이는 실제적인 잊혀질 권리의 입법화 태도와 보호방안의 접근방향에도 커다란 차이를 도출한다.

우선, 유럽연합에서의 '잊혀질 권리'에 관한 논의의 전개는 프라이버시를 인격권의 하나로서 인간의 존엄성(dignity)에 대한 합리적 기대와 철학적인 가치를 바탕으로 한 대륙법의 전통의 연장선상에 있다. 이러한 가치와 철학은 유럽연합으로 하여금, 정보사회의 진전에 대응할 목적으로 정보프라이버시권에 기초하는 '잊혀질 권리'를 도입하기 위해, 앞서 살펴 본 바와 같이, 1995년 EU 데이터보호지침(Directive 95/46/EC)을 전면 개정하여 2012년 1월 25일 EU 데이터보호규정안(the EU's Proposed General Data Protection Regulation)을 제안하게 이른 것이다. 유럽연합에서는 '잊혀질 권리'의 토대로서 정보프라이버시권을 사람의 개인정보에 대한 모든 이용자들이 준수해야 할 구속력을 인정한다. 그 결과, 2012년 유럽연합의 정보보호규정(안)은 회원국의 "개별 국내법에 의해 정의되는 범위 내에서" 표현의 자유를 침해하지 않는 한 개인에게 잊혀질 권리가 인정된다는 점을 명시함으로써 이탈리아·스페인 등과 같이 표현의 자유를 좁게 보호하는 국가에서는 미국에 비해 광범위한 잊혀질 권리가 인정될 여지가 있게 되었던 것이다.[57]

위와 같이 제안된 2012년 EU 데이터보호규정안에서 잊혀질 권리(the right to be forgotten)에 관한 규정의 내용을 자세히 살펴보면 이하와 같다.[58] 즉, 개인정보처리자는 자신의 책임아래 개인정보를 공개한 경우 공개된 개인정보를 처리하고 있는 제3자에게 정보주체가 해당 정보의 링크·복제·복사의 제거를 요구해 왔음을 알리기 위하여 기술적인 조치를 포함하여 모든 합리적인 조치를 취하여야 한다. 개인정보처리자가 제3자에게 개인정보의 공개(발표)를 허락한 경우에는 그 공개에 대해서도 책임을 지는 것으로 간주한다(제17조 제2항). 이 밖에도 목적을 다한 개인정보의 삭제요구권(제17조 제1항), 확상방지요구권(제17조 제1항), 삭제의무(제17조 제3항)와 부정확한 정보, 증명 목적의 정보 등의 처리제한 조치의무(제17조 제4항)를 규정하고 있다. 이와 같은 권리와 의무를 모두 합해서 EU에서는 '잊혀질 권리(the right to be forgotten)'라고 부르고 있으며, 빅데이터와 클라우드컴퓨팅 시대에 있어서 매우 중

57 박정훈, 전게논문, 594면.

58 이창범, 전게논문, 526면.

요한 권리로서 여겨지고 있다.

이에 반하여, 미국의 접근방법은, "정보프라이시권"은 EU와 달리 재산권(property)에 속하는 것으로, 원칙적으로 알권리(a right to know), 표현의 자유 등 연방헌법에 의해 보호되는 기본권에 우선할 수 없다고 한다.[59] 따라서 '잊혀질 권리'를 주장하는 정보주체는 자신의 개인정보라 해도 구글 등 검색엔진서비스나 전자게시판 등 웹사이트운영자에 대하여 정보삭제를 청구할 수 없는데, 그 이유는, '잊혀질 권리'가 미국에서 채택되려고 할 경우 연방헌법상 표현의 자유에 대한 위헌심사기준인 엄격심사기준(strict scrutiny)을 통과하기 어려울 뿐만 아니라, 통신품위법(CDA)에 의해 원칙적으로 인터넷서비스제공자(ISP)에게 민·형사상 완전면책을 제공하고 있기 때문이라고 한다. 결국, 미국의 경우 정보주체가 ISP에게 개인정보의 삭제 등을 청구할 권리인 '잊혀질 권리'가 인정하지 않음이 원칙이고, 예외적으로 표현의 자유의 한계 혹은 제한으로서 '중대한 국가이익'(compelling interest of state)이 우선되거나 정보주체가 직접적으로 웹상에 게시한 경우에 계약법리 내지 법률에 의해 묵시적으로 삭제권이 유보된 때에 한해 삭제를 요구할 여지가 있을 뿐이라고 한다.

한편, 우리나라의 경우 '잊혀질 권리'와 관련한 규정은 개인정보보호법과 정보통신망 이용촉진 및 정보보호 등에 관한 법률(이하 '정보통신망법'이라 함)에서 찾아볼 수 있다. 개인정보보호법에서는 그 목적을 달성한 개인정보의 파기의무(동법 제21조)와 삭제요구권(동법 제36조)를 규정하고 있고, 정보통신망법에서는 개인정보 유효기간제도(동법 제29조 제2항), 개인정보 처리내역 통지의무제도(동법 제30조의 2), 사생활 침해정보 등 삭제요구권(동법 제44조의 2) 등을 규정하고 있다. 2012년 EU 데이터보호규정안에서 잊혀질 권리(the right to be forgotten)에 관한 규정으로서, 제3자에게 개인정보를 제공·공개·공유한 개인정보처리자에게 해당 개인정보의 삭제 등에 협력할 의무, 삭제대상 정보의 확산방지의무, 삭제에 갈음하는 개인정보 처리제한 의무 등을 지우고 있다는 데에서 우리나라의 개인정보보호법과 정보통신망법의 제규정과 차이가 있다.[60]

59 박정훈, 전게논문, 594면.

60 이창범, 전게논문, 526~527면.

이상에서 살펴본 바와 같이, 빅데이터 환경을 맞아서 프라이버시권의 위협을 둘러싸고 대처하는 대서양 양안에서 마주보는 유럽과 미국의 태도는 차이가 있다. 이런 점에 비추어 보면 우리의 경우는 빅데이터 환경을 둘러싸고 위협받는 프라이버시 권리를 보호하는 방식 중 미국형과 유럽형 중 어떤 것을 택하여야 하는가 하는 문제가 남는다. 미국에서는 혁신을 중시하여 프라이버시권의 소비자보호라는 측면이 강하지만,[61] 유럽에서는 기본적 인권으로서 프라이버시권을 논의한다. 이런 점에 비추어 볼 때 프라이버시를 둘러싼 미국과 유럽에서의 대응태도가 '자유'와 '존엄'이라는 철학적 가치의 차이에서 비롯되었다 하더라도, 작금의 빅데이터를 둘러싼 프라이버시 위협에 대응할 수 있는 문화적 가치를 갖춘 새로운 의미의 프라이버시권이라는 개념을 모색할 필요성이 있다고 사료된다. 이러한 관점아래에서 최근에 주목받고 있는 '프라이버시 바이 디자인'(Privacy by design)의 개념과 제도적 의미를 이하에서 음미하면, 우리나라에서 그 정책적·법제도적 도입할 필요성이 있다할 것이다.

5. 종래의 프라이버시권 이론의 위기와 '프라이버시 바이 디자인'(Privacy by design)제도의 내용

1) 빅데이터 환경과 종래의 프라이버시권 이론의 상황과 위기

종래의 프라이버시권에 관한 이론만으로는 오늘날 빅데이터 환경에 따른 프라이버시보호의 위협을 완전히 극복할 수 없게 되었다. 오늘날 ICT환경에서 프라이버시권에 대한 기대는 종래의 프라이버시권만으로는 이미 단순한 슬로건화 되었을지도 모른다.

우선, 반세기전에 확립된 제1세대 프라이버시권인 '은둔으로서의 사생활보호(privacy as seclusion)'[62] 즉, '사생활의 보장에의 권리'를 중심에 둔 프라이버시권론이다. 이에 관해서 보면, 이미 항상 인터넷에 접속된 개인은 독립한 '나'라고 받아

61 The White House, *Consumer Data Privacy in a Networked World: A Framework for Protecting Privacy and Promoting Innovation in the Global Digital Economy*, 23 Fed. 2012.(출처: http://www.whitehouse.gov/sites/default/files/privacy-final.pdf)(2014. 1. 26 접속) 참조. 미국의 소비자 프라이버시 권리장전은 여전히 옵트아웃(OPT-OUT)을 허용하고 있어 사생활 보호보다는 빅데이터의 활용에 더 무게를 두고 있다.

62 헌법재판소,『사이버 공간상의 표현의 자유와 그 규제에 관한 연구』, 헌법재판연구 제13권, 2002, 142면.

들일 수 없게 되었으므로, 세1세대 프라이버시권론은 이미 통용력을 잃어가고 있다고도 할 수 있다. 즉, 종래 Privacy의 전통적 이론에 의하면, L. Brandeis 판사와 S. Warren변호사가 1890년 '하버드 로리뷰'(Harvard Law Review)에 기고함으로써 등장한 것이 바로 '혼자 있을 권리(The right to be let alone)'이고,[63] 그리고 1960년 미국의 저명한 불법행위학자인 William L. Prosser가 프라이버시 침해를 4가지 유형[64]으로 나누고 모두 불법행위(torts)로 이론구성함으로써, '프라이버시권'이라는 개념으로 구체화되었다고 평가받는다.[65] 그런데 오늘날 ICT환경에서 빅데이터를 둘러싼 제반 이슈는 오히려 프라이버시권에 대한 높은 보호기대를 야기하였고, 이는 종래의 프라이버시권만으로는 도저히 감당하기 어려운 포괄적이고 넓은 개념으로의 재정립을 요구하기에 이른 것이다.

한편, 제2세대 프라이버시권으로 등장한 '개인정보자기결정(통제)권'이란, 자신에 관한 정보가 언제 어떻게 그리고 어느 범위까지 타인에게 전달되고 이용될 수 있는지를 그 정보주체가 자율적으로 결정하고 통제할 수 있는 권리를 의미한다. 개인정보자기결정(통제)권은 포괄적인 의미의 프라이버시권(즉 사생활권이라고도 함)의 일종이라고 볼 수 있다. 그러나 전통적인(제1세대의) 사생활권이 개인의 사적 영역을 외부의 침입이나 개입으로부터 소극적으로 보존하고자 하는 데에 초점이 맞추어져 있었다면, 개인정보자기결정(통제)권은 타인에 의한 개인정보의 무분별한 수집, 축적, 처리, 가공, 이용, 제공에 대해 정보주체에게 적극적인 통제권을 부여하고자 하는 데에 그 핵심이 있다.[66] 개인정보자기결정(통제)권의 구체적 내용으로는 적어도 정보주체의 인격적 요소인 개인정보가 타인에 의해 마음대로 처리·조작되어서는 안 된다는 것이 개인정보자기결정(통제)권의 기본정신이다. 그러므로 종래 국가 등이 법적 근거 없이 개인정보를 자유롭게 수집·처리해 온 관행은 개인정보자기결정(통제)권의

63 Samuel D. Warren & Louis D. Brandeis, The Right to Privacy, 4 Harv. L. Rev. 193(1890); Benjamin E. Bratman, Brandeis and Warren's The Right to Privacy and the Birth of the Right to Privacy, 69 TENN. L. REV. 623, 624 (2002).

64 Neil M. Richards & Daniel J. Solove, Privacy' s Other Path: Recovering the Law of Confidentiality, 96 Georgetown Law Journal 123, 125-126(2007). William L. Prosser 교수의 프라이버시 침해의 4가지 유형으로는, ① 사적사실의 공표(public disclosure of private facts), ② 왜곡된 묘사(false light in the public eye), ③ 성명 및 초상의 영리적 사용(appropriation), ④ 사생활에의 침해(intrusion upon solitude or seclusion) 등이다(이에 대한 자세한 소개는, 박경신, 전게논문, 141~142면).

65 William L. Prosser, Privacy, 48 CAL. L. REV. 383(1960).

66 헌법재판소, 전게서, 140~142면.

보장체계에서는 더 이상 용납되지 않는다. 이러한 정보주체의 자기결정권이 완전하게 실현되기 위해서는 정보주체에게 익명거래의 자유, 정보처리금지청구권, 정보열람 및 갱신청구권과 같은 파생적 자유와 권리가 보장되어야만 한다.[67]

이와 같이 지금부터 약 4반세기 전에 확립된 제2세대 프라이버시권론인 '개인정보자기결정(통제)권'으로서의 프라이버시권도 그 존재의 의미에서 빅데이터 환경아래에서 심각한 도전을 받고 있다. 즉 대량의 데이터가 국경을 넘어서서 글로벌하게 처리되고 있는 빅데이터(Big Data) 환경아래에서는 스스로의 데이터를 통제할 수 없게 된 것이다. 그러므로 개인정보자기결정(통제)권도 그 의미가 빅데이터 환경에서는 점점 퇴색되어가고 있는 것이다. 이러한 점에 입각하여 종래의 프라이버시권론의 이론적 축적을 계승하면서도 빅데이터시대에 필요한 신세대적인 프라이버시의 개념과 그 보호이론이 필요하게 되었다.

2) '프라이버시 바이 디자인'(Privacy by design)의 내용과 적용사례

이러한 종래의 제1세대 및 제2세대 각 프라이버시권의 비판을 극복하기 위하여 최근에 등장한 이론중 하나로서, '프라이버시 바이 디자인'이란 개념이 있다.

가) '프라이버시 바이 디자인'(Privacy by design) 제도의 구체적 내용

'프라이버시 바이 디자인'(Privacy by design)이란 Ann Cavoukian에 의하여 주장된 개념으로서, 프라이버시 정보를 취급하는 모든 측면에 있어 프라이버시 정보가 적절하게 취급되는 환경을 '사전적(事前的)'으로 만드는 것을 의미한다.[68] 이 '프라이버시 바이 디자인'(Privacy by design)이란 개념은 1990년 중반에 탄생한 것으로써, 개인정보를 확실히 보호하기 위해서 법령 준수에 의지하는 것만으로는 충분하지 않고, 따라서 정부나 기업은 설계(design)단계에서부터 기술적으로 프라이버시를 보호하는 구조의 구축을 추진해 가는 것이 필요하며, 최초 단계에서서부터 확실히 프라이버시를 보호하는 것이 요구된다는 것이다. 이러한 '프라이버시 바이 디자인'(Privacy by design)의 목표는 이용자의 프라이버시정보와 그 정보주체인 이용자

67 헌법재판소, 전게서, 146~149면.

68 최혜선, 전게논문, 307~308면. 이 글에서는 '프라이버시 바이 디자인'(Privacy by design)을 '프라이버시 중심 디자인'이라고 번역한다(같은 글, 308면).

의 프라이버시 자체를 지키고자 하는 데 있고, '프라이버시 바이 디자인'의 근원에는 PETs(Privacy Enhancing Technologies) 즉 프라이버시 보호 강화 기술이며 기본적인 요건은 PETs의 개념이 진화해가는 과정에서 나타나는 것이므로, 프라이버시 보호 강화기술(PETs)은 개인의 프라이버시보호를 강화하는 기술의 총체이다.[69]

나) 프라이버시 바이 디자인(The Privacy by Design (PbD))의 7원칙[70]

번호	원칙의 내용
1	사후적이 아닌 사전적 대비, 문제점을 고치는 것이 아니라 예방(Proactive not Reactive; Preventative not Remedial): 프라이버시 침해의 구제책을 고려하는 것이 아니라 예방책을 고려한다.
3	프라이버시 보호를 초기 설정값으로(Privacy as the Default Setting): 기본설정상태의 시스템이나 비즈니스 프로세스에서 프라이버시가 보호된다.
3	계획에 포함된 프라이버시(Privacy Embedded into Design): 설계단계에서부터 시스템이나 비즈니스 프로세스에 프라이버시 대책이 포함되어 있다.
4	포괄적 기능성 보장, 상호대체관계가 아닌 상호보완관계(Full Functionality –. Positive-Sum, not Zero-Sum): 제로섬이 아니라 포지티브섬이어야 하는 것은 안전성(security)대책등과 프라이버시 보호는 상충 내지 대립(trade-off)되어서는 안되고, 상생(相生) 즉, 상호 윈윈(Win-Win)의 관계이다.
5	시작에서 끝까지 보완- 전체 수명주기(life cycle)의 보호(End-to-End Security –Full Lifecycle Protection): 최초부터 최후까지 데이터의 라이프싸이클 전체에서 프라이버시가 보호된다.
6	가시성(可視性)과 투명성(透明性)- 항상 공개(Visibility and Transparency –Keep it Open): 프라이버시 대책은 모두 이해관계인으로부터 가시적이고 투명하다.
7	개인의 프라이버시 존중- 이용자 중심의 설계와 운영(Respect for User Privacy –Keep it User-Centric): 시스템이나 비즈니스 프로세스의 설계자, 관리자는 이용자의 프라이버시를 최대한 존중한다.

다) 2012년 EU 데이터보호규정안(GDPR)

2012년 1월 25일 제안된 EU 데이터보호규정안(the EU's Proposed General Data Protection Regulation)에서는, '프라이버시 바이 디자인'(Privacy by design)이란 개인정보처리자가 개인정보 처리기준을 결정하고 그 기준에 따라서 개인정보를 처리함에 있어서는 법에서 요구하는 요건을 충족하고 정보주체의 권리를 보장하는 방식으로 개인정보가 처리되도록 설계단계에서부터 적절한 기술적·조직적인

69 최혜선, 전게논문, 312면.

70 Cavoukian, Ann. "7 Foundational Principles of Privacy by Design" Information and Privacy Commissioner/Ontario.(http://www.privacybydesign.ca/content/uploads/2009/08/ 7foundationalprinciples.pdf).

기준과 절차를 마련하여야 한다는 것이다(EU Regulation 23(1)[71]). 빅데이터(Big Data)는 대량의 데이터를 수집, 이용, 제공, 결합, 연동, 통합을 전제로 하고 있기 때문에 설계 프라이버시 원칙에 따라서 실질적인 제한을 받게 한다는 것을 내용으로 하고 있다.[72] 이와 같이, 프라이버시 바이 디자인(The Privacy by Design(PbD))은 EU의 데이터보호규정안이나 일본의 총무성이 취한 '스마트폰 프라이버시 이니시아티브'[73] 등 각국의 정책검토 시에 참조되었고 또 도입되었다.

라) 프라이버시 바이 디자인(PbD)의 적용 사례[74]

프라이버시 바이 디자인(PbD)을 적용하는 것은 PbD의 원칙에 따라서 '계획적인 프라이버시대책'을 구체적으로 실현하는 PET기술을 이용하여, 정보기술, 조직, 사회기반에 프라이버시대책을 편입하는 것이다. PET의 적용에 의하여 프라이버시대책과 안전성(security)대책의 양쪽을 달성할 수 있고, 시스템의 신뢰성(안전성)과 이용자의 안심감을 높일 수 있다. 그 적용된 사례로서는, ① CCTV 감시카메라에 있어서 프라이버시 대책과 관련한 사례, ② 전자 식별 태그(RFID tag)에 있어서 프라이버시 대책 사례 등을 들 수 있다.

6. 빅데이터 환경의 정책적 제언 및 개별기업의 프라이버시 보호방안의 시론(試論)

결론에 갈음하여, 이하에서는 빅데이터 환경을 둘러싼 새로운 프라이버시 보호의 패러다임의 변화에 맞는 정책적 제언과 개별기업에서의 프라이버시 보호방안에 대하여 이하에서는 시론적(試論的)으로 제시한다. 이러한 시론화(試論化)에는 우

71 Article 23(Data protection by design and by default) 1. Having regard to the state of the art and the cost of implementation, the controller shall, both at the time of the determination of the means for processing and at the time of the processing itself, implement appropriate technical and organisational measures and procedures in such a way that the processing will meet the requirements of this Regulation and ensure the protection of the rights of the data subject.(출처; http://ec.europa.eu/justice/ data-protection/document/review2012/com_2012_11_en.pdf).

72 이창범, 전게논문, 525면.

73 최혜선, 전게논문, 327~329면.

74 출처: 위키피디아(일본) http://ja.wikipedia.org/wiki/%E3%83%97%E3%83%A9%E3%82% A4%E3%83%90%E3%82%B7%E3%83%BC%E3%83%90%E3%82%A4%E3%83%87%E3%82%B6%E3%82%A4%E3%83%B3

리 개인정보보호법과 정보통신망법의 선례적 제도를 참작하면서도, 특히 다음의 점에 유의하였다. 즉, 프라이버시 침해에 대해서는 우선 개인정보보호법과 정보통신망법의 준수 노력과 아울러 프라이버시 보호를 위한 가이드라인의 제작 및 제도화가 필요하다. 또, 개별기업에서는 프라이버시 보호를 위한 자율적인 생태계 환경을 조성하기 위해 노력하여야 할 것이다. 나아가 개별기업은 데이터 어낼리틱스(Data Analytics)·명장(마이스터) 서비스(Maister Service)를 제공함에 있어서 프라이버시 보호의 세계적인 표준으로 되고 있는 프라이버시 바이 디자인(PbD)의 개념을 참고하는 것이 매우 바람직하고 중요하다 할 것이다. 이하의 〈표〉로 요약한다.

	빅데이터 환경의 정책적 제언 및 개별기업의 프라이버시 보호방안
1	법준수와 프라이버시 우선 보호에 대한 기본적 사고와 철학의 확립
3	프라이버시 거버넌스(governance) 구축 필요성과 프라이버시 보호 가이드라인의 제작
3	프라이버시 영향평가(Privacy Impact Assessment)제도의 도입
4	각 프로세스에서 프라이버시의 보호 방안
5	프라이버시 보호를 강화하기 위한 기술(PET)적 대책 강구
6	프라이버시 보호교육 실시

[연구쟁점]

1. 오픈마켓운영자의 지위에 관하여 (1) 정보통신망법 제44조 제1항과 관련한 쟁점은 무엇이며, (2) 또 지적재산권법적 쟁점은 무엇인가?

2. 인터넷 포털광고 방해사건에서 (1) 정보통신망법 제48조 제2항과 관련한 쟁점은 무엇이며, (2) 또 지적재산권법적 쟁점은 무엇인가?

3. 빅데이터 시대에 주목되고 있는 '잊혀질 권리'를 둘러싸고 EU와 미국 사이의 입법태도는 현격히 다르다고 평가받고 있는데, 이와 같이 대서양 양안의 철학과 가치에 차이가 있는 이유가 무엇인가?

4. 정부가 빅데이터 이용 및 산업을 활성화하는 정책을 추진하는 과정에서 발생할 수 있는 문제점과 관련하여 현행 개인정보보호법(個人情報保護法) 등과 충돌할 수 있는 법적 쟁점은 무엇인가?